DAS BUCH VOM HUND

HELLMUTH WACHTEL

DAS BUCH VOM HUND

Die Symbiose zwischen Hund und Mensch

CADMOS
HUNDEBÜCHER

Eine solche treue Hut und Wache der Hunden /
ein so liebliches Schmeichlen und Schwäntzlen /
ein so hefftiger Hass gegen Fremde /
eine so vorsichtige und gleichsam weissagende Verschlagenheit /
ein so hurtige Geschwindigkeit im Jagen /
was sollen diese Dinge anders bedeuten /
fragt Cicero, als dass sie zu dem Nutz und Gebrauch der Menschen erschaffen?

Conrad Gesner, Thierbuch 1669

Cadmos Verlag GmbH, Lüneburg

Umschlagfoto: Christine Steimer
Satz und Gestaltung: Ravenstein, Verden
Druck: Westermann Druck

Printed in Germany

ISBN 3-86127-772-7

INHALT

VORWORT

Vor etwa 70 Millionen Jahren trennten sich die Vorfahren des Menschen und des Hundes und gingen ihre eigenen Wege. Ihre Entwicklung ging auseinander, doch Wolf und Mensch behielten oder erwarben soziale Eigenschaften, die für ein hoch entwickeltes Sozialleben Voraussetzung sind. 15.000 Jahre ist es her, aber vielleicht schon viel, viel früher, da beschlossen die beiden „Brüder" – ein Teil der Wölfe und der Menschen, die für eine Gemeinschaft mit der anderen Art speziell begabt waren –, sich wieder zusammenzutun. Möglicherweise hat der Homo sapiens nur dadurch überlebt und ist nicht ausgestorben wie der Neandertaler oder der Australopithecus robustus.

Mit dem vorliegenden Werk „Das Buch vom Hund" hat nun der bekannte Kynologe und Tierzuchtexperte Dr. Wachtel ein Werk geschaffen, dem für unser Verständnis und unsere Einstellung zu unserem ältesten und uns so nahe stehenden Haustier zweifellos eine besondere Bedeutung zukommen wird: Es ist dem Autor gelungen, eine monographische Betrachtung zu verfassen, in der der Hund in allen seinen so ungeheuer vielseitigen Aspekten besprochen wird, von seiner Herkunft und Entstehung in grauer Vorzeit bis zu den jüngsten Entdeckungen über die so ungeheuer wertvollen psychologischen Auswirkungen besonders auf leidende, von der Gesellschaft ausgeschlossene, alte oder kranke Menschen wie auch Kinder. Dabei verwertet er die jüngsten Erkenntnisse der Ethologie, Molekularbiologie, der Genetik und der Verwendung des Hundes als „Hilfstherapeut", als Lebensretter bei Katastrophen und bei der Verbrechensbekämpfung. Kurzum, kein Bereich im menschlichen Leben und der Gesellschaft, in dem Hunde eine Rolle spielen, kommt hier zu kurz. Hilfreich bei dieser universellen Gesamtschau ist dem Autor dabei seine ausgezeichnete Kenntnis der internationalen wissenschaftlichen und speziell kynologischen Literatur, die er sich durch seine vielseitigen Sprachkenntnisse erschließen und aneignen konnte. Engagiert, doch objektiv zeigt er alle so positiven und faszinierenden, aber auch schonungslos die problematischen Seiten des Zusammenlebens von Mensch und Hund auf, die fast immer auf das Konto des „Seniorpartners" Mensch und dessen Unverständnis zu setzen sind.

Dr. Wachtels Verbundenheit seit Kindestagen mit dem nun von mir geleiteten Schönbrunner Tiergarten hat ihn auch auf die Spur der kynologischen Studien des früheren Zoodirektors, des prominenten Zoologen Otto Antonius, geführt, der auch als Kynologe hervorgetreten ist und über den er eine Denkschrift verfasst hat. Dieser wie auch die österreichischen Kynologen Emil Hauck und Eberhard Trumler waren seine Mentoren bei seiner Auseinandersetzung mit dem in so vielem immer noch rätselhaften Phänomen Hund. Da ich selbst ein ganz besonderes Naheverhältnis zu Hunden habe (so züchtete ich jahrelang Wolfspitze) und von diesen Tieren als engsten Kameraden des Menschen wie auch ihrem Stammvater Wolf fasziniert bin – ich beobachtete und züchtete fast zwei Jahrzehnte den Europäischen Wolf im Alpenzoo Innsbruck und nun den grundverschiedenen Timberwolf in Schönbrunn –, interessierte es mich besonders, als zunächst das Buch „Hundezucht 2000“ des Autors herauskam, in dem dieser dringend erforderliche völlig neue Wege auf diesem Gebiet aufzeigt. Sein vorliegendes Buch ist nun eine harmonische Gesamtschau zum Thema Hund nach dem allerneuesten Stand geworden und stellt so für jeden Freund unseres einmaligen „Bruders aus dem Tierreich“ eine unentbehrliche Lektüre dar.

Wien, im Februar 2002

Dr. med. vet. Helmut Pechlaner

Direktor des Wiener Tiergartens Schönbrunn

EINLEITUNG

One thing that has impressed us is that the dog,
for all its eight thousand years or so of
association with human beings,
is still in many respects a scientifically
unknown animal

(Es hat uns beeindruckt, dass der Hund trotz
etwa achttausend Jahren der Verbindung mit
Menschen immer noch in mancher Hinsicht ein
wissenschaftlich unbekanntes Tier ist)

John Paul Scott und John L. Fuller, Genetics and the Social Behavior of Dogs, 1965

Hunde müssen uns oft als Modelle für vorbildliches menschliches Verhalten herhalten. Treue, Mut, Verlässlichkeit, unerschütterliche Liebe und ähnliche Tugenden, an denen es oft bei uns krankt, werden immer wieder an ihnen bewundert. Sie sind seelischer Halt und Trost für viele, die vom Schicksal oder ihren Mitmenschen enttäuscht wurden, vom Kind, das sich ungerecht behandelt fühlt, bis zum alten Menschen, um den sich seine Angehörigen und die übrige Umwelt nur noch wenig oder gar nicht kümmern.

Hunde können aber auch Furcht einflößen und bei mangelnder Erziehung oder wenn ihr Schutztrieb angesprochen wird, auch zu gefährlichen Gegnern werden. In einer nervösen, reizbaren, ja hysterischen heutigen Gesellschaft sind diese Eigenschaften zu einer ernsten Gefahr für die Hundehaltung geworden, wie auch die Straßenverschmutzung und das Bellen. Das Paradoxe: Bei immer mehr Gewalttätigkeit und Kriminalität wird es immer problematischer, sich durch einen Hund schützen zu lassen, da das Notwehrrecht immer restriktiver ausgelegt wird. Immer mehr Rassen stehen auf den Verbotslisten mancher Behörden und Länder. Wie müssen sich der Hund und sein Besitzer verhalten, um von der Gesellschaft akzeptiert zu werden?

Hundefreunde und Hundehasser stehen sich diametral gegenüber. Unter Hundefreunden gibt es leider nicht wenige, welche die Gefühle anderer Menschen wenig beachten oder nicht verstehen wollen. Hundefeinde würden die Hundehaltung am liebsten verbieten und propagieren eine hundefreie Gesellschaft, einzelne suchen das sogar auf eigene Faust durch Vergiften zu bewerkstelligen. Den hohen Anteil an Hundegegnern in unserer Gesellschaft haben erst die bekannten Ereignisse im Jahr 2000 erschreckend erkennen lassen.

Von allen Tieren ist der Mensch am häufigsten beim Hund bereit, ihn bewusst oder unbewusst auf die Stufe eines Mitmenschen zu heben: Viele Hundebesitzer bezeichnen den Hund als ihren Freund, sprechen von ihm und mit ihm, als ob es sich um ein nahe stehendes Familienmitglied handelte. Seit Äonen lebt der Mensch mit dem einzigen größeren, potenziell für ihn gefährlichen Raubtier, das er domestiziert hat, in einer Art Symbiose zusammen. Das scheint sich jedoch jetzt zu ändern, jedenfalls in den so genannten zivilisierten Staaten dieser Erde. Was beim Menschen selbst öffentlich geächtet wird, nämlich die Rassendiskriminierung, greift im Verhältnis zum Haushund immer mehr um sich. In Großbritannien wollte man bereits 1991 radikal Tausende so genannte Killerhunde (Pit Bull Terrier) einschläfern lassen. Jetzt „begnügt" man sich vielerorts damit, für ihre Haltung eine Lizenz zu verlangen, sie zu kastrieren, ihre Zucht zu verbieten und/oder für ihr Einschläfern eine Prämie zu zahlen. Sie müssen Leine und Maulkorb tragen, und wenn ihnen der Maulkorb abgenommen wird, damit sie trinken können oder weil sie erbrechen müssen, werden sie getötet und ihre Besitzer bestraft (tatsächliche Vorkommnisse in Großbritannien!). Aber nicht nur diese sehr kampfkräftigen, jedoch paradoxerweise für Menschen ohne spezielles „Scharfmachen" im Allgemeinen harmlosen Hunde, die speziell auf Aggressivität gegen ihre Artgenossen gezüchtet wurden (was aber auch nur teilweise gelungen ist), stehen auf der „Roten Liste" der durch das geänderte psychologische Umfeld gefährdeten Rassen. Wenn es etwa nach dem Wunsch eines so genannten „Canine Crisis Council" in Großbritannien, aber auch mancher kontinentaleuropäischer Gesetzgeber geht, sollte die Haltung großer Rassen für Private überhaupt verboten werden. Auch allgemeiner Maulkorbzwang, sogar im Garten, und Leinenzwang an jedem öffentlichen Ort werden da und dort verlangt. Und es kam in Deutschland zum Teil zu einer Art Pogromstimmung mit tätlichen Übergriffen auf Hunde aller Art und deren Besitzer.

Im Vergleich der Gefährlichkeit der Hunde mit anderen Unfallursachen des Alltags wie Autofahren, Leitern, Elektrizität, Alkohol, Skifahren usw. schneiden die Hunde zwar sehr gut ab und auch die wenigen Unfälle durch Hunde sind weitaus am häufigsten durch „menschliches Versagen" verschuldet. Die Wahrscheinlichkeit, von einem Hund getötet zu werden, entspricht etwa der des Todes durch Blitzschlag und ist rund tausendmal geringer als beim Tod durch das Auto. Lebensgefährlicher als Hunde sind auch Treppen, elektrische Leitungen und Gegenstände, die einem auf den Kopf fallen können. Dennoch wehrt sich die Öffentlichkeit sehr erfolgreich gegen Geschwindigkeitsbegrenzungen, die weniger Verkehrstote mit sich brächten, die Unfälle durch Hunde aber rufen einen irrationalen Hass bei vielen Mitmenschen hervor, der sich dann in Hysterie bei den Medien und bei Politikern widerspiegelt (und freilich auch die Schuld vieler Hundebesitzer ist, die Vorschriften über Leinen- und Beißkorbzwang, Kotbeseitigung, Geräuschbelästigung, richtige Erziehung und anderes mehr nur allzu häufig missachten).

Allerdings hat es in der langen Zeit des Zusammenlebens wohl auch schon früher Krisen gegeben, zum Beispiel Hundepogrome im Europa des Mittelalters, die meist darauf beruhten, dass dem „gemeinen Volk" die Haltung von Hunden verboten war, damit vor allem nicht mit deren Hilfe gewildert werden könnte. Aber auch in der Gegenwart gab es Hundeverbote und Ausrottungsfeldzüge in China und anderswo. Außerdem werden natürlich streunende Hunde allenthalben bekämpft. Es soll auch nicht vergessen werden, dass mindestens eine Milliarde Menschen in China und anderen Ländern Asiens, Afrikas und Südamerikas den Hund seit jeher auch als Schlachttier und Delikatesse betrachtet und verwendet.

Das Phänomen Hund war und ist auch bezüglich seiner Herkunft ein Mysterium. Wie kam er zum Menschen? Wie wurde aus dem wilden Wolf der „Kamerad mit dem haarigen Gesicht"? Hat er sich dem Menschen freiwillig angeschlossen? Hat er uns erst zu dem gemacht, was wir geworden sind? Fragen über Fragen, auf die unsere moderne Wissenschaft immer mehr verblüffende Antworten gibt, freilich nur, um das Tor zu neuen Rätseln aufzustoßen.

Wenn von Hunden gesprochen wird, fällt meist bald das Wort „Kynologie". Kynologie – was ist denn das? Dem Wortsinn nach müsste es die Wissenschaft vom Hund sein – aber im deutschen Sprachgebrauch ist praktisch jeder Hundezüchter ein Kynologe. Kynologie bedeutet also umgangssprachlich Hundewesen, womit praktisches Wissen um Zucht, Ausbildung und Einsatz von Hunden gemeint ist. Aber auch das Wort „Hundewesen" passt nicht so recht, es klingt zu sehr nach „Verwaltung", „Organisation", die Franzosen sprechen daher folgerichtig hier von Cynophilie, Hundeliebhaberei. Im Deutschen behilft man sich oft mit dem Wort „Hundesport", aber das kann vieles bedeuten, zum Beispiel „echten", athletischen Sport mit dem Hund oder aber seine Abrichtung. Es bezieht oft sogar die Hundehaltung und die Zucht mit ein, also alles, was mit dem Hund zu tun hat, wie englisch „dogdom". Neben diesem Begriff der „Kynologie" gibt es auch eine Kynologie auf höherer Ebene, aber einen institutionellen, akademischen Wissenschaftszweig vom Hunde, also eben Kynologie im eigentlichen Sinne des Wortes, gibt es so gut wie gar nicht. Die Kritik Strebels, des großen deutschen Kynologen, an der Wissenschaft, die sich damals wie heute um den Hund wenig kümmert, besteht also auch jetzt noch zu Recht, obwohl die amerikanischen Forscher Scott und Fuller ihn eine „genetische Goldmine“ genannt haben und 20 Jahre hindurch (!) intensiv studierten. Der relative Mangel an „echter, wissenschaftlicher Kynologie“ steht in keinem Verhältnis zur Bedeutung der heutigen „praktischen Kynologie“, also des Hundewesens, der dieser Mangel aber schwer zu schaffen macht. Viele selbst ernannte „Kynologen“ verbreiten immer neue, oft wenig stichhaltige „Offenbarungen“ über Haltung und Ausbildung des Hundes.

Dennoch ist das Wissen um den Hund derart angestiegen, dass sich heute kaum jemand noch „Kynologe“ nennen dürfte, denn trotz des relativen Mangels an Forschung hat auch dieser Wissenszweig sich erstaunlich entwickelt und in unzähligen neuen Einzelbereichen spezialisiert, sodass niemand mehr auch nur annähernd den vollen Überblick über das universelle Wissen vom Hund haben kann. Bücher, die sich generell mit dem Hund befassen, sind daher jeweils vorwiegend vom Kenntnisstand und der Gedankenwelt des jeweiligen Autors geprägt, es fehlen notwendigerweise immer irgendwelche, auch manchmal wesentliche Aspekte des Themas „Hund“.

Ein Buch über den Haushund an sich zu schreiben grenzt also fast an Vermessenheit. Auch hat die Wissenschaft vom Hund selbst in jüngster Zeit oft geirrt. So etwa, als Konrad Lorenz noch den Schakal als hauptsächlichen Ahnen des Hundes bezeichnete, oder die unheilvolle Verwirrung, die die umstrittene Bewertung der Inzucht stiftete und leider immer noch stiftet. Bis heute sind viele Züchter von deren Wert überzeugt, obwohl das verheerende Vordringen der Erbkrankheiten und vieler anderer Leiden sie längst eines Besseren hätte belehren müssen.

Das vorliegende Buch soll in aller Bescheidenheit versuchen, dem „Fragenkomplex Hund“ und der seit grauer Vorzeit bestehenden Beziehung zweier erstaunlicher Säugetiere vorwiegend von Seiten des Hundes auf den Grund zu gehen und die Möglichkeiten, Hoffnungen und Gefahren dieser Beziehung in Gegenwart und Zukunft zu analysieren, und zwar möglichst alle Aspekte. Grundlage ist ein halbes Jahrhundert Hundehaltung und ein jahrzehntelanges Studium der populären und wissenschaftlichen Literatur über den Hund inklusive der weltweiten kynologischen Presse. Neben wissenschaftlichen Quellen werden auch anekdotische Informationen und solche aus der Erinnerung verwertet, wenn sie mir seriös und der Erwähnung wert erschienen.

Ich habe mich bemüht, dieses Buch auch sozusagen vom Standpunkt des Hundes aus zu schreiben, wie es einer partnerschaftlichen Anschauung zukommt. Von der Gemeinschaft mit Hunden kann man nur voll profitieren, wenn man den so verderblichen menschlichen Egoismus in der Haltung, Behandlung und der Zucht des Hundes zurückdrängt.

Genaue Haltungs-, Abrichtungs- und Pflegeanweisungen enthält dieses Buch also nicht. Darüber gibt es ja bereits eine äußerst reichhaltige, manchmal auch widersprüchliche Literatur, denn auch im Umgang mit Lebewesen führen oft viele Wege nach Rom. Aber es wird der Versuch unternommen, den Hund als Bestandteil unseres Lebens, unserer Kultur und unserer Gesellschaft zu begreifen und das in unserer Welt so einmalige Phänomen der Symbiose Mensch–Hund in seiner Gesamtheit darzustellen.

Hunde werden geliebt, vergöttert, gehasst, verfolgt und verachtet, aber kaum jemandem sind sie gleichgültig. Sie werden verwöhnt, vermenschlicht, zu Tode geliebt, gequält, in den Tod gehetzt, ausgenützt, als Labortiere missbraucht, Ausrottungsfeldzügen ausgesetzt, geschlachtet und gegessen. Wenn sie Glück haben, finden sie aber auch einen verständnisvollen menschlichen Partner, mit dem sie und der mit ihnen durch dick und dünn geht. Sie sind für Kranke, Behinderte, Menschen am Rand der Gesellschaft, aber nicht nur für diese, in vielfacher Weise unentbehrlich und können ein kaum zu übertreffender Schutz für uns und unser Eigentum sein, aber auch eine ständige und zunehmende Quelle des Konfliktes als Erreger von Lärm, Verschmutzung, Auslöser von Allergien und Urheber von Bissverletzungen und sogar Todesfällen. Daher fürchten sich nicht wenige Menschen vor Hunden oder betrachten sie als unhygienisch und als eine Ansteckungsgefahr. Aber Studien bezeugen, dass Menschen mit Hunden meistens zufriedener, erfolgreicher, gesünder sind und in der Familie und mit der Gesellschaft besser harmonisieren. Und Hunde sind die einzigen Lebewesen, die mit zwei Arten von Lebewesen, ihrer eigenen und dem Menschen, sozial voll integriert sind und sozusagen „in zwei Welten“ leben.

Hunde sind ein wirtschaftlicher Faktor: Einerseits wird durch sie eine bedeutende Futtermittel- und Accessoireindustrie unterhalten, andererseits bringen Hunde durch ihre wegen verfehlter Zuchtmethoden oft überhöhte Krankheitsanfälligkeit beträchtliche tierärztliche und pharmazeutische Umsätze. Manche ihrer Erbkrankheiten sind denselben Erkrankungen beim Menschen analog, ihr Studium hilft daher der Humanmedizin. In den ingezüchteten Hunderassen lassen sich ja die Erbgänge dieser Leiden viel besser studieren.

Die Intensität der Hundehaltung in den zivilisierten Ländern ist unterschiedlich, und die Angaben variieren. Die Zahl der Personen je Hund hängt vielfach von der Einwohnerdichte ab. Nach diesem Maßstab ist Österreich mit zirka 16 Personen je Hund kein besonders auf Hunde eingestelltes Land und liegt etwa gleich mit den alten deutschen Bundesländern. Wesentlich intensiver ist die Hundehaltung erwartungsgemäß in Großbritannien mit zirka 8,4 Einwohnern je Hund, allerdings gibt es dort wohl auch die radikalsten Hundefeinde (zumindest vor den schwerwiegenden Ereignissen von Hamburg). Noch weit mehr Hundeliebhaber findet man in Frankreich und Irland mit zirka 5,9 Personen je Hund bei 9,5 beziehungsweise 0,6 Millionen Hunden, 38 Prozent der französischen Haushalte halten einen oder mehrere Hunde. Es wird aber noch von den USA mit 52 Millionen Hunden (59 Millionen Katzen) und 4,6 Personen je Hund übertroffen. Den Weltrekord dürfte allerdings das kleine Luxemburg innehaben, dort leben zwar nur 120.000 Hunde, das entspricht aber 3,1 Einwohner je Hund! In den dicht bevölkerten Niederlanden dagegen kommt nur ein Hund auf zwölf Einwohner, etwa ebenso hoch ist die Hundedichte in Italien (10,6) und Spanien (13). Wenige Hunde werden in Griechenland gehalten (18 Einwohner je Hund), doch gibt es auch dort viele Straßenhunde. In Italien beträgt die Zahl der herrenlosen Hunde nicht weniger als 850.000, das sind 12,5 Prozent der Hundebevölkerung. Noch größer ist der Anteil der Streuner am Hundebestand in Griechenland mit 28,3 Prozent und Portugal mit sogar 38,5 Prozent. Nach Angaben des VDH sind „Hundemuffel" mit bis 15 Prozent Haushalte mit Hunden – in aufsteigender Reihenfolge – die Schweiz, Griechenland, Deutschland, Norwegen, Schweden, Österreich und Spanien, mehr Hundefreunde (über 15 Prozent der Haushalte) finden sich in Finnland, den Niederlanden, Italien, Dänemark, Großbritannien, Portugal, Irland, Belgien und Frankreich (B. Meyer, 1999). In Deutschland leben etwa 4,8 Millionen Hunde, in Österreich zirka 500.000. Doch die zunehmenden Schwierigkeiten, Hunde mit sich zu führen, bringt den Vormarsch der Katzen als weniger Probleme verursachende Heimtiere mit sich.

Die hundefeindliche Entwicklung der letzten Zeit kann ernstlich die Nutzung der oft unentbehrlichen Dienste der Hunde bei der Polizei, als Helfer für Blinde, Gehörlose, Gelähmte und andere Behinderte gefährden wie auch die Verwendung des „Freizeithundes" zu den in großer Vielfalt entstehenden Sportarten mit dem Hund als Partner wie Agility, Schlittenrennen, Pulka, Behändigkeit und andere sowie die Verfügbarkeit privat gehaltener Katastrophenhunde im Notfall. Es ist daher ernsthaft zu überlegen, wie man Exzesse und Probleme der Hundehaltung sowie Unfälle minimiert und dennoch die uralte Kameradschaft Mensch–Hund für die Zukunft rettet.

Es wird gar nicht leicht sein. Auch der physische Zustand des Hundes als Art überhaupt ist nicht mehr der beste, denn es wurde mit ihm so lange Eng- und „Schönheits"zucht getrieben und damit sein Erbgut vielfach so geschädigt, dass da und dort schwere Erbdefekte auftreten, die zum Beispiel Lähmung, Blindheit oder frühen Herztod hervorrufen und sogar manche Rassen ins Verderben zu stürzen drohen. Nicht vergessen sei auch das sehr trübe Schicksal der rasselosen Hunde der Entwicklungsländer, welche die weit überwiegende Mehrheit der Hundebevölkerung unserer Erde ausmachen und immer mehr das Ziel von Ausrottungsfeldzügen werden.

Das vorliegende Buch soll dazu aufrufen umzudenken, damit unser bester Freund uns nicht vorzeitig verlassen muss, wörtlich und im übertragenen Sinn, sondern uns auch im dritten Jahrtausend unserer Zeitrechnung erhalten bleibt. Ich hoffe, hierzu mit diesem Buch einen Beitrag zu leisten und Wege dazu aufzuzeigen. Besonderen Dank schulde ich hierbei Frau Ingeborg Gollwitzer für so manchen wertvollen Rat und tatkräftige Hilfe.

1

DER HUND UND SEINE NÄCHSTEN VERWANDTEN

Die wilden Hundeartigen (Caniden)

Vor etwa 70 Millionen Jahren trennten sich die gemeinsamen Vorfahren von Mensch und Hund genetisch und gingen fortan getrennte Entwicklungswege. Aber noch heute haben wir mehrheitlich gleiche Gene wie unser Haushund, was sich zum Beispiel in gleichen oder ähnlichen chronischen Krankheiten manifestiert. Die ersten nahen Vorfahren der Haushunde waren die Miaciden, kleine sohlengehende, marderartige Raubtiere, die vor zirka 45 Millionen Jahren lebten. Die früheste Form, die schon auf dem Weg zum heutigen Hund war, ist der Hesperocyon, der bereits auf den Zehen lief, eine Voraussetzung für bodenbewohnende, ihre Beute durch Hetzen erjagende Raubtiere.

Welche Stellung hat der Haushund in der Ordnung der Säugetiere? Unsere Haushunde, der Wolf und 36 weitere Arten gehören zu den Hundeartigen Raubtieren (Caniden). Zu diesen zählen u. a. die Füchse und die lupinen (wolfsartigen) Hundeartigen. Letztere umfassen die Hyänenhunde, die Rot„wölfe" und die Gattung Canis, zu der auch der Haushund gehört, sowie die Schakale (Gold-, Streifen- und Schabrackenschakal), der Kojote, der Äthiopische Wolf und der eigentliche Wolf und somit auch unser Haushund. Sie alle besitzen 78 Chromosomen (Erbgenträger der Zelle). Interessanterweise haben der Rotfuchs und andere Füchse nur 36, also etwa die Hälfte. Man könnte vermuten, dass die großen wolfsartigen Caniden ursprünglich durch eine Verdoppelung der Chromosomenzahl (Polyploidie) einer Art Fuchs in der Vorzeit entstanden sind. Das würde auch erklären, dass die Mehrzahl der wolfsverwandten Hundeartigen und der Wolf selbst wesentlich größer als Füchse sind, denn auch die polyploiden Organismen sind im Allgemeinen deutlich größer als andere. Der Haushund hat die Artbezeichnung Canis familiaris, was etwa „der uns vertraute Hund" bedeutet. Da aber der Haushund heute als domestizierter Wolf angesehen wird, stellt er nach Meinung vieler Taxonomen keine selbstständige Art dar. Daher wurde der neue Name „Canis lupus forma familiaris" vorgeschlagen, was zu Deutsch also etwa „uns vertraute Form des Wolfes" heißt.

Die Hundeartigen Raubtiere haben sich in ganz anderer Weise entwickelt als die Katzen. Bei diesen haben die vorderen Gliedmaßen eine gewisse Greiffähigkeit erhalten, wenn sie auch nicht die des Menschen und der Affen erreicht. Dazu kommt bei den Großkatzen ihre Massigkeit. Beides ermöglicht ihnen, große, kräftige Beutetiere anzuspringen, zu umklammern und so zu Boden zu reißen. Durch ihr Gewicht haben sie dafür eine nur geringe Ausdauer im Lauf, sie sind ausgesprochene Sprinter. Das bedeutet, sie müssen durch Anschleichen dem Wild möglichst nahe kommen, um es zu überraschen und im rasanten Angriff noch zu erreichen, bevor sie sich erschöpfen und die schnellen und ausdauernden Beutetiere ihnen davonlaufen können. So können sie als Einzeljäger erfolgreich sein, nur der Löwe als einzige Katze jagt auch im Rudel.

Ganz anders die Hundeartigen. Ihre Läufe sind mit wenigen Ausnahmen normalerweise lang und im Gelenk seitwärts wenig beweglich, spezialisiert für die Vorwärtsbewegung und damit schnellen und ausdauernden Lauf. Sie können daher größere Beute nur mit dem Gebiss überwältigen, dafür aber sind sie leichtgewichtig wie ein Marathonläufer und laufen, wenn nötig, ausdauernd auf langen Strecken. Für die Erbeutung großen Wildes benötigen sie jedoch die Zusammenarbeit im Rudel. Kleine Hundeartige, wie der Fuchs, jagen dagegen auf eigene Faust verschiedenste Kleintiere.

Unter den Hundeartigen sind Wolf, Goldschakal, Äthiopischer Wolf und Kojote die engsten Verwandten des Haushundes. Sie sind sehr sozial und hierarchisch veranlagt. Vater und Geschwister helfen der Mutter bei der Aufzucht der Jungen, alle können auch im Rudel gemeinsam jagen, aber nur der Wolf ist hierin ein ausgesprochener Spezialist. Die Alphatiere unterdrücken häufig die Fortpflanzungsbestrebungen der tieferrangigen Rudel- beziehungsweise mithelfenden Familienmitglieder, sodass dann die anderen Weibchen oft gar nicht läufig werden, und betreiben derart „Familienplanung“. Dies ist umso notwendiger, als die Hundeartigen außerordentlich fruchtbar sind, sodass sie auf Dezimierungen sehr rasch mit vermehrter Fortpflanzung reagieren können, andererseits bei Nahrungsknappheit aber der Übervermehrung gegensteuern müssen. Auch deshalb konnten zum Beispiel der Fuchs und der Kojote – im Gegensatz zum sehr zivilisationsempfindlichen Wolf – trotz aller Bemühungen nicht ausgerottet werden, sondern nahmen zu. Der (nördliche) Wolf braucht wegen seiner Größe große Beutetiere, die er nur im Rudel erbeuten kann. Rudeltiere sind aber durch den Menschen besonders gefährdet. Die wolfsnächsten beiden Caniden Kojote und Goldschakal können heulen, winseln und auch bellen, der Goldschakal auch fuchsartig keckern. Nach den neuen genetischen Untersuchungen gehört der Äthiopische Wolf (Canis simensis) ebenfalls zu dieser Gruppe. Möglicherweise kommt noch der Rothund, auch als Rotwolf bezeichnet (bisher Cuon alpinus), dazu. Gleich den Mitgliedern der Gattung Canis hat auch er 78 Chromosomen, neben Wolf, Hyänenhund und erstaunlicherweise dem kleinen, dackelartigen südamerikanischen Waldhund ist er der vierte Hundeartige, der Rudel bildet.

Der Wolf gilt heute trotz einiger kleiner Unklarheiten als weitgehend anerkannter Stammvater des Hundes. Dieser und alle drei wolfsnächsten Wildhundarten (Kojote, Goldschakal und Äthiopischer Wolf) sind sehr nahe miteinander verwandt und alle lassen sich mit dem Haushund fruchtbar kreuzen. Vermutlich ist es damit auch möglich, diese Wildformen miteinander erfolgreich zu verpaaren. Von der Wolf-Kojoten-Kreuzung ist dies bereits nachgewiesen, denn sie kommt sogar in der Natur vor. Allerdings, am leichtesten ist die Wolf-Hund-Kreuzung in der Gefangenschaft zu erzielen, schwieriger, aber möglich ist auch die Paarung von Wolf und Goldschakal. In Kiel gelang sie nur mit miteinander aufgezogenen Paaren, auch die Nachkommenschaft war einigermaßen fruchtbar, wenn auch im Verhalten mit Auffälligkeiten. Der große Kynologe und Ethologe Eberhard Trumler, ein Schüler von Konrad Lorenz, hat aber den Goldschakal in seinen „Wildhundstamm" erfolgreich eingekreuzt und die Mischlinge durch viele Generationen nachgezogen. Dies zeigt, dass es an sich durchaus möglich ist, Goldschakalgene in Haushunde „einzuschleusen". Der Beweis für eine, wenn auch nur teilweise Goldschakalabstammung des Hundes ist damit allerdings nicht erbracht. Neuere DNS-Tests machen dies höchst unwahrscheinlich. Dazu kommt, dass in der Natur nirgends Schakal-Haushund-Kreuzungen gefunden wurden, wohingegen Kreuzungen mit Wölfen, Äthiopischen Wölfen und Kojoten gelegentlich auch in der Natur vorkommen. Allerdings sollen nach einer Mitteilung von Smet Paarungen von Goldschakal und Hund in der Natur beobachtet worden sein, doch dies steht ziemlich allein (Demeter und Spassow, 1993).

Die Fruchtbarkeit all dieser Kreuzungen zeigt aber, dass das Quintett Wolf-Hund-Kojote-Äthiopischer Wolf-Goldschakal noch so eng verwandt ist, dass man fast von Varietäten einer Art sprechen könnte (der Goldschakal steht hier allerdings etwas stärker abseits). Der heutige Artbegriff lässt dies aber nur gelten, wenn in der Natur noch keine Kreuzungsbarriere aufgetreten ist, das heißt, die beiden Arten sich im Freileben nicht paaren. Eine solche ist jedoch auch bei dem „inneren Verwandtschaftskreis" Wolf – Haushund – Kojote wenigstens in Ansätzen bereits erkennbar, das heißt, Kreuzungen scheinen in der Natur so lange kaum aufzutreten, als die Wildformen nicht durch Dezimierung unter einer gewissen „Sexualnot" leiden. Hund und Wolf sind mühelos aneinander zu gewöhnen und paaren sich in der Gefangenschaft ohne weiteres, selbst dann, wenn Paarungspartner der eigenen Art zur Verfügung stehen.

Es ist verwunderlich, dass offensichtlich der Wolf und nicht der Goldschakal domestiziert wurde, denn der Goldschakal ist ein dreister Kulturfolger, der die

Nähe menschlicher Siedlungen sucht, der Wolf dagegen meidet eher bewohntes Gebiet. In der Steinzeit mag dies allerdings anders gewesen sein. Dennoch hat man lange auch an die Abstammung vom Schakal geglaubt, so noch Konrad Lorenz, der dies sogar ethologisch untermauern zu können vermeinte (siehe dazu sein Buch „So kam der Mensch auf den Hund“). Nur nordische Hunde wie der Chow-Chow sollten nach Lorenz aufgrund ihres Verhaltens als „Einpersonenhunde“ vom Wolf abstammen. Konrad Lorenz dachte ursprünglich, der Wesenszug „Einpersonenhund“ sei durch die Wolfabstammung zu erklären. Deshalb sei der „Lupushund“ Chow-Chow (Lupus, lateinisch = Wolf, im Gegensatz zu der seiner damaligen Meinung nach bei den meisten Rassen vorherrschenden Abstammung vom Goldschakal) anders als bei einem „Aureushund“ (Goldschakal = Canis aureus) nur an einen Herrn gebunden. Diese Verhaltensform ist aber vielmehr für ursprüngliche Haushunde typisch, wie eben für manche nordischen Rassen, ferner Dingos und Verwandte, aber auch zum Beispiel für Hirtenhunde, also für Hunde, die auf der Domestikationsleiter eher noch tief stehen, doch auch bei anderen Rassen finden sich Einpersonenhunde noch mehr oder weniger häufig. Auf die Bedeutung dieser Eigenschaft in der modernen Zeit kommen wir später zurück.

Inzwischen hat sich allerdings herausgestellt, dass der Goldschakal auf einer ursprünglicheren Verhaltensstufe als Wolf und Hund steht (Feddersen-Petersen, 1986). So droht der Schakal nach Art des weniger sozialen Fuchses und auch niedriger Säugetiere, wie der Beuteltiere, mimisch hauptsächlich durch Maulaufreißen. Wölfe und Hunde dagegen haben daneben eine viel differenziertere Mimik und Drohgestik entwickelt. Sie drohen vorwiegend durch Zähneblecken verschiedenen Grades. Auch verschiedene anatomische und biologische Indikatoren zeigen die Artgemeinschaft zwischen Wolf und Hund und das Abseitsstehen des Schakals. Der Schakal macht beim Drohen einen Buckel ähnlich wie eine Katze, und auch seine Art der Bewegung und Lautäußerung unterscheidet sich deutlich von Wolf und Hund. So ist das relative Gehirngewicht des Wolfes größer, das des Schakals aber kleiner als beim Haushund. Haustiere haben aber durchwegs kleinere, nie größere Hirngewichte als ihre Stammformen (nur die Brieftaube macht eine Ausnahme). Der Äthiopische Wolf ist anscheinend das Produkt eines frühen Vorstoßes des Wolfes nach Afrika, der sich dort auf Nagetierbeute spezialisiert hat.

Trumler hat ebenfalls Schakalbastarde beobachtet. Die Mutterhündin „Schaka“ in seinem Buch „Das Jahr des Hundes“ ist ein solcher. Dies alles scheint darauf hinzuweisen, dass eine Blutzufuhr des Goldschakals bei der Schaffung des Haushundes trotz allem vielleicht nicht völlig auszuschließen ist, obwohl man bisher bei Haustieren nach Herre nur monophyletische Abstammungen (von einer einzigen Stammform) nachweisen konnte.

Der Kojote steht Wolf und Hund näher als der Goldschakal. Hund und Kojote sind leicht zu bastardieren. Ein Beitrag des Kojoten zur Haushundwerdung ist daher trotz seiner geographischen Verbreitung nicht völlig auszuschließen, umso mehr, als auch in Nordamerika sehr frühe Haushundreste gefunden wurden, deren Datierung allerdings noch umstritten ist. In Amerika hat man zeitweise große, rätselhafte Caniden festgestellt, die als „coydogs" bezeichnet werden und Kojoten-Hund-Bastarde sein sollen. Inzwischen hat man molekulargenetisch festgestellt, dass als Folge der Ausrottungfeldzüge gegen den Wolf und des dadurch bedingten Mangels an Sexualpartnern für den Wolf viele Restpopulationen des Wolfes in Nordamerika bereits Wolf-Kojoten-Kreuzungen darstellen, obwohl man dies den Tieren meist nicht ansieht.

Dennoch können wir also den Hund im Wesentlichen als domestizierten Wolf betrachten. Vielleicht spiegelt sich ein allfälliger Einfluss des Goldschakals nur in der erstaunlich geringen Größe der Zwergrassen wieder, die nur schwer, was die Größe anbelangt, als „Zwergwölfe" anzusprechen sind. Kein anderes verzwergtes Haustier erreicht eine solche Massereduktion im Vergleich zur Stammform. Auch wenn wir annehmen, dass die ersten Haushunde vorderasiatische Wüstenwölfe (Lupus lupus arabs) gewesen wären (diese erreichen nur ein Gewicht von 20 Kilogramm und weniger) oder kleinwüchsige asiatische Wölfe – der kleinste Wolf (Lupus lupus hodophylax) mit angeblich nur 40 Zentimeter Schulterhöhe hat bis in das letzte Jahrhundert in Japan gelebt –, ist die extreme Winzigkeit zum Beispiel eines Chihuahua nicht recht erklärlich. Vom Wolf her müsste man beim Haushund mit Zwergmerkmalen (zum Beispiel Apfelkopf, vorstehende Augen) schon bei Terriergröße rechnen. Andererseits fällt auf, dass Hunde von Riesenrassen mit 80 Zentimeter und darüber oft für Riesenwuchs typische anatomische Merkmale besitzen (Gigantismus, zum Beispiel übergroße Köpfe, starke Hautfaltenbildung), den die bis zu 1 Meter hohen weißen Polarwölfe, die größte Wolfsunterart, keineswegs zeigen. Verwilderte Hunde (Parias, Dingos) erreichen meist eine Mittelgröße von etwa 50 Zentimeter, die deutlich unter jener der meisten Wolfsvarianten liegt. Da Professor Herre von der Universität Kiel postulierte und weitgehend belegte, dass die verschiedenen Haustiere des Menschen durchweg jeweils nur eine Stammart haben (Herre und Röhrs, 1990), wurde die These vom Wolf als alleinigem Stammvater beziehungsweise vom Hund als gezähmtem Wolf weiter untermauert. Nach heutigem Wissenstand ist also der Haushund ein „Hauswolf", wobei sich die Frage stellt, welche Wolfsunterarten dafür in Frage kommen. Der Wolf weist eine große Zahl teilweise leider bereits ausgestorbener Unterarten auf, wobei im Allgemeinen nördliche Formen groß bis sehr groß, südliche kleiner, Wüstenformen besonders klein sind. So variieren die Gewichte der Varianten von 80 Kilogramm bei russischen und amerikanischen Wölfen bis unter 20 Kilogramm bei der Form Canis lupus arabs aus Arabien. Relativ klein sind auch Canis (lupus) rufus, der Rotwolf aus USA, und Canis lupus baileyi, der Mexikanische Wolf. Eine kleine Form ist ferner Canis lupus pallipes, der Indische Wolf aus dem nahen Osten bis Indien, und Canis lupus chanco, der Chinesische Wolf, die beide schon öfter als Stammform des Hundes ins Gespräch gebracht wurden. In China fand man schon Wolfsknochen gemeinsam mit menschlichen in 400.000 Jahre alten Lagerstätten. Hierbei handelt es sich um den besonders kleinen Canis lupus variabilis, der wohl als Aas- und Abfallvertilger bei den Siedlungen lebte und sicher leichter zu domestizieren war als große Nordwölfe (Olsen, 1985).

Es gibt viele kleinere Hunderassen als die kleinsten, aber keine größeren als die größten Wolfsvarietäten. Möglicherweise haben sich die großen Wölfe als nicht mehr domestikationsfähig erwiesen, oder es wurde gar nicht versucht, da das Domestikationszentrum in Vorderasien (oder China?) gelegen haben dürfte. Dort leben nur kleinere Wolfsvarietäten. Wie immer dem sei, wir müssen annehmen, dass unsere steinzeitlichen Vorfahren den Wolf gezähmt haben. Lorenz meinte, es hätte sich eine Art „Jagdkameradschaft" zwischen Mensch und Hund herausgebildet, die zur Domestikation geführt hätte. Diese idealisierende Vorstellung ist umstritten, aber auch die Meinung, man hätte den Hund einfach als „Fleischlieferanten" wie Ziege und Schaf gezähmt, ist wenig wahrscheinlich. Jagdlicher Gebrauch von Hunden dürfte eine höhere kulturelle Entwicklung voraussetzen. Neuere Untersuchungen bei Naturvölkern sind aber nicht eindeutig. Zur Verwendung von Hunden bei der Jagd gehören auch besonderes Verständnis und eine entsprechende Mentalität. Als südamerikanische Indianer sahen, dass Weiße erfolgreich mit ihren Jagdhunden jagten, schenkte man ihnen solche. Die Indios wussten die Tiere aber nicht sinnvoll einzusetzen, wurden enttäuscht und erschlugen sie. Aber viele andere indigene Völker verwenden sie mit Erfolg.

Der vielleicht auf der untersten Sprosse der Domestikationsleiter stehende, auch wild lebende Hallstromdingo in Neuguinea zum Beispiel ist nach Ansicht der Papuas zur Jagd nicht brauchbar. Er würde ihnen nur das Wild verjagen oder, wenn er es erbeutet, selbst fressen. Dennoch scheint er auch in Neuguinea da und dort zur Jagd, zum Beispiel auf Baumkängurus, verwendet zu werden, deren Standort er anzeigt. In Afrika werden zwar die pariaähnlichen so genannten Schensihunde (der in Europa eingeführte Basenji ist ein solcher) bereits zur Jagd verwendet, so zum Treiben des Wildes in Netze. Die Jäger müssen aber rasch zur Stelle sein, sonst verschlingen die Hunde die Beute selbst. Immerhin hat die jagdliche Verwendung offenbar bereits in der Jungsteinzeit begonnen, darauf weisen Höhlenzeichnungen hin.

Hingegen wird der Hund von jeher in Ostasien, Ozeanien, Südamerika und Afrika verzehrt, und auch in Europa ist dies bis in die jüngste Zeit häufig vorgekommen. Da und dort gibt es das heute noch. So wurden zu Beginn des vorigen Jahrhunderts bei der Zucht des Berner Sennenhundes die nicht dem Zuchtziel entsprechenden Tiere geräuchert. Ja, noch vor kurzem wollte man in der Schweiz den Hund amtlich zu den schlachtbaren Tieren zählen, was allerdings Proteste hervorrief und verhindert wurde. Vermutlich wurde der Hund überall in Notzeiten verzehrt (so in Deutschland auf Hundemärkten als Schlachtvieh feilgehalten), außer vielleicht in islamischen Ländern, wo er als unrein gilt. Da ein Beutegreifer wie der Hund als Nahrungskonkurrent des Menschen, der auf tierisches Eiweiß spezialisiert ist, nicht so rationell gemästet werden kann wie Pflanzenfresser, hat er sich jedoch als ständiger Eiweißlieferant von jeher kaum geeignet, wenn es auch „Masthunde" gibt, man denke an den chinesischen Chow-Chow. In Hawai lebte auch eine eigene Masthundrasse, der Poi Dog, der zu einem phlegmatischen, trägen Tier mit verkümmernden Kaumuskeln (er wurde angeblich rein vegetarisch ernährt) entartet war. Immerhin ist der Verzehr von Hunden auch heute noch so weit verbreitet und auch aus ältesten Fundstellen in Europa nachgewiesen, dass dies durchaus mit ein Grund für die Domestikation gewesen sein könnte.

Von allen Säugetieren hat nur der Mensch alle Lebensräume, von der Wüste bis zum Gebirge und von der Polarzone bis zum tropischen Regenwald, besiedelt. Der Wolf bewohnt zwar von Natur aus nur das Gebiet von der arktischen Region bis zur subtropischen Zone, hier jedoch ebenfalls alle Bereiche. Mit Hilfe des Menschen ist es jedoch seinem Abkömmling, dem Hund, gelungen, die ganze Erde zu erobern, einschließlich des Regenwaldes. Zumindest dort, wo es keine Großkatzen gab, die den Hund als Beute betrachten konnten, konnte er im Tropenwald sogar verwildern (zum Beispiel in Neuguinea und Australien). Der ausgestorbene verwilderte Tenggerhund aus Java, ebenfalls eine Dingoform, lebte allerdings auf einer damals auch von Tigern bewohnten Insel. Andererseits mag es auch andere Gründe geben, warum manche Primitivhundformen in Gebieten, wo es keine für sie gefährlichen Raubtiere gibt, dennoch nicht verwilderten, sondern beim Menschen blieben.

Es ist auch nicht sicher, ob die ersten Hunde als Wach- und Schutzhunde brauchbar waren. So treten Hallstromdingos, die bei Eingeborenen leben, Fremden keineswegs entgegen und melden sie nicht, vielmehr laufen sie davon und verstecken sich. Interessant ist, dass gewisse primitive Haushunde wie diese und die erwähnten Basenjis wenig bellen, obwohl auch der Wolf durchaus bellen kann, dies allerdings selten hören lässt. Ähnlich dem Schnurren der Katze hört man bei manchen Hunden gelegentlich auch einen Laut des Wohlbefindens, eine Art Stöhnen, das sie nur der menschlichen Gesellschaft gegenüber hören lassen.

Warum also wurde der „beste Freund des Menschen“ nun wirklich domestiziert, wenn er anscheinend zunächst kaum einen Nutzen brachte? Bei den Papuas zum Beispiel befassen sich die Frauen und Kinder bevorzugt mit den Welpen, Erstere hätscheln, füttern und säugen sie sogar (wie auch Ferkel), Letztere spielen mit ihnen. In Afrika, beim Hirtenvolk der Turkanas, beobachtete der bekannte Kynologe und Verhaltensforscher Zimen, dass die Hunde, die ja bekanntlich gerne Exkremente verzehren, auch und vor allem menschliche, als „Windelersatz“ bei den Babys dienen und natürlich auch sonst den menschlichen Kot entfernen. Sie stellen also eine Art Gesundheitspolizei in der Eingeborenensiedlung dar. Daneben dürfte allerdings bei der Haushundwerdung, wie gesagt, durchaus der Hundeverzehr mitgespielt haben. In der Südsee ist es gang und gäbe, ein Ferkel oder auch einen Junghund, mit dem man den ganzen Tag liebevoll gespielt hat, abends zu schlachten und zu verzehren. Polynesische Frauen säugen oft Welpen, ohne deren Schlachtung zu verhindern, eine von den vielen zwiespältigen menschlichen Einstellungen zum Hund, ähnlich wie bei uns manchmal Kaninchen sowohl verzärtelte Heimtiere als auch Sonntagsbraten derselben Familie sein können. Koreaner lassen sich ihre Hundemahlzeiten nicht nehmen, aber verwöhnen ihre Rassehunde. Anderswo wieder werden nur fremde, nicht die eigenen Hunde gegessen. Bei den Moslems sind Hunde zwar unberührbar, Parias werden aber vielfach dennoch nicht getötet, da und dort sogar gefüttert.

Natürlich kann die ursprüngliche Rolle des Hundes bei den Steinzeitmenschen wohl eine andere gewesen sein als bei den Papuas und den Afrikanern von heute. Genau werden wir es wohl kaum wissen, doch ist zu vermuten, dass das Aufziehen von Wolfswelpen durch die Frauen dabei vermutlich ausschlaggebend war. Die Zuneigung zum heutigen „Kamerad Hund“ stand also wohl auch am Anfang dieser Geschichte, allerdings zunächst die Liebe zum Welpen, während der erwachsene Hund vermutlich nur mehr oder weniger geduldet war und in sehr loser Gemeinschaft mit den Menschen lebte, so wie die erwachsenen Hallstromdingos in Neuguinea. Übrigens werden sie dort, wie auch viele andere Haushunde bei eingeborenen Völkern, meist weder gefüttert noch gepflegt, müssen für sich selbst sorgen und haben daher eine erstaunliche Vitalität und Intelligenz bewahrt oder sogar weiterentwickelt.

Wenn wir auch an bisherigen, eher romantischen Vorstellungen über die Art, wie Mensch und Wolf sich fanden, zweifeln müssen, so tröstet uns doch die Erkenntnis, dass die wahre Kameradschaft Mensch–Hund vermutlich eben Zeit zu ihrer Entwicklung brauchte. Erst allmählich fanden der sich zivilisierende Mensch und der in bestimmter Weise von der Domestikation durch bewusste und unbewusste Zuchtwahl geprägte Hund so richtig zueinander, sodass schon Zarathustra vor nunmehr etwa 3.000 Jahren sagen konnte, „durch den Verstand des Hundes besteht die Welt". Immerhin waren schon vor 5.000 Jahren spezielle Jagdhundrassen in Ägypten vorhanden. Doch vielfach wurde der Hund auch zum Gegenstand ritueller Verehrung und zum Opfertier. Ganz eindeutig können wir aber die Frage, wie der Mensch auf den Hund kam, auch heute nicht und wohl überhaupt kaum jemals beantworten, schon weil ja der Wolf sehr wahrscheinlich an mehreren Orten und vielleicht aus verschiedenen Beweggründen im Laufe der Menschheitsgeschichte seit der jüngeren Steinzeit domestiziert wurde, von Menschen, die im Umgang mit diesem Tier vermutlich in unterschiedlicher Weise befähigt waren. Wozu alles der Hund nützlich sein kann, dazu machen wir ja noch in allerjüngster Zeit immer neue Entdeckungen.

Sogar der Fuchs und noch andere Caniden, die dafür nicht in Frage kommen, wurden schon mit der Abstammung des Haushundes in Verbindung gebracht. Auch eine eigene Urwildform des Haushundes wurde (und wird) noch vereinzelt postuliert, aber nie hat man eindeutige Reste eines solchen Tieres finden können. Nur ein Argument könnte für die „Abstammung des Hundes vom Hund" sprechen, das ist der eigenartige Umstand, dass in allen südlichen Ländern, wo es keine Wölfe gibt, autochthone (von alters her einheimische) verwilderte Hunde nie wolfsfarben, also grau gewolkt, oder gestromt sind. Deren häufigste Farbe ist Falb in allen Varianten, von Sandfarben über Gelb bis Rot oder Rotbraun mit oder ohne weiße Abzeichen, auch Schwarz und Schwarzweiß kommt vor. Es treten daher, außer in seltenen Fällen, die auf Kreuzungen mit nördlicheren Hunden zurückzuführen sein dürften, keine gestromten Tiere auf, denn Stromung ist meist eine „Bündelung" einer ursprünglichen Wolkung. Zu den Schensis gehören zum Beispiel der Basenji, ursprünglich ein Eingeborenenhund aus dem Kongo, aber ich würde auch die außerafrikanischen Tropenhunde, wie den Telomhund, den Dingo und viele andere dazurechnen. Sollte dies ein Hinweis auf eine andere Stammform sein, die nicht wolfsgrau war? Allerdings zeigen zum Beispiel Basenjiwelpen noch schwarze Haarspitzen, was als Rest der früheren Wolfsfarbe gedeutet werden könnte. Es könnte sich also um eine Reduzierung des schwarzen Pigments als Auswirkung der oft wüstenhaften Umwelt handeln, in der die meisten Wildtiere sandfarbig oder gelb sind.

Wie erwähnt, ist der Wolf, neben dem Hyänenhund und dem Rothund, der sozial höchstentwickelte Canide und lebt und jagt vorwiegend im Rudel. Unter den übrigen entfernter verwandten Hundeartigen jagt interessanterweise nur der kleine, an einen Dackelmischling erinnernde Wald- oder Buschhund der südamerikanischen Regenwälder im Rudel, ja diese Wildhunde sind sogar untereinander besonders kooperativ. Eine soziale Lebensform war sicher eine wichtige Eigenschaft für das erfolgreiche Zusammenleben des Hundes mit dem Menschen nach der

Domestikation. Südliche Formen des Wolfes sind allerdings weniger streng an ein Rudelleben gebunden, ihre Lebensform ist mehr die eines „Revierbummlers", ähnelt also der des Schakals. Häufig wird das strenge soziale Rudelleben des Wolfes geradezu als Vorbedingung für seine erfolgreiche Domestikation bezeichnet. Dem würde entgegenstehen, dass eben gerade weniger strikt sozial lebende, kleinere südliche Wolfsunterarten die Ausgangsformen gebildet haben könnten. Während das Verhalten des Nordwolfes heute schon intensiv studiert wird, weiß man noch wenig von den viel kleineren Südwölfen. Nordwölfe wurden vermutlich erst nach der Domestikation des Hundes da und dort mit dem Vordringen der Hundehaltung nach Norden eingekreuzt. Wie auch immer, sicher konnte nur ein sehr sozialer Canide wie der Wolf so erfolgreich domestiziert werden, denn es handelt sich ja um ein relativ großes Raubtier. Der Mensch hat sich als erstes Domestikationsobjekt also nicht, wie zu erwarten, einen unproblematischen Pflanzenfresser wie das Schaf ausgesucht, sondern gerade einen nicht ungefährlichen Fleischfresser.

Wer domestizierte wen?

Es gibt heute noch Hunde auf recht niederer Domestikationsstufe, wie den bereits erwähnten Hallstrom- oder Neuguinea-Dingo, der verwildert, aber auch als Haushund in den Dörfern der Papuas lebt. Solche Hunde befinden sich sozusagen noch in der Steinzeitepoche der Domestikation, sie werden kaum oder gar nicht gefüttert oder gepflegt, sind deshalb auch oft entsetzlich dürr und parasitenbehaftet. Ähnliches gilt für die Pariahunde. Dies sind seit Urzeiten verwilderte Haushunde, sie leben jedoch in der Nähe des Menschen, ähnlich wie bei uns die verwilderten Stadttauben. Parias stehen jedoch auf der Domestikationsleiter schon höher, denn eingefangen und gezähmt sind zum Mindesten die vorderasiatischen Formen schon für Herden- und Wachdienste verwendbar, wie der israelische Nationalhund, der Canaan Dog, beweist. Diese letzten Haushunde auf niedriger Domestikationsstufe, wozu insbesondere die Parias und Schensihunde (wie zum Beispiel der Basenji), der Australische und der Neuguinea-Dingo sowie der neuerdings ins Blickfeld gerückte Carolina Dog in den USA zu rechnen sind, stellen äußerst wertvolle kynologische und anthropozoologische Forschungsobjekte dar. Sie können uns noch wertvolle Aufschlüsse über das ursprüngliche Zusammenleben von Mensch und Hund geben, sofern die Wissenschaft sich ihnen verstärkt zuwendet, bevor sie ausgestorben sind.

Der Wolf lebt in Gemeinschaft wie seinerzeit der Steinzeitmensch. Seine Rudel jagen gemeinsam auf Großwild, daneben verzehrt er auch gelegentlich Beeren und andere pflanzliche Kost und jagt einzeln kleinere Beute aller Art. Er durchstreift große Gebiete auf der Suche nach Nahrung. Die Lebensweise des Wolfes war also der des Steinzeitmenschen sehr ähnlich. Auch dieser lebte in Horden, jagte gemeinsam Großwild, daneben sammelte er aber auch reichlich pflanzliche Nahrung wie Nüsse, Früchte, Samen und Grünes. Der Wolf ist vorwiegend auf Fleisch angewiesen, der Mensch kann sich, wenn er muss, auch recht gut vegetarisch ernähren. Allerdings lässt der Wolf sich auch bestimmte Vegetabilien, wie Waldbeeren, in Spanien zum Beispiel auch Weintrauben, gut schmecken.

Wenn es auch spekulativ scheint: sobald der Wolf als Haushund in echte Symbiose mit dem Menschen trat, also als Wächter, „Gesundheitspolizei" und später auch als Hirten- und Jagdhund, war dies zweifelsohne ein entscheidender zivilisatorischer Fortschritt, der für die Hunde haltenden Völker und Stämme im Überlebenskampf einen Quantensprung vorwärts bedeuten musste.

Am Ende der Steinzeit, vor etwa 10.000 Jahren, drang der Wald wieder nach Norden vor. Konnte man zuvor in der Tundra die großen Herden schon auf Distanz ausmachen und bejagen, so wurde das im Wald für den Menschen sehr schwierig, es gab viel weniger Wild, und das lebte vorwiegend versteckt. Da brachte der Hund mit seinem unvergleichlichen Geruchssinn möglicherweise die Rettung. Mit Hunden hatte man entscheidend mehr Erfolg, auf der Jagd, im Kampf gegen Feinde, später auch in der Viehzucht. Völkerschaften, die sich auf die Haltung und Zucht von Hunden verstanden, mussten daher weit bessere Überlebenschancen haben, man braucht gar nicht erst an die Eskimos am Polarkreis zu denken. So gesehen, erfolgte möglicherweise eine Selektion von Menschen mit Verständnis für und Geschick im Umgang mit Tieren, also sozusagen eine Domestikation oder „Hochzucht" eines Menschentyps, der sich ein Tier, den Wolf, zunutze machen konnte, lange bevor er die eigentlichen Nutztiere Schaf, Ziege, Rind und Pferd domestizierte. Man könnte dies also auch „Domestikation des Menschen durch den Hund" nennen, gibt es doch keine Hochkultur, die den Hund nicht kannte. Besonders das alte Ägypten war bekanntermaßen schon reich an verschiedenen Hunderassen.

Der Hund hat es (nach R. Coppinger und R. Schneider, 1995) vermocht, uns dazu zu bringen, seine Welpen aufzuziehen. So hatten Dingoweibchen in Australien, die ihre Nester in der Nähe der Lager der Ureinwohner anlegten, die Chance, dass die Welpen von diesen gefunden und aufgezogen wurden. Die blieben bei ihnen als Haushunde, bis sie erwachsen waren, und kehrten dann in die Wildnis zurück. Hat so die Domestikation des Hundes (und die des Menschen durch den Hund) ihren Ausgang genommen? Die Tatsache, dass wir Menschen uns bereit fanden, die Welpen des Haushundes zu pflegen und aufzuziehen, hat seinen enormen Besiedlungserfolg ermöglicht. Der Mensch ist der erfolgreichste Primat, der Haushund der erfolgreichste Canide geworden. Also sind auch wir zu Nutz und Frommen des Hundes geschaffen – nur dass unser Nutzen für ihn seit längerer Zeit sehr zu wünschen lässt, wie wir noch sehen werden. Der Saldo ist unbefriedigend.

HUND UND KATZE

Hund und Katze gehören zu den beliebtesten Heimtieren, doch hat die Katze den Hund da und dort bereits zahlenmäßig überholt. Wir wollen hier den Unterschieden dieser beiden Heimtiere auf den Grund gehen.

Hund wie Katze stammen von kleinen räuberischen Baumtieren ab, die vor 40 Millionen Jahren begannen, die Spitze der Nahrungskette auf der Erde zu erobern. Von ihren baumlebenden Ahnen haben sie nach vorne gerichtete Augen geerbt, mit denen man die Beute fixieren und räumlich-perspektivisch sehen kann, sowie die höhere Intelligenz, die Baumtiere auszeichnet.

Da die räuberischen Dinosaurier ausgestorben waren, stiegen sie von den Bäumen herab, um die frei gewordene Umweltnische auszunützen. Über die grundlegenden Unterschiede dieser beiden Raubtierformen haben wir schon gesprochen. Bei den Katzen bilden nur die Löwen ein Rudel, alle anderen leben mehr oder weniger solitär, sodass jede ihr Nahrungsterritorium hat. Katzen ordnen sich von Natur aus keinem „Ranghöheren" absolut unter wie Wölfe und Hunde. Ähnliches gilt auch für kleine Hundeartige wie die Füchse, die ebenfalls auf ihre Unabhängigkeit bedacht sind.

Unsere Hauskatzen stammen von der nordafrikanischen Falbkatze ab, einer Unterart der auch bei uns heimischen Wildkatze. Es ist dies ursprünglich ein Wüstentier mit geringem Wasserbedarf. Warum wurde gerade diese Unterart der Wildkatze domestiziert?

Das hat mit den alten Ägyptern und ihren riesigen Pyramidenbauten zu tun. Um die Arbeitermassen zu verköstigen, wurden große Getreidelager errichtet. Dort vermehrten sich nun Mäuse und Ratten ungeheuer und zogen die Falbkatzen an, die von den Ägyptern gern gesehen wurden. Da jetzt Futter in Hülle und Fülle vorhanden war, war der Zuzug der Katzen beträchtlich. Sie begannen, ihr Verhalten radikal zu ändern und Artgenossen eher in ihrer Nähe zu dulden. Kurz, sie wurden sozialer und verträglicher, und das ermöglichte ihre Domestikation. Sie konnten sich nun auch an den Menschen sozial anpassen und man konnte sie unter Umständen auch zu mehreren zusammen halten. Im Gegensatz zum Hund haben sie aber nie ihre Selbstständigkeit und Unabhängigkeit verloren. Man kann sie daher zu nichts ausbilden wie Hunde, wenn es auch Zirkuskatzen gibt und man ihnen auch entgegen der allgemeinen Meinung Leinenführigkeit beibringen kann (und sollte!). Die Katze hat es aber gelernt, mit dem Menschen eng zusammenzuleben und auch ihre Zuneigung zu zeigen.

Anders der Hund. Er stammt vom Wolf ab, und im Wolfsrudel herrscht eine strenge Hierarchie. Daher war der Hund von vornherein zum Zusammenleben mit dem Menschen prädestiniert und seine soziale Anpassung ermöglichte später die vielseitige Ausbildung. Der Hund ist in hohem Maß zu Zusammenarbeit mit dem Menschen befähigt. Er braucht von vornherein eine „Bezugsperson", an die er sich eng bindet und der er überall hin folgt, ja er braucht den gemeinsamen täglichen Ausgang und die gemeinsame Betätigung als Ersatz für die Beutejagdzüge im Rudel. Nur schwer kann er sich mit Alleinsein abfinden. Die Katze hingegen hängt mehr an ihrer Heimstatt, freiwillig geht sie nur mit einem Menschen mit, solange es ihr passt. Sie leidet viel weniger darunter, allein gelassen zu sein, und benötigt nicht das gemeinsame Gassigehen (gerne würde sie aber alleine Ausgang haben, um Mäuse zu jagen!). Diese Mentalität ermöglicht es, Katzen lange allein zu lassen. Mit den heute verbreiteten Zweipersonen- und Singlehaushalten und der vermehrten Berufstätigkeit ist daher die Katzenhaltung gegenüber der Hundehaltung im Vorteil, obwohl die Katze nicht das bieten kann, wozu ein Hund imstande ist. Andererseits gibt es jedoch Menschen, denen eine Katze und ihr Wesen einfach mehr zusagen als ein Hund.

Hunde haben einen überlegenen Geruchsinn, aber auch die Katzen können viel besser riechen als Menschen. Katzen sehen besser. Hund wie Katze sind im Nachtsehen dem Menschen überlegen, aber die Katze übertrifft hierbei den Hund um einiges. Sie hören auch noch höhere Töne als Hunde. Die Katze hat ein spezialisiertes Raubtiergebiss (Scherengebiss), alle ihre Backenzähne sind scharfkantig zum Abbeißen von Fleisch. Die Zahnzahl ist reduziert, sie hat nur drei beziehungsweise zwei Prämolarzähne (vordere Backenzähne) gegenüber normalerweise vier und vier beim Hund und nur einen einzigen Molarzahn (zwei und drei beim Hund). Die Molaren (hintere Backenzähne) außer dem ersten unteren haben beim Hund eine Kaufläche, bei der Katze nicht. Das bedeutet, dass der Hund auch pflanzliche Nahrung aufnehmen kann, die gekaut werden muss, die Katze nicht. Die Scherenfunktion haben beim Hund nur der vierte obere Prämolar und der erste Molar im Unterkiefer. Die Katze ist daher noch mehr als der Hund auf Fleisch als Nahrung angewiesen. Katzen sind reinlicher als Hunde, obwohl es Hunde und Hunderassen gibt, die sich sehr sauber halten. Vielen Hunden und Rassen haben wir es auch durch langes, wirres oder zottiges Haar erschwert oder unmöglich gemacht, richtig Körperpflege zu treiben.

Ein Leben „wie Hund und Katze" ist zwar sprichwörtlich, doch dulden Hunde mehrheitlich die mit ihnen zusammenlebenden Tiere, also auch die Katze. Fremde Katzen sind dagegen für sie meist ein Beuteobjekt, das sie jagen. Katzen können sich jedoch gegen Hunde gut verteidigen, nur gegen große scharfe Hunde haben sie keine Chance.

Besondere Eigenschaften des Haushundes

Um den Haushund zu charakterisieren, ist auch heute noch die prägnante Beschreibung des Begründers der modernen Zoologie, Carl von Linné (1707–1778), unübertroffen und cum grano salis im Wesentlichen auch immer noch zutreffend. Sie lautet nach der in Brehms Tierleben, Ausgabe 1893, wiedergegebenen Übersetzung:

„Frisst Fleisch, Aas, mehlige Pflanzenstoffe, kein Kraut, verdaut Knochen, erbricht sich nach Gras; lost auf einem Stein: Griechisch Weiß, äußerst beizend. Trinkt leckend; wässert seitlich, in guter Gesellschaft oft hundertmal, beriecht des Nächsten After; Nase feucht, wittert vorzüglich; läuft der Quere, geht auf den Zehen; schwitzt sehr wenig, in der Hitze lässt er die Zunge hängen; vor dem Schlafengehen umkreist er die Lagerstätte; hört im Schlafe ziemlich scharf, träumt. Die Hündin ist grausam gegen eifersüchtige Freier; in der Laufzeit treibt sie es mit vielen; sie beißt diese; in der Begattung innig verbunden; trägt 9 Wochen, wölft 4–8, die Männchen dem Vater, die Weibchen der Mutter ähnlich. Treu über alles; Hausgenosse des Menschen; wedelt beim Nahen des Herrn, lässt ihn nicht schlagen; geht er voraus, am Kreuzwege sieht er sich um; gelehrig, erforscht er Verlorenes, macht nachts die Runde, meldet Nahende, wacht bei Gütern, wehrt das Vieh von den Feldern ab, hält Rentiere zusammen, bewacht Rinder und Schafe vor wilden Tieren, hält Löwen in schach, treibt des Wild auf, stellt Enten, schleicht im Sprunge an das Netz, bringt das vom Jäger erlegte, ohne zu naschen, zieht in Frankreich den Bratspieß, in Sibirien den Wagen. Bettelt bei Tische; hat er gestohlen, kneift er ängstlich den Schwanz ein; frisst gierig. Zu Hause Herr unter den Seinigen; Feind der Bettler, greift ungereizt Unbekannte an. Mit Lecken heilt er Wunden, Gicht und Krebs. Heult zur Musik, beißt in einen vorgeworfenen Stein; bei nahem Gewitter unwohl und übel riechend. Hat seine Not mit dem Bandwurm; Verbreitung der Tollwut. Wird zuletzt blind und benagt sich selbst. Der amerikanische vergisst das Bellen. Die Mohammedaner verabscheuen ihn; Opfer der Zergliederer für Blutumlauf."

Auch im Zeitalter der Verhaltensforschung kann man die Merkmale des Haushundes kaum besser charakterisieren, als es hier mit wenigen Worten geschah. Die meisten Besonderheiten des Haushundes sind vom Wolf her „angewölft", andere sind als Veränderungen durch die Domestikation erklärbar, zum Beispiel Hängeohren und andere anatomische Veränderungen. Nicht ganz eindeutig ist jedoch die Zuordnung einiger Merkmale, die man nur beim Hund oder zum Teil auch bei anderen Arten als dem Wolf vorfindet. Eine solche Besonderheit des Hundes ist das so genannte Schränken („läuft der Quere" bei Linné). Damit ist gemeint, dass viele Hunde ihre Längsachse zur Trabrichtung schräg stellen. Eine eindeutige Erklärung dafür gibt es nicht, so soll der Hund damit vermeiden, mit dem Hinterfuß auf den Vorderfuß zu treten. Im Gegensatz zu den Wildhundarten traben viele Hunde „zweispurig", während Wolf und Fuchs „einspurig" traben beziehungsweise „schnüren", das heißt, sie bilden nur eine Reihe von Fußabdrücken. Dies mag den Vorteil haben, den Körper nach vorne einheitlich und schnurgerade ausrichten zu können und das Schwergewicht nicht ständig wechselnd rechts und links zu verlegen. Auch sind Haushunde meist breiter gebaut, daher „breitbeiniger" als die schmaleren Wildhunde, wodurch ihnen das Schnüren meist schwerer fällt beziehungsweise nicht möglich ist. Bei vielen Rassehunden gilt übrigens das Schränken als Fehler. Allerdings wird auch vom Fuchs berichtet, dass in der Spur die Füße jeder Seite auch leicht rechts beziehungsweise links, aber noch in der Schnürlinie liegen.

Der Hund ist als Haustier heute vom Wildtier Wolf in vielem verschieden oder abgeändert, doch „des Pudels Kern" ist nach wie vor der Wolf. Einige Rassen zeigen immer noch annähernd die Wildfarbe, den Körperbau und die Fellfarben des Wolfes, so die Polarhunde und der (ursprüngliche graue) Deutsche Schäferhund. Doch domestikationsbedingt gibt es ungeheuer viele Variationen. Die Hundefarben werden durch ein kompliziertes System von Genen gesteuert, die jeweils zu funktionsbestimmten Genorten gehören, die für Farbintensität, Verteilung, Scheckung, Verdünnung usw. zuständig sind. Auf diese Weise sind Hunderte von Farbvarianten möglich. So gibt es zwischen Weiß und Schwarz sowie Sandfarben und Rot alle Nuancen und viele Muster und Scheckungen.

Das Haarkleid, ursprünglich aus Unterwolle und steiferem Grannenhaar (Deckhaar) sowie Leithaaren bestehend, kann wollig, lockig, verfilzt, gekräuselt, wirr oder schlicht, kurz oder lang, rau oder seidig, hart oder weich sein oder, beim Nackthund, gar fast ganz fehlen.

Zahlreich sind die Ohrformen vom kleinen Rosenohr des Windhundes bis zum überlangen Hängeohr der Spaniels. Ebenso variiert der Schwanz in Form, Behaarung und Haltung. Schließlich findet sich im Körperbau vom grazilen Windspiel bis zur massigen Bulldogge und in der Größe vom Chihuahua bis zum Bernhardiner jede denkbare Variante, bei kurzen oder langen Läufen, langem oder extrem verkürztem Kopf etc. Aber jede übermäßige Abweichung vom Bauplan des Wildhundes bringt Probleme für Gesundheit und Wohlbefinden der Rasse mit sich, die zum Teil schwerwiegend sein können.

Der Wolf (Canis lupus)

Der Wolf ist das größte Hundeartige Raubtier. Er ähnelt einem großen Deutschen Schäferhund des ursprünglichen Typs oder auch einem Husky. Eigentlich wurde der Wolf von der Natur gleich zweimal „erfunden". Viele Millionen Jahre vor den Hundeartigen Raubtieren gab es schon einen ersten „Prototyp", den Beutelwolf. Mit diesem Beuteltier hat die Natur im „ersten Anlauf" ein auf den ersten Blick frappant hundeähnliches Geschöpf mit „einfachsten Mitteln", sozusagen als „Sparvariante", geschaffen (Beuteltiere sind ja sehr ursprüngliche Säugetiere). In Australien mit seiner Beuteltierwelt reichte das aus, bis eben mit dem Dingo, dem verwilderten Haushund, ein echter Hund oder besser: der „Wolf in domestizierter Form" Australien eroberte und den primitiven Beutelwolf dort vermutlich ausrottete. Nur auf Tasmanien, wo der Dingo nie hinkam, starb dieses hochinteressante Tier erst im vorigen Jahrhundert, hier durch die menschliche Verfolgung, aus.

Ursprünglich bewohnte der Wolf fast den ganzen gemäßigten Teil der nördlichen Halbkugel bis in die Subtropen, ausgenommen Afrika. Der Wolf hatte ursprünglich, zusammen mit dem Rotfuchs, das größte Verbreitungsgebiet von allen Säugetieren. Daraus ist seine große Anpassungsfähigkeit zu erkennen, die wohl eine der Vorbedingungen war, dass der Hund als einziges Haustier dem Menschen überall hin folgen konnte. Heute immer mehr zurückgedrängt, strebt der Wolf aber seit dem Fallen des Eisernen Vorhanges wieder nach Mittel- und Westeuropa. Immer wieder werden Einzeltiere in Deutschland und Österreich gesichtet und meist trotz Verbot erlegt.

Wölfe leben vorwiegend von Großwild, das sie im Rudel jagen, sie ernähren sich aber auch von Kleintieren aller Art und Beeren. In manchen Verbreitungsgebieten, wie Italien, suchen sie jedoch auch die Müllhalden auf. In der Natur dürften vor allem Wölfinnen nur dann sich mit Hunden paaren, wenn wegen Dezimierung der Wölfe keine Wolfsrüden vorhanden sind. So gab es in Schweden die Wölfin „Ylva", die offenbar versprengt und isoliert die Gegend unsicher machte und Hunde, vor allem kleine, teils erbeutete – so trug sie einer älteren Dame, die im Grünen unterwegs war, den Schoßhund weg –, teils in der Läufigkeit mit ihnen flirtete, sodass man sie schließlich abschoss. Die Bastardierung mit Haushunden könnte eine ernste Gefahr für die Zukunft der Wölfe in Gebieten sein, wo sie stark dezimiert wurden und wo es viele streunende Hunde gibt wie in Russland und Italien. Allerdings hat man molekulargenetisch bisher keine Hinweise darauf bei italienischen Wölfen gefunden. Mischlinge sind ja keine echten Wölfe mehr.

Die große Scheu und die Kulturflucht des Wolfes lässt immer noch Gegner der Wolfsabstammung des Hundes meinen, der Wolf käme im Gegensatz zu den Kulturfolgern Kojote und Goldschakal als Ahnherr des Haushundes kaum in Frage.

Vermutlich war der Wolf aber, solange der Mensch ohne Feuerwaffen und damit wenig zu fürchten war, noch nicht so scheu wie heute nach Jahrhunderten der Verfolgung und vielleicht einst auch für unbewaffnete Einzelpersonen wie Frauen und Kinder gefährlich.

Wie erkennt man einen Wolf in der Natur? In gemäßigten und nördlichen Gebieten an seinen schrägen „Mongolenaugen", die aber auch die nördlichen Spitze aufweisen. Sein Kopf ist breit, größer als bei Hunden, die Stirn flach, die Augen hellgelb. Die Pfoten sind groß und langgestreckter als bei Hunden, was für seine Spuren charakteristisch ist. Bei den Rüden liegt der Penis deutlich dichter am Bauch angelegt. Typisch ist auch sein elastisch federnder Gang.

Der Kojote (Canis latrans)

Dieser kleine Präriewolf hat sich heute auf Kosten des Wolfes fast über das gesamte Gebiet der USA verbreitet. Nach DNS-Untersuchungen soll er, wie erwähnt, sogar schon in viele nordamerikanische Wolfsvorkommen eingekreuzt sein, was in Jägerkreisen zu dem Argument geführt hat, solche „Bastarde" seien ja ohnehin nicht schützenswert. Kojoten leben heute sogar in amerikanischen Großstädten wie bei uns die Füchse. Der Kojote ist anpassungsfähiger als der Wolf und bildet nur unter bestimmten Umständen Rudel (wenn lediglich große Beutetiere vorhanden sind). Das heißt aber nicht, dass er nicht auch hoch sozial ist.

Lebte der Kojote in der Alten Welt, würde er auch als Stammvater des Hundes reklamiert werden. So ist das wegen der Geographie nur begrenzt denkbar, etwa bei Indianerhunden. Kojoten kreuzen sich leicht mit Hunden, sind aber genetisch etwas entfernter als der Wolf. Ihr Gewicht liegt zwischen 10 und 18 Kilogramm und darüber. Sie sind viel anpassungsfähiger als der Wolf, da sie nicht so stark auf große Beutetiere angewiesen sind. In ihrer Stellung als Raubtier liegen sie also zwischen Fuchs und Wolf.

Der Goldschakal (Canis aureus)

Konrad Lorenz hielt ihn für den Ahnherrn des Haushundes, mit Ausnahme der Nordischen Spitze wie des Chow-Chows. Das hat sich als Irrtum erwiesen. Der Goldschakal ist ein dreister Kulturfolger im Orient und Afrika, den es in die Nähe menschlicher Ansiedelungen zieht. Er tritt nur selten als Rudeljäger auf, ist aber gleichwohl durchaus auch sozial. Beispielsweise helfen ältere Junge den Eltern bei der Geschwisteraufzucht. Sein Verhalten erinnert aber, wie erwähnt, an das einfachere, ursprünglichere des Fuchses, gleichfalls vorwiegend ein „Revierbummler" so wie er, der meist allein durch sein Territorium streift. Das Körpergewicht beträgt 6 bis 15 Kilogramm, sehr große Schakale können also unter Umständen größer sein als sehr kleine Wölfe. Schakalwelpen entwickeln sich viel rascher als Wolfs- oder Hundewelpen und sind untereinander aggressiver. Jung aufgezogen werden sie sehr zahm. Dennoch sind Schakale durchaus auch sozial und es wurden 59 Verhaltensweisen der Kommunikation bei ihnen festgestellt (Wandrey in Demeter und Spassow, 1993).

Wegen des Fortfalls des Eisernen Vorhanges und der immer stärkeren Dezimierung des Wolfes, der ihn ebenso unterdrückt wie der Wolf den Kojoten in Amerika, dringt der Goldschakal vom Balkan jetzt sogar nach Norditalien und Österreich vor, wo er bisher in der Fauna nicht vertreten war.

Der Äthiopische Wolf (Canis simensis)

Dieser eigenartige und hochinteressante Canide wurde zunächst für den Vertreter einer eigenen Gattung gehalten, denn wegen seiner Hochbeinigkeit und dem langen spitzen Fang, der roten Farbe wie auch seiner Spezialisierung auf kleine Nager in einer Grasflur wurde er oft mit dem merkwürdigen südamerikanischen Mähnenwolf verglichen, mit dem er aber nur sehr entfernt verwandt ist. Unerwarteterweise müssen wir ihn aber heute in die engere Familiengruppe um Wolf und Haushund einreihen. DNS-Untersuchungen zeigten nämlich, dass er nach dem Kojoten der nächste Verwandte des Wolfes und des Haushundes ist! In der Größe entspricht er einem Deutschen Schäferhund. Er lebt auf hoch gelegenen Grassteppen des äthiopischen Hochlandes, wo er sich von mittelgroßen und kleinen Nagern ernährt, die er zum Großteil ausgräbt, und nur fallweise auch von Hasen und jungen Antilopen, die auch gemeinschaftlich gejagt werden, oder von Aas. Trotz der Spezialisierung auf kleine Beute, die im Alleingang erbeutet wird, bildet er immer noch Rudel, die aber meist nur früh, mittags und abends zu Begrüßungszeremonien und „Grenzpatrouillen" zusammenkommen. Leider ist er heute der seltenste und am meisten bedrohte Canide überhaupt. Dazu kommt, dass er sich infolge seiner nahen Verwandtschaft mit dem Haushund mit diesem verkreuzt – im Gegensatz zum Goldschakal. Auffallend ist sein schöner roter Pelz. Damit fällt wieder das Stichwort

Schensi, die ja auch gelbe und rote Farben zeigen. Der Äthiopische Wolf könnte von einem südlichen Wolf abstammen, der eine ökologische Nische in Afrika besiedelte und sich auf diese spezialisierte, während es sonst in Afrika keine Wölfe gibt. Ein solcher nicht wolfsgrauer Wolf könnte theoretisch auch der Ahne oder einer der Stammväter des Haushundes gewesen sein. Jedenfalls ist der Äthiopische Wolf auch von großem kynologischem Interesse, es ist nur zu hoffen, dass es gelingt, ihn zu erhalten und näher zu studieren.

Jungrüden dieses Caniden bleiben im Rudel, doch ein Teil der jungen Fähen verlässt es. Das ist ungewöhnlich, denn bei Säugetieren ist es meist umgekehrt. Paarungen erfolgen im Rudel nur mit dem Alpharüden, jedoch auch außerhalb des Rudels mit Rüden jeden Ranges. Sie winseln, jaulen, bellen und heulen ähnlich wie der Wolf. Wie zu erwarten, wird Inzucht weitgehend vermieden, hauptsächlich durch das Abwandern der jungen Fähen, aber auch durch Paarungen außerhalb der Rudelgemeinschaft.

Das dominante Weibchen wirft Junge in einer Höhle. Oft werden sie auch von einem untergeordneten Weibchen gesäugt, das meist eigene Junge verloren oder zugunsten der Jungen des dominanten Weibchens verlassen hat. Ich könnte mir vorstellen, dass es sich hier vielleicht auch um die ursprüngliche biologische Nutzanwendung der Scheinträchtigkeit handelt, auf die wir noch zurückkommen werden. Es wurde schon beobachtet, dass bei einem Weibchen, das nicht trächtig war, Milchbildung einsetzte, wenn es einige Tage mit Welpen in Kontakt war.

Manche Forscher sprechen daher heute von drei Wolfsarten: dem eigentlichen Wolf (Canis lupus), dem Amerikanischen Rotwolf (Canis niger), der vermutlich aus frühen Kojoten-Wolf-Kreuzungen entstanden ist, und dem Äthiopischen Wolf (Canis simensis). Nach seiner Lebensweise könnte Letzterer sich für eine theoretische Neudomestikation des Haushundes gut eignen, als Ahne des jetzt lebenden Haushundes kann er aber wohl ausgeschlossen werden.

2

WESEN UND VERHALTEN

Schönheit ohne Eitelkeit,
Stärke ohne Einbildung,
Mut ohne Wildheit,
Alle Tugenden des Menschen ohne seine Laster

Aus der Grabschrift Lord Byrons auf seinen Neufundländer Boatswain

Die Wesens- und Seelenverwandtschaft von Mensch und Hund

Vorauszuschicken wäre, dass sich die heutige Ethologie nur in recht dürftigem Umfang um das Verhalten des Hundes kümmert. Der Hund ist ein Heimtier, das weder in der wirtschaftlichen Bedeutung mit den landwirtschaftlichen Nutztieren noch als Studienobjekt mit imagefördernden ausgefallenen Wildtierarten vergleichbar ist. Daher kommt dem Hund in den ethologischen Forschungen nicht die Bedeutung zu, die er im menschlichen Leben hat. Dennoch ist im vergangenen Jahrhundert sehr viel erforscht und unser Verständnis des Wesens des Hundes enorm ausgeweitet beziehungsweise korrigiert worden.

Es dürfte kein Zufall sein, dass das Verhalten von Mensch und Wolf sowie ihrer jeweiligen nächsten Verwandten, der Menschenaffen einerseits und des Goldschakals und des Kojoten andererseits, höchst auffällige Parallelen zeigt. Wir wollen daher hier Mensch und Wolf, als Stammvater des Hundes, gegenüberstellen.

Der Mensch ist ein Allesfresser mit auch teilweise beutegreiferischen Eigenschaften (fast ein „Raubaffe"), der ursprünglich im Familienverband innerhalb von hierarchisch gegliederten Horden lebte. Der Wolf ist ein Beutegreifer, der in Rudeln zum Teil jahreszeitlich bedingt Großwild jagt und im Familienverband seine Jungen aufzieht. Beide zeigen also analoge Sozialsysteme.

Beide können ihre Gefühle und seelischen Zustände in erstaunlich ähnlicher Weise ausdrücken und untereinander mitteilen. So verfügen beide über eine ähnliche, verwandte Gestik (Körpersprache): Sich-groß-Aufbauen signalisiert Dominanz. Mensch: aufrechte Stellung, „Vergrößerung“ durch Epauletten, Kronen, Helme, Fäuste-in-die-Seite-Stemmen und dergleichen; Hund: steife, hochgereckte Haltung und hochgehaltene Rute, Drohen durch Haaresträuben, Wolf und stehohrige Hunde dazu hochgestellte, gespitzte Ohren.

Unterwerfung wird durch „Kleinmachen“ verschiedenen Grades angezeigt. Mensch: Verbeugen, Sichducken, Niederknien, Niederlegen, Knicks, Kotau, Auf-den-Boden-Werfen (vor dem Sultan oder Häuptling); Wolf/Hund: Kopf/Ohren senken, Sichducken, Absenken der Rute bis Einziehen, Ohren anlegen, Auf-den-Rücken-Werfen (aktive Unterwerfung = Unterwerfung auf eigene Initiative).

Drohen durch Mimik. Mensch: Stirnrunzeln, Mundwinkel herunterziehen (schwache „Beißintention“), Zähne entblößen bei extremer Wut (obwohl Menschen selten noch wirklich zubeißen); Wolf: starkes Nasen- und Stirnrunzeln, vorderes Zähneblecken, dazu eventuell Rückenhaare sträuben und andere Körpersignale wie oben angeführt.

Freundliche Stimmung. Mensch: Hochziehen der Mundwinkel, mit oder ohne Zähneentblößen; Wolf/Hund: glatte Stirn und Nase, geöffnetes Maul, zurückgezogene Mundwinkel. Hohe Töne sollen freundliche Stimmung ausdrücken. Mensch: Kindersprache, Kosenamen (mit viel i!); Wolf/Hund: Winseln, Fiepen, Jaulen. Diese Laute sollen je nach Situation Betteln, Hilferuf, Schmerz oder Unterwerfung ausdrücken.

Tiefe Töne bei aggressiver Stimmung, Drohung, Dominanz. Mensch: Brummen, tiefe Stimme; Wolf/Hund: Knurren, tiefes Bellen.

In lautlicher Hinsicht gilt also gleichermaßen bei Mensch wie Hund, dass hohe Töne (Winseln, Fiepen beim Hund, „Babysprache“ beim Menschen) Zuneigung, Unterordnung und Betteln zum Ausdruck bringen und die Tonlage der Kinder beziehungsweise Welpen imitieren sollen, tiefe Laute dagegen Drohung ausdrücken (Knurren bei Hund und Wolf).

Die meisten Hunde heulen weniger (ein Ausdruck des Verlassenseins, der Territorialität und der Gemeinsamkeit) als der Wolf oder gar nicht, es kann auch durch Jaulen ersetzt sein. Dagegen ist das Bellen stark entwickelt und differenziert.

Was die Haushunde anbetrifft, so ist ihr Verhaltensinventar zwar im Wesentlichen das gleiche wie beim Wolf, doch weit weniger ausdrucksvoll in der Ausführung, aber immer noch auch für uns mehr als deutlich. Allerdings können viele Rassen zum Beispiel wegen Langhaar oder abweichender Kopfform manche mimischen Ausdrucksformen gar nicht mehr zeigen. Nachfolgend seien die nichtsprachlichen Kommunikationsformen noch einmal in Übersicht, auf Wesentliches beschränkt, tabellarisch gegenübergestellt:

Vergleich der nichtsprachlichen Kommunikation von Mensch und Hund

(nur das Wesentlichste, wegen der Anschaulichkeit)

FORM DER KOMMUNIKATION	MENSCH	HUND
stimmlich	weinen, schreien, lachen, schluchzen, singen	heulen, bellen, knurren, jaulen, winseln, fiepen
Gesichtsmimik	lachend, lächelnd, grinsend, Brauen hochziehen, Stirn runzeln, Nase rümpfen, Kussandeutung, zwinkern	„Spielgesicht", „lächeln" (nur manche Hunde), Zähne, blecken, Maul aufreißen, Nase in Falten legen, Zunge in Leckintention herausstrecke
Kombination von Mimik, Körper- und Ohrhaltung	nur Kombination von Mimik und Körpersprache	vielfältige Kombinationen auch durch zahlreiche Ohrenstellungen
geruchlich	vorhanden, doch noch wenig erforscht, anscheinend zum Teil rudimentär; Partnerwahl?	sehr wesentlich, stark entwickelt (Analkontrolle, Faeces, Duftdrüsen (anal, caudal, Pheromone), Harnmarkieren, Brust-, Ovulations-, Stimmungs- und Dominanzanzeiger
Körpersprache: Imponieren	Silhouettenmaximierung: hochrecken	Silhouettenmaximierung: gestreckte Haltung, Ohren, Schwanz hoch
Drohen	dazu Fäuste ballen, Drohgesicht, Hände in die Hüften stemmen, bei Wut Zähne entblößen	dazu Haare sträuben, Zähne blecken, Maul aufreißen, schnappen, vorstoßen
Unterwerfung	Silhouettenminimierung: verbeugen, knien, sich auf den Boden werfen, Hände küssen	Silhouettenminimierung: geduckte Haltung, eingezogener Schwanz, aktiv: auf dem Rücken, Leckintensionen, stoßen in Mundwinkel des Partners
Zuneigung	lockere Haltung, streicheln, umarmen, küssen	Pfote auflegen, In-die-Luft-Lecken, Fellknabbern und -lecken
Sozialkontaktanbahnung	lächeln, lachen, zwinkern, Körperkontakt, Händedruck	Spielaufforderung (vorne ducken, Spielgesicht), als „Beute" in Unterwerfungshaltung losrennen, Pfote auflegen

Menschen und Wölfe zeigen also, so verschieden sie auch physisch sind, geradezu verblüffende Analogien in Verhalten und Soziologie. Beide sind ursprünglich in Gruppen (Horden beziehungsweise Rudel) lebende und jagende Säugetiere, die eine ausgeprägte Hierarchie kennen und sich durch Laute und Körpersprache verständigen. Während der Mensch als einziges Tier dazu als zweite Ebene der Kommunikation noch eine Wortsprache ausbildete, bedient sich der Wolf allein der Körpersprache und der Lautäußerungen. Mimik und Gestik, also die Körpersprache, sind beim Menschen gegenüber ihren Verwandten und dem Hund etwas abgeflacht, aber immer noch sehr deutlich. Im übrigen Tierreich aber hat nur noch der Wolf eine so vielseitige Fähigkeit zur Gesichtsmimik, die auch zum Teil beim Hund erhalten ist, sofern Haarwuchs und Schädelbau dies noch zulassen. Auch die Grundelemente der Gesichtsmimik sind bei Hund und Mensch analog: Ein entspanntes Gesicht ist neutral oder freundlich, Falten an der Stirn oder beim Wolf (und Hund) auch an der Nase bedeuten Drohung, ebenso das Entblößen des Gebisses. Dabei kann die Drohung je nach Ohren-, Schwanz- und Körperhaltung offensiv (bei dominanten Tieren oder solchen, die es werden wollen) oder defensiv (bei angegriffenen oder unterlegenen) sein. Auch bei freundlicher Stimmung werden die Zähne bei sonst entspanntem Gesicht entblößt, es wird also gelächelt. Die Analogie zum Menschen ist also erstaunlich. Nur bei manchen Hunden (nicht beim Wolf!), besonders bei Jagdhunden und Dalmatinern, gibt es sogar ein ausgesprochenes „Grinsen" mit gerunzeltem Nasenrücken und entblößten Schneidezähnen. Es wird nur dem vertrauten Menschen, von einigen Tieren auch rangüberlegenen Hunden bei freundlich-demütiger, leicht gehemmter Kontaktaufnahme gezeigt, aber von mit ihnen nicht vertrauten Menschen oft als Aggressivität missdeutet! Hierbei wird aber nicht geknurrt, die Ohren sind angelegt und es wird gewedelt und/oder (zum Beispiel beim Pudel) getrampelt.

Gerade das Nasen- und Stirnrunzeln oder -glätten sowie die Änderung der Mundstellung verdienen unsere besondere Beachtung. Bekanntlich verständigen auch wir Menschen uns noch zu einem guten Teil mit der Körpersprache, obwohl wir ja eine eigene Wortsprache entwickelt haben. Lachen, Lächeln, Grinsen, Schmunzeln, Faustballen, Zwinkern sind nur einige dieser äußerst wirksamen menschlichen Ausdrucksmittel. Die Grimassen der Affen sind ebenfalls gut bekannt, sie sind, da den Affen die Wortsprache fehlt, noch viel intensiver ausgeprägt als das menschliche Mienenspiel, das ja nur das gesprochene Wort unterstreichen (oder nicht Gesagtes unterschwellig ausdrücken) soll. Da ist nun die Parallele zu den entsprechenden Ausdrucksformen des Wolfes frappant. Tatsächlich kennen eigentlich nur dieser sowie die Affen und Menschen, in geringerem Grad auch andere Hundeartige, Katzen und andere Raubtiere das Verziehen der Gesichtsmuskeln als Ausdrucks- und

Verständigungsmittel. Weder die Füchse noch die ebenfalls im Rudel lebenden Hyänenhunde zeigen eine so verfeinerte Gesichtsmimik, außer dem Drohen durch Maulaufreißen, sie kommunizieren mehr durch Körpersprache. Beim Wolf sind, wie erwähnt, die Körperhaltung, Schwanz, Ohren, ja das Fell (Haarsträuben) neben dem Ausdrucksverhalten durch Mimik intensiv mit einbezogen. Die im Prinzip gleichsinnige Bedeutung von Körpergestik und vor allem Gesichtsmimik bei Wolf, Hund, Affe und Mensch kann als weiterer bemerkenswerter Hinweis für die einzigartige soziologische „Verwandtschaft" zwischen dem Hund und uns gewertet werden.

Es bestehen also erstaunliche Ähnlichkeiten in der grundlegenden Kommunikation und der Stimmungsübertragung. Daneben aber erinnert das erregte, freundliche Zusammenrotten und Durcheinanderlaufen der Wölfe mit kollektivem Heulen an bestimmte Stammesrituale der Naturvölker vor dem Aufbruch zur Jagd oder dem Kriegszug. Von Indianern und anderen Naturvölkern wissen wir, dass sie sich vor Kriegs- und Jagdzügen um ihren Stammeshäuptling scharen und dabei Gesänge und Tänze vollführen, welche die gemeinschaftliche Stimmung anheizen. Es gibt also unter Wölfen wie bei Menschen ein „epideiktisches Ritual" (griechisch epideixis = Gepränge), das dem Zusammenhalt und der Begeisterung der Gruppe für das gemeinsame Ziel gilt, das Gemeinschaftsgefühl fördert und zu einer Art Ekstase führt. Auch das ist den Hunden teilweise in der Domestikation verloren gegangen, aber nicht ganz: Wenn der Familienhund begeistert jault und springt, sobald sein Besitzer abends zur Leine greift, ist das möglicherweise nicht allein die begreifliche Freude auf den bevorstehenden gemeinsamen Ausgang allein, irgendwie schwingt da wohl noch das uralte epideiktische Ritual vor dem Jagdzug mit.

Das wölfische Heulen mag dazu vielleicht in gewisser Weise dem Gesang des Menschen oder dem Jodeln der Gebirgsvölker entsprechen, die beide den Zusammenhalt fördern oder der Fernkommunikation dienen. Wölfe (und andere wilde Caniden) gehören zu den wenigen Säugetieren, von denen man sagen kann, dass sie oft, gern und melodisch „singen". Wenn Wölfe zur Jagd ausziehen wollen, sammeln sie sich in offensichtlich freudiger Erregung um den Leitwolf, dem sie ihre Ergebenheit devotest durch Mienenspiel, Körperhaltung (Einsinken der Gliedmaßen, Lecken mit der Zunge in Richtung zum Leittier, Stoßen an dessen Maulwinkel, Einziehen der Rute) und Winseln bezeugen. Dann erfolgt das gemeinsame Chorheulen.

Wie der Mensch zeigt der Hund in der Gemeinschaft mit Artgenossen ein oft völlig geändertes Wesen. Er fühlt sich stark, gerät leicht in Ekstase, Hemmungen fallen ab. Gewöhnlich gutmütige Hunde können gefährlich werden, wenn sie sich in einer Meute befinden oder auch nur zu zweit streunen, doch sind solche Vorkommnisse nicht sehr häufig.

Alle Hunde sind soziale Tiere und alle hängen an ihren Menschen, wenn sie das auch in unterschiedlicher Art und Intensität ausdrücken. Zwischen Menschen und Hunden besteht eine ausgesprochene Seelenverwandtschaft wie mit keinem anderen Tier. Hunde sind von Natur aus neugierig und lieben das Abenteuer „Ausgehen". Sie können daher mit einer Wohnung und auch einem Garten allein nicht viel anfangen, sie müssen regelmäßig hinaus, wo die Welt der neuen Gerüche auf sie wartet. Das starke Interesse an der „Hundepost", den Markierungen anderer Hunde, ist für sie typisch. Einem Hund diese Möglichkeit zu bieten gehört auch zur verantwortlichen Hundehaltung, trotz der damit in Ballungsräumen oft verbundenen Probleme.

Alle Hunde haben – in unterschiedlichem Ausmaß – die Gabe der Anpassung an die Welt der Menschen, wenn auch mit deren Technisierung und kulturellem Wandel immer größere Anforderungen an die Hunde gestellt werden. Sie jagen sich bewegenden Objekten und Lebewesen gerne nach und verfolgen Spuren. Sie sind mehr oder weniger territorial eingestellt und melden ungewöhnliche Ereignisse und Vorkommnisse. Sie kennen Eigentum und viele verteidigen es, viele schützen auch ihre Menschen bei Gefahr. Sie können sich im Allgemeinen bestens in die komplizierte Hierarchie einer Menschenfamilie einfügen. Die allermeisten brauchen auch viel Aktivität, sie sind Lauftiere. Die meisten, außer den allerkleinsten, kurzläufigen oder sonst anatomisch abweichenden, sind jedem Menschen an Geschwindigkeit und den meisten an Ausdauer weit überlegen. Fast alle können eine Arbeit leisten oder eine andere für den Menschen wichtige Funktion erfüllen, und sei es bloß durch ihre angenehme, einfühlsame, Kontakte vermittelnde und die Stimmung hebende Gesellschaft.

Die oben erwähnten Verhaltenskomponenten sind in einer enormen Vielfalt der Ausprägung je nach Rasse und Individuum zu finden. Überdies können sie durch Ausbildung und Erziehung in verschiedenem Grade verstärkt, unterdrückt oder auch erst geweckt werden. Die Komposition verschiedener Ausprägung mannigfaltiger Eigenschaften ergibt die unterschiedlichsten „Persönlichkeiten". Selbst Menschen können kaum differenziertere Charaktere sein. Wir können hier nur einen sehr groben Überblick über diesen Reichtum der Veranlagungen geben.

Das Wesen mit der doppelten Identität

In fast allen Büchern über Hundehaltung und -ausbildung kann man lesen, dass der Familienhund den ihn vertrauten Menschen als seinen Artgenossen betrachtet, dass die Familie sein „Rudel" darstellt und dass er sich einem oder mehreren Menschen als seinen „Rudelführern" unterwirft. Doch ganz so einfach ist das nicht.

Zwar müssen Welpen mit Menschen zeitgerecht in Kontakt kommen, da sie sonst nicht sozialisiert werden und mehr oder weniger scheu bleiben können. Doch dann scheinen sie den Menschen ihren eigenen Artgenossen deutlich vorzuziehen. Diese Sozialisierung erfolgt erstaunlicherweise schon bei sehr geringem Kontakt während der vierten bis zwölften Lebenswoche (in einem Versuch von J.P. Fuller, zitiert in Scott und Fuller, 1965, 1, genügten bereits zweimal 20 Minuten pro Woche), doch natürlich ist eine häufige Gegenwart von Menschen in den verschiedensten Situationen bei der Aufzucht der Welpen dringend geboten. Der Hund benötigt als Welpe die doppelte Prägung auf seine eigene Art und auf den Menschen.

Das aus Österreich gebürtige Forscherpaar Rudolf und Rudolfine Menzel hat sich nach der Emigration nach Israel des uralten palästinensischen Pariahundes angenommen, von dem es fasziniert war, und ihn in jahrelanger Selektionsarbeit zum heutigen israelischen Nationalhund, dem Canaan Dog, auch Kanaaniter (Kelef K'naani) genannt, erzüchtet. Dabei mussten sie diese wild lebenden, scheuen Hunde erst einfangen und an den Menschen gewöhnen. Es fiel auf, wie rasch die Tiere sich umstellen konnten und dann von „zivilisierten" Familienhunden im Verhalten kaum noch zu unterscheiden waren. Hören wir, was sie zum Beispiel über den Stammvater der Zucht, den besonders schönen jungen Pariarüden „Dugma" mit der Nr. 1 im Zuchtregister, berichten (Menzel und Menzel, 1960, 1):

„Leicht war es nicht, den scheuen Rüden zu fangen. Ein halbes Jahr lang haben wir um ihn geworben. Anfangs war es überhaupt nicht möglich, an ihn heranzukommen, denn seine Fluchtdistanz war sehr groß. Schließlich war es der Geschlechtstrieb, der ihn in unsere Gewalt brachte." [Eine schon vertraute Pariahündin war läufig geworden, die Menzels vertrieben die anderen Bewerber und warteten auf Dugma, den sie so in ihren Garten lockten und die Tür schlossen.] „Es gab noch eine kleine Panik, als er sich gefangen sah. Doch bald hatte er diese überwunden. Er blieb im Garten, ohne weitere Fluchtversuche zu machen, trank mit Behagen Wasser aus der hingestellten Schüssel und wedelte mich noch am selben Abend an, wenn ich ihn ansprach und ihm Futter zuwarf ... Er war in kürzester Zeit ein richtiger Haushund ... Er benahm sich absolut gesittet, sodass Bekannte, die ich traf, es nicht fassen konnten, dass dieser wunderschöne Begleithund noch vor vierzehn Tagen zu jenen wilden Hunden gehört hatte, von denen man sich gewöhnlich fern hält."

Aufgrund seiner Erfahrungen spricht das Ehepaar Menzel von einer großen Präadaptation (vorgeprägte Eignung) des Pariahundes zur Zähmung und Domestikation.

Es ist zwar eine gewagte Behauptung, dass der Hund das Bild des Menschen als „zweiten" Artgenossen schon sozusagen von Geburt an genetisch bedingt in sich trage, doch wenn man bedenkt, dass man verschiedene Hunderassen für die Jagd auf jeweils ganz bestimmte Wildarten spezialisiert hat und manche Hirtenhunde sich anscheinend anlagemäßig zu Schafen hingezogen fühlen, erscheint dies nicht mehr ganz abwegig. Neuere Verhaltensstudien zeigen auch, dass Hunde häufig für den Aufbau und den Erhalt einer Sozialgemeinschaft untereinander auch das Vorhandensein eines menschlichen „Gruppenmitglieds“ benötigen. Sie kommen sonst mit einer Gemeinschaft nur aus Artgenossen soziologisch schwer oder gar nicht zurecht.

Der Verhaltensforscherin Dr. Dorit U. Feddersen-Petersen ist daher schon lange aufgefallen, dass das Verhalten des Hundes zu Menschen ein anderes ist als das zu Hunden. So zitiert sie (1998) auch Charles Darwin, der meinte: „It is scarcely possible to doubt that the love of man has become instinctive in the dog“ (Es ist kaum ein Zweifel daran möglich, dass die Liebe zum Menschen für den Hund instinktiv geworden ist). Im Allgemeinen sind Hunde am Menschen und dem Umgang mit ihm stärker interessiert, wenn man vom temporären Verhältnis von Rüden zu läufigen Hündinnen oder der Mutterhündin zu ihren Welpen absieht. Ein amerikanischer Forscher hat daher den Hund als das Tier mit „double identity“, als Geschöpf mit zweifacher Identität, bezeichnet. Mit anderen Worten, der Hund fühlt sich als Mensch, und das in erster Linie. Daher kann er aufgrund jahrhundertelanger „Erfahrungen“, die durch die Selektion in sein Erbgut eingegangen sind, mit uns fast immer erstaunlich „richtig umgehen“.

Dass der Hund soziologisch und ethologisch mehr ist als nur ein domestizierter Wolf, dass er sich in dieser Beziehung eigenständig entwickelt hat, dazu nachfolgend einige interessante Hinweise aus der kynologischen Literatur.

So sind in diesem Zusammenhang die vergleichenden Beobachtungen besonders interessant, welche die Amerikaner Harry und Martha Giardini Frank (1982) mit Wolfs- und Malamutewelpen machten. Diese wurden in aufeinander folgenden Jahren derselben Wölfin als Amme zugeteilt, wobei die Tiere jeweils den Tag über und die Wölfe außerdem, da sie sich ja weitaus schwieriger mit Menschen sozialisieren, zwei von drei Nächten mit ihren menschlichen Betreuern zubrachten. Trotz dieser intensiven Kontakte drängten sich nur die Malamutewelpen schon einen Tag nach Augenöffnung zum Eingang der Wurfbox, wenn Menschen sich näherten. Sie zeigten so eindeutig ihre sozialen Präferenzen, während die Wolfsjungen sich bei dieser Gelegenheit um die Ziehmutter scharten (das kann allerdings ganz oder teilweise auch an deren Verhalten liegen). Während die Autoren in früheren Versuchen mit Hunden Kontakt mit vertrauten Personen als starkes Lockmittel bei Problemlösungsstudien verwendet hatten, benutzten sie analog bei den Wölfen daher Kontakte mit erwachsenen Wölfen oder Hunden, da die Wolfswelpen ja Artgenossen den Menschen vorzogen. Zu diesem Bild der Bevorzugung des Menschen durch den Hund passt auch sehr gut, dass sich die Malamutes im Gegensatz zu den Wölfen abrupt von selbst von der Ziehmutter entwöhnten. Überschäumende, ekstatische Begrüßungen waren bei den Malamutes dementsprechend den Menschen, bei den Wölfen dagegen der Ziehmutter und auch vertrauten erwachsenen Hunden vorbehalten.

Wir müssen also erkennen, dass die simple Vorstellung in unseren Hundebüchern, der Mensch sei für den Hund eben nur ein dominierendes Wolfsrudelmitglied, den Fakten in vieler Hinsicht nicht voll gerecht wird. Aus all diesen Hinweisen und den täglichen Beobachtungen an den Hunden selbst kann man schließen, dass in der vieltausendjährigen Hund-Mensch-Symbiose die Hunde eine besondere Sozialbeziehung sowie ein ganz spezielles Sensorium für den Umgang mit den Menschen erworben haben, das es ihnen ermöglicht, mit uns nicht nur gut auszukommen und komplizierte Leistungen zu erbringen, sondern uns auch selbst in vieler Hinsicht zu manipulieren.

Der Mensch hat mit der Domestikation des Wolfes ein Haustier geschaffen, dessen vielfältige Instinkte (kynologisch oft auch als Triebe bezeichnet) man sich für die verschiedensten Zwecke zunutze macht. Dabei handelt es sich meist um die Verstärkung spezieller Anlagen, wie die zum Spüren bei Jagdhunden, zum Bewachen bei Wachhunden und sofort, bei gleichzeitiger Abschwächung oder Unterdrückung anderer. Haushunde erscheinen in bestimmtem Sinn auf Menschen sozial „vorgeprägt", wobei allerdings diese Vorprägung unbedingt durch rechtzeitigen, frühen Menschenkontakt erst aktiviert werden muss.

Dies bedeutet aber auch, dass der Hund nicht nur mit den Hundesozialkategorien Rüden – Hündinnen – Welpen zurechtkommen muss. Vielmehr kommen noch – je nach den familiären Verhältnissen – die weiteren Kategorien Männer – Frauen – Kinder, alle jeweils als „Rudelangehörige", bekannte und nicht bekannte Fremde verschiedener Gattungen (Passanten, Handwerker, Besucher, Briefträger) hinzu. Dementsprechend muss der Hund sein Verhalten anpassen.

Eine zwiespältige Identität hat der Hund aber auch in unserer Auffassung: Er sitzt sozusagen zwischen zwei Stühlen, in den Augen der Menschen bald hochrangiges Tier, bald niederrangiger Mensch, verkörpert er für uns oft eine merkwürdige Mischung von bewundernswerten und verachtenswerten Eigenschaften. Von der Verehrung, totalen Vermenschlichung und Idolisierung oder einem Leben im Pomp bis zur grausamen Misshandlung, Tötung oder dem Verschwinden im Kochtopf reicht die Skala der Auswirkungen unserer so gespaltenen Einstellung zum Hund. In mancher Hinsicht entspricht das Verhalten vieler Menschen zu ihren Hunden dem, das früher den Sklaven entgegengebracht wurde.

Immer wieder wird in den Medien von heldenhaften Hunden berichtet, die Menschen retteten und dafür Medaillen von Tierschutz- und anderen Organisationen erhielten. Dabei sind solche Heldentaten oft bloße Zufälligkeiten und keine „überlegten“ Aktionen. So soll kürzlich in Amerika ein Hund das Kind seiner Familie, als ein Auto heranraste, von der Fahrbahn weggestoßen und dabei sich selbst geopfert haben. Nun haben Hunde normalerweise kein Gefühl für die Gefahr, überfahren zu werden, auch wenn sie es lernen können. Bei der so genannten „Rettung“ hat der Hund das Kind wohl nur spielerisch angesprungen. Sehr wohl aber gibt es viele Hunde, die Angriffe auf ihre Menschen abwehren oder zum Beispiel auf einen Brand aufmerksam machen. Wenn auch die Verhaltenskunde solche „Heldentaten“ auf triebhafte Schutzhandlungen reduziert, tut dies der Bewunderung dafür kaum einen Abbruch.

Die charakterlichen Vorzüge des Hundes

Hierzu gehört vor allem seine sprichwörtliche Treue, aber gerade diese ist bei weitem kein Gemeingut aller Hunde. Lorenz rühmte in dieser Beziehung den Chow-Chow, weil er dazu neigt, sich nur an eine Person anzuschließen, und schloss daraus sogar irrtümlich auf die alleinige Wolfsabstammung nur dieser und anderer nordischer Rassen. Dabei sind aber just die noch wolfsnäheren Huskys keineswegs so veranlagt. Im Allgemeinen ist jedoch die besonders enge Bindung an nur eine Person für ursprüngliche Hunderassen sehr charakteristisch. Das hat indirekt mit dem Wolf zu tun, denn auch der Wolf ist gezähmt ein ausgesprochener „Einpersonwolf“, der für Fremde gefährlich sein kann. Höher domestizierte Hunde sind vielfach ausgesprochen menschenfreundlich auch zu völlig Fremden, also das, was Lorenz noch abschätzig als „Kalfakter“ bezeichnete. Ja, er sagt: „Der ‚carattere calfacteristico‘, den Nestroy in seinem lustigen Steckbrief im ‚Lumpazivagabundus‘ sämtlichen ‚Mopperln‘ zuschreibt, ist tatsächlich einer der schlimmsten Fehler, die ein Hund haben kann“ (Lorenz, 1963). Heute wird diese Eigenschaft allgemein als Norm gefordert, soll der Hund noch als „gesellschaftsverträglich“ akzeptiert werden (leider kommt es jetzt bekanntlich zu einer Übersteigerung dieser Forderung). Es gibt also in der Mensch-Hund-Beziehung zwei Extreme: den Einpersonenhund und den Allerweltsfreund mit ihren vielen Übergängen, die ganz wesentliche Kategorien von Hunden in der Beziehung zur menschlichen Gesellschaft darstellen. Sie sind auch zum Teil rassebedingt.

Viele Jagdhundrassen entsprechen letzterem Vorbild, so besonders die Retriever und auch der Beagle. Die früher vorherrschenden Haus- und Hofhunde, wie Schnauzer und Spitze, wurden dagegen jahrhundertelang auf Wachsamkeit und Schutzinstinkt gezüchtet. Dementsprechend neigen sie noch heute zum Bellen und zum

Misstrauen gegen Fremde. So notwendig und wertvoll gerade bei steigender Kriminalität solche Eigenschaften an sich sind, so wenig werden sie heute von der Allgemeinheit geschätzt. Dies löst wieder eine „unbewusste Selektion" gegen diese Eigenschaften aus, das heißt, übermäßig kämpferische, wachsame und daher kläffende Exemplare werden kaum zur Nachzucht kommen. Auch die Beliebtheit bestimmter Rassen wird dadurch beeinflusst: Während der bellfreudige und sehr wachsame Spitz früher sehr häufig war, ist er vermutlich wegen dieser Eigenschaften heute leider selten geworden. Dazu kommt der obrigkeitliche Zwang zu immer mehr – auch amtlichen – Wesenstests.

Als Vorzug des hundlichen Wesens ist die „Ehrlichkeit" zu nennen. Er verstellt sich nicht (allerdings spielen zum Beispiel manche Hunde „krank", wenn sie mehr beachtet werden wollen, „lügen" also). Dazu kommen andere Vorteile, die sich auf den Menschen psychologisch günstig auswirken: Sofern es sich nicht um einen sehr dominanten Hund handelt, mit dem die Rangordnung nicht eindeutig geregelt ist, besteht beim Kontakt mit dem vertrauten Hund keine jener psychischen Spannungen wie immer bei zwischenmenschlichen Kontakten auch freundschaftlicher und sogar liebevoller Art. Von einem Hund ist keine Kritik und kein Spott, kein unausgesprochenes Misstrauen, kein Hinterhalt zu befürchten, man kann sich gehen lassen und muss sich keine „Gesellschaftsmaske" aufsetzen. Krankheit, Behinderung, Alter sind bei der Akzeptanz des Menschen durch seinen Hund kein Problem. Kontakt mit dem Hund wirkt daher entspannend – sofern es sich nicht gerade wesensmäßig um einen problematischen Hund handelt. Weitere Vorteile sind bei einem gut behandelten Hund seine stets gute Laune, oft selbst bei stressigen Situationen, der motivierende Einfluss beim Sport oder anderen gemeinsamen Tätigkeiten, die (meist) vorhandene Bereitschaft zu helfen oder sich sonst nützlich zu machen. Ein Hund ist also ein psychisches Tonikum. Daher gibt es für den Hund als „Sozialhelfer" immer mehr Berufungen: als Blinden- und Behindertenhund, als „zusätzliche Therapie" in Kranken- und Waisenhäusern, Altersheimen oder Gefängnissen. Aber auch der „normale" Familienhund hat alle wichtigen Eigenschaften eines Sozialhelfers: Er stimmt mit seinem ihm vertrauten menschlichen Gegenüber überein, ist „ehrlich", zeigt eine bedingungslos positive Einstellung zu ihm und gibt ihm die Empfindung von Mitgefühl und Verständnis seinerseits. Zwar können Tiere den Menschen nicht verstehen, doch können sie sehr gut auf seine Stimmungen der Trauer, beim Spiel, der Freude eingehen und so eine tiefe seelische Bindung hervorrufen.

Konrad Lorenz sagt über den Hund: „Die schlichte Tatsache, dass mein Hund mich mehr liebt als ich ihn, ist einfach nicht wegzuleugnen und erfüllt mich immer mit einer gewissen Beschämung" (Lorenz, 1963, 2).

Der Hund ist ja jenes Tier, das am deutlichsten und stärksten freundliche Gefühle und Anhänglichkeit ausdrücken kann. Darin ist wohl das Geheimnis des Erfolges dieser Haustierart zu sehen. Wir verstehen es und sind emotional berührt, wenn unser Hund sich in etwas geduckter Haltung, lebhaft wedelnd an uns herandrängt, unsere Hände leckt oder den Kopf auf unseren Schoß legt. Seine Bindung an uns ist bedingungslos, sie wird nicht einmal durch schlechte, ja selbst grausame Behandlung zerstört, wodurch der Hund wohl leidet oder „schmollt", aber seine Bindung ist so gut wie unauflösbar. In meiner Jugend gehörte zur Ausrüstung des Halters eines größeren Hundes auch eine schön geflochtene Peitsche. Sie wurde eingesetzt, wenn der Hund unfolgsam war, vom Streunen zurückkehrte, auf Rufen nicht herankam oder in der Küche etwas gestohlen hatte, Bestrafungen, die nach unserer heutigen Erkenntnis unsinnige Tierquälereien darstellen. Gewiss, viele Hunde wurden damit verdorben, die meisten scheinen jedoch auch mit solcher Behandlung zurechtgekommen zu sein. Auch bei früheren Gelegenheiten schon streng bestrafte Streuner kehren immer wieder zu ihren Herren zurück, wenn auch vielleicht zitternd und in demütiger Haltung. Soll man dies vermenschlicht als „hündisches" Benehmen bezeichnen? Das wurde dann eben als „schlechtes Gewissen" ausgelegt, obwohl es nichts als Angst war, und nur umso härter gestraft – oft auch heute noch! Wir wissen, dass Menschen, die als Geiseln in der Hand von Terroristen waren, nicht selten zu diesen eine Nahbeziehung aufbauten, ja Verständnis und Sympathie bis zur psychischen Abhängigkeit für sie empfanden. In einem Wolfsrudel fällt auf, dass untergebene Wölfe den Leittieren wie Haushunde, aber noch viel ausdrucksvoller als diese, ihre Zuneigung zum Ausdruck bringen, was aber oft nur mit aggressivem Knurren und Drohen beantwortet wird. Verliert der Leitwolf im Kampf seine Stellung an einen Rivalen, fällt häufig auch das ganze, eben noch so ergeben gewesene Rudel über ihn her. Bei in Gruppen lebenden Hunden kommt solcher „Verrat" ebenfalls häufig vor, jedoch auch Unterstützung für den Unterlegenen kann man beobachten. Wenn sich im Wolfsrudel die Alphatiere gegen ein Rudelmitglied wenden, stellen sich meist auch die anderen Wölfe gegen dieses. Dazu sind Berichte interessant, wonach es vorkam, dass Hunde, deren Herren im Kampf mit einem Verbrecher unterlagen, vor allem dann, wenn sie dabei stürzten, ihnen nicht nur nicht halfen, sondern sie ihrerseits anfielen. Dies sind allerdings äußerst seltene Rückfälle in das Wildtierverhalten.

Beim Hund haben Tausende Jahre des Zusammenlebens mit dem Menschen jedoch bewirkt, dass auch grundsätzlich liebevolle Behandlung durch den Menschen nicht sofort als Schwäche ausgelegt wird, die zur Umkehr der Dominanzverhältnisse ausgenützt werden kann, jedenfalls ist dies bei der weitaus größten Mehrzahl der Hunde so. Meist begnügen sie sich damit, Führungsschwäche ihrer Besitzer gnadenlos zur konsequenten Durchsetzung ihrer Wünsche auszunutzen, ohne deshalb die Rangverhältnisse als solche umstürzen zu wollen. Allerdings kann Inkonsequenz in der Aufrechterhaltung des menschlichen Führungsanspruches immer noch zu Problemen und Dominanzanwandlungen beim Hund führen, wie wir an anderer Stelle besprechen werden. Er ist im Grunde nach wie vor ein hierarchisches Raubtier, wenn es auch den meisten Hunden nicht mehr gelingen würde, als ein solches in der Natur zu überleben. Hunde suchen immer den Kontakt mit ihren Menschen und trachten danach, die gegenseitige Beziehung zu vertiefen. Eine andere Kontakt und Zuneigung fördernde Eigenschaft des Hundes ist seine Spielfreude. Spielen kann gesehen werden als Ausleben, Entwickeln und Einüben von Funktionen, die in der Ernstsituation gebraucht werden. Im Verfolgen und Zurückbringen von Bällen ist die Jagd und Erbeutung eines Wildes zu sehen, der Besitzer ist der Jäger, der Hund sein Jagdhund. Kämpferische Spiele wie Tauziehen oder Ringen sind ein Ersatz für ernstliche Rangkämpfe (und können daher bei sehr dominanten Hunden unter Umständen in solch eine Ernstsituation umschlagen!). Sein Geschick im Spiel bringt dem Hund bei seinem Menschen Achtung und Bewunderung ein, ebenso wie die unwahrscheinliche Fähigkeit der meisten Hunde, spielerische Kampfsituationen so perfekt zu meistern, dass der zarten, nackten und ungeschützten Menschenhaut dabei nichts geschieht und „kein Haar gekrümmt" wird.

Eigenschaften, die an Hunden durchweg als sympathisch betrachtet und geschätzt werden, sind ihre meist unverwüstliche Fröhlichkeit, ihre jederzeitige Freude am Ausgehen, ihre Begeisterungsfähigkeit und ihre ausgesprochene Funktions- und Unternehmungslust. Viele Hunde, besonders Terrier, sind bis ins hohe Alter geradezu jugendlich spielfreudig. Gesunde Hunde sind so gut wie nie missmutig oder apathisch. Sie sind die richtigen Kameraden durch dick und dünn, sie bilden mit uns ein Team. Schäfer und Schäferhund, Jäger und Jagdhund, Hundesportler und Sporthund, Polizist und Polizeihund sind Beispiele für äußerst effektvolle Teams von Mensch und Hund. Auch der Blinde oder der Rollstuhlfahrer und sein Hund gehören dazu. Sehr wichtig ist dazu noch ihre Eigenschaft, ein Sicherheitsgefühl zu vermitteln, denn Hunde schrecken sehr wirkungsvoll Kriminelle ab, selbst wenn sie wenig oder keinen Wach- oder Schutztrieb zeigen. Häufig erkennen jedoch auch normalerweise immer freundliche Hunde die Situation des Ernstfalles und reagieren dann entsprechend.

Die Freundschaft mit Menschen ist im Durchschnitt weit enger als die mit anderen Hunden. Hunde „vergöttern" uns sozusagen, sie haben offenbar an uns nichts auszusetzen. Wir Menschen, denen ein Bedürfnis nach Lob und Anerkennung innewohnt, das im täglichen Leben oft nicht ausreichend oder gar nicht befriedigt wird, fühlen uns durch den Hund in unserer Wertigkeit bestätigt, von Alltagssorgen abgelenkt und vorurteilslos geliebt.

Der Hund in seiner menschlichen Umwelt – die Vielfalt des Wesens

Grob gesehen gibt es relativ wenig domestizierte, ursprüngliche Hunde der Dritten Welt und die hochgezüchteten Rassen der entwickelten Länder, dazwischen zahlreiche Übergangsformen. Ursprüngliche Hunde sind meist wenig abrichtbar, jedem Zwang abhold, als Wohnungshunde oft destruktiv und nicht unbedingt zimmerrein, manche eher scheu, unnahbar für Fremde, unabhängig, haben einen meist unbändigen Hang zum Streunen, Stehlen und Wildern und lassen sich kaum in einer normalen Umzäunung, einem Zwinger oder gar einer Zimmerbox halten. Die Hunde auf höherer Domestikationsstufe kann man am besten als das genaue Gegenteil dazu charakterisieren. Alle obigen Wesenszüge beziehungsweise „Untugenden" sind meist schwächer ausgeprägt oder nicht vorhanden (natürlich haben aber zum Beispiel Jagdhunde einen starken, jedoch oft gemäß ihrer Verwendung abgewandelten Jagdtrieb). Dadurch sind sie an unsere Erfordernisse (und unsere Bequemlichkeit) meist sehr gut angepasst. Wir werden uns auf die Wesenszüge der Rassehunde konzentrieren, ohne jedoch die ursprünglichen Hundeformen zu vernachlässigen, denn sie sagen uns viel über die natürlichen, von der Wildform ererbten Charaktermerkmale und Fähigkeiten des Hundes, die oft heute noch in verschiedener Ausprägung bei vielen Rassen feststellbar sind.

Es ist einleuchtend, dass die enorme Vielfältigkeit im Aussehen und in der Verwendung der Hunderassen eine entsprechende Verschiedenheit in Intelligenz, Veranlagung, Leistungsfähigkeit und Wesen bedingt. Um diese Unterschiede besser zu beleuchten, wollen wir uns hier als Modellfall den „Normalcharakter" des (europäischen) Haushundes vor Augen halten.

Unser „Normalhund" Rex lebt auf dem Land, denn eigentlich ist in unseren Breiten nur mehr dort ein mehr oder weniger „artgerechtes" Haushundleben möglich (und auch dort immer weniger). Rex liebt seinen Herrn über alles, dieser kann wirklich mit ihm machen, was er will.

Freundlich ist Rex auch zu den Familienmitgliedern, knurrt aber, wenn sie seinem Knochen zu nahe kommen. Gegen Fremde ist er misstrauisch, er stellt und verbellt sie, bis sein Herr ihn abruft, dann beschnüffelt er sie eingehend und lässt sie weiterhin in Ruhe. Sie sind dann akzeptiert, auch wenn sie wiederkommen. Die Kinder der Familie lässt er gern mit sich spielen und passt auf sie auf, ebenso wie auf alles Eigentum seines Herrn. Er verfolgt Katzen, lebt jedoch mit der Hofkatze friedlich zusammen. Unter fremden Hunden besitzt er Freunde, hat aber auch schon manche Kämpfe ausgefochten. Er wurde auch schon mal beim Streunen in der Flur angetroffen, Gott sei Dank aber nicht vom Jäger. Ein richtiger Wilderer ist er jedoch nicht. Wann immer er sich davongemacht hatte, war er noch am selben Tag freiwillig zurückgekommen. Ist im Ort irgendeine Hündin läufig, muss man besonders auf ihn aufpassen. Er ist sehr wachsam und ein guter Schutz, obwohl er nie dazu abgerichtet wurde. Spaziergänge liebt er über alles und noch mehr, neben einem Rad oder dem Traktor mitlaufen zu dürfen. Wenn er streunt, können ihn Fremde durch Drohen mit Stöcken oder Steinwürfe vertreiben, dieselben, die er im gleichen Fall im Hof oder in Begleitung seines Herrn scharf attackieren würde. Er ist also zu Hause und unterwegs mit seinem Herrn ein schneidiges, selbstsicheres Tier, fern vom Heim und allein dagegen eher vorsichtig, ja feig zu nennen. Unser Normalhund ist ein knapp schäferhundgroßer Dorfhund, gelbbraun mit Langstockhaar und mittellangen Schlappohren. Er verschläft etwa den halben Tag, sitzt oder liegt etwa ein Viertel des Tages und verbringt das letzte Viertel in Bewegung oder stehend. Er meldet alle ungewöhnlichen Vorgänge und hilft beim Treiben des Viehs. Das etwa ist das Psychogramm eines dörflichen Hofhundes, wie es uns auf dem Land meist berichtet wird.

Wie verhält sich der „Normalhund“ Rex beim Eindringen eines Fremden in ein Gehöft? Nun, nehmen wir an, wir nähern uns dem Bauernhof von Rex' Besitzer und Rex bemerkt uns. Aufgeregt bellend läuft er uns entgegen. Das Bellen soll im Sozialverband auf den Eindringling aufmerksam machen und Hilfe herbeiholen. Beim Näherkommen geht das Bellen in eventuell ein Zähnefletschen, Haarsträuben und Knurren über. Die Situation wird bedrohlich. Aber nur wenn wir weitergehen und Rex unsererseits bedrohen, wird er uns möglicherweise anfallen, vielleicht auch dann, wenn wir weglaufen. Aber wir tun in diesem Fall das Richtige: Wir bleiben stocksteif stehen, der Hund kommt bellend oder knurrend näher, dann mäßigt sich die Drohstimmung etwas, er beschnüffelt uns misstrauisch und wendet sich schließlich penetrant langsam ab, nicht ohne am nächsten Baum zu markieren und ausgiebig zu scharren und uns so sein Territorialrecht nachdrücklich zu dokumentieren. Wir haben nun Gelegenheit, uns ganz vorsichtig und langsam zurückzuziehen, vielleicht bleiben wir aber auch an Ort und Stelle „gestellt“, fixiert, bis jemand kommt und uns „erlöst“, jedenfalls dann, wenn wir die Absicht zeigen, weiter vorzudringen. Wir werden dadurch zwar nicht automatisch zu Freunden von Rex werden, uns aber seiner Duldung erfreuen. Vielleicht gewinnt er allmählich Vertrauen und wird freundlicher. Tagsüber ist er Fremden gegenüber jedoch toleranter als nachts. Olga zum Beispiel, die Berner Sennenhündin des Schönbrunner Tiergartens in Wien, der Prototyp eines ursprünglichen Bauernhundes, läuft tagsüber unter den Besuchern des Zoos beim so genannten „Tirolerhof“ herum, einem nach Wien „verpflanzten“ uralten Tiroler Bauernhof. Des Nachts aber, wenn der Zoo geschlossen ist, wacht sie und tut dies auch noch nach Sonnenaufgang bis 9 Uhr früh, wenn der Zoo wieder geöffnet wird.

So weit also Rex. Er ist eine Variante, wahrscheinlich nicht einmal die häufigste, jedenfalls die funktionellste als Haushund, wie er sich in Europa und großen Teilen Asiens entwickelt hat. Die eingeborenen Hunde der Tropen und Subtropen sind anders, wie wir noch sehen werden. Ich muss dazu sagen, dass Rex für mich persönlich das Ideal darstellt, wenn er auch nicht den aktuellen Vorstellungen von „Gesellschaftsverträglichkeit" voll entspricht. Daneben gibt es die verschiedensten anderen Typen je nach Rasse und individueller Anlage. So sind Jagdhunde in der Mehrzahl weniger gute bis keine Wach- oder Schutzhunde, sie sind vorwiegend untereinander verträglich – eine Voraussetzung für Bracken und ein Erbe ihrer ursprünglichen Meutehundvergangenheit bei den Flintenhunden – und zeigen natürlich starken Jagdtrieb. Doggenartige Hunde wieder sind mutige Tiere, die sich auch fern des Territoriums selbstsicher benehmen und sich untereinander oft als Raufer erweisen. Heute besteht ein starker und auch erstaunlich erfolgreicher Selektionsdruck auf Verminderung der Aggressivität bei diesen und anderen Rassen, die früher als sehr aggressiv galten. Darüber hinaus wurde durch geraume Zeit bei vielen Rassen die Selektion auf Wesen sekundär und weitgehend durch die „Schönheitszucht" für die Ausstellungen ersetzt. Hierbei ist primär wesentlich, dass der Hund dem Standard entspricht und durch Dressur (handling) gelernt hat, sich vor dem Richter im besten Licht zu „zeigen". Immerhin bedeutet aber auch das eine gewisse Auslese auf Wesensfestigkeit gegenüber Stress, denn davon gibt es auf einer Hundeschau reichlich. (Allerdings besteht auf solchen Veranstaltungen die Gefahr des Dopings je nach Bedarf mit Beruhigungs- oder Aufputschmitteln: Beim Bewerb um den Ausstellungsbesten (Best in Show) kann man einen Malteser mit einem Boxer nicht aufgrund des Exterieurs vergleichen, sondern nur, wie er dem jeweiligen Standard entspricht und vor allem auch sich präsentiert. Diese Fähigkeit, „sich zu zeigen", könnte so für alle Rassen zu einer gewissen „Wesensgleichschaltung" führen.)

Ein guter Haushund ist imstande, seine menschliche Umwelt genau zu beurteilen und sich entsprechend zu verhalten, sodass daraus für den Besitzer keine Probleme erwachsen. Er kann Menschen genau einschätzen, seine Zuneigung, Zurückweisung oder Abwehr je nach den Umständen richtig und entsprechend dosiert dort einsetzen, wo das jeweilige Verhalten angebracht ist, und manche benötigen dazu kaum eine Ausbildung. Solche Hunde, wie gesagt, findet man am ehesten auf Bauernhöfen und in Gaststätten auf dem Land. Öfter kann man die Beobachtung hören, dass ein Hund ganz bestimmte Menschen „nicht schmecken" kann. Nicht wenige Hundehalter berichten, dass ihr Hund sich nur zu solchen Personen abweisend oder sogar aggressiv verhält, die sie selbst nicht sympathisch finden.

Doch zurück zum Hund und seiner menschlichen Umwelt. Die meisten Hunde sind sehr angenehme Mitbewohner. Sie verhalten sich im Haus meist ruhig und scheinen Faulenzen zu genießen, manche so sehr, dass leider viele Besitzer glauben, sie wünschten sich gar keine Bewegung im Freien. Doch das täuscht. In freier Natur, in Feld und Wald verhalten Hunde sich meist wie verwandelt und zeigen eine unglaubliche Bewegungslust und Neugier. Die natürliche Geruchswelt ist für sie eine überaus starke Anregung und ein tägliches Bedürfnis.

Der extreme Einpersonenhund, der außer auf seinen menschlichen Partner auf jede andere menschliche Gesellschaft gleichgültig, ablehnend oder gar aggressiv reagiert, ist nicht das, was heute als „sozialverträglich“ gefordert oder sogar amtlich vorgeschrieben wird. Der „hefftige Hass gegen Fremde“, den Gesner so lobte, ist heute zu einem schwerwiegenden gesellschaftlichen Problem für die Hundehaltung geworden, obwohl für Exekutivdiensthunde diese Eigenschaft in Form der so genannten „Naturschärfe“ und des Schutztriebes Voraussetzung ist. Nicht wenige Rassen bestehen aber wegen ihrer früheren Bestimmung, etwa als Herdenschutzhunde, immer noch zum Großteil aus Tieren mit solchem Wesen. Wir kennen die Probleme, die solche Rassen etwa bei Zahnbegutachtungen durch den Richter auf Ausstellungen bereiten oder doch früher bereitet haben. Andererseits sind solche Tiere natürlich ein besonders zuverlässiger Schutz. Man muss sich aber im Klaren sein, dass heute offenbar nur Hunden mit geringer Aggressivität die Zukunft gehört und auch Rassen, die noch nicht diesem Vorbild entsprechen, im Laufe der Zeit ihr Wesen in dieser Richtung hin ändern werden müssen. Allerdings, bei richtiger, intensiver Sozialisierung von Jugend auf macht kaum ein Hund solcher Rassen Probleme!

Freilich gibt es außer Aggression auch noch andere unerwünschte Eigenschaften beim Hund. Hundehaltung kann zum Beispiel durch Lärm, Straßenverschmutzung, Jagdtrieb, Graben, Streunen und Wildern Ärger verursachen. Nicht wenige Zeitgenossen fürchten sich vor Hunden, ihre Lebensqualität wird durch frei laufende Hunde ohne Beißkorb und manchmal – bei Hundephobie – allein schon durch die bloße Anwesenheit von Hunden beeinträchtigt. Dies muss man als Hundehalter immer berücksichtigen. Der Mensch ist in vieler Hinsicht heute noch ein Steinzeitwesen: Durch ein „Raubtier“ gerät er leicht in Panik, ein mechanisches Gerät wie das so gefährliche Auto fürchtet er nicht, dafür ist er genetisch einfach nicht vorprogrammiert. Daher stürzt sich jede Tageszeitung darauf, wenn ein Mensch – was extrem selten vorkommt – von einem Hund getötet oder auch nur schwer verletzt wird, während man über Tausende von Verkehrstoten mehr oder weniger achselzuckend hinweggeht. Dadurch wird die Auflage enorm gesteigert, und in Talkshows werden strengster Maulkorb- und Leinenzwang sowie die Ausrottung der betreffenden Rasse gefordert, wenn nicht gar das Verbot aller großen Hunde. Im so hundefreundlichen England werden Hunde, die einem Pit Bull Terrier nur ähnlich schauen, jahrelang an einem unbekannten Ort eingesperrt und dann oft zum Tode verurteilt. Dort gibt es auch eine Bewegung zur Abschaffung aller Hunde. Dem steht die Tatsache gegenüber, dass Hundehalter, wie erwähnt, im Durchschnitt gesünder, erfolgreicher und zufriedener als Nichthundehalter sind und dass es für Kinder und einsame alte Leute häufig keine Alternative zu einem Hund gibt, vom Mehr an Sicherheit und den vielen wertvollen Diensten von Hunden zu schweigen.

Der Jagdinstinkt der Haushunde ist je nach Rasse unterschiedlich entwickelt, manche Rassen zeigen kaum mehr Jagdtrieb (genannt seien Spitz und Bernhardiner), andere dagegen sogar gesteigerten Jagdinstinkt wie die zahlreichen Jagdhunderassen. Hierbei sind aber oft nur oder vorwiegend bestimmte Einzelkomponenten des Beutetriebes hoch entwickelt, zum Beispiel Fährtensuche, Vorstehen, Apportieren, Hetze, Raubzeugschärfe (Dachshunde und Terrier), Verfolgung von Auerwild und anderem großen Federwild durch den Finnenspitz. Bei den Jagdhundrassen ist der Jagdtrieb im Vergleich zum Wolf sogar übersteigert. Der Wolf jagt „rationell", er jagt vorwiegend Wild, das sich als leicht zu erbeuten erweist, wie Jungtiere und krankes, auch durch die Brunft erschöpftes Wild, während bei Jagdhunden die Jagd nicht mehr zur Futterbeschaffung, sondern nur der Triebbefriedigung dient und das zu jagende Tier nicht selektiert wird. Auch hetzen Wölfe vorwiegend nur einige hundert Meter weit und geben oft auf, wenn es bis dahin nicht gelingt, das Wild zu stellen. Wenn es aber gestellt ist, lassen sie meist davon ab, wenn es sich wirksam zu wehren versteht. Brackenmeuten wie die Foxhounds dagegen verfolgen das Wild auch stundenlang. Dergleichen kommt beim Wolf selten vor, lieber wandern sie zum Beispiel mit Rentierherden mit, „testen" einzelne Tiere und warten sonst auf eine Gelegenheit, ein schwaches oder junges Tier zu erbeuten.

Es gibt bei Hunden vielfältige Verhaltensprobleme, die wie Scheu und Aggressivität teils erblich und teils umweltbedingt sind. Der schon als Welpe richtig sozialisierte Hund wird selten Probleme machen. Ganz wesentlich ist aber dabei der Faktor „Bezugsquelle": Nach Mugford (Serpell, 1995) haben 55 Prozent der Hunde aus Massenzuchten Trennungsprobleme beim Alleinsein, aber nur 10 Prozent der Hunde, die direkt beim Züchter gekauft wurden. Hunde aus Tierheimen, Zoogeschäften oder zugelaufene sind häufiger problembelastet als solche vom Züchter oder selbst gezüchtete.

Die Diskriminierung von als „gefährlich" eingestuften Hunderassen durch das Gesetz verbreitet sich nun auch bei uns, obwohl es viel zielführender wäre, durch Strafandrohung und so genannte „Hundeführ(er)scheine" einzuwirken. Immerhin ist das nichts Neues, es gab „Kampfhundverbote" bereits viel früher. Kürzlich erlassenen Verordnungen in Frankfurt am Main ging schon vor über 200 Jahren ein Edikt in dieser Stadt voraus, worin unter anderem ausgeführt wurde:

„... Demnach nun aber dergleichen bissige Hunde in keiner Stadt zumahlen bei Nacht geduldet noch gelitten werden; Als wird hiemit allen denen / so dergleichen schädliche Thiere bisshero gehalten / ernstlich auferleget / dass sie solche Bären-Bisser von dato innerhalb 14 Tagen abschaffen / und die anderen Hunde Nachts in denen Häusern oder Höffen halten / in Entstehung dessen aber nicht allein nach Befinden einer nahmhafften Straffe / ... sondern auch / dass solche bissige Hunde / wo sie anzutreffen / durch den Stöcker werden todt geschlagen werden / gewärtig seyn sollen. Geschlossen bey Rath / Donnerstags, den 10 Junii 1734" (Lexikon der Hundefreunde, 1933, S. 478)

Vier Jahre später ging es in Edinburgh dem „Blue Paul" an den Kragen, einem Kampfhund vom Typ des Pit Bulls oder seiner kontinentalen Entsprechung, dem „Fanghund", die offenbar in Europa weithin verbreitet war. Ein Hund dieser Rasse drehte am Edinburgher Flesh Market durch und stürzte sich auf alles und jedermann. Daraufhin begann ein großes allgemeines Hundegemetzel, das sich rasch auf andere Bezirke Schottlands ausbreitete, doch in den Bergbaugebieten blieb die Rasse bis zum Anfang des letzten Jahrhunderts erhalten.

Auch in Wien wurde schon 1723 so genannten „üblen" Leuten untersagt, „Fanghunde" mit sich zu führen, da man sie sonst nicht ohne Lebensgefahr verfolgen und verhaften konnte. Leinenzwang gab es in Wien schon 1783, ja, Wachhunde mussten tagsüber angekettet werden und durften sich nur nachts im Haus frei bewegen (Laichmann, 1998). Neuerdings hat die obrigkeitliche Hunderassendiskriminierung jedoch dramatisch ausgeufert, worauf wir noch zurückkommen wollen.

Geheimnisvolle Fähigkeiten – was können Hunde alles?

Die Hunde / Ochsen und andere Thiere / weissagen eine künftige Pestilenz / Erdbeben / schön Wetter / und Fruchtbarkeit des Erdreichs.

Conrad Gesner, Thierbuch 1669

Der phantastische Geruchssinn des Hundes ist für uns unvorstellbar. Er erhält dadurch eine Fülle an Umweltinformationen, die uns verschlossen bleiben. Freilich sieht er bei Tag lang nicht so gut wie wir, im Dunkeln aber fast so gut wie eine Katze. So kann er sich in der Nacht ebenso frei bewegen wie bei Tag. Er hört ausgezeichnet und auch hochfrequente Schallwellen, die wir nicht mehr wahrnehmen. Es ist auch völlig unklar, wie er unsere für ihn relevanten Stimmungen und Absichten (haben wir vor, ihn mitzunehmen oder nicht?) erkennt. Sind es unsere unwillkürlichen Bewegungen, wie oft behauptet wird? Oder sind es geruchliche Wahrnehmungen? Niemand weiß es.

Ein Rätsel sind auch jene Instinkte, die oft oberflächlich als abgewandelte Verhaltensweisen des Wolfes betrachtet werden, hinter denen aber viel mehr zu vermuten ist. So meint der Verhaltensforscher Desmond Morris, der Hütetrieb des Schäferhundes sei dadurch bedingt, dass dem arbeitenden Hund ein „Rudelkollege" fehle, der in einiger Distanz von ihm die Herde jage, sodass er dessen Aufgabe mit übernehmen will. Diese an den Haaren herbeigeholte „Erklärung" kann aber schon deshalb nicht stimmen, weil Wölfe Herden von Beutetieren nicht zusammenhalten – das wäre kontraproduktiv –, sondern eher auseinander jagen oder in sie eindringen, um die potenziellen geschwächten Opfer identifizieren zu können. Bisons und Moschusochsen zum Beispiel nehmen ja verfolgt ihre Kälber in die Mitte, es kommt also darauf an, sie zu treiben, damit sie diese Phalanx aufgeben. Das Verhalten des Schäferhundes hängt zwar sicher mit dem Beutetrieb zusammen, es ist jedoch ganz anders als das eines Wolfes.

Der Wasserrettungstrieb des Neufundländers ist schon eher mit wölfischen Instinkten erklärbar. Wölfe fischen auch Lachse auf deren Laichzügen, ja es wird sogar von sehr geschickten Fischzügen eines Wolfes berichtet. Neufundländer sind dazu mit den sehr apportierfreudigen Labrador Retrievern nahe verwandt. Wölfe bringen Beutestücke als Futter über weite Strecken zur heimischen Höhle für Junge oder deren Mutter. Das ist also die Grundlage für das erstaunliche Verhalten des Neufundländers.

Oft werden Hunden unerklärliche Kräfte und Fähigkeiten zugeschrieben, und sicher erlebt man manchmal Dinge, für die man keine Erklärung finden kann. Ungelöst ist noch die Ursache für ihr Heimfindevermögen. Berühmt ist auch der Orientierungssinn der Hunde, der bei Polarhunden selbst im dichten Schneesturm nicht versagt. Jeder Hundebesitzer kann wohl von derartigen oder anderen erstaunlichen Erlebnissen berichten. Dies alles setzt Fähigkeiten des Hundes voraus, die noch ganz und gar unerforscht sind. Viele, aber nicht alle Hunde haben dieses Vermögen, aus großer Entfernung nach Hause zurückzufinden. Das gibt es auch bei vielen anderen Tieren wie Brieftauben und Zugvögeln, es ist also nicht so ungewöhnlich, dennoch ist es eine bewundernswerte Fähigkeit. Manche Tiere richten sich nach den Sonnenständen oder dem Magnetfeld der Erde. So hat man in den Schnäbeln von Brieftauben kleine Partikel von Magnetit gefunden. Magnetit wurde auch bei anderen Tieren mit Heimfindevermögen im Körper festgestellt. Nach einem TV-Bericht über einen Collie, der über 4.000 km heimgefunden hatte, orientiert sich auch der Hund nach dem Erdmagnetismus.

Schlittenhunde sollen nicht tragfähiges Eis auch unter einer Schneedecke feststellen können. Andere Befähigungen wie das Vorausfühlen von Erdbeben wurden zwar vielfach behauptet und berichtet, Beweise gibt es dafür aber nicht. Hier könnte ebenfalls ein Gefühl für das örtlich gestörte Magnetfeld verantwortlich sein, wenn es diesen Erdbebensinn tatsächlich geben sollte. Auch ein vor wenigen Jahren im Fernsehen gesendetes Experiment, bei dem ein Hund sich in dem Augenblick zur Tür begab, als seine verreisten Besitzer in der Ferne den Zug heimwärts bestiegen, kann wohl noch nicht als endgültiger Beweis für eine derartige „übersinnliche" Fähigkeit bestimmter Hunde gelten. Der Hund war durch dieses Verhalten mehrfach aufgefallen.

Die Auswirkungen der Domestikation

Wildtiere unterliegen in der Natur gewissermaßen einer ständigen vielseitigen „Hochzucht" durch die unerbittliche natürliche Selektion. Haustiere werden in der Regel vor Gefahren geschützt, werden gepflegt und regelmäßig gefüttert und betreut. Nun ist es ein Naturgesetz, dass nicht mehr gebrauchte Eigenschaften von der Natur nach und nach „eingespart" werden, besonders dann, wenn sie „aufwendig" sind. Ein Beispiel dafür ist der Kiwi, ein Vogel, in dessen Heimat Neuseeland es keine Raubtiere gab. So konnte er auf das Kraft raubende Fliegen verzichten, und im Lauf der Zeit verlor er seine Flügel und die kräftigen Brustmuskeln. Ähnlich ist es mit den Haustieren, sie verändern sich gegenüber der wilden Stammform in charakteristischer Weise und verlieren viel an natürlichen Fähigkeiten. Vor allem wird Hirnsubstanz eingespart, denn Gehirn benötigt unverhältnismäßig viel Energie. Haustiere haben daher gegenüber den wilden Stammformen kleinere Gehirne. Sie müssen aber deshalb allein nicht dümmer sein, denn viel Gehirn wird vor allem für die Sinneswahrnehmungen benötigt. Auch Haushunde haben gegenüber den Wölfen um etwa 30 Prozent kleinere Gehirne. Es wird sogar berichtet, dass auch Menschen seit 10.000 Jahren 10 Prozent Hirngewicht eingebüßt hätten. Ein amerikanischer Archäologe meint nun nicht mehr und nicht weniger, dies sei die Folge unserer „Domestikation" durch den Hund. So hätten wir, wie fast alle domestizierten Tiere, Hirnmasse zur Verarbeitung von Riech- und Höridentifikationen einsparen können (S. Simonds, 2000). Das soll mit dem nötigen Vorbehalt erwähnt werden, ist aber eine interessante Meinung.

Durch Inzucht und verringerte natürliche Selektion treten bei Haustieren allmählich immer mehr Abweichungen und auch Defekte auf. Die Wildfarbe wird in eine bunte Farbpalette aufgespaltet, Signal- und Tarnfarben verlieren ja ihre Bedeutung. Dann ändern sich Körperbau und Form. Körperliche und geistige Leistungen nehmen ab, sofern sie nicht ein besonderes Zuchtziel darstellen (zum Beispiel Schnelligkeit bei Windhunden, Geruchssinn bei Schweißhunden, Abrichtbarkeit bei Schäfer- und Jagdhunden). Das Bindegewebe kann an Straffheit verlieren, oft wird der Hautanteil vermehrt, es bilden sich dann Hängeohren, Wammen und Falten. Die Fruchtbarkeit nimmt zu und die Tiere verlieren ganz oder teilweise solche fortpflanzungsbedingten Verhaltensweisen, die nicht grundlegend und lebenswichtig sind (zum Beispiel kompliziertes Werbeverhalten, monogame Lebensweise, geänderte Brunftperioden und dergleichen). Das Werbeverhalten, die Balz und andere Verhaltensweisen wilder Tiere zur Fortpflanzungszeit dienen der Auswahl des günstigsten Paarungspartners, oft nach längerer „Verlobungszeit" im Hinblick auf eine gesunde Nachkommenschaft. Hierbei kommt es vor allem für das Weibchen auf die bestmögliche Partnerwahl an, denn bei Trächtigkeit und Jungenaufzucht wird viel Zeit und körperliche Leistung investiert. Beim Haustier trifft jedoch der Mensch die Partnerauswahl in seinem Sinne, oft mit ganz anderer Zielsetzung als Vitalität und Überlebenskraft unter natürlichen Bedingungen. Etwas günstiger liegt dies bei den Nutztieren und auch den Gebrauchshunden, denn dort sind ja Vitalität und Leistungsfähigkeit die Hauptsache.

Die Sexualität der männlichen Haustiere neigt zur Übersteigerung, zur Hypertrophie. Der männliche Wolf ist nur in der Fortpflanzungszeit paarungsbereit, der Haushundrüde ständig. Wolf und Hund „hängen" bekanntlich beim Deckakt längere Zeit. Im Tierreich ist eine solche Erscheinung nur von den Hundeartigen Raubtieren bekannt. Eine Erklärung dafür besagt, dass so das Sperma des Rüden einen entscheidenden Vorsprung gegenüber dem eines die Hündin danach deckenden Rivalen erhält. „Spermienkonkurrenz" ist ja in der Natur von vielen Tierarten bekannt.

Der Haushund zeigte sich, wie erwähnt, extrem wandelbar. Die etwa vierhundert Rassen weisen Vertreter mit einem und andere mit 80 Kilogramm Körpergewicht auf, der Körperbau variiert zwischen der unförmigen Englischen Bulldogge und dem überfein-grazilen Windspiel. Die typische Wildfarbe des Wolfes wird nach einem südamerikanischen Meerschweinchenverwandten Agouti genannt, es ist dies eine charakteristische Bänderung des Einzelhaares mit dunklem bis schwarzem Farbstoff aus sogenanntem Eumelanin, der eine hellfalbfarbene Tönung aus einem zweiten Farbstoff, dem Phäomelanin, überdeckt. Diese Färbung findet sich bei vielen Säugetieren. Die dunkle Schattierung auf Kopf, Rücken und anderen Körperteilen heißt Wolkung, die unteren Teile der Läufe und der Unterleib sind heller gefärbt. Am Kopf, aber auch auf den Schultern und anderswo finden sich bestimmte Farbzeichnungen. Helle Lippen und Grauschattierungen am Kopf dienen anscheinend der Verdeutlichung der Mimik. Über der Schwanzdrüse, die nahe der Schwanzwurzel liegt und deren Duftstoffe für die Kommunikation von Bedeutung sein dürften, befindet sich oft ein schwarzer Fleck.

In der Domestikation kann das Phäomelanin, also das Falbpigment, auch verloren gehen, die Hunde sind dann beige, blau, braun oder schwarz, oder das Eumelanin fällt aus, dann reicht die Farbpalette von Weiß mit metallischem Schimmer über Sandfarben und Gelb bis zu tiefem Rot. Es gibt unzählige Schattierungen und Kombinationen. Fehlen beide Pigmente im Haarkleid, haben wir einen weißen Hund vor uns. Diese zeigen aber fast immer zumindest noch etwas Pigment im Auge, in der Haut und am Nasenspiegel. Echte Albinos, also Tiere ohne jedes Pigment und mit roten Augen, sind beim Hund im Gegensatz zu vielen Nagetieren und anderen Tierarten außerordentlich selten. Daneben gibt es die verschiedensten Scheckungsarten, die auch wieder zu einer Vielzahl von Farbvarianten führen.

Trotz der meist vorhandenen Oberkopfwölbung des Hundes, wodurch dieser für uns Menschen „sympathischer“ und „intelligenter“ aussieht als der mehr flachköpfige Wolf, ist das Gehirn des Hundes viel kleiner als das des Wolfes und sicher ist er im Durchschnitt nicht intelligenter als sein Stammvater, wenn man darunter Problemlösungsfähigkeit versteht, dafür aber viel abrichtbarer. Nur beim Basenji hat man meines Wissens bisher eine ebenso gute oder noch bessere Problemlösungsfähigkeit nachweisen können. Doch der Hund ist bereit, uns seine Intelligenz zu unserem Nutzen freudig zur Verfügung zu stellen, mit anderen Worten, er lässt sich ausbilden. Kein anderes Haustier zeigt eine solche Vielfalt auch in den Begabungen. Die Talente des Hundes sind häufig mit einer bestimmten Spezialisierung im Dienste des Menschen verbunden. Dementsprechend finden wir auch die verschiedensten Wesens- und Temperamentsmerkmale, die natürlich für das Zusammenleben Mensch–Hund wesentlich sind.

Hier interessiert uns vor allem die Änderung im Wesen, die der Hund gegenüber dem Wolf erfahren hat und die es ihm ermöglicht, den Anforderungen des Menschen zu entsprechen. Wenn wir einen Wolfswelpen aufziehen, wird er ganz in Hundemanier sehr zahm, verspielt, liebevoll und anhänglich werden. Vom Hund unterscheiden ihn dabei zunächst nur die Elastizität seiner Bewegungen, die besonders ausdrucksvolle Gestik und Mimik und seine Scheu vor allem Ungewohnten und vor Fremden. Allein lassen kann man ihn kaum, da er verzweifelt alles unternehmen wird, zu uns zu gelangen. Herangewachsen aber neigt das bisher so liebe, anhängliche Tier dazu, von heute auf morgen ein Risiko zu werden: Allmählich oder auch plötzlich wird er sich feindlich zu Fremden und auch eventuell zu anderen Familienmitgliedern verhalten. Ein zahmer Wolf ist ja im Allgemeinen ein „Einpersonen“-Wolf, der sich nur an einen Menschen eng bindet. Aber auch diesem gegenüber kann er, herangewachsen, unvermutet der Versuchung erliegen, sich zum „Rudelführer" aufzuschwingen, und das kann natürlich böse enden. Außerdem kann man einen Wolf nicht wie einen Schäferhund abrichten, da er keinen Zwang verträgt, wenn es auch Zimen mit großer Mühe gelungen ist, halberwachsene Wölfe vor den Schlitten zu spannen, doch der Effekt war chaotisch. Die große Scheu macht einen Wolf im Fall des Falles auch zum Angstbeißer.

Ein Hund dagegen zeichnet sich in der Regel dadurch aus, dass er auch in und nach der Pubertät in aller Regel verlässlich bleibt. Jahrtausendelange bewusste und unbewusste Auslese führte nämlich dazu, dass der Hund eine einmal eingenommene Unterordnung meist zeitlebens beibehält, vor allem die gegenüber einem ihm vertrauten Menschen und wenigstens so lange sein Besitzer keine allzu großen tierpsychologischen Fehler macht. Ein Wolf ordnet sich im Rudel unter, aber in ihm steckt auch der starke Trieb, selbst einmal Rudelführer zu werden und notfalls um diese Stellung zu kämpfen. Untersuchungen an Großpudeln und Wölfen, die Zimen durchführte, zeigten, dass die Pudel ihre einmal fixierte Rangordnung untereinander beibehielten, die einzelnen Wölfe dagegen mit der Zeit nach sozialem Aufstieg strebten. Hunde zeigen zu vertrauten Menschen in aller Regel eine sichere Beißhemmung, die sogar bei körperlicher Bedrängnis „hält". So konnte Zimen in seinen Versuchen beobachten: „Niemals haben die Pudel auch bei gelegentlich raueren Umgangsformen gegen mich protestiert, während die Wölfe bei einer ‚unrechtmäßigen' Behandlung sofort protestierten." (Zimen 1971, 1) Jedoch – ein bisschen schlummert die „Führernatur" schon auch noch da und dort in unseren Hunden. Vor allem bei den Rüden großer Rassen, aber durchaus auch bei Zwerghunden verfällt so mancher der Versuchung, seine Position in der Hierarchie der Familie zu verbessern, übt der Besitzer seine Führerrolle schlecht oder gar nicht aus.

Sowohl beim Pudel wie auch beim Neuguinea-Dingo, also sowohl bei einer hochgradig als auch einer geringgradig domestizierten Rasse, wurde innerartlich eine ungenügende Ritualisierung der kämpferischen Auseinandersetzung sowie auch eine erhebliche Reduzierung des sozialen Verhaltensinventars festgestellt. Die Unterwerfung des Unterlegenen wird oft nicht beachtet, sodass jeder Kampf mehr oder weniger ernst ausarten kann (was sich beim Neuguinea-Dingo allerdings oft gravierender auswirkt als beim Pudel).

Haushunde wurden ursprünglich, wie noch heute oft bei Naturvölkern (Eingeborenenhunde sind häufig jämmerlich mager), während langer Zeiträume weder gepflegt noch gefüttert, sodass sie nur durch ständigen Kampf untereinander um die kärgliche Nahrung, die in und um die Siedlungen der Menschen anfiel, überleben konnten. Daher wurde auch zum Beispiel bei Neuguinea-Dingos, den früher so genannten Hallstromhunden, die erwähnte starke Aggressivität untereinander festgestellt.

In ihrer Heimat müssen sie um ihr Futter kämpfen, gemeinschaftliche Jagd im Rudel soll zwar vorkommen, ist aber nicht so überlebenswichtig wie beim Wolf. Manche Haushundrassen sind auch unter zivilisierten Verhältnissen relativ aggressiv untereinander, vor allem am Futter, doch gibt es natürlich individuelle Unterschiede. Auch die Verwendung der Rasse spielt eine Rolle. Meutehundrassen wie etwa die Beagles sind gebrauchsbedingt sehr verträglich, wodurch sie wegen ihrer Haltungsmöglichkeit in großer Zahl auf engem Raum unglücklicherweise zu bevorzugten Versuchstieren wurden. Viele der hängeohrigen Jagdhunderassen, die ja ursprünglich von Bracken abstammen, zeichnen sich durch Verträglichkeit zu Artgenossen aus.

Ein Wolf eignet sich also wegen seiner geringen „Verlässlichkeit" in der Unterordnung nicht auf Dauer als Hausgenosse, sobald er erwachsen ist. Ähnliches gilt oft auch in zivilisierter Umgebung für primitive Eingeborenenhunde wie den uns hier noch öfter beschäftigenden Hallstrom- oder Neuguinea-Dingo, das Modell eines Urhundes: Versuche, diesen Hund in europäischen Haushalten zu halten, sind bisher meist schief gegangen. Zwar waren auch diese Tiere äußerst liebevolle Einpersonenhunde, aber auch sie wurden nach der Geschlechtsreife unverlässlich, kaum sicher einzusperren und jedem Zwang abhold.

Die unwahrscheinliche „psychologische Formbarkeit" des Haushundes, die bisher zur Züchtung von zum Teil hoch spezialisierten Jagd-, Gebrauchs- und Hütehunden geführt hat, ließe sich theoretisch auch zur Züchtung spezieller Blinden-, Therapie-, Kinder-, Stadthundrassen usw. ausnützen. Ansätze dazu sind in bestimmten Institutionen, die Blindenhunde züchten und ausbilden, bereits vorhanden. Es ist aber besser und sicher auch völlig ausreichend, innerhalb der bestehenden Rassen besonders geeignete Stämme zu selektieren beziehungsweise eben bestimmte Rassen für bestimmte Bedürfnisse zu bevorzugen.

Anders als der Wolf kann der Hund so stark auf den Menschen geprägt sein, dass zum Beispiel manche Hündinnen am Umgang mit der eigenen Art wenig Interesse zeigen und selbst ihre Welpen zugunsten des Umgangs mit dem Menschen mehr oder weniger vernachlässigen. Ihr Interesse am Nachwuchs erstreckt sich häufig ohnehin nur auf die Säugeperiode. Die meisten Hündinnen würgen den größeren Welpen kein vorverdautes Futter mehr vor, eine für das Aufwachsen in der Natur lebenswichtige Ernährungsart, die im Wolfsrudel auch der Vater und andere, selbst junge Familienangehörige vollziehen. Dabei dürfte dieses Verhalten eine besondere Funktion in Bezug auf das spätere Unterwerfungsverhalten des Hundes haben. Solche Instinktverluste sind auch oft Symptome der Inzuchtdepression, jener schlimmsten Geißel des Rassehundes.

Während der Mensch sich nur langsam vermehrt (meist nur ein Kind je Geburt, sehr lange Generationsdauer von zirka 18 Jahren), ist der Wolf sehr fruchtbar (fünf bis acht Welpen je Wurf, Generationsdauer zwei Jahre). Wolfsrudel „planen" ihre Bevölkerungsentwicklung, die sie u. a. dem Nahrungsangebot anpassen. Meist hat nur die Leit-(Alpha-)wölfin Junge, das Decken und sogar oft die Ranz der anderen weiblichen Rudelmitglieder wird von ihr verhindert, dennoch geborene Welpen anderer Wölfinnen häufig umgebracht. Dadurch stehen der Nachzucht viele Rudelmitglieder für die notwendige reichliche Futterbeschaffung zur Verfügung. Nur bei sehr großem Beuteangebot wird mehr als ein Wurf pro Rudel und Jahr aufgezogen.

Wo der Haushund noch ein relativ naturnahes Leben führt wie die Dingos (australische und die Hallstromdingos von Neuguinea), kann die nötige Nachzuchtregelung meist nicht so erfolgen, denn bei diesen verwilderten Haustieren ist die Sexualfunktion domestikationsbedingt schon so weit gesteigert, dass es einer dominierenden Hündin nicht mehr möglich ist, die Läufigkeit oder Trächtigkeit ihrer Geschlechtsgenossinnen durch ihre Dominanz zu verhindern. Sie verfährt daher so, dass sie fremde Welpen, wo sie deren habhaft werden kann, totbeißt – oder auch „adoptiert". Wenn es bei einer Hündin bei uns vorkommt, dass sie so mit fremden Welpen verfährt, ist darin also kein unnatürliches Verhalten zu sehen. Ähnlich wie Sekretärinnen in einer Schreibstube oder Schülerinnen in einem Internat können Hündinnen in Gemeinschaft ihren Eisprung synchronisieren, was vermutlich mit Geruchsempfindungen zu tun hat.

Der heutige Haushund ist je nach Rasse und individueller Anlage mehr oder weniger ausbildungsfähig. Es ist zu berücksichtigen, dass, so viel wir davon wissen, die „Befehlsfunktion" des dominierenden Wolfes keine aktiven Handlungen (außer dem Aufbruch zur Jagd oder Wanderung) beinhaltet, sondern nur Unterlassungen und Tabus. Erst der neuzeitliche Haushund, besonders Rassen europäischer Herkunft, ob ursprünglicher Landhund oder Angehöriger einer Hochzuchtrasse, musste mit Lautsignalen (Befehlen) zur Ausführung besonders komplexer Aufgaben veranlasst werden und wurde entsprechend selektiert. Außereuropäische Rassen wie Windhunde, Chow-Chows, Basenjis und ähnliche sind im Allgemeinen weniger leicht zu sehr komplexen Dienstleistungen abrichtbar, wobei es aber immer Ausnahmen von der Regel gibt. Gute Ergebnisse erreicht man besonders bei ihnen nur durch Motivation.

Die Domestikation und eine jahrtausendelange bewusste oder unbewusste Selektion hat also u. a. bewirkt, dass der Haushund seinen untergeordneten Rang weniger leicht und dann meist weniger folgenschwer in Frage stellt als Ahnherr Wolf. Er ist also verlässlich, betrachtet den Menschen als zweiten, aber wichtigeren Artgenossen, kommt mit längerem Alleinsein und anderen Zwangssituationen im Allgemeinen leichter zurecht. Er lernt und arbeitet freudig und konzentriert, weil er nicht ständig mit der Gesamtumweltsituation beschäftigt ist. Nach Untersuchungen ist der Wolf zwar in der Problemlösung leistungsfähiger als der Hund (mit Ausnahme des Basenji und möglicherweise anderer ursprünglicher Naturrassen!), jedoch ist es wegen der Mentalitätsunterschiede kaum möglich, sich dies im Gebrauch zunutze zu machen, auch schwerlich durch Einkreuzung von Wolfsblut in Gebrauchshundrassen.

Wenn wir das Verhalten des Hundes mit dem des Wolfes vergleichen, finden wir im Einzelnen folgende wesentliche Änderungen:

1. Instinktabschwächung und Instinktverlust
2. Instinktverstärkung
3. Instinktumformung und -neubildung
4. Reizschwellenänderung (Modifikation der endogenen Reizproduktion – Hunde werden zum Beispiel zur Aggression je nach erblicher Veranlagung leichter oder schwerer zu motivieren)
5. Hypersexualisierung
6. Leistungsminderung der Sinnesorgane (mit Ausnahme darauf spezialisierter Rassen, zum Beispiel Geruchsleistung des Bluthundes)
7. Stehenbleiben im kindlichen Stadium (so genannte Fötalisierung, Neotenie, deren Existenz beim Hund ist aber nicht unumstritten)

Wir haben heute über diese Änderungen recht gute Einblicke, vor allem durch die Arbeiten von Lorenz, Zimen, Herre, Feddersen-Petersen, Fox u. a. Um die Änderungen des Verhaltens zwischen „Urhund", Wolf und Haushund klarzulegen, wollen wir die wichtigsten Verhaltensweisen beider Tierformen von der Geburt an besprechen und beginnen mit dem Wolf.

Das Verhalten des Wolfes

Wiewol der Wolff ein räuberisches und gefrässiges Thier ist / So hat er doch seine Jungen lieb / dass er sie speiset / beydes die alten und die Jungen

Conrad Gesner, Thierbuch 1669

Obwohl immer wieder Stimmen laut werden, die darauf hinweisen, dass man nicht alles und jedes bei Hunden auf Stammvater Wolf zurückführen sollte und könnte, von dem sie (die meisten jedenfalls) schon viele Jahrtausende und eine meist völlig andere Lebensweise trennen, erscheint es mir doch auch zum Verständnis des modernen Hundes weiterhin wichtig, sich mit den Wolf und seinem Verhalten eingehend auseinander zu setzen. Außerdem sind viele Hundefreunde auch oft ausgesprochene Wolf-Fans, da sie so vieles an diesem erstaunlichen Tier in ihren Hunden wiedererkennen.

In den letzten Jahren hat die Verhaltensforschung erstaunliche Fortschritte gemacht. Über das Funktionieren des Wolfsrudels und anderer Gemeinschaften von Beutegreifern, wie Löwen und Hyänenhunden, wissen wir nunmehr so viel, dass man sagen kann, wir haben die Mythologie, das Märchenhafte in unserer Vorstellung von den Hundeartigen schon zum guten Teil hinter uns und treten in die reale Welt der Tatsachen ein.

Große Rudel sind zu fremden Wölfen sehr aggressiv, kleine Rudel weniger. Die Welpen der Leitwölfin werden vom ganzen Rudel versorgt, was auch mit ein Zweck der Nachzuchtverhinderung bei den anderen Wölfinnen war, die nun aufziehen helfen. Am wenigsten trägt noch der Vater bei, der seine Aufgabe in erster Linie als Beschützer und Wächter sieht.

Auf wen der Unmut der Leittiere fällt, der hat es schwer, sich zu behaupten, da sich auch manche aus dem Gefolge der Ranghöchsten an der Verfolgung beteiligen, es geht also um das Verjagen aus dem Rudel. Unter den Gehegebedingungen der zimenschen Studien gelang es allerdings dem einen oder anderen „Prügelknaben", wieder zu einem höheren Rang aufzusteigen und sich so wieder einzugliedern.

Die soziale Struktur des Wolfsrudels umfasst also die Leittiere, die übrigen Erwachsenen, die Jungtiere und die Welpen. Die Jungwölfe verhalten sich oft recht „forsch" und tragen unter sich Rangkämpfe aus. Streitigkeiten zwischen männlichen und weiblichen Tieren kommen vor, sind aber selten und meist leichter Natur. Untergeordnete Fähen scheinen für Rüden nicht genügend attraktiv zu sein, um sich für sie zu interessieren.

Alle diese Verhaltensstrukturen sind gut erklärbar: Sie dienen dem Aufbau und der Erhaltung einer Gemeinschaft, die in der Lage ist, sich zu erhalten und Junge aufzuziehen. Der Wolf ist zu groß, um besonders im Winter von kleinem Wild, wie Mäusen und Hasen, allein leben zu können, denn er braucht täglich etwa 2 Kilogramm Fleisch, besonders viel natürlich auch dann, wenn Welpen vorhanden sind. Daher ist er Großwildjäger, aber er braucht die Gemeinschaft, das Rudel. Allerdings kann er auch lange hungern. Um diese Erfordernisse optimal erfüllen zu können, brauchen die Wölfe eine Organisation, die nur den Besten die Vermehrung ermöglicht, die Aggression dient daher als wölfische „Ellenbogentaktik" für die Karriere der besonders Befähigten. Andererseits darf sie aber nicht so weit gehen, dass eine reibungslose Zusammenarbeit bei der Jagd und Welpenaufzucht gefährdet wäre, daher gibt es auch viele freundliche Kontakte im Zusammenleben.

Ein einzelner Wolf hat nur eine geringe Lebenserwartung, wenn er sich nicht wieder in ein Rudel integrieren kann.

Die Leitwölfin ist nicht absolut treu und paart sich auch mit anderen hochrangigen Rüden. Die Paarungspartner neben dem Alphawolf sollen jedoch später willige Helfer und „Kindermädchen" der Leitwölfin sein. Ähnliches hat man auch an der Haustier-Forschungsstation Eberhard Trumler (J. Leidhold und E. Trumler, 1994) in Wolfswinkel beobachtet. Im so genannten „Wildhundrudel", auf das wir noch zu sprechen kommen, wählte die säugende Hündin einen sehr anstelligen jungen Rüden und später eine junge Hündin, die an den Welpen Interesse zeigten, als Helfer aus, während andere Hunde außer dem Vaterrüden vorerst nicht an die Jungen herandurften. Die Bewachung der Hündin in der Hochranz durch den Leitrüden wurde auch bei einer Gruppe arabisch-äthiopischer Parias beobachtet (C. Goes, 1990,), weit weniger dagegen bei türkisch-iranischen, die ein höheres Domestikationsniveau verkörpern (U. Feulner, 1991).

Die Wölfin, die nach etwa 63 Tagen ihre Geburt herannahen fühlt, sucht sich ein geeignetes Versteck und scharrt eine tiefe Grube oder sogar eine Höhle, die sehr tief sein kann. Sie reißt sich Haare von der Brust zur Nestpolsterung aus. Die Geburt geht rasch vor sich, die Jungen werden von der Mutter abgenabelt und trockengeleckt. Neugeborene können ohne Stimulation durch das mütterliche Lecken nicht urinieren oder Kot absetzen. Sobald sie neben der Milch feste Nahrung zu sich nehmen können, würgt ihnen die Wölfin, aber auch der Vater und andere Rudelangehörige, bei denen es sich um Onkel, Tanten und meist um halberwachsene Geschwister handelt, vorverdautes Fressen vor und bringt den Jungen erbeutetes Futter. Nach Fentress und Ryon (in: Malm, 1989) geschieht das nach folgenden Regeln:

- Erwachsene Rüden füttern Welpen, Jährlinge, trächtige Wölfinnen und solche, die vor kurzem geworfen haben. Selbst werden sie nur ausnahmsweise gefüttert.
- Erwachsene Wölfinnen ohne eigene Welpen füttern die Welpen anderer sowie die Mütter und Einjährige, dürften aber selbst nicht gefüttert werden.
- Mütter füttern keine anderen Mütter, doch kann dies nach einer eigenen missglückten Trächtigkeit vorkommen. Manche Mütter füttern auch Einjährige, die nicht ihre eigenen sind. Sie füttern alle Welpen ohne Unterschied der Herkunft. Mütter werden sowohl von erwachsenen Rüden wie von den Wölfinnen gefüttert, die keine eigenen Welpen haben.
- Einjährige füttern meist nur Welpen und werden selbst oft gefüttert.

Das bedeutet, dass Welpen praktisch von allen gefüttert werden, erwachsene Wölfe aber selektiv.

Im Tierreich gibt es verschiedene Beispiele solcher „uneigennütziger" familiärer Hilfe bei der Aufzucht des Nachwuchses von nahen Verwandten. Am spektakulärsten sind wohl die Bienen-, Ameisen- und Termitenstaaten, wo zahllose Töchter der Königin auf ihre eigene Fortpflanzung „verzichten", um ihrer Mutter bei deren Vermehrung und bei der Aufrechterhaltung des Staatswesens zu helfen. Das ist aber, genau genommen, vom Standpunkt des Genoms gesehen, nicht so uneigennützig, wie es erscheint, denn die Mutter repräsentiert ja die Hälfte der eigenen Genausstattung und vermehrt diese, ohne dass sich die Töchter selbst um die Fortpflanzung kümmern müssen. Das gilt auch für die sich selbst nicht fortpflanzenden Mitglieder eines Wolfsrudels, sie sind ja meist Geschwister oder sonstige nahe Verwandte der Welpen. Im Familienrudel der Wölfe pflanzt sich vorwiegend nur ein dominierendes Weibchen fort und sorgt für das Überleben der Gene, die anderen, meist ihre Töchter und Söhne, helfen bei der arbeitsaufwendigen Ernährung, Bewachung und Pflege der Nachkommenschaft, bis sie selbst eventuell auswandern und ein eigenes Rudel gründen.

Auch die Mutter selbst erhält also Futter vom Vater und anderen Rudelangehörigen. Wölfe können schwere Fleischstücke mit Knochen im Gewicht von 10 Kilogramm und mehr über weite Strecken tragen. Die Jungen betteln durch hohes Winseln und Stoßen der Schnauze am Mundwinkel der angebettelten Tiere. Sie haben „Narrenfreiheit", das heißt, sie werden von Rudelangehörigen nicht ernsthaft angegriffen, wohl aber „diszipliniert", doch können fremde Welpen getötet werden. Sie verhalten sich Erwachsenen gegenüber unterwürfig durch Kleinmachen, Auf-den-Rücken-Rollen, kindliches Kontaktverhalten (Stoßen mit der Schnauze, Lecken usw.), aber oft durchaus auch spielerisch-aggressiv. Die Welpen in den jüngsten Stadien leckt die Mutter am Bauch und verzehrt Exkremente und Harn. Die älter werdenden Wölfe zeigen bald in spielerischer Weise Verhaltensformen der Erwachsenen wie Rangordnungskämpfe und Beutejagdverhalten. Im Freien halten sie sich noch eng zusammen. Die Eltern „erziehen" die Jungen und weisen sie durch Knurren und Vorstoßen des Fanges zurecht. Sie verteidigen die Welpen und tragen sie ins Nest zurück, wenn sie sich zu weit davon entfernen.

Im Frühjahr ist die Ranzzeit der Wölfe. Sie befinden sich dann im Rudel und es besteht je eine Rangordnung für die männlichen und weiblichen Tiere, jedoch gibt es auch Rangbeziehungen geringer Intensität zwischen den Geschlechtern. Aus Gründen, die wir nicht kennen, die aber mit dem Klima, dem Futterreichtum des Reviers, der Populationsdichte und dergleichen zusammenhängen mögen, können manches Mal alle oder nur wenige oder, wie in der Regel, nur die Leitwölfin ein „Sexualrecht" haben und daher trächtig werden. Ähnliches gilt für die Rüden. Dadurch wird anscheinend die Nachkommenschaft in weiten Grenzen geregelt, da ja Wölfe, wie viele Beutegreifer, potenziell sehr fruchtbar sind und so ohne Regelung sehr rasch eine Übervölkerung eintreten könnte.

Wie auch beim Menschen im Liebesspiel zeigen sich im Verhalten der brünstigen Wölfe kindliche Spiel- und Unterwerfungsformen, besonders beim Rüden, der aber andererseits im Körperausdruck möglichst groß, stark und vital erscheinen möchte, er „imponiert“, wie der Verhaltensforscher sagt. Wie neuere Forschungen ergaben, haben, wie schon erwähnt, im Tierreich die weiblichen Tiere bei der Partnerwahl meist das ausschlaggebende Gewicht, da sie ja bei der Fortpflanzung mit Trächtigkeit und Jungenaufzucht wesentlich mehr investieren. Es kommt dem Weibchen daher viel mehr als dem Rüden darauf an, keine falsche Investition in der Auswahl des Sexualpartners zu machen, da ja das Ziel eine Höchstzahl gesunder, vitaler Nachkommen darstellt.

Beim Wolf ist jedoch das Fortpflanzungssystem so gestaltet, dass der Rüde dabei nicht nur als Samenspender fungiert, sondern auch für das ganze Rudel Verantwortung trägt und bei der Jungenaufzucht eine Rolle spielt. Daher müsste an sich für ihn die richtige Partnerwahl ebenfalls eine gewisse Bedeutung haben, auch er investiert ja recht viel in die Nachzucht. Doch Genaueres werden erst weitere Forschungen enthüllen können, wir dürfen also gespannt sein. Immerhin, auch beim nur begrenzt polygamen, aber vorzugsweise in langer Ehegemeinschaft lebenden Menschen ist das so, denn bei dessen männlicher Partnerwahl werden junge Frauen mit betonten sekundären Geschlechtsmerkmalen, also guten Voraussetzungen für die Mutterschaft, instinktiv eindeutig bevorzugt, wie die Inhalte von Druckerzeugnissen wie „Playboy“ etc. belegen.

Jüngste, umfangreiche Untersuchungen natürlicher Wolfspopulationen in Alaska und Minnesota haben ergeben, dass entgegen verschiedener bisheriger Ansichten Wölfe Paarungen unter Verwandten vermeiden (D. Smith et al., 1997). Da ja die Rudel jeweils aus einem Paar und vorwiegend dessen Jungen aus einem oder mehreren Würfen bestehen, hatte man immer angenommen, dass bei Wölfen nah verwandte Paarungspartner das Übliche seien, denn diese wären ja am leichtesten verfügbar. Diese auch von Hundezüchtern oft vertretene Meinung, die so die „Natürlichkeit“ der Inzucht belegen wollen, hat sich damit als unrichtig erwiesen. Vermutlich ist es auch hier die Wölfin, die aufgrund geruchlicher Merkmale verwandte Rüden ablehnt und fremdblütige bevorzugt, mit denen sie auf Wanderungen in Kontakt kommt. Inzucht wird also wo möglich vermieden, denn die so entstandenen Würfe hätten eine verminderte Überlebenschance und Wettbewerbsfähigkeit.

Rutenhaltung, Ohrstellung, Mimik und Körperhaltung ermöglichen dem Wolf eine sehr komplexe Körpersprache. Sie wird unterstützt durch Abzeichen und Zeichnungsmuster des Felles. Bei Drohgesten werden auch die Nackenhaare aufgestellt.

Das Winseln ist bei den Wölfen nicht nur Ausdruck von Unlust, sondern kann auch Liebeserklärung und allgemein Unterwerfung bedeuten. Gedroht wird durch Knurren. Wölfe sollen, ähnlich wie viele Hunde spurlaut sind, beim Aufnehmen einer Spur einige Belltöne ausstoßen, was andere Autoren nicht bestätigen. Winseln ist auch der Bettellaut der Welpen gegenüber der Mutter und anderen Artgenossen. Erwachsene Wölfe winseln bei der Begrüßung von Artgenossen, aber auch wenn sie neugierig sind. Erwachsene Hunde tun das meist nicht, sie winseln, wenn sie etwas erbetteln wollen. So winseln Rüden oft läufige Hündinnen an, falls diese sich als spröde erweisen.

Ein wichtiger Verhaltensbereich ist die Jagd. Kleine Tiere wie Hasen werden niedergerannt, im Genick gepackt und totgebissen oder -geschüttelt. Mäuse werden belauert und mit hohem Sprung mit den Pfoten erfasst („Mäuselsprung") oder ausgegraben. Größeres Wild wird gehetzt und von hinten angefallen, oder, wenn es etwa Schafgröße hat, auch durch Kehlbiss überwältigt, noch größeres gestellt und attackiert, manchmal an der Nase gepackt. Das wehrhafte große Wild, etwa ein Elch, wird gewissermaßen individuell getestet und kann sich durch entschlossene Abwehr meist retten. Vornehmlich fallen den Wölfen also jüngere und alte, kranke oder schwächliche Tiere zum Opfer, aber auch zum Beispiel von der Brunft erschöpfte Platzhirsche. Großwild ist also keineswegs immer verloren, wenn es von Wölfen angefallen wird, diese haben meist erst nach mehreren „Versuchen" Jagderfolg, nach Beobachtungen in etwa 5 bis 20 Prozent der Fälle. Wildspuren werden mit der Nase verfolgt. Neben Landtieren werden auch leicht zu erbeutende Fische, etwa wandernde Lachse, gefangen.

Der Wolf wurde in früheren Zeiten meist gehasst und verfolgt, jetzt vielfach immer noch, doch daneben gibt es heute viele „lupophile" und sogar „lupomane" Zeitgenossen, die sich für den Wolf einsetzen. Dafür gibt es gute Gründe, denn der Wolf ist kaum als Gefährdung für den Menschen aufzufassen. Lange Zeit wurde der Wolf als gefährliche Bestie verschrien, und das geschieht auch heute noch. In Wirklichkeit gibt es nur relativ wenige verlässliche Berichte über Angriffe frei lebender Wölfe auf Menschen. Naturschützer sehen in ihm dagegen ein für den Menschen ungefährliches Tier. Wie sieht es damit wirklich aus? Zu diesem Thema hat man sich in Schweden die Mühe gemacht und die Kirchenchroniken von 20 Pfarren auf Vorfälle mit Wölfen über den Zeitraum von 1700 bis 1850 durchsucht, als Wölfe in Schweden noch häufig waren. Dabei wurden Angaben über vier Todesfälle gefunden, alles Kinder zwischen vier und zwölf Jahren. Es gab also solche Unfälle, viele Kinder und Frauen waren ja damals im Wald mit Viehhüten und Beerensammeln beschäftigt. Es könnte sich natürlich um tollwütige Wölfe gehandelt haben, die ja ihre so ausgeprägte natürliche Scheu verlieren. So gesehen sind vier Todesfälle in

150 Jahren als minimal zu betrachten. Dennoch mag der Wolf vor dem Gebrauch der weit tragenden Schusswaffe durch den Menschen weniger Angst vor diesem gehabt haben. Vielleicht war damals das Risiko für Menschen, besonders eben für Frauen und Kinder, von Wölfen angefallen zu werden, doch größer als heute, wenn sie sich allein außerhalb der Siedlungen befanden. Andererseits soll in Indien Derartiges auch heute häufiger vorkommen, obwohl der Indische Wolf schon sehr selten und relativ klein ist. Ein Wolf soll eine große Zahl Kinder erbeutet haben, die er aus den Hütten forttrug („child-lifting").

Noch weniger angriffslustig gegenüber dem Herren der Schöpfung scheint der amerikanische Vetter zu sein. Einer der wenigen bezeugten Vorfälle (P. A. Scott et al., 1985) ist jener der zwei kanadischen Zoologen auf einem Forschungsgang, bei dem einem von ihnen ein Wolf aus 9 Meter Entfernung entgegenlief. Er schrie und stampfte mit den Füßen, worauf der Wolf erschrak, das Gleichgewicht verlor und in ein Gebüsch prallte. Da rannte ein zweiter Wolf auf sie zu, worauf einer der Männer sein „Bärenhorn" blies, eine Art Nebelhorn zum Abschrecken von Eisbären. Der Wolf kam noch auf einen Meter heran und verblieb dann in 3 Meter Entfernung, während die Zoologen Bäume erkletterten. Der erste Wolf wandte sich dem Baum zu, bellte und heulte je einmal, worauf ein entferntes Heulen antwortete. In den nächsten vier Stunden wurden noch dreißigmal der zweite und zwei andere Wölfe aus 20 bis 30 Meter Entfernung beobachtet.

Der frei lebende Wolf bedeutet also kaum eine Gefahr (außer er ist tollwütig), doch ein zahmer Wolf ist ein anderer Fall. Da er die Angst vor dem Menschen weitgehend verloren hat und ab der Pubertät nach einem höheren Rang strebt, kann er potenziell gefährlich werden. Dazu kommt, dass Wölfe nicht bereit sind, einen Zwang zu erdulden, den Hunde ohne weiteres auf sich nehmen. Aber Wolf und Wolf ist nicht gleich, und manche bleiben recht umgänglich. Das hat auch dazu geführt, dass immer wieder versucht wurde, Wölfe und Hunde zu kreuzen, um stärkere, gesündere und leistungsfähigere Hunde zu erhalten, was aber bestenfalls vielleicht den Eskimos bei der Schlittenhundzucht gelungen sein mag.

Das Verhalten des Hundes

Haustiere haben gegenüber ihren Wildtierahnen eine erstaunliche Stressresistenz erworben. Sie sind ruhiger geworden und haben meistens ihre Scheu verloren. So passten sie sich an das Leben bei und mit dem Menschen an. Nach Hemmer (1883) weisen sie auch eine „verarmte Merkwelt" und eine lokomotorische Dämpfung gegenüber dem Wildtier auf. Tatsächlich zeigen Vergleiche zwischen Wölfen, zwei Formen von Pariahunden, Grönlandhunden und Setter-Dalmatiner-Mischlingen weniger Gesamtaktivität, schnelle Aktivität und Anteil schneller Aktivität zur gesamten bei allen Hundeformen gegenüber dem Wolf.

Es wird vielfach angenommen, aber auch bestritten, dass der Hund sozusagen zeitlebens ein junger Wolf bleibt und jugendliche Verhaltensweisen bis ins Alter beibehält. So erscheinen die Neigung, sich zu unterwerfen, die Spiellust und besondere Anhänglichkeit eine kindliche Wesensart anzudeuten. Aber D. U. Feddersen-Petersen berichtet, dass als Gruppe aufgezogene Pudel, die als besonders „infantile" Rasse gelten, deutlich weniger spiellustig, aber aggressiver waren als mit ihnen aufgezogene Wölfe. Möglicherweise sind Hunde eher geneigt, sich gegenüber dem Menschen als „Kind" zu gebärden, denn das hat ihnen in Jahrtausenden Zuwendung und Futter gebracht. Wie berichtet, sind manche Wolfsgebräuche abgeschwächt worden, andere verloren gegangen, nur einige wenige Verhaltensweisen wurden neu gebildet.

Zimen (1971) hat in seinen vergleichenden Studien mit Königspudeln und Wölfen Folgendes festgestellt: Pudel verhalten sich ähnlich wie junge Wölfe, doch sind sie in ihren Bewegungen im Vergleich viel ungeschickter und einförmiger, ja demgegenüber geradezu plump zu nennen. Wölfe machen bei ihrer Bewegung den Eindruck größerer Beherrschtheit und Zielstrebigkeit, ihre sozialen Kontakte sind komplexer. Sie bewegen sich mehr, ihre Aktivitäten sind mehr an den Tagesrhythmus gebunden. Die meisten Aktivitäten der Pudel wirkten „kindlich verspielt". Sie fressen nur etwa halb so viel wie diese, deren Nahrungsaufnahme sehr unregelmäßig war. Wölfe fraßen gieriger, schneller und größere Brocken. Pudel hatten ihren gesonderten Kotplatz, und zwar waren das entlegene Ecken im Zwinger, wo sie sich wenig aufhielten, Wölfe nicht (!). Die so genannte Zimmerreinheit ist also demnach eine erstaunliche Eigenschaft des Hundes, die uns das enge Zusammenleben erst ermöglicht, nach Zimen ist es die beibehaltene Gewohnheit der Welpen, ihren Kot entfernt vom Liegeplatz abzusetzen. Es ist interessant, dass sogar die Rüden (normalerweise) auf das Markieren in der Wohnung verzichten. Allerdings können Probleme auftreten, wenn andere Hunde auf Besuch kommen oder unser Rüde eine fremde Wohnung betritt, vor allem wenn diese auch Hunde beherbergt. Wölfe waren im Winter besonders aggressiv und am Morgen und abends bis Mitternacht besonders aktiv. Pudel sind abwechselnd den ganzen Tag munter oder schlafen und ruhen dann die ganze Nacht, ähnlich wie junge Wölfe. Die Wölfe vergruben fast alles restliche Futter, die Pudel machten zwar spielerische Versuche, konnten es aber kaum richtiggehend vergraben, da sie die Reihenfolge graben, Futter einlegen, zustoßen mit der Schnauze einfach nicht beherrschten und auch nicht erlernten (bekanntlich gibt es aber noch viele Haushunde, die das durchaus gut können). Mit Wölfen aufgezogene Pudel terrorisierten erstaunlicherweise ihre Ziehgeschwister, die sich, als sie größer waren, ihren ungeschickteren Verfolgern jedoch leicht durch Sprünge auf hohe Plateaus im Gehege entziehen konnten.

Interessant sind die Unterschiede im Spielverhalten junger Wölfe und Hunde. Feddersen-Petersen (1996) verglich diesbezüglich Wölfe mit Großpudeln im ersten Lebensjahr. Erste spielerische Aktivitäten bei Wölfen waren Beißspiele, die bis zum sechsten Monat ihren Höhepunkt erreichten und dann in der Häufigkeit gleich blieben. Gleichzeitig betrieben sie „Mimikspiele", die ebenfalls stark zunahmen, ab dem dritten Monat zurückgingen und auf mittlerem Niveau verblieben. Laufspiele begannen nach dem ersten Monat und erreichten im fünften die Häufigkeit der Mimikspiele. Ebenfalls ab dem ersten Monat betrieben sie zunehmend Solitärspiele, die bis zum zwölften Monat auf ein mittleres Niveau anstiegen.

Demgegenüber waren die Beißspiele der Pudel schon ab dem ersten Monat häufiger und erreichten bereits im zweiten ein Maximum, sie gingen erst nach dem fünften Monat auf ein mittleres Niveau zurück. Die Laufspiele entwickelten sich zunächst wie bei den Wölfen, erreichten aber nicht deren Maximum. Ähnlich entwickelten sich die „Bellspiele", die bei den Wölfen nicht vorkamen. Solitärspiele verliefen ähnlich wie bei den Wölfen.

Die Spiele waren bei den Pudeln also anscheinend mehr aggressiv getönt, bei den Wölfen mehr lustbetont. Bei Zimen (1971, 2) waren im Langzeitvergleich die aggressiven Verhaltensweisen bei Pudeln wesentlich weniger häufig.

Diese Beobachtungen betreffen allerdings nur die studierten Großpudel beziehungsweise Wölfe im Gehege. Wieweit dies auch sonst auf Pudel und andere Rassen zutrifft oder nicht, können nur weitere Untersuchungen erhellen. Beagles und Foxhounds zum Beispiel sind ja für ihre Verträglichkeit bekannt. Auch die Größe und Struktur der verfügbaren Gehege spielen sicher eine Rolle für den Grad der Aggressionen in einer Gruppe. Eine Pariahundgruppe in der Eberhard-Trumler-Versuchsstation Wolfswinkel zum Beispiel lebte in großer Zahl relativ gut auf kleinem Raum zusammen, aber eine „Untergruppe" durfte ein scharf, jedoch unsichtbar abgegrenztes Territorium nicht verlassen, während die Angehörigen der „Obergruppe" auch dort jederzeit Zutritt hatten. Hemmer (1983) berichtet, dass Beobachtungen an Hunden anderer Rassen und Kreuzungen Ergebnisse brachten, die zum Teil zwischen den Wolf-Pudel-Vergleichen lagen.

Pheromone sind Botensubstanzen, die über bestimmte Zustände, emotionale und sexuelle Situationen Auskunft geben. Bekannt sind die Duftstoffe mancher Schmetterlingsweibchen, die paarungsbereite Männchen über kilometerweite Distanzen heranrufen. Pheromone sind im Tierreich weit verbreitet und spielen auch beim Menschen eine noch nicht vollständig geklärte Rolle. Von Hunden wissen wir, dass sie eine Menge solcher Botenstoffe haben, die in Kot, Urin, Speichel, Scheiden- und Vorhautsekreten vorhanden sind und in speziellen Drüsen wie den Anal- und Perianaldrüsen (Duftdrüsen im After und um den After herum) sowie in der Violdrüse (Schwanzdrüse) erzeugt werden. Letztere gilt allerdings bei Haushunden als mehr oder weniger verkümmert (nicht dagegen bei Füchsen, Kojoten und Wölfen). Diese Botenstoffe wirken auf das Verhalten anderer Hunde kurzfristig oder langfristig ein. Solche Düfte werden von Hunden bekanntlich eingehend kontrolliert. Nicht nur die Läufigkeit einer Hündin, die kindliche Hilfsbedürftigkeit eines Welpen oder der hohe Rang des Leithundes werden so „erschnüffelt", sondern vermutlich auch der psychische Status, die Kampfbereitschaft usw. Der Welsh Terrier Ronny meiner Tochter war als typischer Terrier ein starker Raufer. In jungen Jahren war daher praktisch jede Begegnung mit einem fremden Hund durch einen sofortigen unprovozierten Angriff Ronnys gekennzeichnet. Er erinnerte in dieser Beziehung an Piff, den Jagdterrier Erik Zimens, der ebenfalls jeden anderen Hund angriff, selbst wenn er dabei lebensgefährlich verletzt wurde. Es ist dies das „Gameness-Syndrom" des Pit Bull Terriers, die Schmerzunempfindlichkeit, völlige Furchtlosigkeit und maximale Aggressivität, an sich ein genetisch-psychischer Defekt (bei der Entstehung des Pit Bull Terriers spielten ja auch scharfe Terrier für den Jagdgebrauch eine wichtige Rolle). Im Alter wurde er ruhiger und beachtete andere Hunde kaum, auch wenn sie sich ihm näherten. Doch dann starteten diese nach kurzem Beschnüffeln oft ihrerseits einen Angriff, ohne dass sie der Terrier in mir erkennbarer Weise provoziert hätte, oft zur großen Verwunderung und peinlichen Bestürzung der Besitzer, die glaubhaft meinten, ihr Hund sei doch sonst gar kein Raufer. Anscheinend hatten sie eine Duftbotschaft von der grundsätzlich feindseligen Einstellung Ronnys erhalten, die sie zur unmittelbaren Attacke veranlasste, obwohl dieser weder knurrte noch imponierte oder in anderer Weise für mich merkbar davon Kenntnis gab.

Hunde zeigen im Gegensatz etwa zu Primaten weniger gegenseitiges und oft auch relativ wenig eigenes Körperpflegeverhalten. Dies spielt also hier zur Kontaktaufnahme und Festigung der Beziehung eine geringere Rolle als die anderen Verhaltensweisen (Körpersprache, Laute). Nur Wunden werden von anderen Hunden oft beleckt.

Hunde erkennen die eventuelle Verwandtschaft anderer Hunde durch den Geruch, wie dies auch von einer Reihe anderer Tierarten bekannt ist. In Versuchen wurde gezeigt, dass vier bis fünf Wochen alte Welpen ihre Mutter und ihre Geschwister erkennen, Mütter erkannten ihre Welpen auch nach zweijähriger Trennung (Hepper 1985 und 1994).

Die Lebensweise eines Urhundes

Wir haben bereits mehrfach den Neuguinea-Dingo erwähnt und wollen uns nun mit diesem interessanten Tier näher befassen. Handelt es sich doch dabei um einen Hund, der einerseits nur in sehr loser Verbindung zum Menschen lebt und daher kaum einer Zuchtwahl durch diesen unterworfen ist, aber andererseits auch im verwilderten Zustand wie der australische Dingo vorkommt. Da unsere Haushunde ein freies Leben, Gattenwahl, Rudelbildung, Familienbildung usw. nicht mehr kennen, gibt uns dieser Hund einen Einblick in die ursprüngliche Natur des Hundes, und zwar naturgemäß besser als das reine Wildtier Wolf. Wobei man allerdings beachten muss, dass die Dschungelwelt Neuguineas an ein frei lebendes Wesen ganz bestimmte Anforderungen stellt, die in mancher Hinsicht eine Spezialisierung darstellen. Dieses Tier bietet gewissermaßen einen Kontrapunkt zu dem weit stärker domestizierten Pudel und ist daher für uns für das Studium des Übergangs vom Wolf zum Haushund interessant. Allerdings scheint es sich, ebenso wie der australische Dingo, um eine Form mit stark reduzierter Ritualisierung der aggressiven Verhaltensweisen zu handeln, was mit dem „Auf-sich-gestellt-Sein" dieser ursprünglichen Haushundform zu erklären sein dürfte.

Voth, Kiefer, Trumler u. a. haben sich mit dieser Hundeform eingehend befasst. Trumler wählte für seine Beobachtungen australische und Neuguinea-Dingos, Elchhunde, Wölfe und Schakale sowie Kreuzungen dieser Arten, während Voth und Kiefer Verhaltensstudien speziell am Neuguinea-Dingo in Gehegen durchführten.

Wie bereits erwähnt, handelt es sich beim Neuguinea-Dingo um eine kleine Dingoform, den Haushund der Papuas, der in loser Gemeinschaft in den Dörfern der Eingeborenen lebt, aber sein Futter zum Großteil selbst suchen beziehungsweise erbeuten muss. Dazu durchstreift er auch den Dschungel einzeln und angeblich auch in Rudeln, die von alten Hündinnen angeführt werden sollen. Ein Teil der Population lebt völlig wild. Bei den Papuas ist er praktisch kaum einem Zwang, Gehorsam oder Unterordnung unterworfen (allerdings wird manchmal zur Vermeidung des Streunens ein Vorderfuß hochgebunden), daher eignet er sich kaum als Haushund im zivilisierten Haushalt (eine Ausnahme wird noch erwähnt, die allerdings eine besondere Aufopferung erfordert, doch auch aus USA kommen einzelne positive Berichte). Diese Tiere bringen ihrem menschlichen Partner viel Zuneigung, aber kaum Gehorsam oder Unterordnung in unserem Sinne entgegen. Ältere Dingos, besonders solche, die nicht gut an den Menschen sozialisiert wurden, verlassen auch oft die Papuasiedlungen und bleiben dann im Dschungel.

Die in Gehegen durchgeführten Verhaltensstudien brachten interessante Aufschlüsse, wobei jedoch nicht vergessen werden darf, dass in solcher räumlichen Enge die Beziehungen der Tiere vermutlich aggressiver ausfallen werden als unter natürlichen Lebensbedingungen, wo sie einander besser ausweichen können.

Untereinander erwiesen sie sich dabei als sehr streitsüchtig, dennoch gab es auch „Freundschaften". Die Alphahündin tötet oder raubt die Welpen der anderen Hündinnen, doch kamen auch gemeinsame Aufzuchten unter „Freundinnen" vor. Der Vater und ältere Brüder beteiligen sich intensiv an der Betreuung des Nachwuchses und wurden auch, sehr im Gegensatz zu verschiedenen anderen Beobachtungen an Wölfen und Dingos, in die Wurfhöhle eingelassen. Eine klare Unterscheidung von Ritual- und Ernstkampf gibt es beim Neuguinea-Dingo nicht, die Beißereien sind immer Ernstkämpfe, fallen aber dafür nicht so gefährlich aus wie beim Wolf und sind, im Gegensatz zu diesem, immer mit Lautäußerungen verknüpft.

Neuguinea-Dingos bellen selten oder gar nicht, können es jedoch von anderen Haushunden bei gemeinsamer Haltung lernen. Ihre wichtigsten Lautäußerungen sind Schreien, Winseln und Heulen. Die Amerikaner bezeichnen sie daher als „Singende" oder „Jodelnde Neuguinea-Hunde" (New Guinea Singing (Yodeling) Dog).

Diese Hunde können jedoch nur begrenzt als Modell für die „wahre Natur" des Urhaushundes dienen, da sie merkwürdigerweise ein deutlich reduziertes Verhaltensinventar aufweisen, ebenso wie ihr australischer Vetter. Dennoch haben sie einen gewissen Modellwert. Im Übergang vom Wild- zum Haustier verlor der Hund viel an sozialen Regelsystemen im Vergleich zum Wolf, zum Beispiel die Läufigkeitsunterdrückung untergeordneter Weibchen durch das Alphaweibchen, die durch das Töten der fremden Welpen ersetzt wurde (was aber auch beim Wolf fallweise vorkommt).

Bei diesem primitiven Haushund geht es nicht mehr so sehr um eine Rudelhierarchie, sondern eher um die Begrenzung der Tierzahl in einer Lebensraumnische, also der Eingeborenensiedlung, die nur einer bestimmten Anzahl Hunde eine einigermaßen auskömmliche Lebensmöglichkeit bietet. Dieser Zustand dürfte für alle im beginnenden Hausstand lebenden Hunde zugetroffen haben, die noch nicht lebenslang vom Menschen gefüttert wurden. Sie zeigten also eine soziale Rückentwicklung gegenüber dem Wolf in Richtung auf eine tiefere soziale Stufe, also etwa wie vom Sozialverhalten des rudelbildenden Wolfes zu dem des weniger sozial lebenden Kojoten. Allerdings scheint der Neuguinea-Dingo noch zur Rudelbildung fähig zu sein.

Dagegen entwickelte der Haushund in den späteren Phasen der Domestikation, vor allem in Europa und Vorderasien, eine zweite soziale Ebene allmählich immer stärker aus, eben die zum Menschen, die es mit sich brachte, dass der Haushund zu immer perfekterer Unterordnung und Gehorsam dem Menschen gegenüber befähigt wurde, der Voraussetzung für die heutigen praktischen Einsatzmöglichkeiten des Gebrauchshundes. Gleichzeitig trat durch den Menschen aus praktischen Gründen der Haltung wieder eine gewisse Selektion auf bessere Verträglichkeit bei den meisten Rassen ein.

Beim Neuguinea-Dingo finden sich durchaus noch soziale Privilegien aus dem Fortpflanzungsstatus. So wird trächtigen Hündinnen und Hündinnen mit Welpen am Futterplatz der Vorrang eingeräumt. Hündinnen steigen unter ihren Geschlechtsgenossinnen im Rang durch Paarbindung mit dem Alpharüden auf, doch ist die Alphahündin dem Leitrüden nicht sozial untergeordnet. Eine Unterordnung der Hündinnen den Rüden gegenüber erfolgt nur bei enger Bindung während der Hitze, Geburt und Jungenaufzucht (nach Voth, 1988, S. 70). Übrigens soll ja bei Rudelbildung wild lebender Neuguinea-Dingos immer eine Hündin anführen.

Wie bei Wolf und Pudel bestehen bei Neuguinea-Dingos getrennte Rangordnungen bei den beiden Geschlechtern. Ein wesentlicher Unterschied in der Sozietät des Neuguinea-Dingos sowohl gegenüber dem Wolf als auch gegenüber dem stärker domestizierten Pudel liegt darin, dass unter Erwachsenen die Rangbeziehungen labil bleiben, da keine totale Unterordnungsbereitschaft mehr besteht. Dadurch eskalieren Konflikte häufiger, und auch das erklärt die Probleme bei der Haltung der Neuguinea-Dingos im zivilisierten Haushalt.

Auch aus der erwähnten Studie von Voth (1988) über den Neuguinea-Dingo erhält man viele Aufschlüsse über die geistigen und sozialen Fähigkeiten von Hunden bei der Beobachtung in der natürlichen Rudelgemeinschaft. Dieser steht ja noch am Beginn der Domestizierung und lebt halbwild oder wild. Er stellt eine auf den Regenwald Neuguineas spezialisierte Form dar und lebt noch in normalen innerartlichen Sozietäten. Dies ist schon daraus zu ersehen, dass jede Hündin den Welpen noch Futter vorwürgt und zubringt und, das ist besonders bemerkenswert, auch die Rüden sich intensiv und aktiv um die Welpen kümmern. Ja, es wird in dieser Arbeit auch von einer längeren Bindung eines bestimmten Welpen namens Kaspar an einen erwachsenen Rüden berichtet (S. 155, 158).

Wie im Wolfsrudel gibt es auch hier eine Hierarchie vom Leithund bis zum „Prügelknaben“. In diesem Spannungsfeld gehen die sozialen Interaktionen vor sich, der innere Expansionstrieb spornt die Individuen zum Aufstieg auf der sozialen Leiter an, gleichzeitig besteht das Risiko des sozialen Absturzes zum Prügelknaben und zum Ausschluss aus dem Rudel. Den Zusammenhalt sichern die sozialen Bindungskräfte. Sie sind zwar deutlich schwächer ausgeprägt als beim Wolf, aber dennoch stark genug, um soziale Bindungen (vermenschlicht gesagt: Freundschaften) zu ermöglichen. Besonders stark sind diese zu den Alphatieren. Wer deren Wohlwollen erringt, steigt in der sozialen Leiter auf. Eine Paarbeziehung zum Leitrüden macht eine Hündin in der Regel selbst zum Alphatier. Paarbindungen führen zu engem Zusammenleben (gemeinsames Fressen, Ruhen, Sitzen im engen Kontakt) von Rüde und Hündin und dauern mehrere Wochen. Beim Kämpfen kommt es auch zum Bellen, das sonst, ähnlich wie beim verwandten Basenji – beide gehören ja zu den Schensihunden des Hackbaugürtels – kaum zu hören ist.

Manche Beobachtungen sind schwerlich anders als durch überlegtes Handeln zu erklären. So, wenn Töchter der Alphahündin, denen sie das Säugen und Füttern der Welpen nicht erlaubte, da sie dies für sich allein beanspruchte, die Hündchen dazu in ihre eigene Höhle lockten!

Einen interessanten Einblick in das soziale Leben und die Psychologie dieser Urhunde gibt auch die folgende Szene (zitiert aus Voth, S. 151):

„Nachdem der Welpe die Wurfkiste mit vier Wochen verlassen hat, werden die adulten Hündinnen von [Mutter] Schmusel wieder für einige Tage auf Distanz gehalten, und auch Mogi und Puppa versuchen zunächst, den Kontakt der übrigen Jungtiere zu Kaspar [dem Welpen] zu unterbinden. Als sich herausstellt, dass sich die übrigen Rudelmitglieder dem Welpen gegenüber nicht aggressiv verhalten, entspannt sich die Lage schnell; alle Rudelmitglieder ... beteiligen sich an der Fürsorge, die adulten Hündinnen würgen dem Welpen Futter vor, und auch die Rüden und Jungtiere tragen dem Welpen Futter zu."

Wenn auch die Grundlagen für solche Verhaltensweisen in instinktiven Antrieben liegen mögen, muss man doch fast zwingend von einer Beurteilung von Situationen und Sozialpartnern durch die Tiere sprechen, wenn etwa die Mutterhündin bestimmte Rudelangehörige zum Welpen lässt und andere nicht. Dasselbe taten auch der Rüde Mogi und die Hündin Puppa, die den Welpen in den ersten vier Wochen bei Abwesenheit der Mutter versorgten und sich auch sonst in der Wurfkiste aufhalten durften. Dieses Vorrecht sicherte ihnen auch eine Rangaufwertung in der Gruppe. Solche Intelligenzleistungen gehen sicher über Fischels „sparsamste Erklärung" weit hinaus (siehe Kapitel „7. Höridentifikation ...").

Der Rang innerhalb eines solchen „Urhundrudels" wird nicht durch rohe Kraft allein bestimmt. Sehr wesentlich sind auch Nervenstärke und „Beziehungen". Wem es gelingt, mit einem Höherrangigen eine soziale Bindung einzugehen, steigt in der Hierarchie, in der erwähnten Studie hatten die zahmeren Tiere, die zu der Forscherin eine Beziehung aufnahmen, dadurch auch soziale Vorteile, wenigstens solange sie sich im Gehege aufhielt. Beim Neuguinea-Dingo finden sich, nur zum Teil bedingt durch Prägungsvorgänge, scheuere und zahmere Tiere, ein Resultat des teilweisen Wildlebens dieses Hundes. Der wild lebende Hund muss scheu sein, da er sonst womöglich erjagt wird, der an den Menschen angeschlossene hat jedoch Vorteile, wenn er zahm ist. Rang ist also auch eine Funktion der Persönlichkeit und gesellschaftlichen Geschicks – die Parallele zum Menschen oder auch zu anderen Primaten, zum Beispiel Pavianen, ist unverkennbar.

Aspekte des Verhaltens der höher domestizierten Rassen

Wenden wir uns nun den uns vertrauteren Hundeformen zu. Studien mit Hunden hochgezüchteter Rassen haben gezeigt, dass die Signalvielfalt gegenüber dem Wolf noch stärker reduziert sein kann, als etwa beim Pudel beobachtet. Dies zeigte sich zum Beispiel bei einer Gruppe Cavalier King Charles Spaniels, wo zwar eine Hierarchie vorhanden war, aber sehr wenig Kommunikation und Aggression festzustellen war (Bradshaw und Nott, 1995).

In der Situation des Haushundes sind seit Jahrtausenden viele Verhaltensweisen überflüssig geworden, die für den Wildhund eine lebenswichtige Rolle spielen. So konnten Tiere zur Vermehrung gelangen, bei denen gewisse Instinkte fehlten oder abgeschwächt waren (wie der oben erwähnte Fall des Triebes zum Eingraben von Futter). Außerdem förderte der Mensch aktiv die Vermehrung von Individuen, bei denen bestimmte Triebe besonders ausgeprägt waren (zum Beispiel Jagdtrieb bei Jagdhunden, Wachtrieb bei Hofhunden usw.), ihm lästige (etwa das Streunen) aber fehlten. Im Folgenden wollen wir nun die Verhaltensformen der bei uns einheimischen Haushunde eingehender besprechen.

Die Hündin wird meist zweimal im Jahr läufig, gegenüber einmal bei der Wölfin (im Frühjahr). Die Basenjihündin allerdings hat wie die Wölfin nur eine Hitze im Jahr. Westbengalische Parias werden ebenfalls nur einmal im Jahr läufig und auch bei anderen Hundeformen kommt das vor. Die Wurfzahl bei Hunden schwankt stark und ist vor allem durch die Größe der Rasse bedingt. Zwergrassen haben im Mittel zwei, mittlere und große Rassen sechs Welpen, manchmal wird jedoch auch eine zweistellige Zahl Welpen geworfen. Der Haushundrüde ist im Gegensatz zum Wolf jederzeit deckbereit und zeigt dann in der Regel einen übersteigerten Sexualtrieb, wie er bei fast allen Haustieren im Vergleich zu den wilden Formen festzustellen ist. Hierbei sind die Vorspielformen der Werbung um das Weibchen reduziert. Hunderüden gehen oft ziemlich unvermittelt zum Begattungsakt über. Das Geschlechtsleben des Hundes ist also im Vergleich zu dem der wilden Caniden als vereinfacht zu bezeichnen. Bei Haushunden, besonders Rassehunden, finden sich heute vielfach schon psychologische und anatomische Probleme beim natürlichen Paarungsgeschehen, nicht so selten ist daher ein Deckvorgang nur mehr mit menschlicher Hilfe oder gar nur durch künstliche Besamung möglich. Bei Wildhunden kommt es bei der Vermehrung auf bestimmte, günstige Umweltbedingungen an und die Werbung um das Weibchen erlaubt diesem die erforderliche Auswahl des geeignetsten Partners. Im Verlauf der Domestikation konnten sich zunächst vornehmlich jene Rüden und Hündinnen fortpflanzen, welche die geringsten Ansprüche an die Umweltbedingungen und auch keine an die Partnerwahl bei der Zucht stellten, die ja im Wildzustand so wichtig sind. Alle Einschränkungen, die beim

Wolf eine Regelung der Vermehrung bezwecken und darin bestehen, dass die Rüden nicht zu jeder Jahreszeit begattungsbereit sind, die Wölfinnen nur einmal im Jahr Ranzzeit haben und nicht alle gedeckt und trächtig werden, die Notwendigkeit des Zusammenpassens der Partner (vom Standpunkt der Partner selbst und nicht dem des Menschen), dies alles fiel beim Haushund fort.

Von den Geschlechtern sind Hündinnen meist gehorsamer, leichter zimmerrein zu bekommen und zuwendungsbedürftiger, ordnen sich also besser unter. Rüden zeigen häufiger Dominanzanwandlungen gegenüber dem Besitzer, manche sind ungebärdiger und gegen andere Hunde aggressiver. Männliche Hunde zeigen oft mehr territoriales Verhalten, schnappen eher nach Kindern und haben etwas mehr Lust am Spiel. In einem türkisch-persischen Pariarudel in Wolfswinkel spielten die Rüden meist exklusiv untereinander und forderten auch nur selten Hündinnen zum Mitspielen auf.

Die trächtige Haushündin hat vielfach nur mehr die notwendigsten Instinkte der Welpenpflege beziehungsweise der Vorsorge bewahrt (manche Hündinnen nicht einmal mehr diese). So würde nur mehr ein Teil der Hündinnen, selbst wenn sie die Möglichkeit hätten, richtige Gruben oder gar Höhlen ausheben. Sie reißen sich kaum noch die Brusthaare aus, um das Wurfnest zu polstern, doch kann man immer noch um die Zeit des Werfens einen verstärkten Haarwechsel (effluvium postpartum) beobachten. Die Geburt dauert meist viel länger als bei Wildhunden, ein Zeichen der wesentlich verringerten Vitalkraft. Hündinnen beginnen 24 bis 48 Stunden vor der Geburt mit dem Nestbau. Sie belecken die Neugeborenen, die sich den Speichelgeruch einprägen. Das hilft den Welpen, die ebenfalls von der Mutter beleckten Zitzen zu finden. Nur ein Teil der Hündinnen würgt ihren Welpen noch vorverdautes Futter überhaupt oder ausreichend vor, die meisten Würfe würden daher in der Natur ohne menschliche Hilfe umkommen. Das Betteln um vorgewürgtes Futter ist zugleich eine Einübung der sozialen Unterordnung, meint Kerstin Malm aus Skara, Schweden, aufgrund ihrer Studien (Malm, 1998). Das Aufziehen und Erziehen der Junghunde nach dem Welpenstadium hat ja beim Haushund weitgehend der Mensch übernommen, diese Funktionen sind daher bei der Mutterhündin zum Teil mehr oder weniger stark verkümmert. Es gibt aber hier auch rassische Unterschiede. Die schwedische Umfrage ergab, dass bei zwei Drittel der Züchter das Vorwürgen mindestens einmal beobachtet worden war. Relativ häufig war dies bei Jagdhundrassen, Rottweilern, Huskys und besonders Samojeden, viel seltener bei Schäferhunden, Collies und Cairn Terriern. Die betreffenden Hündinnen waren zugleich besonders sorgfältige, duldsame Mütter und zeigten zum Teil auch andere ursprüngliche Verhaltensweisen (zum Beispiel Erbeutung von Tieren für den Nachwuchs). Daneben wurde Vorwürgen auch gelegentlich beim Vater (so zugegen) und anderen Verwandten sowie auch nicht verwandten Hunden festgestellt. Auch das Vorwürgen für die Mutter durch andere mit ihr gehaltene Hunde wurde beobachtet. In 95 Prozent der Fälle geschah das Vorwürgen durch eine Hündin (78 Prozent davon durch die Mutter), in 5,5 Prozent durch Rüden (in 2,6 Prozent durch den Vater, der aber natürlich meist ja nicht anwesend war, daher also dieser sehr geringe Prozentsatz).

Abgesehen vom seltenen Vorwürgen verlieren viele Hündinnen schon nach acht Wochen, oft aber viel früher, zunehmend das Interesse an ihrem Nachwuchs, während Wölfinnen noch Monate für ihn sorgen. Vor allem stark ingezüchtete Tiere zeigen oft ungenügende mütterliche Fürsorge und Zuwendung. Die Strenge, mit der die Mutterhündin die Welpen bei der Entwöhnung behandelt, dürfte eine Auswirkung auf den späteren Umgang der Hunde mit Menschen haben. Man hat bei Welpen von „strengen" Hündinnen in Versuchen weniger Kontaktfreudigkeit zu unbeteiligten Personen und geringere Apportierlust festgestellt. Welpen, die keine Disziplinierung durch die Mutter kennen lernten, waren später nicht abzurichten. Das Beste ist also die goldene Mitte. Ebenso entscheidend ist die Erfahrung, die ein Welpe im Umgang mit seinen Geschwistern macht und wie er von diesen behandelt wird.

Sehr groß ist der Einfluss der Mutter auf spätere Wesenseigenschaften der Nachzucht wie Aggressivität und Wachsamkeit. Die Rüden sind zwar meist gutmütig zu den Welpen, zeigen aber sonst nur selten Pflegetrieb, sie füttern selten und tragen die Jungen nicht. Von Wildhunden ist bekannt geworden, dass Rüden mutterlose Welpen, die über das Säuglingstadium hinaus waren, allein sorgfältig aufzogen. Das ist beim Haushund kaum denkbar. Dennoch macht man sich heute über die Bedeutung des Rüden bei der Welpenaufzucht Gedanken, vor allem in Bezug auf deren Sozialisierung.

Ein Vergleich des Verhaltens von Wolfs- und Pudelrüden ihren Welpen gegenüber (Feddersen-Petersen, 1994) zeigte Folgendes: Pudelrüden kontaktierten ihre Welpen im ersten Monat fast gar nicht, waren dann in geringem Ausmaß aggressiv, was sich nach zehn Monaten stark steigerte. Mit acht Monaten, als die Hündinnen läufig wurden (sie sind ja frühreif), setzten sexuelle Aktivitäten der Vaterrüden ein. Sozialspiele waren recht selten und nahmen auch erst mit zehn Monaten merkbar zu.

Ganz anders das Verhalten der Wolfsrüden zum Nachwuchs: Schon von Anfang an bestand ein gewisses Interesse, das zu mäßigem Kontaktverhalten führte. Es nimmt ab dem dritten Monat stark zu und geht ab dem fünften wieder zurück. Es gibt auch bald Sozialspiele, die ab dem dritten Monat zunehmen, aber ab dem siebten wieder rasch bis zum zehnten zurückgehen. Aggressivität des Rüden wird in geringem Maße ab dem dritten Monat gezeigt. Es ist kein Sexualverhalten gegenüber dem Nachwuchs festzustellen. Anders als bei den Pudelrüden ist also die Brutfürsorge bei den Wolfsrüden gut ausgeprägt.

Da Hunde selten, oft dagegen etwa noch die Hauskatzen, frei ihrer Fortpflanzungsfähigkeit nachgehen und in freier sozialer Gemeinschaft mit ihresgleichen leben können, wissen wir wenig über mögliche Partnerwahl, Eheform und dergleichen bei Haushunden. Doch ist aus den Verhaltensstudien zu entnehmen, dass eine mehr oder weniger weitgehende Reduzierung der Verhaltensweisen auf die reine Paarungstätigkeit und elementare Welpenpflege stattgefunden hat, mit Ausnahme primitiver Hunderassen und zum Beispiel der verwilderten Dingos Australiens und Neuguineas, über deren Freileben wir aber wenig wissen.

Das soziale Verhalten der Hunde erscheint im Vergleich zu den Wölfen stark vereinfacht, zeigt aber grundsätzlich noch dieselben Strukturen. Hunde haben eine Rangordnung, die jedoch einfacher organisiert erscheint als bei Wölfen. Hier haben wir noch zu wenig vergleichende Untersuchungen bei verschiedenen Rassen. Hunde mancher Rassen sind untereinander nur wenig aggressiv, wie die Beagles und Spaniels, andere mehr, wie Fox- und Bull Terrier. Dabei tritt oft beim Heranwachsen eine besonders starke Aggressivität auf, die dann später nachlässt. Pudel zum Beispiel zeigen nach Zimen eine starr strukturierte, lineare Rangordnung, die der Fressordnung entspricht. Wesentlich sind der Verlust oder die Verminderung des Protestverhaltens bei den meisten Rassen und eine allgemein stärkere Fixierung einer einmal festgesetzten Rangordnung. Ins Praktische übersetzt bedeutet das, dass unser Hund, wenn er einmal gelernt hat, uns als seinen Herrn anzuerkennen, im Allgemeinen nicht knurren, Zähne blecken oder gar beißen würde, wenn wir ihn zurechtweisen oder strafen, sondern sich nur duckt oder uns durch bettelnde Gebärden, die eigentlich die wölfischen Spielaufforderungen und Unterwerfungsgesten sind, zu besänftigen sucht. Der Hund hat es also mehr oder weniger weitgehend aufgegeben, als Untergeordneter auf seinem grundlegenden „Hunderecht" zu bestehen: dem Aufbegehren und der Verteidigung auch gegenüber dem Ranghöheren. Erst dadurch wurde er für den Menschen so richtig brauchbar. Primitivhunde auf unterer Domestikationsstufe wie der Neuguinea-Dingo besitzen aber noch durchaus den Trieb zum Aufbegehren und Sichverteidigen und dulden daher kaum einen Zwang. Gerade das Erdulden dieses Zwanges, auch wenn es „nur" der Leinenzwang ist, ermöglicht aber erst die Ausbildung zum Familien- und Gebrauchshund!

Wenn also unser Hund uns anknurrt oder ähnliche Protesthandlungen zeigt, bedeutet das zunächst, dass er ursprüngliche wölfische Instinkte behalten hat, und es ist auch ein ernstes Zeichen, dass wir unsere Leitwolfstellung nicht eindeutig gefestigt haben. Denn Protest erfolgt bei Wölfen und auch Hunden umso eher, je geringer die Rangdistanz zwischen den Kontrahenten ist (Hund zu Hund oder Hund zu Mensch). Bei Angehörigen von Diensthunderassen, bei denen Härte und Durchsetzungskraft verlangt wird, kann man öfter infolge eines zunehmenden Geltungsdranges die In-Frage-Stellung der Dominanz ihres Herrn feststellen. Die Hunde beginnen aufzubegehren und so auch ihr uns vom Wolf her schon bekanntes „Protestrecht“ geltend zu machen. Auch der so genannte „Angstbeißer“ gehört hierher, der eine ungenügende Hemmung des Protestverhaltens und der Selbstverteidigung aufweist.

Untereinander haben Hunde deutlich weniger Möglichkeiten, sich mimisch-körpersprachlich auszudrücken und ihre Stimmungen zu übertragen, als Wölfe, wenn dies auch durch die Bellkommunikation teilweise kompensiert sein mag. So sind sie weniger in der Lage, stabile Rudel und Familien zu bilden. Dadurch wäre ihre Lebensfähigkeit in freier Natur, besonders in nördlichen und auch gemäßigten Gebieten, stark beeinträchtigt, weniger dagegen in südlicheren Regionen, wo auch für einzeln lebende Hunde bessere Überlebenschancen bestehen. Hier können wir daher auch besonders häufig das Auftreten sich unabhängig fortpflanzender verwilderter Hunde (wie zum Beispiel den Dingo) feststellen, meist in Gebieten, wo Wölfe nie vorgekommen sind oder ausgerottet wurden, denn diese sind ihren domestizierten Verwandten biologisch überlegen. Wir können zwar Hunde züchten, die Wölfe zu überwältigen in der Lage sind, aber Hunde, die in der Natur wie Wölfe und in Konkurrenz zu diesen zu überleben vermögen, die könnten wir nicht züchterisch hervorbringen (in manchen Gebieten ernähren sich Wölfe übrigens zu einem nicht unerheblichen Anteil von Hunden, schwedische Jäger beklagen neuerdings Verluste an Jagdhunden durch die zurückkehrenden Wölfe). Die Vielzahl an Fähigkeiten und sozialen Strukturen, welche die Hunde verloren haben, ist ihnen nicht wieder anzuzüchten. Auch dort, wo noch Großkatzen vorkommen (wie zum Beispiel in Afrika), konnten Hunde nicht dauerhaft verwildern, sie blieben im Paria- oder Schensistatus, das heißt immer mehr oder weniger an den Schutz durch menschliche Ansiedlungen gebunden.

Das vereinfachte Verhalten unserer Hunde entspricht grob gesehen den primitiveren sozialen Verhaltensformen der kleineren Wolfsverwandten südlicher Gebiete, der Schakale, oder dem Kojoten, obgleich auch bei diesen Rüden und ältere Geschwister bei der Aufzucht der Würfe mithelfen (bei Indischen Wölfen anscheinend nicht). Vom Goldschakal, der vielleicht doch einen geringen Blutanteil da und dort an den Haushund übertragen hat, wissen wir, dass er ein Revierbummler und Aasfresser ist, der großen Raubtieren folgt und seltener in Rudeln jagt. Seine Ausdrucksformen sind, wie erwähnt, weit weniger vielfältig als beim Wolf, doch anscheinend je nach Unterart sehr verschieden in der Ausprägung (Zähneblecken beim indischen Goldschakal).

Vermutlich dürfte der Haushund von Caniden südlicher Breiten abstammen, die weniger auf straffe Rudelorganisation angewiesen sind (was auch für den Indischen Wolf gelten dürfte), deshalb sind vielleicht von vornherein weniger komplizierte Ausdrucksformen erforderlich gewesen, aber vermutlich ist die Abflachung der Ausdrucksmittel in erster Linie auf die Domestikation zurückzuführen. Interessanterweise haben aber auch die Großwild im Rudel jagenden Wildhunde südlicher Breiten, der Rot- und der Hyänenhund, im Gegensatz zum Wolf und Haushund keine so ausgeprägte Mimik, wohl aber eine gut entwickelte Laut- und Körpersprache aufzuweisen. Wenngleich beim Wolf zweifellos die Gesichtsmimik eine große Rolle spielt, ist jene Gesichtszeichnung, die das Verziehen der Lefzen oder das Runzeln von Stirn und Nasenrücken optisch unterstreicht, offenbar nicht unbedingt erforderlich, denn es gibt, besonders unter amerikanischen Timberwölfen, verhältnismäßig viele Exemplare mit Farbabweichungen ohne Gesichtszeichnung, wie schwarze oder fast weiße Tiere. Das Fehlen der Maske oder das Verwischen der Gesichtskonturen durch verändertes Haarkleid bedingt allein sicher keine wesentliche Störung der Verständigungsmöglichkeit.

Wodurch nun ist die Ausdruckskraft unserer Haushunde gegenüber dem Wolf verringert? Zunächst gibt es da weniger Varianten für Zähneblecken, Ohrenstellung und Schwanzhaltung. Vieles wird „oberflächlicher" angedeutet. Dazu kommt nun die anatomische Einschränkung bei vielen Rassen, die sich vom Wildtyp und von der Fellzeichnung des Wildhundes entfernt haben. Bei hängeohrigen Rassen etwa und solchen mit kupiertem oder angeborenem Stummelschwanz sind diese Körperteile als Ausdrucksmittel weggefallen, die beim Wolf eine große Rolle spielen. Kraus- oder Langhaar verschleiert die Gesichtsmimik bei Pudeln und anderen Rassen. Einige Rassen weisen noch die Fellzeichnung des Wolfes in abgewandelter Form auf, zum Beispiel die Wolfspitze und Huskys. Erstere haben aber eine schwarze Maske, was vermutlich als Beibehaltung eines Färbungselements der Wolfswelpen aufzufassen ist. Auch diese haben eine dunkle Schnauzenfärbung, die aber später an den Lippen in Weiß übergeht.

Die durch menschliche Züchtung bewirkte mehr oder weniger weit gehende Abänderung bis Funktionszerstörung der Mimik und Gestik des Hundes mag vielfach zu „Missverständnissen" unter Hunden führen. Sogar die Mimik und Gestik des so wolfsähnlichen Deutschen Schäferhundes erscheint gegenüber dem Wolf relativ stereotyp. Während von Wölfen 60 verschiedene Mienen registriert wurden, waren dies bei Alaskan Malamutes immerhin noch 43, bei Deutschen Schäferhunden aber nur mehr 16 und beim Pudel 14. Ausdrucksverarmte Hunde sind jedoch deshalb nicht weniger sozial (Feddersen-Petersen, 1987, und 2, 1998).

Im Großen und Ganzen scheinen jedoch immer noch genügend Verständigungsmöglichkeiten für die Verhältnisse im Hausstand zu bestehen. Selbst das

Kupieren der Rute scheint da nicht zu besonderen Problemen zu führen. Manche Zuchtstämme bestimmter Rassen, wie Fox Terrier und Bull Terrier, sind jedoch untereinander oft so aggressiv, dass sie sich in größerer Zahl meist nicht zusammen halten lassen. Sehr viele Rassen, etwa Pudel, zeigen „kindliches“ Gehabe auch als Erwachsene, bei ihnen haben fast alle Aktivitäten für uns etwas Spielerisches an sich (außer die Aggression untereinander). Bei ursprünglicheren Rassen wie Chow-Chow, Eskimo- oder Windhunden trifft das nicht zu, bei Ersterem zum Beispiel ist der Spieltrieb des erwachsenen Tieres relativ gering. Bei diesen Rassen kann man auch noch die Individualdistanz finden, wie wir sie vom Wolf kennen. Hunde, die auf kindlicher Stufe stehen geblieben zu sein scheinen, zeigen oft keinen Schutztrieb und mangelndes Misstrauen gegen Fremde.

Schutztrieb und freundliches Wesen gehören zu den Wesensmerkmalen mit geringer Erblichkeit, hier ist offensichtlich der mütterliche Vorbildeinfluss besonders groß. Dies zeigt auch, dass man durch entsprechende gute Erziehung des Muttertieres die Nachzucht sozusagen „vorerziehen“ kann!

Wölfe sind als erwachsene Tiere sehr bewegungslustig. Gern laufen sie stundenlang im Gehege auf und ab, im Freien durchmessen sie oft große Strecken, 50 Kilometer und mehr pro Tag. Hunde dagegen zeigen, wie junge Wölfe, kaum diese ausgesprochene Motorik. Sie bewegen sich nicht spontan nur um des Bewegens willen, sondern aus anderen Impulsen, wie zum Beispiel in Ausübung des Spieltriebes, aus Freude usw. Nur ursprüngliche Rassen haben noch einen starken spontanen Bewegungstrieb und neigen auch daher besonders zum Streunen, zum Beispiel Basenjis. Das stereotype Hin- und Herlaufen in einer Umzäunung wie beim Wolf aber findet man beim Haushund seltener, Zwingerhunde liegen entweder, schlafen oder spielen miteinander, doch gibt es auch Bewegungsstereotypien. Vor allem größere Rassen machen von sich aus selbst in größeren Gärten wenig Bewegung. Sie sind darauf angewiesen, täglich auf einen längeren Spaziergang geführt zu werden, um gesund und aktiv zu bleiben. Dieser Mangel an Spontaneität ist eine wichtige Eigenschaft des Haushundes, der sonst nicht mit seinem Herrn im Gasthaus, der Wohnung oder gar allein im Auto geduldig warten würde, bis er zu einem Spaziergang abgeholt wird. Solche Geduld könnte man von einem Wolf oder auch von einem Neuguinea-Dingo nicht erwarten. Es gibt aber auch noch viele Streuner unter unseren Hunden.

Wir erkennen daraus schon einen weiteren Wesensunterschied des „zivilisierten“ Hundes gegenüber dem Wolf und auch vielen primitiven Haushunden: Der „zivilisierte“ Haushund hat viel weniger den Drang, sich selbst Bewegung zu verschaffen (wohl aber an sich das Bedürfnis dazu), und er ist, auf sich gestellt, viel weniger initiativ als naturnahe Hundeformen. Dies sind Eigenschaften, die wir unseren Hunden angezüchtet haben, wobei aber die Tatsache zu Hilfe kam, dass auch der gesättigte Wolf (er kann bis zu 10 Kilogramm verschlingen!) oft stunden-, ja tagelang ruht. Hunde haben also viel von ihrer Selbstständigkeit verloren. Eine Ausnahme sind, wie erwähnt, die meisten ursprünglichen Hunde, viele Jagdhundrassen (aber vorwiegend nur auf der Jagd, wie etwa der Dachshund, der sich freilich auch „privat" manchmal sehr eigenständig zeigt) und auch die Hirtenhunde.

Hunde fügen sich, wie erwähnt, meist perfekt in die soziale Struktur einer menschlichen Familie ein, obwohl sie sehr deutliche Rangunterschiede machen, die meist mit den tatsächlichen gut übereinstimmen. Darüber hinaus können sie gegenüber Fremden misstrauisch oder sogar aggressiv sein, Eigenschaften, die von Wachhunden gefordert werden. Oder sie sind „Allerweltshunde", die jedermann anwedeln. Die meisten Hunde, vor allem große, lassen sich von Kindern (fast) alles gefallen, eine für das Zusammenleben mit dem Menschen natürlich sehr wichtige Eigenschaft. Ob sie in der Domestikation erworben oder bereits aus dem Wildleben mitgebracht wurde, ist schwer zu sagen. Immerhin ist von einzelnen zahm gehaltenen Wölfen berichtet worden, die mit Kindern sehr vertraut waren, doch das dürften Ausnahmefälle sein.

Kleine Kinder stehen in der Rangordnung des Familienhundes zwar meist unter ihm, viele lassen sich von ihnen nichts sagen. Dennoch sind sie im Normalfall sicher, worauf schon Lorenz hinwies (siehe unten). Freilich, verlassen darf man sich nicht darauf. Mein Kleinpudel stellte jeden Eindringling, stoppte eine Schwadron Reiter, die mich beim Langlaufen auf einem Waldweg überholen wollte, und hätte jeden gebissen, der ihn etwa hätte stehlen wollen. Meinen kleinen Sohn respektierte er nicht, knurrte ihn oft an, aber er hat ihn nie gebissen. Das Gleiche bei all meinen anderen Hunden (meine kleine Tochter wurde allerdings von meiner Airedalehündin einmal umgeworfen und angeknurrt, aber das war nur „pädagogisch" gemeint). Allerdings werden leider viele, sehr viele Kinder von ihren Hunden gebissen, aber normalerweise ist das Verhältnis intakt und hochinteressant, einer ethologischen Studie wert.

In Amerika wird die Kastration von Rüden auch deshalb empfohlen, weil die Gefahr dominanzbedingter Angriffe auf Kinder herabgesetzt wird. Lorenz hat jedoch beschrieben, dass zwei wütend kämpfende Rüden über einem kleinen Mädchen, das sie im Eifer des Gefechtes über den Haufen geworfen hatten, ihre Fehde austrugen, ohne dem Kind ein Haar zu krümmen, das sich auch vor den geifernden „Bestien" nicht im Geringsten fürchtete. Eine solche verlässliche Verhaltensweise gibt es bei sehr vielen Hunden, manche aber haben sie nicht (oder durch falsche Zucht und Erziehung verloren), jedenfalls darf man keinesfalls darauf vertrauen. Kastration ist dabei wohl auch nur graduell und nicht immer wirksam. Natürlich ist auch die Rassenwahl wichtig, wenn man Kinder im Haus hat.

Klammern ist beim Hund nicht nur ein Sexualvorgang, es dient auch als Dominanzdemonstration und kommt als solche bereits beim Welpen vor. Beim Fennek, dem kleinen Wüstenfuchs, einem entfernten Verwandten, ist Klammern auch eine Zuneigungsbezeugung. Mein Fennek, der als Jungtier zu mir kam, war an Menschen nicht besonders sozialisiert (anscheinend dafür zu spät dem Nest entnommen), wohl aber an Percy, meinen Kleinpudel, dem er häufig durch sein Klammern lästig fiel. Im Übrigen aber konnte man mit dem Fennek wie mit einem Hund an der Leine spazieren gehen, vorausgesetzt, der Pudel war dabei, sonst sträubte er sich.

Das Harnmarkieren hat sich beim Haushundrüden erhalten. Ist das nicht der Fall, so hocken sie sich zum Urinieren lebenslang wie Hündinnen hin. Manche markieren unterwegs immer wieder in kurzen Abständen. Das Beinheben lernen Hunde übrigens erst später, wenn sie im frühen Alter keine Duftmarken anderer Hunde kennen lernen konnten. Manche Hündinnen markieren auch durch Beinanheben wie Rüden. Zimen (1971) beobachtete, dass in einer Pudelgruppe im Gehege nur der Alpharüde spritzmarkierte, außerhalb desselben aber auch die rangtieferen Rüden. Harnmarkieren scheint außerdem eine angstlösende und beruhigende Wirkung auf den markierenden Hund zu haben. Da sich hundeartige Beutegreifer vorwiegend nach dem Geruch orientieren, werden beim „Kennenlernen" der After, eventuell auch die Geschlechtsteile beschnüffelt sowie natürlich auch der ganze Körper. Der Orientierung über die Bewegungen der Artgenossen in einem bestimmten Gebiet dienen natürlich auch die frischeren Spuren, die etwa Auskunft geben können, wer innerhalb der letzten vierundzwanzig Stunden vorbeikam. Urinmarken dagegen dürften weit länger informativ bleiben. Interessanterweise markieren Hunde, die in einem großen Garten oder Gehege gehalten werden, dort und auch auf einsamen Waldwegen weit weniger als auf der Straße. Offenbar regen die Markierungen fremder Hunde dieses Verhalten besonders an. Nach eigener Markierung markiert ein Hund außerhalb seines Territoriums (Garten) an der gleichen Stelle erst dann wieder, wenn inzwischen ein weiterer Hund dort markiert hat.

Irrweg Wolfsbastard

Eine in den 1970er-Jahren in den USA ausgebrochene „Wolfsmanie" ließ dort eine ganze Industrie der Wolf-Hund-Bastardzüchtung entstehen, die zu großen Problemen geführt hat. Kreuzungen zwischen Wolf und Hund sind ähnlich einzuschätzen wie Wölfe, das heißt, sie sind kaum als Heimtier geeignet. Ein wesentlicher Grund ist die große Scheu des Wolfes, die oft noch nach vielen Generationen vorhanden ist. Immerhin sollen aber in die Deutschen Schäferhunde zu Beginn der Hochzucht da und dort Wölfe eingekreuzt worden sein.

Die Probleme des Haushundes mit Erbkrankheiten und vielen anderen degenerativen Erscheinungen sowie das Streben nach einem „Supergebrauchshund“ haben dazu geführt, in der Kreuzung mit dem „urgesunden“ Wildtier Wolf einen Ausweg zu suchen. Eine Woge der Sympathie mit dem vom Menschen schwer bedrängten, vielerorts bereits ausgerotteten Wolf hat in den USA zu einer fatalen Fehlentwicklung geführt. Da aber reinblütige Wölfe sich als Heimtiere nicht eignen, begann man, Wölfe in großem Stil mit Hunden, meist wolfähnlichen wie Siberian Huskys und Malamutes, zu kreuzen und diese Bastarde als „wolf hybrids“ zu vermarkten. Heute soll es in den USA Hunderttausende dieser Bastarde geben, Wölfe in freier Wildbahn aber nur einige hundert. Wolf-Hund-Kreuzungen werden manchmal, ähnlich wie Spirituosen nach Alkoholgehalt, nach „Prozent Wolfsgehalt“ gehandelt.

Die Erfahrungen mit diesen Tieren sind äußerst unterschiedlich, sie hängen zu einem Gutteil, aber nicht immer, auch von dem genetischen Anteil der Kreuzungspartner, von der Sozialisierung der Welpen und dem erzieherischen Geschick der Besitzer usw. ab. Allerdings, unter den amerikanischen „Wolfshybriden“-Besitzern gibt es auch solche, die durchaus mit ihren Tieren zurechtkommen. Im Allgemeinen aber sind diese Geschöpfe als Heimtiere, wie die reinblütigen Wölfe, völlig ungeeignet und zu bedauern. Die meisten fühlen sich im Umfeld des Menschen nicht wohl, sind scheu und enorm misstrauisch gegen alles Fremde. Die Dominanz des Besitzers werden sie viel stärker herausfordern als der durchschnittliche Hund und vor allem sie nicht ein für alle Mal als gegeben voraussetzen, sondern immer wieder testen. Das kann gefährlich sein. Das gilt auch immer und ganz besonders für Kinder und Fremde, hier ist Wolfsbastarden nie zu trauen. Freilich, Ausnahmen gibt es auch hier, und viel hängt auch von dem genetischen Anteil des Hundes in der Kreuzung ab (je mehr Hund, desto besser – im Allgemeinen!). Doch es gibt auch andere Ansichten. Eine amerikanische Vereinigung, die sich nicht mehr erwünschter Wölfe und Wolfskreuzungen annimmt, meint aufgrund ihrer Erfahrung, dass vor allem Rassen mit Neigung zur Aggressivität keine guten Kreuzungspartner abgeben und dass generell die wölfische Zurückhaltung in der Aggression beim Hund fehlte, daher sei eine Kreuzung mit „wenig Hund“ besser. Es ist aber wohl am besten, Hunde mit Wölfen gar nicht erst zu kreuzen.

Die Erziehung der Wolfsbastarde nach Rezepten für Hunde mag hie und da gelingen, meist aber nicht, sondern hier sind spezielle Erfahrungen nötig. Nur in großen Gärten oder Gehegen mit mindestens 2 Meter hoher Umzäunung mit Überhang können Wolfsbastarde gehalten werden, dazu muss das Ganze gegen Durchgraben gesichert sein. Entkommen sie, können sie für Mensch und Tier, ob Wild-

oder Haustier, gefährlich werden. Ihr Jagdtrieb ist sehr ausgeprägt. Wo es noch Wölfe gibt, könnten entkommene Wolfmischlinge die Bemühungen um den Wolfschutz zunichte machen und die Wolfsbestände durch Verkreuzung gefährden.

Kurz und gut, die Zucht von Wolfsbastarden ist unverantwortlich, ihre Haltung riskant und so gut wie immer eine Tierquälerei. Es sind dies Tiere, die sich weder in der Natur noch in der Zivilisation heimisch fühlen können. Kreuzungsversuche Wolf-Hund mit dem Ziel, leistungsfähigere und gesündere Hunde zu schaffen, führten nicht zu den gewünschten Ergebnissen. Es gibt zwar heute drei „echte" Wolfshundrassen, den holländischen Saarloos Wolfhond, den Tschechoslowakischen Wolfshund und den italienischen Lupo Italiano, es sind dies aber keine Gebrauchshunde geworden, da vielfach noch Scheu und unzureichende Abrichtbarkeit vorhanden sind (über die dritte ist mir nichts Näheres in dieser Beziehung bekannt). Man kreuzte dazu Wölfe mit Deutschen Schäferhunden, um eine besonders leistungsfähige und gesunde Diensthunderasse zu schaffen. Obwohl diese Rassen schon seit Jahrzehnten selektiert wurden und damit heute überwiegend Haushundeigenschaften aufweisen, ist dieses Ziel nicht erreicht worden. Immerhin sind sie dank jahrzehntelanger Selektion nicht ganz so problematisch wie die amerikanischen wolf hybrids, doch auch sie können meist nicht allein gelassen werden, neigen zum Wildern und Ausbrechen und können nur von idealistischen Spezialisten gehalten werden. An Intelligenz und Sinnesleistungen ist von diesen Tieren freilich viel zu erwarten.

Obwohl Wolf und Hund genetisch einander äußerst nahe stehen, hat man neuerdings doch DNS-Marker gefunden, die man bisher weder in Hunden noch in Wölfen feststellen konnte. Dies könnte die Möglichkeit eröffnen, Einkreuzungen von Wölfen in Hunden und umgekehrt nachzuweisen. Mit der Zeit wird es sicher auch möglich sein, die Rasse eines Hundes durch einen Gentest molekularbiologisch festzustellen, wie dies zum Beispiel bei Rinderrassen schon geschieht.

Soziale Verhaltensweisen

Hunde verfügen über eine Vielzahl angeborener Verhaltensweisen im sozialen Umfeld, ihre Gesamtheit nennt man das Verhaltensinventar, wissenschaftlich als Ethogramm bezeichnet. Sie sind zum Teil deshalb nur in einem Rudel Hunde zu beobachten. Hier sei eine knappe Übersicht gegeben, wobei zu beachten ist, dass nicht jeder Hund und jede Rasse alle Verhaltensweisen aufweist. Im Umgang miteinander verwenden sozial lebende Hunde ein „Gebrauchsvokabular", das heißt, man kann nicht jede Verhaltensweise in jeder Gruppe und bei jedem Einzeltier beobachten, obwohl die Tiere an sich über sie verfügen (Feulner, 1991; Goes, 1991). Wir haben die grundlegenden Verhaltensweisen bereits erwähnt, hier sei auf sie im sozialen Umfeld detailliert eingegangen.

Erwachsene Wölfe achten auf eine bestimmte Individualdistanz, die sie gegen andere Rudelmitglieder verteidigen, außer Paare in der Ranz und bei Spielen. Sie liegen daher immer in einem gewissen Abstand voneinander. Bei Pudeln ist dies viel weniger der Fall, auch erwachsene schlafen zu etwa 30 Prozent noch mit Körperkontakt (Zimen, 1971). Das gilt aber nicht für alle Hunderassen, Chow-Chow-Welpen sollen schon mit fünf Wochen allein schlafen, noch etwas früher als junge Wölfe.

Spielerische Verhaltensweisen: Hunde fordern ihre Artgenossen (und auch den Menschen) in verschiedenster Weise zum Spielen auf, meist jedoch durch Absenken des Vorderkörpers bei breit gestellten Vorderläufen, Wedeln und eventuell Bellen, wobei ein entspanntes „Spielgesicht" mit halb offenem Maul, glatter Stirn, angelegten Ohren und zurückgezogenen Mundwinkeln gezeigt wird. Der Hund kann sich auch an den Partner anschleichen, lauern und ihn überfallen. Oder er springt vor ihm hin und her oder läuft auffordernd voraus. Auch ein plötzlicher Galopp mit Spielgesicht dient der Auslösung der Spielstimmung beim Partner oder auch im ganzen Rudel. Weitere Möglichkeiten sind Schlenkern mit dem Kopf und Pföteln sowie die Pfote auf die Schulter des Partners auflegen. Der Hund kann auch eine spielerische (passive) Unterwerfung durch Sich-auf-den-Rücken-Werfen simulieren, selbst wenn er der Alpharüde ist, was aber eher selten vorkommt. Eine andere Möglichkeit besteht darin, ein Spielobjekt zu tragen und dem kontaktierten Partner „provokant" vorzuhalten, woraus sich dann ein Verfolgungsspiel oder ein „Tauziehen" entwickeln kann.

Manchmal spielen Hunde auch allein. Sie können dann einen Gegenstand lange fixieren (belauern), um ihn herumspringen, daran knabbern oder ihn herumtragen. Ist er weich und locker wie zum Beispiel ein Stück Tuch, wird er spielerisch „totgeschüttelt". Eine weitere Möglichkeit ist das Hochwerfen des Objekts, auch den Mäuselsprung kann man damit üben. Solche Spielereien können aber auch dazu dienen, einen Spielpartner zur Teilnahme anzuregen.

In der Gruppe kann man spielerisch Beißereien oder Ringkämpfe aufführen. Sehr beliebt sind Rennverfolgungsspiele: Einer spielt die Beute, wobei die Haltung eines sich unterwerfenden Hundes (eingezogener Schwanz, gesenkter Kopf, zurückgelegte Ohren, runder Rücken) eingenommen wird. Dabei können Haken geschlagen werden, es wird aufgelauert und der Weg abgeschnitten. Die Rollen können dabei wechseln, doch meist sind dominante Tiere auch im Spiel dominant. Schließlich gibt es die Spiele mit körperlichem Kontakt wie Ringen und Beißspiele.

Die Rolle, die ein Hund in der Gruppe einnimmt, zeigt er, wie der Wolf, durch seine Körperhaltung an. Der ranghohe Hund hält seine Ohren aufrecht und gespitzt, beim Imponieren werden Kopf und Schwanz hoch getragen, die Haltung ist gespannt, die Bewegung langsam. Hunde, die voreinander imponieren, stehen parallel oder in T-Stellung zueinander. Rangniedere zeigen dies durch gesenkte, zurückgelegte Ohren, eingezogenen Schwanz, eingeknickte Läufe und gesenkten Kopf (aktive Unterwerfung).

Ranghohe Rüden beenden ihre Imponierauftritte meist durch Markieren, wobei der Harn meist höher gezielt wird als bei rangniederen, die auch weniger markieren. Dann erfolgt meist noch ein kräftiges Imponierscharren. Auch ein „Imponiertragen" ist beschrieben worden, hierbei tragen die Hunde einen Gegenstand in Imponierhaltung vor dem Rudel herum.

Gedroht wird durch Ranghöhere in Imponierhaltung, wobei aber der Schwanz waagerecht gehalten werden kann, durch Knurren und Blecken der vorderen Zähne bei kurzen Mundwinkeln sowie durch Haarsträuben auf Schulter und Rücken. Rangniedere, die bedroht werden, schnappen in die Luft, blecken die Vorderzähne bei langem Mundwinkel, bei starker Bedrängnis reißen sie das Maul auf oder blecken die Zähne maximal.

Zärtlichkeit wird durch Schnauzenberührung und Stoßen, Belecken, Belecken der eigenen Schnauze, Aneinanderreiben, Pfote auf den Rücken legen und Pföteln demonstriert.

Um die sozialen Eigenschaften des Hundes genau zu studieren, die für seine vielseitige Verwendung und das Zusammenleben mit dem Menschen von so entscheidender Bedeutung sind, genügt es nicht, sein Verhalten in der menschlichen Gemeinschaft zu untersuchen. Grundlegende Aufschlüsse bringt hier das natürliche innerartliche Gemeinschaftsleben der Hunde. Dieses gibt es aber in der modernen Hundehaltung seit langem nicht mehr, auch dort nicht, wo Hunde etwa beim Züchter noch in einer Art Familienverband gehalten werden. Auch hier sind die natürlichen Verhältnisse ja durch den starken Einfluss des Menschen verändert. Da die derzeitigen Zuchtrassen deshalb auch verschiedenartige Ausfälle im Zusammenleben mit ihresgleichen erwarten lassen, hat man die ursprünglichen Verhaltensweisen aus dem Studium von Wolfsrudeln zu erschließen versucht und daraus wertvolle Erkenntnisse gewonnen.

Da aber der Hund sich vom Wolf im Verhalten schon recht weit entfernt hat und auch nicht bekannt ist, wie sich der eigentliche Urahn des Hundes (möglicherweise ein Südwolf) verhalten hat, ist Trumler einen anderen Weg gegangen. Er hat Hunde vom Urtyp (skandinavische Elchhunde und Huskys) mit Wölfen, Schakalen und Dingos gekreuzt und diese Mischlinge, die er als „Normalhunde" betrachtete, in großen Gehegen naturnah gehalten. Diese Initiative hat zu lebhaften Diskussionen geführt. So wurde vor allem kritisiert, dass Trumler als Studienobjekte Mischlinge wählte. Doch der Forscher stand vor einem Problem, auf das schon Konrad Lorenz gestoßen war. Dieser beobachtete, dass wilde Graugänse eine bestimmte Lautkommunikation hatten, zahme Hausgänse aber sozusagen mehr oder weniger „sinnlos darauflosplapperten“. Für diese als Haustiere war das System der Gänse-Laut- und -Gebärdensprache kein überlebenswichtiges Kommunikationsmittel mehr. „Grammatik“ und „Syntax“ wurden chaotisch.

Auch Haushunde müssen seit vielen Generationen mit Artgenossen nicht mehr wie Wölfe kommunizieren, viel wichtiger wurde die Verständigung mit dem Menschen. Trumler fehlte jedoch ein „Urhund“ mit den ursprünglichen Verhaltensweisen. Da aber die gegenwärtigen, seit Urzeiten wild lebenden Haushunde, die Dingos, eine Spezialanpassung darstellen und Trumler aus verschiedenen Primitivhunden einen erstaunlich homogenen Hundestamm züchten konnte, der keine einseitige Spezialisierung aufwies, hat sich das Ergebnis – sozusagen ein „Modellwildhund“ – als sehr interessant erwiesen. Infolge der genetischen Drift, dem allmählichen Verlust von natürlichen Verhaltensweisen und Instinkten im Hausstand, durch Inzucht und einseitige Selektion hat jede Hunderasse einen Teil dieser natürlichen Gaben und Anlagen verloren. Durch eine multiple Kreuzung vieler Rassen, wie sie Trumler durchführte, sollte es gelingen, in einem Stamm die Gene für ursprüngliches Verhalten und Fähigkeiten wieder zu einem guten Teil „zusammenzuführen“. Die so entstandenen trumlerschen „Wildhunde“ zeigten sich jedenfalls den Bedingungen einer naturnahen Haltung ausgezeichnet gewachsen. Trumler hat allerdings diesem Ziel etwas „nachgeholfen“, da seine Kreuzungen auch etwas Wolfs- und Schakalblut enthalten.

Jugendliche Züge wie ständige Neugier und Lernfähigkeit seien charakteristisch für die Neotenie des Haushundes, das Verbleiben im Jugendzustand. Normalerweise zeigen Tiere nur im Jugendstadium ein ausgeprägtes Neugier- und Lernverhalten. Tatsächlich weisen sowohl Menschen wie Hunde eine enorme Anpassungs- und lange Lernfähigkeit auf, wie sie im Tierreich sonst kaum ihresgleichen findet. Dadurch haben Mensch und Haushund die größte geographische Verbreitung erlangt, wobei natürlich dienlich war, dass der Hund sich sozial so eng an den Menschen bindet. Möglicherweise sind aber Wölfe ebenfalls lebenslang neugierig, einfach weil das für ein Raubtier wesentlich ist.

Interessant sind in diesem Zusammenhang Versuche von J. L. Millot et al. 1987 in Frankreich. Er untersuchte, welche Körperteile bei Kindern von Hunden beschnüffelt wurden. Bei bekannten Kindern wurde die Anogenitalregion nur selten berochen, bei freundlich agierenden Kindern der Kopf, bei unruhigen, sich aggressiv benehmenden dagegen vor allem die Arme. Bei ruhigen Kindern beachteten die Hunde mehr den Rumpf und die Beine. Bei Attrappen, die mit Kleidern bekannter und unbekannter Kinder angezogen waren, berochen die Hunde vorwiegend die Anogenitalregion der Attrappen mit den Kleidern unbekannter Kinder und den Rumpf bei jenen mit Kleidern ihnen bekannter Kinder. Offensichtlich sind Hunde also imstande, den emotionalen Zustand von Menschen am Geruch festzustellen, was völlig neue Möglichkeiten für den künftigen Einsatz von Hunden eröffnen könnte. Daraus ist u. a. der Schluss zu ziehen, dass Hunde unbekannte Personen durch Beriechen an der Anogenitalregion zu identifizieren beziehungsweise „kennen zu lernen“ suchen, wie sie es auch bei anderen Hunden tun. Bei bekannten Personen hingegen bekommen sie anscheinend Hinweise auf den emotionellen Zustand, also wie diese gestimmt oder gelaunt sind, und was sie beabsichtigen (oder ob sie Leckerbissen dabeihaben). Das geschieht durch Beriechen der oberen Körperregion, besonders des Kopfes, also dort, wo es viele Talg- und Schweißdrüsen gibt. Aus diesen Studien kann man übrigens auch Aufschlüsse über die Bedeutung von körpereigenen Duftstoffen beim Menschen selbst gewinnen.

Ritualisierte und Enstkämpfe

Bei ritualisierten Auseinandersetzungen wird oft getrachtet, den Gegner auf den Rücken zu werfen beziehungsweise ihn dazu zu bringen. Ist dies gelungen, stellt sich der Sieger knurrend darüber und verhindert einige Zeit, dass der Opponent aufsteht. Bleibt dieser anhaltend ruhig, so löst sich der Sieger langsam von ihm, um in der Nähe zu markieren und zu scharren. Solche Kämpfe enden meist harmlos. Wie erwähnt, gibt es aber Ernstkämpfe, bei denen die Unterwerfung dem Unterlegenen nichts nützt. In so einem Fall kann nur die Flucht oder Verteidigung helfen, doch wenden sich meist auch die anderen Rudelmitglieder gegen ihn, umstellen ihn oder drängen ihn in ein Eck. Solche Auftritte können manchmal mit ernsten Verletzungen oder auch tödlich enden. Es wird zugebissen und dann oft heftig geschüttelt. Bei den Rüden und Hündinnen besteht eine getrennte Rangordnung. Weitere ritualkämpferische Aktivitäten sind Rempeln, Wegschleudern, Beißen nach den Läufen und „Ringen“. Hierbei handelt es sich um ritualisierte Kämpfe, die zu keiner Beschädigung führen, ähnlich wie Ringkämpfe, Fingerhakeln und dergleichen beim Menschen.

Die rituellen Ausdrucks- und Kampfformen reichen meist aus, ernste Kämpfe zu vermeiden beziehungsweise überflüssig zu machen, allerdings ist die Verträglichkeit untereinander je nach Rasse und individuell verschieden. Bei manchen Rassen und Zuchtlinien ist das ritualisierte Verhalten durch Zucht auf Schärfe (Raubzeugschärfe des Terriers, Verwendung zu Hundekämpfen, „Mannschärfe" des Polizeihundes) oft zurückgedrängt worden, was die Haltung in größerer Anzahl erschweren oder unmöglich machen kann. Wenn allerdings zum Beispiel die Raubzeugschärfe bei Meutenhunden angestrebt wird, wie bei Foxhounds oder Beagles, bleibt dennoch die Verträglichkeit untereinander hoch. Das beweist, dass diese verschiedenen Formen der Schärfe durch Zucht einzeln gefördert werden können, ohne die anderen Formen notwendigerweise damit zu verstärken, ja, diese können sogar gleichzeitig züchterisch gering gehalten werden.

Unterwerfung und Freundschaftsbezeugung

Nur ritualisierte Kämpfe können vom Unterlegenen beendet werden, indem er Unterwerfungsgesten einnimmt: Auf-den-Rücken-Werfen, Hals-Darbieten. Letzteres kommt aber auch als Imponiergeste des dominanten Tieres vor, seine Bedeutung hängt also von der Situation und dem sonstigen Körperausdruck ab. Unterwerfung wird auch durch sonstiges „Kleinmachen" (Schwanzeinziehen, Ducken, Kopfsenken, Ohrenanlegen) ausgedrückt. Nur wenn der Überlegene Toleranz zeigt, gibt es auch eine Beißhemmung.

Freundliche Ausdrucksformen entstammen dem Mutter-Kind-Verhältnis: Knabbern (Fellpflege), Belecken, leckende Zungenbewegungen ohne Kontakt, Pföteln, Winseln, Auf-den-Rücken-Werfen. Eine Entspannung der sozialen Atmosphäre kann auch durch Spielaufforderung (Anbellen, vorne Niedergehen mit Spielgesicht, Anspringen, spielerische Beißerei) eingeleitet werden.

Die Drohung

Die Ausdrucksformen des Drohens richten sich nach der sozialen Stellung des Hundes: Beim dominanten Tier sind sie mit Imponierverhalten kombiniert, also aufrechte Haltung, gespitzte Ohren, erhobener Schwanz. Bei unklarer Rangstellung oder Unsicherheit kommt Fellsträuben dazu. Bedrohte Unterlegene zeigen alle Gesten der „passiven" (erzwungenen) Unterwerfung, also Ducken, eingezogenen Schwanz, abgewendeten Kopf. Die eigentliche Bedrohung wird durch Knurren und Zähneblecken ausgedrückt, wobei der Ranghöhere meist mit langem, der Rangniedere mit kurzem Mundwinkel bleckt. In starker Bedrängnis kann der Rangniedere auch durch Maulaufreißen, Gebissklappern oder Vorstoßen drohen.

Die Lautsprache und die geruchliche Kommunikation

Goethe war kein großer Hundefreund, vor allem störte ihn das Gekläff, wie ja auch viele unserer heutigen Zeitgenossen, und er beurteilte es so:

Wir reiten in die Kreuz und Quer
Nach Freuden und Geschäften;
Doch immer kläfft es hinterher
Und bellt aus allen Kräften.
So will der Spitz aus unsrem Stall
Uns immerfort begleiten,
Und seines Bellens lauter Schall
Beweist nur, dass wir reiten.

J. W. Goethe, „Kläffer“

Und auch heute scheinen manche Studien zu beweisen, dass Hundegebell außer der Meldung einer Störung oder Erregung keinen besonderen Sinn hätte. Doch so einfach liegen die Dinge nun durchaus nicht. Die verschiedenen körperlichen Ausdrucksweisen können lautlich unterstützt werden, wobei wir im Wesentlichen Bellen, Heulen, Jaulen, Knurren, Fiepen und Winseln unterscheiden. Das Heulen kommt bei den meisten höher domestizierten Hunderassen nur mehr selten vor, dafür hat sich das beim Wolf selten zu hörende Bellen verstärkt und differenziert, dabei wird so oft und lang gebellt, dass es uns eben häufig „sinnlos“ erscheint. Beim Haushund dient es daher heute wohl mehr – aber nicht nur! – der Verständigung mit dem ebenfalls sehr lauten Menschen als dem Verkehr untereinander. Das wird durch die Tatsache erhärtet, dass sehr ursprüngliche Haushunde, wie Basenji oder Dingos, wenig oder gar nicht bellen. Es hatte oder hat jedoch großen Wert als Alarmmeldung und beim Jagdhund, wenngleich das Bellen gerade heute oft ein großes Hindernis für die Hundehaltung darstellt.

Die Wissenschaft ist uneins, die einen halten das Bellen eben für „sinnlos“, andere Studien dagegen haben es auch als Kommunikationsmittel unter Hunden feststellen können. So hat Feddersen-Petersen (1998) in einer bahnbrechenden Studie das Stimmrepertoire verschiedener Rassen hinsichtlich der Emotion beziehungsweise möglicher Bedeutung untersucht. Belllaute wurden dabei in verschiedenen Situationen sinnvoll eingesetzt. Tonale und atonale Belllaute wurden bei verschiedenen Rassen in unterschiedlichen Kontexten beobachtet. Vermutet wird, dass Bellen momentane Auswirkungen auf den Partner (etwa bei Spielaufforderung und drohendem Bellen) und längerfristige (zum Beispiel Wirkung auf die hormonelle Einstimmung der Mutter) haben kann. Stereotyp scheinendes Bellen muss nicht sinnlos sein, da es die akustische Markierung des Territoriums bedeuten kann (also ähnlich wie der Gesang der Vögel). Ich meine, es ist in vielen Fällen, möglicherweise bei Auseinandersetzung mit anderen Hunden, ein Mittel der Kommunikation, das Menschen alarmieren und zum Eingreifen veranlassen soll. In diesem Sinne war ja das Bellen in Jahrtausenden für den Hund adaptiv, das heißt, nicht bellende Hunde waren im Allgemeinen wertlos und funktionell bellende daher bei der Zucht bevorzugt. Der Hund bellte, wenn etwas Gefährliches oder Ungewohntes geschah, wenn Fremde oder Raubtiere auftauchten oder wenn sie Wild gestellt hatten. In all diesen Fällen wurde der Mensch herbeigerufen und konnte eingreifen. Ausdauerndes Verbellen ist ja auch heute noch für den Jagd- und Dienstgebrauchshund sowie Lautgeben auf der Fährte für den Ersteren ein unerlässliches Erfordernis. Berühmt ist der volltönende Doppellaut der Bracken, auch „Heulen" genannt (hat aber nichts mit dem eigentlichen Heulen zu tun). In vieler Hinsicht dient Bellen also der Kommunikation mit dem Menschen („Melden" des Wachhundes, Spurlaut, Standlaut und Totverbellen des Jagdhundes, das „Geläut" jagender Bracken usw.). Allerdings, gerade heutzutage stört im täglichen Leben das Bellen oft zunehmend und trägt zur offenbar wachsenden Hundefeindlichkeit und oft skurrilen Gerichtsurteilen bei.

Wichtige soziale Signale sind beim Hund die Geruchsstoffe, denen ja im Verkehr untereinander größte Aufmerksamkeit gewidmet wird. Geschlecht, Läufigkeit, vermutlich auch Stimmung und gesundheitlicher Zustand, vielleicht auch eventuelle Verwandtschaft können so ermittelt werden. Daher werden fremde Hunde immer genau im Anal- und Schwanzbereich berochen, ebenso wie die Urinduftmarken und der Kot fremder Hunde. Ungeklärt ist die Bedeutung des Wälzens in Aas und Kot, dem möglicherweise eine Meldungsfunktion an das Rudel zukommt. Das „Parfümieren" mit starken Düften kommt allerdings im Tierreich nicht selten vor.

Die Sprache des Hundes umfasst also visuelle, geruchliche, taktile und lautliche Botschaften, die in ihrer Kombination und Mannigfaltigkeit eine große Variation der Verständigungsmöglichkeiten untereinander bieten. Sie zu kennen ist auch für den Hundehalter von großer Wichtigkeit und Vorteil.

Mentalität, Problemlösungsfähigkeit und Abrichtbarkeit

Im Alltag verstehen wir bei Hunden unter „Intelligenz" einerseits die Fähigkeit, Aufgaben und Probleme zu lösen, und andererseits ihre Auffassungsgabe bei ihrer Ausbildung, die Abrichtbarkeit. Natürlich spielen hier die Bereitschaft und Motivationsfähigkeit des Hundes wie auch die Fähigkeit des Ausbilders eine große Rolle. Eine Katze ist gewiss ein intelligentes Tier, aber wenig bereit, sich abrichten zu lassen. Im Haustierstatus fällt normalerweise die im Wildleben wirkende Selektion auf Problemlösungsfähigkeit und -bereitschaft mehr oder weniger aus, beim Hund besteht aber dafür die Selektion auf Abrichtbarkeit. Besonders betrifft das den Gebrauchshund, sei es auf jagdlichem oder nicht jagdlichem Gebiet. Im Ergebnis sind manche Haushunde zum Beispiel nicht imstande oder einfach nicht motiviert, sich selbst zu helfen, wenn sie über die Leine gestiegen und daher in der Fortbewegung behindert sind. Zwar ist die Situation für den Hund nicht einsichtig, der intelligente und spontan motivierte Hund unternimmt jedoch versuchsweise verschiedenste Bewegungen, bis er darauf kommt, dass die Lösung im Zurücklegen und Hochheben des Vorderlaufs liegt, was er sich dann merkt (Problemlösung durch Versuch und Irrtum). Motivation ist oft für den Erfolg bei Problemen ausschlaggebend, ein wenig motivierter Hund, der ein Problem nicht löst, muss deshalb nicht „dümmer" sein als ein anderer, der besser motiviert ist. Zwischen Motivation und Intelligenz dürfte auch genetisch ein Zusammenhang bestehen.

Hunde leben seit Jahrtausenden mit uns, die wir uns, zwar berechtigt, doch nicht ohne Überheblichkeit, als die klügsten Geschöpfe dieser Welt betrachten. Im Umgang mit uns muss der Hund selbst vielfach „Kopfarbeit" leisten, so als Jagd- und sonstiger Gebrauchshund und auch überhaupt im Alltag. Während andere Haustiere dazu neigen, gegenüber ihren wild lebenden Artgenossen in den mentalen Fähigkeiten nachzulassen, da sie oft nur wenig mehr als zu fressen, zu trinken und sich fortzupflanzen brauchen, erhebt sich die Frage, ob der Haushund in den Jahrtausenden eines geistig so anregenden Umgangs nicht selbst auch davon intellektuell profitiert habe, also seinen Stammvater Wolf in mancher Hinsicht an Intelligenz vielleicht doch übertrifft.

Die Unterschiede in der Abrichtbarkeit verschiedener Hunderassen hat bereits Scheitlin (in Brehms Tierleben, 1893) hervorgehoben. Er schreibt u. a.: „So groß die leibliche Verschiedenheit der Hunde ist, die geistige ist noch viel größer; denn die einen Hundearten sind völlig ungelehrig, die anderen lernen alles Mögliche augenblicklich ... Der Pudel geht von selbst ins Wasser, der Spitz will immer zu Hause bleiben. Die Dogge lässt sich auf den Mann, der Pudel nicht hierzu abrichten ..." Das ist auch heute im Wesentlichen richtig, obwohl es immer auf die Fähigkeiten des Abrichtenden ankommt und es auch innerhalb der einzelnen Rassen eine breite Streuung von Talenten gibt. Stanley Coren (1994) hat eine Rangliste der Hunderassen nach ihrer „working intelligence" aufgestellt, was am ehesten mit „nutzbarer Intelligenz" oder auch schlicht eben mit „Abrichtbarkeit" zu übersetzen ist. Hierbei stehen Border Collie, Pudel und Deutscher Schäferhund an den ersten drei Stellen, der Afghane und vor ihm der Basenji an den letzten. Dieses Auflistung misst also offenbar nicht „Intelligenz an sich" (was immer das sein soll), denn der Basenji gilt zwar als sehr schwer abrichtbar, hat sich aber dagegen in Problemlösungsversuchen anderen Rassen im Vergleich überlegen gezeigt (siehe dazu auch später). Ursprüngliche Hunde sind in der Problemlösung den domestizierteren Rassen anscheinend voraus, besonders wenn sie, wie Basenji und Neuguinea-Dingo, aus dem Regenwald stammen und seit eh und je nicht gepflegt und gefüttert wurden. Für den aber, der diese Tiere zu irgendetwas abrichten will, gelten sie oft als „dumm" (doch auch Hunde solcher Rassen wurden schon erfolgreich ausgebildet, wenn auch unter mehr Zeit- und Geschicklichkeitsaufwand).

Konrad Lorenz etwa meinte, dass der Wolf viel mehr an seine Instinkte gebunden sei als das Haustier Hund, dem sie teilweise verloren gegangen seien. Dafür habe der Hund eine größere geistige Plastizität gewonnen. Andererseits muss man sagen, dass wir dem Hund heute vieles davon abnehmen, wozu es einer Fähigkeit zur Problemlösung bedarf, also die Nahrungsbeschaffung, die Vermeidung von Gefahren in der Natur, die Aufzucht der Jungen usw. Außerdem ist besondere Schlauheit nicht gerade sehr erwünscht, die sich etwa darin zeigt, auf listige Art durchzubrennen, Unannehmlichkeiten zu entgehen, Geschick im Stehlen zu zeigen usw. Verlangt werden vielmehr Führigkeit und leichte Abrichtbarkeit. Man könnte daraus auch schließen, dass Hunde zwar an Problemlösungsfähigkeit in der Domestikation verloren haben dürften, jedoch an Aufnahme- und Reaktionsfähigkeit auf Hinweise, also Lernfähigkeit bei der Ausbildung, sehr viel gewonnen hätten, ebenso an der inneren Bereitschaft, Aufgaben auszuführen, für die dem Wolf und auch vielen Primitivhunden vielleicht einfach die „Einsicht" fehlt.

In den USA haben Scott und Fuller (1965) eine umfangreiche, langjährige Untersuchung mit einer recht großen Anzahl von Welpen verschiedener Rassen (21 Fox Terrier, 34 Basenjis, 24 Shetland Sheepdogs und 41 Cocker Spaniels) durchgeführt. Hierbei wurden Versuchsanordnungen gewählt, die „Einsicht" und Problemlösung erfordern (Labyrinthe, Futter, das nur durch bestimmte Manipulationen zu erreichen ist, und Umwegtests durch Barrieren mit Sichtfenster vor dem Futter), und andere, welche die Schulungsfähigkeit testen (Leinenführigkeit, Verharren an einem Ort, Dressur auf in farbigen Schachteln verstecktes Futter und Dressur, auf Hör- oder Sichtzeichen den rechten oder linken Ausgang aus einer Boxenanordnung zu finden).

Dabei zeigten nur acht von 203 Welpen „Einsicht" in die Anordnung, das heißt liefen zum Beispiel sofort um die Barrieren zum Futter, die anderen lernten es erst durch Probieren. Interessant war die große „manuelle" Geschicklichkeit der Basenjiwelpen in den Manipulationstests, bei denen eine durch eine Schachtel verdeckte Schüssel mit Futter bei verschiedenen Schwierigkeitsgraden herauszuziehen war.

Die Ergebnisse dieser eingehenden Tests wurden von H. und M. G. Frank von der Universität Michigan an Wolfs- und Malamutewelpen wiederholt und mit denen von Scott und Fuller verglichen. Hierbei waren die Ergebnisse der Malamutes mit den Durchschnitten der Hunde aus den Versuchen von Scott und Fuller etwa gleich (nur bei einem U-förmigen Hindernis zeigten sie bessere Leistungen). Dagegen waren die vier getesteten Wölfe in allen Problemslösungstests deutlich überlegen. So machten die Hunde im Durchschnitt zirka 14 Fehler, bevor sie um eine 2,5 Meter breite Sperre herum zum Futter fanden, das sie durch ein Fenster sehen konnten, die Wölfe nur 2,5. Im Labyrinth machten die Wölfe 33, die Hunde jedoch 138 Fehler (H. und M. G. Frank, 1987).

Ein ganz anderes Bild jedoch ergaben die Ausbildungstests: Bei der Leinenführigkeit hatten die Hunde nach zehn Tagen nur noch 1,9, die Wölfe aber immer noch 6,5 Fehlerpunkte (Anfangswerte am ersten Tag: Hunde 8,7, Wölfe 9,3). Die Wolfswelpen waren also auch nach dieser Zeit noch nicht leinenführig. Hierbei ist interessant zu vermerken, dass die Basenjis am ersten Tag 9,4 und am zehnten 3,4 Fehlerpunkte aufwiesen, also nur etwas mehr als der Hundedurchschnitt von fünf Rassen.

Nun sind diese Ergebnisse zwar sehr interessant, aber sie umfassten nur wenige Tiere. Ein endgültiges Urteil ist auch insofern nicht möglich, als es ja altersmäßige Unterschiede in der geistigen Entwicklung von Wölfen und Hunden geben mag, und es bestehen auch beträchtliche rassebedingte Unterschiede bei den Hunden. Da ist nun besonders bemerkenswert, dass bei einigen Scott-Fuller'schen Versuchen die Basenjis gleich gut wie die Frank'schen Wölfe, ja bei manchen Tests besser als diese abschnitten (da der Durchschnitt der Basenjis in diesen Wolf-Hund-Vergleich rechnerisch einbezogen ist, würden die Hunde ohne Basenjiwerte noch wesentlich schlechter abschneiden!). Einige Tests absolvierten die Basenjis weniger gut, was allerdings eine gewisse wildtierhafte Scheu vor ungekannten Geräten und Vorrichtungen bewirkt haben dürfte (auch bei Versuchen mit Ratten hat sich gezeigt, dass die Tiere, die bei Labyrinthversuchen schlechter abschnitten, einfach scheu veranlagt waren und nicht weniger intelligent). Diese Scheu vor dem Fremden beeinträchtigt auch Wölfe bei Intelligenztests. Im Übrigen zeigte sich, dass Tests, die am ehesten auf Intelligenz zurückzuführen wären (Reaktion auf Hinweise und verzögerte Reaktionstests), im Ergebnis eher individuelle Unterschiede innerhalb der Rassen als Rassenunterschiede andeuteten.

Windhunde und andere ursprünglichere Hunderassen wie Chow-Chows und Basenjis gelten aber gemeinhin als schwer bis gar nicht abrichtbar, wenn es auch immer Ausnahmen gibt. Problemlösen ist eine Sache, Abrichtbarkeit eine ganz andere. Sie ist, wie erwähnt, nach Stanley Coren durch die für den Menschen „nutzbare" Intelligenz bedingt, die erst durch gezielte Zucht erreicht wird.

Wir sehen also hier einen deutlichen Hinweis, dass auch der Hund zumindest bezüglich bestimmter Aspekte der Intelligenz einerseits der allgemeinen Regel bei den Haustieren folgt, dass aber andererseits jene erstaunlichen geistigen Fähigkeiten beträchtlich verstärkt wurden, die für den Gebrauch des Hundes und seine Haltung überhaupt so wesentlich sind.

Es fragt sich nur, warum gerade der Basenji hier eine Ausnahme macht. Man könnte sagen, weil er zu den ursprünglicheren Rassen zählt, aber das gilt ja ebenso, wenn auch in geringerem Grade für den Malamute. Hier liegt wohl eine andere Ursache zugrunde: Der Basenji ist ja ein Schensihund aus dem afrikanischen Regenwald. Eingeborenenhunde werden dort nun im Allgemeinen weder gepflegt noch abgerichtet oder gefüttert. Sie müssen für ihren Unterhalt selbst sorgen, der aus Abfällen, den menschlichen Exkrementen und dem, was sie sonst finden und sich selbst erjagen, besteht. Das aber findet sich im Regenwald vorwiegend auf Sträuchern und Bäumen, wie Echsen, Insekten, Vogelnester und dergleichen. Der Basenji ist denn auch als exzellenter Kletterer bekannt, manche sollen selbst Gardinen erklimmen. Ein möglicherweise noch besserer Kletterer ist der Neuguinea-Dingo. Nun ist es aber bekannt, dass Baumtiere intelligenter sein müssen als ihre bodenlebenden Pendants, denn das Fangen von Beute auf Bäumen erfordert wesentlich mehr Einsicht in Anordnungen und Problemlösungsfähigkeit als Jagd am Boden. So ist es verständlich, dass der Basenji diese Eigenschaft anscheinend gegenüber dem Wolf nicht nur erhalten, sondern sogar noch steigern konnte, eine erstaunliche Leistung für ein Haustier. Der einzige mir bekannte Fall eines bisher „erfolgreich“ (für das Tier) in einem Haushalt lebenden Hallstrom- oder Neuguinea-Dingos betrifft eine Hündin namens „Saskia“, die allerdings wegen großer Probleme in der Läufigkeit sterilisiert werden musste. Nur bei größter Aufopferung ihrer Besitzerin war die Haltung möglich, denn auch dieser Hund war jedem Zwang abgeneigt, durfte nicht allein gelassen werden, war nicht verlässlich zimmerrein etc. Aus Amerika werden allerdings auch günstigere Erfahrungen berichtet. Neuguinea-Dingos wurden dort schon um nicht weniger als 3.000 Dollar an ausgewählte Interessenten zur Haltung und Zucht vergeben. Ein Besitzer behauptet gar, dass sein Hund angeblich nach einmaligem Durchgang durch den Agilityparcours imstande war, diesen selbstständig zu wiederholen. Diese Hunde sollen auch ohne Anlauf 1,20 Meter hoch springen und auf Bäume hinauf- und auch wieder herunterklettern können. Saskia zum Beispiel, die Urwaldhündin, erkletterte Bäume und den First einer Garage, in der Wohnung war ihr das Sitzen auf Tischen, Sofalehnen und anderen höheren Positionen nicht abzugewöhnen (ganz Ähnliches hört man auch von Basenjis).

In meinem Buch „Hundezucht 2000“ ist das Thema der unterschiedlichen Abrichtbarkeit von Rassengruppen dargelegt, wie sie sich nach den Ermittlungen von Coren (1994) ergibt, die damals viel Staub aufgewirbelt haben. Es zeigte sich, dass bestimmte Strukturen feststellbar sind, indem Rassen, die nach ihrer Bestimmung enger mit dem Menschen zusammenarbeiten müssen, wie Schäfer- und Flintenjagdhunde (Gun Dogs, also Retriever, Vorstehhunde und Spaniels) eine deutlich höhere Abrichtbarkeit aufweisen als etwa die selbstständig arbeitenden Bracken und Hirtenhunde sowie natürlich die ursprünglichen Hunderassen wie der Basenji. Mit Intelligenz, wie immer man sie definiert, hat dies nicht unbedingt oder gar nichts zu tun, wie der Fall des Basenji beweist. Bei der Abrichtung ist weniger die Fähigkeit des Hundes zum Problemlösen entscheidend, sondern seine Bereitschaft zur Mitarbeit, eine rasche Auffassungsgabe und präzise Umsetzung. Im Ergebnis erscheint uns allerdings der Hund, der schnell und freudig lernt und gehorcht, als intelligent, im Gegensatz zu einem, der dabei deutlich seinen Unwillen, Gleichgültigkeit oder schlechte Leistungen zeigt. Dies ist freilich genauso falsch, als würde man die kaum abrichtbare Katze als dumm bezeichnen. In diesem Zusammenhang ist interessant, dass der Sheltie (Shetland Sheepdog), eine kleine Schäferhundrasse von den Shetlands, in den Versuchen von Scott und Fuller bei der Problemlösung nicht gut wegkam, andererseits bei Coren in der Abrichtbarkeit an sechster Stelle von 133 Rassen steht und unzweifelhaft heute die Spitzenrasse bei den Mini-Agility-Bewerben darstellt! Diese Sportart erfordert ja neben körperlichem Geschick eine hohe Lernfähigkeit und Auffassungsgabe für vom Menschen kommende Signale.

Das leidige Problem Folgsamkeit

Abgesehen von der individuellen und rassetypischen Ausprägung der Abrichtbarkeit beziehungsweise Führigkeit, wie wir sie besprochen haben, ist der Gehorsam des Hundes an eine Reihe verschiedener Vorbedingungen geknüpft. Wie schnell, willig oder überhaupt ein Hund einen Befehl ausführt, ist zunächst von der Persönlichkeit dessen abhängig, der ihn gibt. Wird er vom Hund als höherrangig anerkannt? Ist er in der Ausbildung konsequent und einfühlsam vorgegangen? Hat er den Hund richtig motiviert? Soll der Hund mit dem Befehl etwas ausführen, was seinen angeborenen Trieben entspricht, oder aber eine erregende Triebausführung abbrechen? Sind die Begleitumstände, unter denen ein Befehl ausgeführt werden soll, wesentlich verschieden von jenen, bei denen er den Befehl erlernt oder ihn bisher ausgeführt hat? Störfaktoren und Ablenkungen spielen eine Rolle und schließlich hängt es auch davon ab, wie sehr der Befehl dem Hund in Fleisch und Blut eingegangen ist, wie sehr seine Ausführung ihm zur zweiten Natur wurde. Freilich spielen auch Alter, Gesundheitszustand,

Geschlecht und Tagesverfassung und natürlich besonders auch das Talent und die Erfahrung des Ausbilders eine Rolle.

Einen Hund erfolgreich zurückzurufen, der einem Hasen nachjagt, ist in der Regel unendlich viel schwieriger (ja, oft unmöglich), als das Kommen zu erreichen, wenn man im Begriff ist, ihn zu füttern. Triebkonforme Befehle haben eine starke motivierende Kraft, triebhemmende Befehle erfordern vom Hund Selbstüberwindung. Viele Hunde sind daher Künstler in der Entdeckung von Möglichkeiten, der Ausführung eines ungeliebten Befehls zu entgehen. Ich habe oft entdeckt, dass meine Hunde jedes Nachlassen meiner Entschlossenheit und Konzentration, die Durchführung eines Befehls durchzusetzen, unmittelbar gespürt haben müssen und ihrerseits sofort in der Exaktheit der Ausführung zurücksetzen oder die Befolgung überhaupt unterlassen. Sind andere Personen dabei, sodass man Konzentrationsprobleme hat, die Befehlsausführung zu überwachen, beziehungsweise dadurch innerlich gehemmt ist, wird das sofort geradezu „schamlos" ausgenützt. Hunde assoziieren mit dem Erlernen eines Befehls auch immer Ort, Zeit und andere Umstände dazu, sodass man bei der Ausbildung nach dem ersten Lernstadium unbedingt die Ausführung in anderer Umgebung zu anderer Zeit und anderen sonstigen Bedingungen einüben muss.

Ältere Hunde gehorchen durchschnittlich besser als junge, Hündinnen besser als Rüden. Männer erreichen meist eine bessere Befehlsausführung als Frauen, diese eine bessere als Kinder. In der Arbeit mit dem Hund Disziplin mit Erholung, freundlichem Kontakt und Spielatmosphäre im richtigen zeitlichen Verhältnis abwechseln zu lassen, das gehört zur Kunst des guten Ausbilders und Hundeführers.

Individuelle Unterschiede des Wesens

Charaktere sind beim Hund nicht geringer ausgeprägt als beim Menschen. Jeder Welpe eines Wurfs unterscheidet sich im Wesen oft beträchtlich von seinen Geschwistern. Es ist daher nicht leicht, sich den Hund auszusuchen, dessen Wesen ganz unseren Wünschen entspricht. Ich möchte hier die Beispiele dreier meiner Hunde geben:

Percy, Kleinpudel. Lebhaft, mutig, scharf, territorial, wesensfest, sehr intelligent. Schnappte schon als kleiner Welpe nach dem Tierarzt bei der Untersuchung. Verteidigt, was er als Besitz betrachtet, etwa meine Koffer und den Rucksack unterwegs, das Auto, auch andere Gegenstände gegen Fremde und „rangniedrigere" Personen (zum Beispiel die Schuhe meines kleinen Sohnes gegen diesen selbst). Fremde „Eindringlinge“, zum Beispiel Handwerker, werden entschlossen gestellt. Kläffer, misstrauisch bis aggressiv gegen Fremde, kann bei Erregung kaum „abgestellt“ werden. Wasserliebend, springt auch im Winter begeistert in die Fluten und apportiert, ausgezeichneter Schwimmer. Liebt Joggen und das Begleiten beim Radfahren oder Skilanglauf über alles, alles unangeleint. Starker Jagdtrieb, sehr intelligent. Sucht erfolgreich verlorene Gegenstände, lernt „Kopfball“ spielen (wirft Bälle mit dem Fang dem menschlichen Spielpartner zurück). Markiert übermäßig oft und scharrt dann oft mit den Hinterläufen („Imponierscharren“ nach Zimen), sehr verträglich mit anderen Hunden. Guter Orientierungssinn. Er entlief einmal bei der Verfolgung eines Rehs und wartete dann schon auf dem Parkplatz beim Auto, als ich dort nach langer vergeblicher Suche eintraf. Sehr aufmerksam gegenüber der Bezugsperson. Gesund, aber leichte Patellaluxation. Schussfest und verkehrssicher.

Ronny, Welsh Terrier. Kräftig, Jagdtyp. Gleichgültig gegen Fremde, keinerlei Eigentums- oder Schutztrieb, „„zwickt“ aber doch einmal den Briefträger. Beim Ausgehen „stur“, sieht nicht links noch rechts, unaufmerksam. Eher weniger intelligent. Ausgesprochener Raufer, daher jeder Ausgang ein Problem, verträgt sich nur mit Percy einigermaßen, doch greift er diesen manchmal an, der dabei immer unterliegt. Kein Kläffer, seine Lautgebung kann aber bei großer Erregung nicht beherrscht werden. Sehr muskulös und sprungstark, erreicht auf Baumstämmen 2 Meter und klettert manchmal in Gebüschen hoch hinauf, wenn ein Ball dorthin geraten ist. Markiert nicht oft und scharrt nie. Sieht Bezugsperson wenig an. Abrichtbarkeit mittelgut, schuss- und lärmfest, aber ängstlich bei vorbeifahrenden Lastwagen. Gesund, aber gelegentlich Flohekzem.

Flecki, Glatthaarfox. Folgsam, Jagdtrieb mittelstark, keinerlei Eigentumstrieb außer – sehr ausgeprägt! – bei Fleisch oder Knochen, kein Schutztrieb, menschen-, kinder- und hundefreundlich, kein Raufer, intelligent. Meldet, aber akzeptiert Fremde inklusive des Briefträgers. Sehr sozial mit anderen Hunden, auch Rüden, liebt das Spiel, bei dem er zum Teil auch große Hunde an Schnelligkeit und Ausdauer in den Schatten stellt. Enorm sportlich und lebhaft, aber eher ruhig zu Hause, bellt erfreulich wenig. Gut abrichtbar. Springt noch besser als Ronny, aber weniger geschickt im Klettersprung auf Baumstämmen. Erlernt auf Anhieb alle Agilitygeräte außer dem Slalom, ist aber enorm ablenkbar, vor allem sehr nasenorientiert. Sehr folgsam beim Ausgehen, läuft nicht weit weg, aber wenig folgsam bei exakten Übungen wie Bringen. Der beste Gesellschaftshund von den dreien nach den heutigen Vorstellungen. Sein Bellen kann aber ähnlich wie bei Ronny bei großer Erregung unbeherrschbar werden (zum Beispiel wenn er andere Hunde spielen sieht und nicht mittun darf), offenbar ein Relikt der Bauhundvergangenheit der beiden Rassen, wo es ja auf dynamisches Durchgreifen ankommt, es erinnert ein wenig an die „Gameness" der Kampfhunde. Markiert „normal", ebenfalls kein anschließendes Scharren mit den Hinterläufen. Buddelt selten. Einigermaßen schuss-, verkehr- und lärmfest, aber manchmal nervös.

Welcher der drei ist der ideale Hund? Flecki ist der angenehmste im Alltag, er ist jedermann auf Anhieb sympathisch, aber nach Lorenz ein „Kalfakter", ein Allerweltsfreund. Percy dagegen ist der Typ des treuen, aufopfernden Hundes, dessen Aggressivität und Gekläffe aber problematisch sein können. Fremden ist er daher eher unsympathisch, bei der heutigen geringen Toleranz der Umwelt für Hunde entspricht er daher nicht deren Erfordernissen. Ronny schließlich ist ein netter Hund, aber im Vergleich zu den anderen eher etwas langweilig zu nennen. Wegen seiner Aggressivität zu Hunden sind Spaziergänge mit ihm immer mehr oder weniger risikobelastet. Dennoch muss man sagen, dass alle drei viel Freude bereiten können. Jeder bietet ein anderes Erlebnis, und man ersieht daraus die Vielfalt, die der Haushund bieten kann.

Wie aber sollte der ideale Familienhund aussehen? Wenn es nach mir geht (also nicht unbedingt nach den heute von der Gesellschaft „diktierten" Vorstellungen), sollte er am ehesten Flecki entsprechen, aber einen gut intellektbeherrschten Schutz, Territorial- und Eigentumstrieb bei hoher Reizschwelle aufweisen. Ich meine, auch heute noch sollte ein guter Hund seinen Herrn im Notfall schützen.

Hunde ohne Menschen

Hunde, die auf dem Lande da und dort noch frei herumlaufen können, sind hochinteressante Beobachtungsobjekte, die es vielleicht bald in „zivilisierten" Ländern kaum mehr geben wird. Solchen Hunden bin ich oft nachgespürt und habe sehr viel Staunenswertes über ihr Verhalten und ihre Psyche lernen können. Dies sogar in Paris, wo es nicht wenige Hunde gibt, die man höchst sorglos ohne Maulkorb oder Leine von Läden usw. aus auf den Boulevards frei laufen lässt. Die französische Nonchalance kommt im Allgemeinen den dortigen Hunden außerordentlich zugute, wenn uns auch manches als zu viel Laisser-faire erscheinen mag.

Ich erinnere mich an einen Schäferhund, den ich beobachten konnte, wie er die Avenue de la Grande Armée überquerte. Dabei stellte er sich brav mit den Passanten am Fußgängerübergang an, bis diese dann bei grüner Ampel losgingen und er sich anschloss. Dann lief er eine Métro-Unterführung hinunter und auf der anderen Seite der Straße wieder hinaus. Er war also völlig großstadtverkehrssicher, aber nicht im üblichen Sinn an der Leine geführt, sondern als völlig auf sich selbst gestellter Verkehrsteilnehmer! Es wird wenige Hunde geben, die ein solches Niveau erreichen (und dabei überleben) können, dies zu erlernen, bietet sich wahrscheinlich nur in Paris die (keineswegs zu empfehlende) Möglichkeit. Ich habe allerdings auch in der Steiermark schon einen Dackel beobachten können, der auf einer verkehrsstarken Durchgangsstraße ganz korrekt nach links blickte und dann beim Überqueren ab der Mitte nach rechts schaute.

Hunde, die ganz ohne Menschen auskommen müssen, sind jedoch im Allgemeinen „arme Hunde". Beobachtungen an der Universität Kiel haben gezeigt, dass dort gehaltene oder beobachtete Pudel ohne die Anwesenheit des Menschen keine stabilen sozialen Gemeinschaften bilden konnten. Der Mensch ist also offenbar vielfach zu einer sozialen Notwendigkeit für den Haushund geworden. Dies dürfte jedoch nicht immer zutreffen. Wie kommen frei lebende Hunde nun ohne Menschen zurecht? Darüber etwas zu erfahren kann uns wertvolle Hinweise über das Wesen des Haushundes geben, die wir unter den Bedingungen der üblichen Haltung nicht erhalten können.

Untersuchungen über frei lebende Hunde wurden in den USA (so von A. M. Beck, M. Bekoff, T J. Daniels und T. McKnight) durchgeführt. Rudelbildungen wurden dabei eher selten vorgefunden, doch das mag (auch) an der mangelnden Duldung von Hunderudeln durch den Menschen liegen. Meist laufen sie allein oder zwei schließen sich zusammen, selten mehr. Miteinander vertraute Hunde raufen wenig. Ferner wurde kein beliebiger sexueller Partnerwechsel (Promiskuität) festgestellt, was im Hinblick auf die domestikationsbedingte starke Sexualität der Rüden immerhin erstaunlich ist. Herrenlos lebende Hündinnen paarten sich nach diesen Untersuchungen nur mit ihnen bereits bekannten Partnern.

Während in großen Gebieten der Dritten Welt verwilderte Hunde vorkommen, die sich auch in freier Wildbahn fortpflanzen, wie die Parias und Dingos, gibt es in vielen entwickelten Ländern zahlreiche herrenlose Hunde, die meist ausgesetzt oder entlaufen sind. Sie pflanzen sich kaum erfolgreich fort, sondern ihre Zahl wird bloß immer wieder aus dem Reservoir der vom Menschen gehaltenen Hunde ergänzt. Ihr Verhalten war schon Gegenstand verhaltenskundlicher Untersuchungen. Dabei zeigte sich zum Beispiel, dass der Lebensraum von amerikanischen Streunern in Berkeley, Kalifornien, durchschnittlich 1,74 Hektar groß war. Sie nährten sich aus den Mülldeponien, zeigten keine ausgesprochene Territorialität und auch keine Aggressivität untereinander. Andere Ergebnisse brachten Studien in Spanien: Die Streuner erwiesen sich als sozial, liefen zwar auch nur allein oder zu zweit herum, verteidigten jedoch ihr Territorium gemeinsam und hatten eine hierarchische Ordnung mit Futter-Teilen und Gruppenbildung. Die Aktivität in Freiheit lebender Hunde war bei Streunern in den USA bis 23 Grad Celsius, bei westbengalischen Parias bis 27 Grad höher als bei wärmeren Temperaturen. Die Art der Sozietäten, die streunende herrenlose Hunde bilden, scheint vornehmlich von den jeweiligen Besonderheiten der menschlichen und geographischen Umwelt beeinflusst zu sein.

In den USA gibt es viele herrenlose Hundepopulationen. Eine Vorstellung erhält man, wenn man sich vor Augen hält, dass zum Beispiel in einem Jahr in Baltimore über 11.000 Hunde gefangen wurden, von denen nur an die 500 von ihren Besitzern zurückgeholt wurden. Pro Tag wurden 20 bis 40 zum Teil kranke Hunde gefangen. Die nicht zurückgeholten, adoptierten oder als Laborhunde verkauften wurden vergast und in einer Fleisch- und Knochenmehlfabrik verarbeitet. Das Produkt wurde dann an Geflügel- und Schweinefarmen verkauft, das Fett zu Seife verarbeitet (welche Probleme durch solche Praktiken entstehen, hat uns die BSE-Seuche gezeigt).

Folgende Schilderung gibt eine Vorstellung, wie Haushunde sich im herrenlosen Zustand in einer vorstädtischen Umgebung der USA verhalten. Dabei müssen wir uns aber vor Verallgemeinerungen wegen der großen individuellen und rassischen Unterschiede im Verhalten hüten. Es ist dies eine Verhaltensstudie über herrenlose Hunde. Sie wurden von einem Forscherteam von einem Auto aus längere Zeit beobachtet und ihre Aktivitäten genau registriert, denn Fußgänger ließen die Hunde nicht genügend nahe an sich heran und auch den Beobachtungswagen nur auf 6 Meter, den sie jedoch abgestellt nicht beachteten (Fox, Beck und Blackman, 1975).

Die Studie wurde in St. Louis durchgeführt, einer typisch amerikanischen Stadt in Missouri mit 350.000 Einwohnern, in einem Landstrich, den man als wirtschaftliches Notstandsgebiet bezeichnen kann. Es gibt eine Menge verlassene Häuser dort und einen großen Park, der sich über einen Kilometer erstreckt, und dort leben viele frei laufende Hunde.

Man findet in den Straßen von diesen Tieren zwei Klassen: die Streuner, die meist von ihren Besitzern morgens hinausgelassen werden, und die herrenlosen, verwilderten Hunde. Die Streuner sind meist gut genährt und gepflegt, die herrenlosen dagegen eher ausgemergelt, oft räudig, verwurmt und krank. Erstere lassen Menschen auf 4 bis 6 Meter herankommen, kommt man näher, laufen sie in ihre meist nahe gelegenen Hinterhöfe zurück und aus der Sicherheit ihres Heimes heraus verbellen sie dann den Fremdling. Die „wilden“, herrenlosen Hunde sind viel scheuer, sie leben meist in den verlassenen Häusern, dort findet man dann ihre Haare auf alten Matten oder Teppichen, ihren Kot, zerkaute Konservendosen, Kartons und auch Spielzeug wie Bälle und Stöcke. Ab und zu kann man faulende Hundekadaver und mumifizierte Körper dort finden.

Die Herrenlosen stellen das „Lumpenproletariat“ der Hundebevölkerung von St. Louis und verstehen es ausgezeichnet, sich den Bedingungen dort anzupassen. Die Hunde laufen hier meist einzeln oder zu zweit herum. Rudelbildung gibt es kaum, wohl weil Rudel von Hunden in erster Linie den Hass der Einwohner und die Aufmerksamkeit des Hundefängers auf sich ziehen. Aber auch das knappe Futter aus Mülltonnen und Abfallkörben macht Meutenbildung nicht sinnvoll, und es gibt ja keine gemeinsame Jagd auf Großwild oder Haustiere (solche Hunde würden sehr bald abgeschossen werden). Die beobachteten Tiere waren eine Hündin und zwei Rüden, die in zwei verlassenen, verfallenen Häusern wohnten. Ein Rüde war ein Deutscher Schäferhund, die anderen Mischlinge. Sie hatten einen regelmäßigen Tagesablauf, waren meistens nur von mitternachts bis morgens unterwegs, da sie Menschen weitgehend mieden, besuchten morgens einen Park mit einem Gewässer, um dort Eichhörnchen zu jagen (immer ohne Erfolg) und zu schwimmen. Mit anderen Hunden waren sie teils freundlich, teils aggressiv, gelegentlich nahmen sie zeitweise ein neues Mitglied in ihre Gruppe auf.

Die Führung erfolgte vornehmlich durch die Hündin, so bestimmte sie den Zeitpunkt zum Aufbruch nach dem Fressen oder Ruhen. Gelegentlich geschah dies auch durch den Schäferhund, kaum je durch den Mischlingsrüden. Dies ging zum Beispiel so vor sich: Einmal schliefen die drei erschöpft vom Laufen auf einer Veranda. Da steht die Hündin auf, bellt einmal kurz und geht mit dem Mischlingsrüden die Stufen hinunter zum Gehsteig, aber der Schäferhund schläft ruhig weiter. Fünf Minuten vergehen, da kommt die Hündin zurück, bellt noch einmal und wedelt ihn an. Jetzt erhebt er sich endlich und folgt ihr. Sie reibt nun freudig ihr Gesicht an seinem und wedelt. Sie übte übrigens auf den Schäferhund eine beträchtliche Macht aus und lockte ihn einmal sogar von einer läufigen Hündin weg. Sonst war es so, dass sie vorauslief, stehen blieb, zurücksah, noch ein Stück weiterlief und nochmals schaute, ob die anderen ihr folgten. Wenn nicht, blieb sie wieder stehen und blickte dabei betont in die Richtung, wo sie hinwollte.

Sie markierten ihr Gebiet, wobei die Rüden darauf achteten, die Markierung der Hündin überzumarkieren. Auf der Suche nach Futter gingen sie auf Straßen und in Hinterhöfe. Mit den Hunden der Nachbarschaft waren sie gut Freund, wenn sie sich aber auf Erkundung in weiter entfernte Gebieten begaben, wurden sie oft wütend von den dort lebenden Hunden verjagt. Manchen befreundeten Hunden, die an Laufketten gehalten waren, statteten sie sogar regelmäßige Besuche ab. Bekannte Hunde wurden angewedelt, und sie wurden auch durch Wedeln begrüßt. Meist war es einer der Rüden, der fremde Hunde einzuschüchtern suchte und auch sonst die Wächterrolle innehatte. Dabei wurde ihm einmal von der Hündin beigestanden, und beide Rüden hielten bei solchen Begegnungen zu ihr. Sie zeigte auch, besonders zum Mischlingsrüden, ab und zu freundliches Verhalten. Manches Mal knurrte sie die Rüden an, wenn sie ihr beim Fressen zu nahe kamen, worauf diese sich zurückzogen.

Interessant ist auch, dass die frei laufenden Hunde des Bezirkes auch gelegentlich eine frühmorgendliche Begrüßungszeremonie veranstalteten, an der fünf bis sieben Hunde teilnahmen (ähnlich wie Wölfe, doch ohne Chorheulen). Untereinander hatten die drei kaum Probleme, doch auch Unterwürfigkeit oder Spielverhalten fand kaum statt. Nur ein Rüde der Gruppe war öfter mal abwesend, die beiden anderen höchstens immer auf fünf Minuten. Lebende Beute zu fangen gelang ihnen nicht, außer einer Ratte, welche die Hündin erwischte. Sie wurde auch später einmal trächtig gesehen, nie aber wurden Welpen festgestellt.

Diese Beobachtungen sind deshalb so interessant, weil sie zeigen, dass auch höher domestizierte Hunde, also nicht nur Dingos und Parias, in gewissem Ausmaß gelegentlich ohne Anwesenheit eines Menschen doch recht stabile soziale Gruppen bilden können. Studien, die in Italien über frei laufende Hunde (Dorfhunde) gemacht wurden, haben gezeigt, dass sie (dort) kaum eine Gefahr für das Wild oder Haustiere bilden, allerdings ist in ihrem Wohngebiet, den Abbruzzen, ihre Ernährung durch Mülldeponien gesichert. Die Hunde stellen aber in vielfacher Weise eine Bedrohung für die geschützten Restbestände an Wölfen dieses Gebietes dar, die sich heute ebenfalls zu einem Gutteil aus den Mülldeponien ernähren. Es kann so zur Verdrängung der Wölfe kommen, auch Kreuzungen mit ihnen kommen vor, eine genetische Bedrohung der Wölfe. Neuere Untersuchungen haben jedoch ergeben, dass bisher anscheinend noch kaum ein Zufluss von Hundegenen in die italienischen Wölfe stattgefunden haben dürfte (E. Randi et al., 1995).

Frei laufende Hunde können in Ländern, wo auch Verwilderung vorkommt, in mehrere Kategorien eingeteilt werden, wie frei laufende Dorf- oder Stadthunde, die aber zu jemandem gehören, ausgesetzte, ausgesprochene Streuner und schließlich bereits verwilderte. In Italien und vorwiegend auch in den USA können die verwilderten Hunde ihre Population durch eigene Vermehrung nicht aufrechterhalten, sie rekrutieren sich immer wieder aus den anderen erwähnten Gruppen. Die Gruppe der verwilderten ist die interessanteste, da sie die größte Unabhängigkeit vom Menschen aufweist und aufschlussreiche Einblicke in das Leben solcher Hunde gewährt. Diese Hunde leben einzeln, paarweise oder in kleinen Gruppen, die Lebensweise ist je nach den Verhältnissen im Wohngebiet verschieden. Sie sind dem Menschen gegenüber scheu und vorwiegend in der Nacht und in der Morgen- und Abenddämmerung aktiv. Sie bewohnen Territorien, die sehr verschieden groß sein können, und verlassen diese kaum je. Die Tiere der Studien in Italien waren Mischlinge, rassisch vielfältig aus Typen zusammengesetzt, die Maremmanern, Deutschen Schäferhunden und einem Anteil Laufhunden im Aussehen entsprachen. Im gleichen Gebiet leben auch Wölfe, die gleichfalls telemetrisch studiert wurden. Zu fremden Hunden verhalten sich die wild lebenden meist nur im Kerngebiet ihres Wohngebietes aggressiv. Die Bürde der Jungenaufzucht liegt zu Gänze auf den Mutterhündinnen, denn im Gegensatz zu den wild lebenden Caniden, wie Wolf und Fuchs, zeigen die Rüden eines Rudels kein Pflegeverhalten. Es gab jedoch Beobachtungen, dass die Rüden bei den Mutterhündinnen blieben und mit den Welpen spielten, doch konnte nicht beobachtet werden, dass sie ihnen Futter brachten. Vermutlich weil die Hündinnen manchmal auch nicht mehr oder nicht ausreichend Futter vorwürgen und ihre Obsorge für die Welpen meist für das Leben in der freien Natur zu früh nachlässt sowie aus verschiedenen anderen Gründen, ist die Welpensterblichkeit äußerst hoch. Die festgestellten Tätigkeitsformen betrugen durchschnittlich zirka 40 Prozent Aktivität und 12 Prozent Laufen, das entspricht ungefähr 15 bis 20 Kilometer täglich (L. Boitani et al., 1995).

Verwilderte Hunde, die in Illinois von Nesbitt (1975) studiert wurden, nährten sich von missgebildetem Wassergeflügel, Aas von überfahrenen Tieren auf der Landstraße, Khakifrüchten, etwas Pflanzen und Niederwild, gelegentlich auch Abfällen einer Mülldeponie. Es kam auch zur Nachzucht, aber nur wenige Welpen überlebten und wurden in das Rudel aufgenommen, das wechselnd aus fünf oder sechs Tieren bestand. Es konnte kein Fall von gerissenem Vieh durch wild lebende Hunde festgestellt werden, was andererseits durch streunende Hunde vorkam. Die Alphahündin der verwilderten erkundete oft das Terrain, bevor sie weiterzogen, das Rudel wartete dann ihre Rückkehr ab. Der Alpharüde tat dies nie, wohl aber patrouillierten beide Leittiere öfter die Gegend ab, wenn das Rudel ruhte. Die meisten verwilderten Hunde in den USA rekrutieren sich aus den Rassen Collie, Deutscher Schäferhund und Dobermann. Sie sind meist zwischen 5 und 8 sowie 19 und 22 Uhr aktiv. Verwilderte Hunde in den USA wildern übrigens weniger, als man vermuten würde, und sind meist auf in Landgebieten lebende Populationen beschränkt. Festgestellt wurden Verfolgungsjagden von Hirschen von durchschnittlich 3,9 Kilometer bei einer Schwankungsbreite von 0,3 bis 22 Kilometer. Erbeutete Tiere waren meist in Gehegen gehalten oder krank. Die Dauer der Hetzen betrug zwischen drei und 155 Minuten, im Mittel 33 Minuten. Diese Werte sind wesentlich höher als bei Wölfen, also weniger „ökonomisch" als bei diesen. Jedoch verursachen in den USA wildernde Privathunde und Streuner anscheinend in dieser Beziehung mehr Schäden als völlig verwilderte.

Das interessante Revierverhalten frei laufender Hunde in Südkalifornien beobachtete Anders Hallgren und berichtet darüber in „Hundsport" 4/1998. Sie zeigen ein erstaunliches Gefühl für territoriales Gebiet, es scheint genaue Grenzen und eine scharfe Reviereinteilung zu geben. Sie haben ihr eigenes Revier, meist also das Grundstück, wo sie zu Hause sind, und erkennen oder kennen die fremden Reviergrenzen, die sie respektieren. Daneben gibt es neutrale Zonen, wo die Hunde zusammenkommen, um zum Beispiel Mülltonnen zu durchsuchen. Je nachdem, ob sie sich in eigenem oder fremdem Gebiet aufhalten, scheinen sie ganz andere Hunde zu sein, die sich im Heimterritorium selbstsicher und verteidigungsbereit verhalten, aber das vermindert sich schlagartig und zunehmend, sowie sie sich auch nur wenige Meter davon entfernen, auch dann, wenn es keinen Zaun gibt. So selbstbewusst und stark die Hunde hier in ihrem Revier sind, so vorsichtig, unterwürfig und ängstlich können sie erscheinen, wenn sie sich fremdem Gebiet nähern, auch wenn der „Eigentümer" nicht zu sehen ist. Es genügt schon, dass sie ihn riechen oder auch nur kennen.

Das Verhalten von Hallgrens eigener Hündin war dort, wo keine anderen Hunde ihr Revier haben, also im „exterritorialen Gebiet", entspannt, sie schnüffelte da und dort und urinierte. Kam sie aber zu einem fremden Territorium, ging sie auf die andere Straßenseite, wohnte auch dort ein Hund, genau in der Straßenmitte. Sie zeigte deutliche Unterwerfung, obwohl sie oft mit Hunden spielte, die sie am Weg antraf, es sah aus, als ob sie die Reviere mehr respektierte als deren Besitzer selbst! Alle streunenden Hunde zeigten in dieser Situation langsame Bewegungen, geduckte Haltung, zurückgelegte Ohren und zurückgezogene Mundwinkel. Die Hunde begegnen und „grüßen" sich dort ohne jede Anzeichen für Konfliktbereitschaft. In den neutralen Zonen sind sie sehr vorsichtig bei Begegnungen, ihre Begrüßungen können manchmal mehrere Minuten lang dauern. Gegner können da Freunde werden und Zufallsrudel bilden, miteinander spielen oder nur gemeinsam herumgehen, aber selten weit, da sie ihre Zonengrenzen kennen.

Ein neuer Hund, der zu so einem Rudel dazustößt, wird mit aufgestellten Schwänzen und starren Blicken empfangen. Nach einer Weile ist er dann meist akzeptiert. Hallgren meint, Derartiges sei auch auf Abrichteplätze anwendbar, wo es wichtig wäre, dass keiner zu spät kommt, da er dann von den bereits Anwesenden oft unterdrückt wird.

Vom Rudeltier zum Familienhund

Unsere heutigen Erkenntnisse werfen viele bisherige legendenhafte Vorstellungen über den Haufen. Wölfe führen keine rein monogame Ehe. Das Rudel – es ist im Wesentlichen eine Familiengemeinschaft – ist eigentlich ein Versorgungsinstitut für die Nachkommenschaft des leitenden Paares. Diesen drei Kriterien – jagdtaugliche Rudelgröße, Versorgung der Welpen der Leitwölfin und Auswahl der Besten zu Rudelführern – kommt im Leben der Wölfe die ausschlaggebende Bedeutung zu. Da der Wolf bis zum Auftauchen des Menschen keine Feinde hatte, sicherte die Schaffung einer rudelinternen Zuchtwahl und Konkurrenzsituation die genetische Verbesserung und Optimierung der Art. Übrigens sind die obigen Beobachtungen keineswegs für alle Wölfe charakteristisch, vielmehr ist die soziale Struktur der Wolfsrudel sehr flexibel und anpassungsfähig.

Beim Hund haben sich die Verhältnisse grundlegend geändert. Er hat nicht mehr für sich selbst zu sorgen, auch nicht mehr für seinen Nachwuchs nach der Säugeperiode. Ein sozial kompliziert gesteuertes Rudelleben gibt es meist nicht mehr. Dafür muss er sich an die nicht minder komplexe menschliche „Meute" sozial anpassen, an ein völlig andersartiges Wesen, sonst wird er abgeschafft, ausgesetzt oder gar eingeschläfert. Wo Hunde heute noch zusammen in Meuten leben, also Bracken beziehungsweise Laufhunde, wäre ihre gegenseitige Aggression dem Menschen unerwünscht. Er hat sie daher züchterisch vermindert, sodass man eine Rasse dieser Gruppe, den Beagle, wegen seiner Handlich- und Friedlichkeit, wie erwähnt, zum traurigen Los des Labortieres bestimmte. Man kann ihn ja in großer Zahl auf kleinem Raum halten. Seine Verträglichkeit befähigt ihn auch zum Familienhund, obwohl sein starker Spür- und Jagdtrieb dem entgegensteht.

Andere Rassen besitzen einen mehr oder minder hohen innerartlichen Aggressionspegel, aber auch heute noch sind manche Hündinnen untereinander deutlich unverträglicher als Rüden. Manche Hunde sind ausgesprochene Raufer und ordnen sich anderen Hunden nicht unter, würden aber nie gegen ihren Herrn aufbegehren. Der Hund konnte im Verlauf der jahrtausendelangen Domestikationsperiode Wesenselemente so modifizieren, dass sie seiner Einordnung in die menschliche Sozietät hervorragend entsprechen. Hunde sind, wie anscheinend Wölfe auch, wahre Meister in der „Erschleichung" von Privilegien und der Sympathie von Ranghöheren, wie es zum Beispiel jeder Dackelbesitzer bestätigen kann.

Die ursprüngliche Lebensweise der ersten Caniden war vermutlich nicht rudelbildend, so wie es beim Fuchs der Fall ist. Während der Fuchs sich zwar gut zähmen lässt, kam es jedoch wegen seiner geringeren Neigung zur Vergesellschaftung nie zu einer Domestikation, wenn man von den Farmfüchsen absieht, dagegen wurde der soziale Wolf zu dem Haustier mit den meisten Verwendungsmöglichkeiten.

Wir sehen aber, dass die Mensch-Hund-Beziehung und das Verhalten zum Menschen überhaupt auch Züge aufweist, die im Sozialleben der Caniden keine uns bisher bekannten Parallelen haben. Auch wenn wir berücksichtigen, dass neben der Rudelführerrolle der Mensch für den Hund auch eine „Elternrolle" infolge der postulierten „Fötalisierung", der „Verkindlichung" des Haushundes spielt, bleibt vieles ungeklärt. Es könnte dies als Wesensänderung im Sinne des Übergangs zu einer echten Symbiose von Seiten des Hundes gedeutet werden. Die Mensch-Hund-

Symbiose ist ja unvollständig, denn der Mensch kann heute (schon?) ohne den Hund existieren, der Hund hat, soweit er nicht überzüchtet ist, in gewissen (südlichen) Gebieten noch begrenzte Verwilderungschancen.

Hunde stimmen ihr Verhalten mit dem ihres Besitzers ab. Das geht auf das wölfische Verhalten zurück, im Rudel gemeinsam zu schlafen, zu jagen, zu spielen und zu fressen. Hunde sollen bekanntlich „wesensfest", also umwelt- beziehungsweise selbstsicher sein, Wölfe sind allem Ungewohnten gegenüber scheu, aber für ein Wildtier, insbesondere einen Beutegreifer, ist eine solche Scheu im Verein mit Mut im Kampf, also hormonelle Ausgeglichenheit, zum Überleben erforderlich. Zu viel Scheu verhindert erfolgreiche Jagd auf Großwild und das Sichdurchsetzen in der Rudelrangordnung, zu wenig Scheu kann leicht ins Verderben führen. Allerdings zeigen sich Wölfe gegenüber gefährlichen Beutetieren, wie zum Beispiel Bisons, keineswegs scheu, sondern erstaunlich unbekümmert. Gewissermaßen sind also auch Wölfe im kynologischen Sinne „wesensfest", wenn es sich um vertraute Dinge und Umweltbedingungen handelt. Oft nur im letzten Moment entwischen sie gewandt einem angreifenden Bison und bewegen sich völlig sicher in deren Herde, um ein potenzielles Opfer herauszufinden. Vor allem Unbekannten aber besteht große Scheu und Vorsicht.

Die Zucht auf Wesensfestigkeit erfordert daher strenge Zuchtwahl, entfällt diese wie bei reiner Schönheits- oder kommerzieller Massenzucht, sinkt der Anteil wesensfester Hunde sofort! Die große Scheu vieler Wildtiere vor dem Menschen kann aber auch ein „Zuchterfolg" des Menschen sein. Während Füchse bei uns außerordentlich scheu sind, zeigte ein Fernsehfilm einen Fuchsrüden in Japan, wo Füchse nicht verfolgt werden. Er versuchte doch tatsächlich, das Kamerateam zu vertreiben, als es sich seinem Bau mit Fähe und Jungen näherte. Wölfe auf Ellis Island in Kanada, die nie vorher Menschen gekannt haben, zeigten sich zutraulich und ließen den Forscher schließlich sogar in die Höhle zu den Welpen.

Der Falklandwolf, jenes mysteriöse Tier, von dem man heute noch nicht weiß, ob es ein dingoartiger verwilderter Haushund oder ein einheimischer südamerikanischer Canide war, zeigte keinerlei Scheu vor Menschen und wurde daher nach Ankunft der Europäer in kürzester Zeit ausgerottet.

Die Gefährdung durch Hunde – Formen der Aggressivität

Der Wolf ist ein wehrhafter Beutegreifer, körperlich durchaus imstande, einen Menschen, aber auch zum Beispiel einen Elch unter Umständen allein zu töten. Seine

Domestikation war nur durch seine soziale Organisationsform und seine große Unterordnungsbereitschaft möglich. Als Wildtier und „Erzfeind des Menschen" erweckt der Wolf auch heute noch gehässige Emotionen, er wird immer mehr dezimiert und ist vielerorts schon seit langem ausgerottet. Seine Wiedereinführung oder sein Schutz, etwa in bestimmten Regionen der USA oder in Skandinavien, hat mit großen Widerständen aus der Bevölkerung zu kämpfen. Für Menschen ist jedoch der wild lebende Wolf, wie wir gesehen haben, im Allgemeinen keine Gefahr. Anders untereinander: In Minnesota gehören Wölfe zu den häufigsten Todesursachen für Wölfe!

Die potenziell mögliche Gefährdung durch Hunde ist u. a. von der Größe der Hunde abhängig, obwohl auch der kleinste Hund unter Umständen sehr kräftig zubeißen kann. In den vergangenen Epochen wurde die behauptete oder tatsächliche Gefahr durch Hunde eher mit ziemlichem Gleichmut behandelt. Man nahm diese Risiken ebenso hin wie die durch ausschlagende Gäule (durch die noch in den 1930er-Jahren in Deutschland mehr Menschen starben als durch Tiger in Indien), durch Messer, Leitern usw. Anscheinend war der stark naturverbundene Mensch früherer Zeiten noch bis in die jüngste Vergangenheit imstande, auf natürliche Gefahren angemessen zu reagieren.

Der Wolf ist ein soziales Tier, doch werden Rangkonflikte durch aggressive Handlungen verschiedener Grade ausgetragen. Aggression ermöglicht nicht nur dem vitaleren Tier, „Fortpflanzungsrechte" im Rudel zu erlangen und sich durchzusetzen, sondern ist auch im Hinblick auf die Leitrolle bei den Wanderungen und Jagdzügen von Bedeutung. Ohne Aggressivität hätte sein Nachfahre Hund nie diese überragende Bedeutung für den Menschen erlangt.

Konrad Lorenz hat in einer berühmten Bildreihe erstmals die mimischen Ausdrucksformen von Unterwerfung, Angst und Aggressionsdrohung beim Hund dargestellt, die von Zimen auf der Basis der besonders ausgeprägten Mimik bei Stammvater Wolf noch ergänzt wurde. So ist es dem Wolf wie mehr oder weniger auch dem Hund möglich, auch ohne physische Aggressionshandlung sein rang- und situationsspezifisches Dominanz- oder Unterordnungsstreben auszudrücken. Auch der Wille zur Bestätigung der hierarchischen Rolle oder deren Modifikation wird so verständlich kommuniziert. Mit anderen Worten, der Wolf kann zum Beispiel darlegen: „Ich bin noch immer dein Chef", oder auch: „Natürlich erkenne ich deinen Vorrang nach wie vor uneingeschränkt an." Je nach Situation ist aber auch möglich auszudrücken: „Ich will mich dir nicht länger unterordnen", oder: „Ab jetzt hast du das Sagen."

Wir müssen grundsätzlich unterscheiden zwischen der Aggressivität, die der Aufrechterhaltung oder der Verbesserung der Rangordnung dient, den aggressiven Handlungen zur Selbstverteidigung, zur Territorial- und Beuteverteidigung, aus

Schutztrieb, aus Besitztrieb, gegen Rudelfremde im Allgemeinen und der Aggressivität gegen Beutetiere zu deren Überwältigung. Letztere wird von manchen Experten nicht als Aggression bewertet, weil der Beuteerwerb nicht mit feindlichen Gefühlen gegen das Beutetier gekoppelt sei. So werde zum Beispiel bei der Überwältigung der Beute nicht geknurrt. Das ist jedoch unrichtig, denn es wird dabei in bestimmten Situationen durchaus geknurrt, was man schon bei jedem Jungwelpen feststellen kann, der einen Tuchlappen knurrend „totschüttelt". Andererseits erfolgen beim Wolf (nicht immer beim Haushund) Ernstkämpfe, etwa um die Stellung als Leitwolf, lautlos.

Da Einschüchterungen durch Mimik und Gestik, wo sie beim Hund anatomisch noch möglich sind (hochgestellte Rute und Ohren, gesträubte Rückenhaare, betont aufrechte Haltung), nicht immer ausreichen, kommt es manchmal zu mehr oder weniger ernsten Beißereien. Hierbei werden bei Wölfen Verletzungen vor allem am Rücken, den Seiten, am Hinterleib und vor allem an den Läufen zugefügt. Der Schwächere kann diese Auseinandersetzungen durch Unterwerfungsgesten wie Abwenden, Anlegen der Ohren, Einziehen des Schwanzes, besonders aber durch Auf-den-Rücken-Werfen abzubrechen versuchen, wobei die aus dem Welpenverhalten (Aufforderung zu Bauchmassage und Reinigung der After- und Geschlechtspartien) stammende Rückenlage besonders wirkungsvoll ist. Während aber Konrad Lorenz noch glaubte, der Unterlegene könne damit sicher mit dem Abbruch der Kampfhandlungen durch den Überlegenen infolge absoluter Beißhemmung rechnen, wissen wir heute, dass dem nicht so ist. Das Töten von Artgenossen ist bei Wölfen wie Hunden nicht ausgeschlossen, bei Letzteren daher auch nicht, wie man bisher meinte, in jedem Fall als degenerativer Instinktverlust zu betrachten.

Wir wissen heute auch, dass entgegen den Vorstellungen von Lorenz das Töten von Artgenossen bei dem Menschen so nahe stehenden Wesen wie Schimpansen durchaus vorkommt. Eine Hemmung, „feindliche" Artgenossen durch waffenlose körperliche Einwirkung zu töten, wie sie Lorenz für den Menschen annahm, besteht also nicht in jeder Situation, und ebenso wenig bei Wölfen, Hunden und anderen Beutegreifern. Ja, Schimpansen gehen sogar auf regelrechte Kriegszüge gegen andere Horden, und auch fremde Wolfsrudel sollen sich gelegentlich bekämpfen, meist suchen sie jedoch einander auszuweichen. Der rücksichtslose, barbarische Kampf der „Masse" gegen Fremde der gleichen Art ist also keine menschliche Erfindung, wir kommen noch darauf zurück.

Die meisten aggressiven Handlungen bei Wolf und Hund sind dagegen lediglich „materiell verstärkte Drohungen" und führen vorwiegend zu gar keinen oder nur geringfügigen Verletzungen. Angriffe geringer Intensität sind das abwehrende In-die-Luft-Schnappen (zum Beispiel bei noch nicht deckbereiten läufigen Hündinnen gegenüber zudringlichen Rüden oder bei Müttern gegen lästige Welpen zu beobachten), das heftige Zähnezusammenklappen bedrängter unterlegener Tiere, das breitseitige oder Hinterteilschleudern des dominanten Kontrahenten. Intensiver ist bereits das Umwerfen des Gegners mit anschließendem Sich-darüber-Stellen, wobei oft die Kehle umfasst und heftig geknurrt wird.

Wegsehen ist ein Signal, womit ausgedrückt werden soll, dass man keine Verschärfung einer Auseinandersetzung durch Beißen vorhat oder provozieren will. Dabei wird zwangsläufig die ungeschützte Halsseite dargeboten, was Konrad Lorenz als Geste des sich Unterwerfenden deutete. Es wendet aber auch der überlegene Hund dem unterlegenen manchmal die Halsseite zu, was man als Beschwichtigungsgeste ohne Rangerniedrigung deuten könnte, sodass Zimen meinte, Lorenz sei ein Beobachtungsfehler unterlaufen. Welche Bedeutung dieser Geste zukommt, hängt aber von der Rangsituation, der Stimmung und den begleitenden Verhaltensdetails ab.

Dominanzverhalten gegen Menschen tritt nicht selten bei Hunden auf, deren Besitzer ein besonders gefühlsbetontes Verhältnis zu ihnen haben (und damit für den Hund Signale „aktiver Unterwerfung" geben).

Wenn Hunde zubeissen

Ursprünglich dient die Anwendung des Gebisses als Waffe beim Wildhund verschiedenen Zwecken. Da ist einmal das Ergreifen und Überwältigen der Beute, also bei der Jagd. Im jagenden Rudel springt der Wolf das fliehende Wild meist von hinten an, um es aufzuhalten beziehungsweise durch Blutverlust zu schwächen. Der Leitwolf dagegen versucht meist, die Beute weiter vorn, am Nacken oder Hals, zu fassen zu kriegen, um sie zu Fall zu bringen, oder an der Muffel (Schnauze) zu halten und so auch das stärkste Beutetier zu immobilisieren, vergleichbar dem Nasenring, an dem wir Stiere führen. Kleinere Beutetiere werden erfasst und totgeschüttelt, ganz kleine im Mäuselsprung gefangen und totgebissen.

Wehrhaftes Wild, das sich den Verfolgern stellt, wird durch blitzartige Attacken mit schnellem Rückzug, die vor allem von hinten erfolgen, ermüdet und geschwächt. Erweist es sich als zu vital und abwehrkräftig, geben die Wölfe meist den Versuch auf. Ein weiteres Anwendungsgebiet des Gebisses ist die Abwehr von Großraubtieren wie Bären aus der Nähe des Baues, wobei die gleiche Strategie angewendet wird, bis der Eindringling sich trollt.

Das Gebiss wird aber auch, wie wir gesehen haben, im Umgang mit Artgenossen gebraucht, wenn Drohmimik und -gestik zur Disziplinierung von Untergeordneten nicht ausreicht, oder bei Ernstkämpfen. „Disziplinierende“ Bisse sind meist leichterer Natur, der Aggressor beißt nur kurz zu beziehungsweise lässt ab, wenn der Gebissene schreit. Rudelangehörige, die unterdrückt (so genannte Prügelknaben) oder gar überhaupt ausgeschlossen und vertrieben werden sollen, werden dagegen mitleidslos und noch dazu meist von mehreren Rudelangehörigen angegriffen. In letzterem Fall und beim schon erwähnten Ernstkampf um obere Rangstellungen kann es auch zu schweren Verletzungen und zum Tod des Unterlegenen kommen.

Auch der Hund hat noch weitgehend die Kampfmethoden des Wolfes. Er greift lieber von hinten als von vorn an, doch wurden Rassen selektiert (Bulldogge, Bull Terrier, aber auch Linien von Diensthundrassen), die den direkten Angriff von vorn nicht scheuen und sich richtig verbeißen. Diese Kampfform wird als „Mut“ bei Schutzhunden hoch bewertet. Vorzugsweise wird beim Wolf und den meisten Hunden die Kampfform des Stellens angewendet, bei der der Gegner von vorne bedroht, aber nicht angegriffen wird, bis das Rudel beziehungsweise beim Jagdhund der Jäger, beim Polizeihund der Polizist herangekommen ist. Entschlossenes Stellen ohne anzugreifen ist für den Wachhund eine sehr wertvolle Verhaltensweise. Anhaltendes Bellen und eine entschiedene, angriffsbereit erscheinende Haltung des Hundes erweist sich gegenüber menschlichen Eindringlingen höchst wirkungsvoll und ist meist auch ohne Angriff ausreichend.

Die extreme Schmerzunempfindlichkeit und Kampfeslust bis zum Ende so oder so der Pit Bull Terrier und anderer Kampfhunde findet man auch bei den Bauhunden, also Terrierrassen und Dachshunden, vor allem natürlich in jagdlich geführten Linien. An sich ist es natürlich, in der Erregung des Kampfgetümmels keinerlei Schmerz zu verspüren, Gleiches ist in solchen Situationen auch bei uns Menschen der Fall. So sollen schon Fußballer dem Ball noch nachgelaufen sein, obwohl sie sich den Fuß gebrochen hatten. Doch in solcher Ausprägung ist es ein Defekt, der diese Zuchtlinien zu normalen Kontakten auch mit Artgenossen unfähig macht, also eine Form der Qualzucht. Zu Menschen sind solche Rassen aber von Natur aus nicht gefährlich, zu diesen ist die Sozialität durchaus normal, wenn sie nicht durch Dressur verdorben werden.

Gibt es gefährliche Rassen? Gewiss, der Aggressionsspiegel der verschiedenen Rassen zu fremden Menschen, die das Territorium verletzen oder den menschlichen Partner bedrohen, zu Wild oder zu anderen Hunden ist verschieden. Nicht jede Rasse ist für jeden geeignet, aber Hunde jeder Rasse sind zu sozialisieren und werden dann das, was der britische Maler E. Landseer auf einem Neufundländerbild „ein würdiges Mitglied der menschlichen Gesellschaft“ nannte. Außerdem gibt es in jeder Rasse mehr oder weniger gut anpassungs- und sozialisierungsfähige Linien.

Wo inadäquate Aggression auftritt, ist sie leicht durch Selektion in wenigen Generationen auf das normale Maß zurückzuführen.

In letzter Zeit hat sich im Verhältnis des Menschen zum Hund Entscheidendes geändert: Der vorwiegend technisch geprägte Mensch der neuesten Zeit erregt sich über Tausende Autounfalltote kaum noch, er ist auch wenig bereit, Geschwindigkeitsbeschränkungen, die unbestreitbar zahlreiche Straßenunfälle vermeiden ließen, hinzunehmen, im Gegenteil, die Autos werden immer stärker und schneller. Tote durch Hundebisse dagegen sind eine extreme Seltenheit, jeder Einzelfall beschäftigt aber die Medien in seitenlangen Reportagen mit Schlagzeilen. Bissverletzungen sind natürlich häufiger. Alle Unfälle mit Hunden haben aber eins gemeinsam: Nur äußerst selten ist der Hund allein oder überhaupt daran „schuld", fast immer ist krasse Fahrlässigkeit des Hundebesitzers oder auch des Gebissenen die Ursache, vor allem aber mangelhafte Erziehung und Sozialisierung des Hundes. Dennoch ist die Tendenz, die Hundehaltung zu erschweren oder gar unmöglich zu machen, nicht zu verkennen und im Zunehmen begriffen. Wir wollen daher den Unfallursachen mit Hunden, die auf Aggressivität zurückzuführen sind, im Detail nachgehen, wobei wir auch nochmals auf das artspezifische Aggressionsverhalten zurückkommen müssen.

Für die USA liegen die Schätzungen der Bisse zwischen 4 und 8 Promille der Bevölkerung, die in ärztliche Behandlung kamen, bei 2 Prozent Gebissenen insgesamt. Ein wenig größer ist die Zahl der Hundebisse in den dicht besiedelten Niederlanden, dort rechnet man mit zirka 17.000 Bissen jährlich bei 15 Millionen Einwohnern, das ist ein Biss auf 73 Hunde. In Deutschland beträgt die Zahl der registrierten Zwischenfälle von 1991 und 1995 21.100, dabei wurden 8.360 Personen verletzt, davon 4 Prozent schwer (Wippermann und Berentzen, 1999). Natürlich gibt es auch eine nicht unerhebliche Dunkelziffer, die aber nicht allzu hoch sein dürfte, da wohl nur geringfügige Verletzungen nicht von einem Arzt behandelt werden.

Eine Untersuchung in Nordrhein-Westfalen über das Jahr 1990 ergab 21 Fälle, in denen das Erschießen eines Hundes wegen Angriffen auf Menschen erforderlich war, und zwar in einem Fall von Tötung, in neun Fällen schwerer und elf von leichter Verletzung, das ist eine Verhältniszahl ernster Angriffe von 0,0075 Prozent je Hund. Die Verhältniszahl für Autos beträgt, österreichische Zahlen zugrunde gelegt, zirka 0,76 Prozent pro Kraftfahrzeug, ist also etwa 100-mal höher. Aber nur verschwindende Minderheiten wollen Autos abschaffen, und auch das mehr aus Gründen des Umweltschutzes.

In den USA sind zirka 20 Hunde pro Jahr in tödliche Angriffe auf Menschen verwickelt. So schrecklich dies an sich ist, es sind das nur 0,00004 Prozent der Hundepopulation, Menschen, die Menschen töten, sind 200-mal stärker vertreten.

Angehörige von Berufen mit Hausbesuch, zum Beispiel Briefträger, sind besonders exponiert. Möglicherweise ist das Verhalten von Hunden gegenüber Briefträgern auch dadurch bedingt, dass sie deren Weggehen auf ihr aggressives Auftreten zurückführen, was so durch dieses „Erfolgserlebnis" noch verstärkt wird. Jahreszeitlich steigt die Häufigkeit der Bisse im Frühjahr und dann wieder zur Reisezeit im Sommer. Ein Kind wird im Allgemeinen vom Hund seiner Eltern gebissen. Für 23 Prozent der Bisse war ein Nachbarhund verantwortlich.

Auch die Studie von Beck (1975) ergab, dass 38 Prozent der Hundebisse in St. Louis Kinder betrafen, die 15 Prozent der Population ausmachten. Tödliche Unfälle durch Hunde betrafen alte und junge Menschen am meisten, 70 Prozent waren Kinder unter neun Jahren und 21 Prozent Menschen über 50. Hunde sind zwar zu mehreren als Rudel durchschnittlich gefährlicher als einzelne, statistisch waren aber nur in 20 Prozent zwei und in zehn Fällen mehr als zwei Hunde verwickelt, wie Sacks et al. 1989 berichteten. In solchen Fällen waren mehrheitlich die Hunde der Familie, in zweiter Linie Hunde von Freunden oder Nachbarn verantwortlich. Ernste Verletzungen werden häufiger durch Rüden zugefügt (Lockwood, 1995).

Wie aber kommt es nun zu Hundebissen? Hier müssen wir zunächst drei Kategorien unterscheiden:

So gibt es Bisse, die eigentlich gar keine sind, sondern Unfälle: Schon beim lebhaften Spiel mit seinem Hund kann man sich an dessen Zähnen durch Anstoßen die Haut aufschürfen, ohne dass der Hund zubeißt oder dies beabsichtigte, medizinalstatistisch gesehen ist dies aber eine Bisswunde. „Schnappen" findet man vorzugsweise bei kleineren Rassen, deren Biss einerseits im Allgemeinen nicht folgenschwer ist, die aber andererseits durch grobe Spiele und Quälereien von Kindern leicht körperlich gefährdet werden können und zur Abwehr beißen. Häufig sind Wachhunde, wie Schäferhunde, genannt, doch kann dies durch deren häufige Haltung und häufige Konfrontationen mit fremden Menschen im zu bewachenden Territorium zu tun haben.

Die meisten „echten" Bisse sind gehemmte Bisse. Der Hund kennt angeborene „Beißspiele", die zu den beliebtesten Beschäftigungen der Welpen untereinander gehören. Sie lernen dabei, ihre Zähne zu gebrauchen, ohne die Geschwister zu verletzen (Hunde mit angeboren mangelhafter Beißhemmung gegenüber Artgenossen verletzen sich aber oft bereits im Welpenalter, wie von bestimmten Linien von Bull Terriern und Fox Terriern berichtet wird). Ferner gibt es das Abwehrschnappen, wie es zum Beispiel für Hündinnen gegenüber zudringlichen Rüden typisch ist, und den Angstbiss. In all diesen Fällen ist der Biss mehr oder weniger gehemmt, aber für die dünne Haut des Menschen manchmal eben dennoch zu stark bemessen, sodass Verletzungen entstehen. Dies gilt vor allem für den Abwehr- oder Angstbiss. Aus dieser Gruppe rekrutiert sich die überwältigende Mehrzahl der Bisse, die ja gottlob meist leichte Verletzungen darstellen.

Im Spiel mit Kindern treten vorwiegend Verletzungen auf, die aus Spiel-, Disziplinierungs- und Abwehrbissen resultieren. Manchmal ist eben der Spielbiss zu stark geraten, was vor allem bei jungen Hunden öfter vorkommt. Im Allgemeinen wird dabei vorher durch Knurren und/oder In-die-Luft-Schnappen gewarnt. Große Hunde können kleinere Kinder auch umwerfen, sich darüber stellen und gefährlich knurren, meist ohne zu beißen, wie ich es von meiner Airedalehündin schon beschrieben habe.

Zu den Disziplinierungsbissen gehören wohl auch solche, die aus dem Funktionskreis des Hüteinstinktes stammen. Vor allem Schäferhunde lassen oft Fremde ohne weiteres ein, wollen diese sich aber wieder entfernen, springen sie sie an oder beißen sie meist gehemmt, wie sie es bei widerspenstigen Herdentieren tun würden, die auszubrechen versuchen.

Wir dürfen hier übrigens nicht „Beißhemmung" mit „gehemmtem Biss" verwechseln. Beißhemmung heißt, dass auch in einer aggressiven Situation nicht gebissen, allenfalls geknautscht wird. Gehemmt gebissen wird in den erwähnten Situationen, ungehemmt gebissen im (unter Umständen tödlich endenden) Ernstkampf und bei Hunden mit erblich und/oder erziehungsmäßig gestörter Sozialisation mit Artgenossen und/oder Menschen.

Meist gehemmt beißen auch Hunde, denen man ihren Futternapf wegnimmt oder denen von ihnen als untergeordnet betrachteten Familienmitgliedern, zum Beispiel Kindern, Ruheplätze streitig gemacht werden. In Gefahr, gebissen zu werden, kann sich natürlich auch jemand befinden, bei dem sich der Hund, durch falsche Erziehung ermutigt, als Rudelführer fühlt. Das ist bei Tieren mit Neigung zur Dominanz dann der Fall, wenn man ihnen widerspruchslos nach Belieben die besten Plätze (im Bett, Schlafzimmer, auf dem Sofa usw.) überlässt, Widerstand gegen Körperpflege (Bürsten, Kämmen) akzeptiert usw.

Gefährlich, aber sehr selten, sind ungehemmte Bisse auf Menschen. Auch die meist ungenügend gehemmten Angstbisse sind gelegentlich, doch ebenfalls selten, schwerwiegend. In Jahrtausenden wurde ja der Hund so selektiert, dass nur diejenigen Tiere zur Fortpflanzung kamen, die weder aus Angst noch aus Aggression Menschen beißen oder deren Aggression sich jedenfalls keineswegs gegen ihren Herrn oder dessen Familie richtet. Nur wenn diese Selektion nachlässt, wie bei den kommerziellen Massenzuchten (puppy farms), manchmal auch durch inzuchtbedingte Wesensstörung, kommt es zu Rückentwicklungen auf wildhundähnliches Verhalten, das heißt Scheu mit Neigung zum Angstbiss und ungenügende Beißhemmung gegenüber dem vertrauten Menschen. Dies, soweit es die natürlichen Anlagen betrifft.

Aber selbstverständlich spielen fast immer die Umweltbedingungen, also insbesondere Haltung, Sozialisierung und Erziehung, die Hauptrolle, das heißt, auch ein Hund mit guten Anlagen kann unter Umständen zum Angst- und Aggressionsbeißer verdorben werden. Vermutlich kommen die positiven Genanlagen nur zur vollen Wirkung, wenn sie in der prägsamen Phase der Sozialisierung auch aus der Erfahrung heraus bestätigt werden. Ungenügende Sozialisierung im Welpenalter auf Artgenossen und Menschen, Haltung an der Kette oder isoliert im Zwinger ohne Abwechslung und Auslauf oder gar „Scharfmachen" ohne Erziehung zur Verlässlichkeit im Umgang mit Fremden, Quälen und brutale Behandlung bringen unter Umständen tiefer liegende ursprüngliche Abwehrmechanismen zum Vorschein, wie wir das ja auch von Menschen in überfüllten Straflagern kennen. Aus dieser Sicht kann man nur staunen, wie wenig schwere Unfälle mit Hunden eigentlich vorkommen, was sogar einmal der „Spiegel" bestätigte.

Es gibt aber noch genug davon, um die Spalten der Boulevardpresse besonders im Sommer mit Horrorgeschichten zu füllen, und gelegentlich ist auch eine stichhaltige dabei. Dem heutigen Menschen fehlt offensichtlich ein Ungeheuer, gegen das er mit Sensen, Lanzen und Dreschflegeln wie im Mittelalter zu Felde ziehen könnte. Ein brauchbarer Ersatz dafür sind die Antihundkampagnen der Zeitungen, welche die entsprechenden schaurigen Emotionen hervorrufen. Die internen, echten Probleme des Menschen von heute sind so sehr Alltag geworden (Kriminalität, Drogensucht, Terrorismus, dass sie zwar Ängste, aber nicht die so angenehm-gruseligen urzeitlichen Schauer hervorrufen wie etwa entsprungene Löwen, Alligatoren, Schlangen. Das Tiermonster ist uns abhanden gekommen, scheint aber ein urtümliches Bedürfnis des Menschen zu sein, daher der Erfolg der Dinosaurier im Film und die Dämonisierung der Hunde in den Medien. Möglicherweise war der Hund davor in gewissem Ausmaß geschützt, solange „Untiere" noch durch unsere Wälder streiften und der Hund uns vor ihnen wirksam schützte.

Ungehemmte Bisse kommen wohl auch als Unfall vor, etwa wenn man kämpfende Hunde trennen will und seinen Hund dabei von hinten anfasst, sodass er sich irrt und in der Hitze des Gefechtes annimmt, es sei das ein weiterer Angreifer und nicht sein Besitzer.

Weitaus die Hauptrolle für das spätere Verhalten des Hundes spielt die Aufzucht des Welpen, dessen Sozialisierung ja zwischen der dritten und zehnten Woche vor sich geht. In Frankreich gibt es das Sprichwort „à bon maître, bon chien" (guter Herr, guter Hund), das also auch durch wissenschaftliche Studien erhärtet wird. In der Sozialisierungsperiode sollte der Welpe reichlich mit Personen vertraut gemacht werden, die sein Territorium betreten. Eine zweckmäßige Ausbildung bewahrt dem Wachhund gleichwohl die Fähigkeit, bei einem unerwünschten Eindringling richtig zu reagieren. Der Junghund soll also zum Umgang seiner Familie dasselbe Vertrauensverhältnis erwerben wie diese selbst. Versuche, die Aggressivität gegen andere zu steigern, könnten sich eines Tages gegen den Erzieher selbst richten, wird vermutet (und sind überdies ungesetzlich). Dies ist allerdings unbewiesen. Meist sind auch sonst scharfe Wachhunde durchaus umgänglich mit ihren Bezugspersonen wie andere auch.

Schwerwiegende Verletzungen durch Hunde sind also relativ selten. Das Gebiss verursacht eine bogenförmige Kneifwunde durch die Schneidezähne, die tiefer eindringenden Eckzähne führen zu Quetschungen und Rissen. Durch Schütteln und Ziehen kann es zum Herausreißen des Erfassten kommen, fatalerweise betroffene, erfahrene Tierärzte reagieren in einem solchen Fall daher durch Nachgeben. Am häufigsten ist das Gesicht betroffen, besonders bei Kindern. Weniger häufig sind Bisse in Gliedmaßen. Die Wunden sind immer infiziert, in der Tiefe durch die Eckzähne. Das erfordert spezielle therapeutische Behandlung.

Folgende Regeln sind insbesondere für Kinder, aber auch für nicht als ranghöher anerkannte Erwachsene im Umgang mit Hunden zu empfehlen. Das bedeutet vor allem:

- nicht in Hundekämpfe eingreifen,
- Hunde nicht reizen oder misshandeln, vor fremden Hunden nicht schreien und Arme schwenken,
- schlafende oder fressende Hunde nicht stören,
- das Gesicht nicht der Hundeschnauze nähern und fremden Hunden nicht in die Augen schauen,
- Hunden das Futter, das Spielzeug oder die Futterschüssel nicht wegnehmen,
- Hunde nicht am Schwanz ziehen,
- vor einem unbekannten Hund nicht Rad fahren, laufen oder Rollschuh fahren und überhaupt nicht schnell entfernen, sich nicht auf den Boden werfen und herumkriechen,
- bei aggressiver Näherung des Hundes ruhig und gerade stehen mit angelegten Armen, Blick wegwenden, eventuell langsam ohne umzudrehen schräg vom Hund weggehen. Wird man umgeworfen, Gliedmaßen an den Körper und Kopf anlegen,
- abgelenkte oder eingeschlafene Hunde nicht berühren,
- auch beim Spiel einen Hund nicht übermäßig aufregen,
- ohne Gegenwart von Erwachsenen einen Hund nicht füttern,
- einen fremden Hund nicht berühren oder versuchen, sich aufzudrängen, sondern warten, bis er auf einen zukommt.

Gut erzogene Hunde sind zwar auch in allen diesen kritischen Fällen verlässlich, doch sollte man es nicht darauf ankommen lassen. Im Übrigen soll man einen Hund nicht beengt einsperren oder gar anketten, Kindern nicht erlauben, allein einen größeren Hund zu führen, und ihnen beibringen, dass der Hund auch auf eine gewisse Selbstständigkeit und Freiheit von menschlicher Belästigung ein Anrecht hat. Die Hauptursachen für Hundebisse sind unzureichende Sozialisierung, fehlende Ausbildung zum Begleithund und unzureichende Beschäftigung beziehungsweise zu viel Alleinlassen und ungenügende Aufsicht.

Wie Eltern ihr Kind zum Umgang mit dem Hund erziehen, ist dabei ebenso wichtig wie die Erziehung des Hundes. Wenn es auch bösartige, dumme oder im Wesen fehlerhafte Hunde gibt, die Hauptrolle beim Problem Hundebiss spielt die Erziehung, also der Faktor Mensch.

Bei Angstbeißern handelt es sich, wie der Name sagt, oft um furchtsame, neurotische Hunde, doch nicht alle so genannten Angstbeißer sind ängstlich (es ist das dann eben ein Rückfall in Wolfsverhalten), und so können auch weniger furchtsame Hunde „Angstbeißer" sein – eine bessere Bezeichnung ist dann „Protestbeißer" –, während bei der Mehrzahl der ängstlichen eben die haushundtypische Beißhemmung gegenüber (vorwiegend) übergeordneten Menschen funktioniert. Wie manche andere Untugend hat das Angstbeißen eine ererbte und eine erlernte Ursache. Ererbt ist die Verteidigung eines geängstigten Tieres mit seinen Waffen, den Zähnen. Angstbeißen ist also ein Rückschlag bei ungenügender Zuchtauslese. Andererseits aber kann die vorhandene Anlage verstärkt werden oder überhaupt erst dann zum Ausbruch kommen, wenn das Jungtier nicht ausreichend an Menschen sozialisiert wurde und daher scheu geblieben ist. Hier hat man die Möglichkeit, durch Erziehungsmaßnahmen korrigierend einzugreifen. Es ist dies das häufigste Aggressionsproblem beim Hund überhaupt.

Beim Angstbeißer ist auch meist die ursprüngliche „kritische Distanz" des Raubtieres reaktiviert. Darunter versteht man bekanntlich jenen Abstand, bis auf den ein Raubtier, etwa ein Löwe im Zirkus, den Menschen, dem er misstraut, herankommen lässt, ohne ihn anzufallen. Sie ist nicht zu verwechseln mit der „Respektdistanz", die ein dominantes Tier in den meisten Situationen von einem rangniedrigeren voraussetzt. Die kritische Distanz ist dagegen bedingt durch Angst oder auch durch Bedrohung von Besitz, der Welpen oder des engeren Territoriumbereiches. Fremde werden oft angeknurrt und bedroht, wenn sie einen angebundenen Hund an der Leine mitnehmen wollen. Gehen sie aber nicht direkt auf den Hund zu, sondern streben scheinbar ein anderes nahes Ziel an, ohne dabei den Hund anzusehen, ist es oft möglich, die Leine zu ergreifen und den Hund widerstandslos wegzuführen. Ähnliches geschieht, wenn ein Fremder, den der Hund von außen nicht hereinkommen ließe, sich schon im Territorium des Hundes befindet, sobald der Hund es betritt. Dann zeigt der Hund oft eine gewisse Unentschlossenheit und gähnt zum Beispiel als Übersprungshandlung, was etwa dem menschlichen Kopfkratzen vergleichbar ist, lässt den Eindringling jedoch ungeschoren.

Den Protest-(Angst-)beißern geht es nicht wie Hunden, die um ihren Rang kämpfen, um einen ernsten Angriff, sondern um Verteidigung beziehungsweise Abwehr, daher sind die dabei verursachten Verletzungen meist wesentlich weniger schwer als bei einem richtigen Rangordnungskampf.

Ein Wildhund wird körperliche Berührungen, die nicht im Spiel oder bei freundlicher sozialer Beziehung erfolgen, meist nicht dulden, da er sie als rangmindernd auffasst. Daher ist es für Fremde, aber – bei nicht ausreichender Erziehung des Hundes – auch für nicht als einwandfrei ranghöher anerkannte Kinder und andere Familienmitglieder nicht immer ratsam, den Hund anzufassen, zu streicheln usw. Besonders Berührungen von oben wirken auf den Hund als Dominanzverhalten und führen daher unter Umständen zum Zuschnappen. Allerdings ist auch dieses Verhalten bei den meisten unserer domestizierten Hunden abgeschwächt oder weggefallen. Nicht wissenschaftlich geklärt, aber oft zu beobachten ist, dass Kinder bei Hunden die „Narrenfreiheit" von Welpen haben, das heißt, dass sie sich Dinge erlauben können, die der Hund einem tieferrangigen Artgenossen oder nicht anerkannten Menschen gegenüber nicht hinnehmen würde. Das würde bedeuten, dass Hunde die Kindlichkeit von Menschenkindern ebenso erkennen müssten wie die der Welpen. Das erscheint zunächst wenig wahrscheinlich, da der Hund ja nur auf das Winseln, Verhalten, den Geruch usw. von jungen Individuen der eigenen Art, also Welpen, eingestellt sein müsste. Es spricht aber tatsächlich viel dafür, dass Hunde Kinder als solche respektieren, da ja diese vielfach ungestraft Dinge mit dem Hund treiben können, die er sich sonst nur von einem ranghöheren Menschen gefallen ließe, die sie aber sonst selbst bei Welpen nicht dulden. Einen fremden Hund lässt man an der Faust schnuppern und nähert die Hand allgemein von unten zum Fang (Beschwichtigungs- und Bettelgeste).

Verteidigung von Eigentum

Der Eigentumstrieb ist bei Hunden verschieden stark ausgeprägt. Wenn er gegenüber übergeordneten Menschen unterdrückt wird, wie es beim Haushund die Regel ist (nicht ohne Ausnahmen), lässt er sich zum Bewachen von Gegenständen, wie Gepäck, Rucksäcken und dergleichen, ausnutzen, was aber wegen der Verantwortung bedenklich ist, da der Hund auch eine sich zufällig ohne böse Absicht nähernde Person angreifen könnte. Ursprünglich verteidigten Hunde wie Wölfe wohl nur ihre Nahrung, ihre Höhle, den Wohnbezirk, die Welpen, das Territorium und ihr Rudel. „Possessive" Hunde verteidigen jedoch alles, was ihnen von ihren Menschen anvertraut wird oder was sie als Eigentum betrachten, wie Schuhe, Gepäckstücke, Kleider, Auto oder was immer.

Der ausgezeichnete Beobachter Konrad Lorenz (1963, 4) schildert das für viele Hunde bezeichnende Verhalten seiner geliebten Hündin Stasi beim Bewachen von Gegenständen: „... legte ich sie ohne meine Handtasche oder mein Fahrrad ab, wartete sie ungefähr zehn Minuten und ging dann allein nach Hause. Mit einem der beiden Gegenstände abgelegt, hätte sie bis zum Jüngsten Tag gewartet!" Ablegen (auf einem Platz niedergelegt bleiben) fällt Hunden mit Objektbewachungstrieb viel leichter, wenn sie dabei einen Gegenstand bewachen können („dürfen").

Natürlich betrachtet der Hund die bewachten Gegenstände als sein Eigentum, er handelt also nicht uneigennützig. Besitz ist auch bei Wölfen situationsgebunden temporär rangerhöhend. Auch ein rangniederer Wolf verteidigt oft einen Knochen gegenüber einem sonst ranghöheren erfolgreich, da dieser den „Besitzerrang" meist anzuerkennen geneigt ist. Daraus ergibt sich schon, dass es auch dem Hundebesitzer vielfach nicht anzuraten ist, seinem sonst verlässlich untergeordneten Hund einen Knochen wegzunehmen. Andere „Besitzansprüche", wie auf das Sofa, das Bett, das Auto usw., sind natürlich keinesfalls auch nur im Ansatz zu dulden, denn eine quasi beliebige „Besitzergreifung" verleitet den Hund nur zu leicht, den Vorrang des Besitzers überhaupt in Frage zu stellen! Besitz ist eben ein Symbol für Macht. Mein Pudel Percy war so ein besitzbewusster Hund, daher ein guter Bewacher von Gegenständen, und neigte dazu, sich Dinge meines kleinen Sohnes anzueignen, die er nun auch ihm gegenüber bewachte und verteidigte, was diesen veranlasste, zu mir zu kommen und zu klagen: „Papa, er will mir meine eigenen Schuhe nicht geben!" Dabei wurde aber nicht gebissen, lediglich geknurrt, gebellt und in die Luft geschnappt.

Versuche von Scott und Fuller mit Knochen zeigten, dass bei den Welpen verschiedene Futterdominanzformen vorkommen: Knochen teilen (keine Dominanz – selten); Besitzerdominanz (wer den Knochen gerade hat, behält ihn); ständiges Streiten um den Knochen; und „absolute Futterdominanz" (ein Welpe behält den Knochen und nimmt ihn jedem anderen weg). Mit fünf Wochen wurden nur 25 Prozent komplette Dominanz beobachtet. Sie nahm bis zum Alter von elf Wochen ständig zu, bei Shelties und Basenjis bis zum Alter von einem Jahr. Sonstige Dominanzkämpfe waren nur bei den Basenjis sehr ausgeprägt und steigerten sich ebenfalls bis zu einem Jahr, bei Shelties wurde nur mit fünf Wochen viel gekämpft, danach ging dies stark zurück und blieb so. Fox Terrier kämpften nicht paarweise, sondern überfielen einzelne Geschwister in Gruppen. Die wenig aggressiven Beagles und Cocker Spaniels kämpften kaum. Beagles sind ja eine Meutenhundrasse, Cocker stammen ursprünglich von solchen ab, sie sind also auf Friedlichkeit vorselektiert. Daher fand man auch kaum Kämpfe um Knochen bei erwachsenen Hunden dieser Rassen.

Wie bei Menschen gibt „Besitz" dem Besitzer einen temporären Rangvorteil, denn in vielen Fällen respektiert ein „Habenichts", auch wenn er sonst höherrangig ist, das Besitzrecht dessen, der sich gerade des Knochens bemächtigt hat. Manche Hunde legen dagegen kaum Wert auf Besitz, lassen sich Knochen usw. ohne weiteres wegnehmen und sind daher zum Bewachen von Gegenständen kaum geeignet.

Während also manche Hunde keinen Bewachungstrieb für Gegenstände zeigen, ist dieser bei anderen sehr ausgeprägt und manchmal sogar abnorm übersteigert. In letzterem Fall wendet er sich dann auch gegen einzelne oder gar alle Familienmitglieder. Natürlich hat diese Situation mit der Rangordnung zu tun. Ein sehr „besitzbewusster" und dabei rangstrebiger Hund vertreibt dann auch schon einmal die Besitzerfamilie von Bett und Sofa, dessen er sich bemächtigt hat. Auch die Art des Objektes ist von Bedeutung. Abnorm Besitzsüchtige verteidigen alles und jedes, andere zum Beispiel nur ihr Futter oder einen Knochen, wobei diese artgemäßen Besitzobjekte zweifellos einen hohe Verteidigungswert für den Hund darstellen.

Verteidigung des Territoriums

Eine andere Situation, die zu Bissen führen kann, ist die Bewachung des Territoriums. Die meisten Wachhunde fallen jedoch fremde Eindringlinge im Garten usw. nicht an, ihr Bestreben ist es, den Fremden zu stellen. Er wird daher verbellt – und verhält sich dann am besten ruhig oder weicht langsam zurück. „Zweck" des Stellens ist es ja, Hilfe zur Vertreibung des Eindringlings herbeizurufen. Ein Vordringen oder auch hastige Flucht kann jedoch unter Umständen einen Angriff provozieren. Im Allgemeinen will der Hund jedoch beim Stellen von Menschen einen Kampf vermeiden. „Hunde, die bellen, beißen nicht" gilt also in der Regel solange, als eine Person, auf die ein Hund offensichtlich in aggressiver Absicht zuläuft, sich ruhig verhält oder ganz langsam zurückzieht. Die Tendenz der Verteidigung steigt mit der Nähe zum Zentrum des Territorium, die Wohnung entspricht also dann der Wohnhöhle beim Wolf.

Fremdenfeindlichkeit und Einpersonenhunde

Der Wolf ist in der Regel fremden Wölfen gegenüber feindlich eingestellt. Daher erweisen sich auch zahme Wölfe fremden Menschen und Hunden gegenüber äußerst misstrauisch oder abweisend. Dieser Wesenszug wurde nun in verschiedenster Weise auf den Haushund vererbt. Dabei ist wieder zwischen dem entsprechenden Verhalten dem Menschen und dem anderen Hund gegenüber zu unterscheiden, ferner, um welche Situation es sich handelt, vor allem, ob der Hund allein oder in Gesellschaft anderer Hunde oder seines Besitzers ist, ob er sich in seinem Territorium oder außerhalb befindet. Meutensituation, Besitzernähe und Territorium verstärken den Verteidigungstrieb.

Wir haben hier auch grundsätzlich zu unterscheiden, ob es sich um Hunde handelt, die ihrer Art nach Wachhunde oder aber Gebrauchshunde für Jagd oder Lastenzug sind. Rassen, die gute Wachhunde abgeben, haben die Distanziertheit und Aggressivität Fremden gegenüber beibehalten, da ein gewisser Selektionsdruck auf diese Eigenschaft hier von jeher obwaltet. Die Wachfunktion besteht auch bei Hirten- und Schäferhunden sowie von solchen abgeleiteten Rassen wie den Diensthunderassen, zum Beispiel Deutscher Schäferhund, Dobermann, Riesenschnauzer u. a.

Solche Gebrauchshunde, die in die Lage kommen, im Gebrauch auch häufig mit Fremden arbeiten zu müssen, wie etwa viele Jagdhunde, insbesondere Meutenhunde, und Schlittenhunde, haben in ihrer Ahnenreihe eine Selektion auf Sozialisierung mit Fremden durchgemacht. Sie sind daher auch fremden Menschen gegenüber eher freundlich oder machen anscheinend wenig oder überhaupt keinen Unterschied zwischen bekannten und unbekannten Personen. Ein solches Beispiel sind zum Teil die nordischen Schlittenhunde. Da die Inuit (Eskimos) von jeher Hunde töteten, die Menschen anfielen, sind zum Beispiel die Siberian Huskys heute zu Menschen allgemein, auch Fremden gegenüber, freundlich und daher zu Schutzhundarbeit und als Wachhunde nicht brauchbar. Als ursprüngliche Hunde, die sich im Sommer ihr Futter selber suchen und vor den Artgenossen verteidigen mussten, sind sie jedoch gegen Artgenossen eher aggressiv, allerdings nicht so abnorm wie die für den Hundekampf gezüchteten Hunde. Den Fall der friedlichen Beagles, ursprünglichen Meutenhunden, haben wir bereits erwähnt, ebenso wie die Einpersonenmentalität vieler ursprünglicher Rassen.

Massenpsychologie und Aggression

Hunde und Menschen zeigen eine eigene Meuten- oder Hordenpsychologie. Sie verhalten sich anders, wenn sie in Gemeinschaft sind, als wenn es sich um einzelne Individuen handelt. Auf Feldzügen agieren Menschen unter erhöhter Noradrenalinproduktion, sie werden schmerzunempfindlich, verlieren oft ihre sozialen Hemmungen gegnerischen Menschen gegenüber, sodass schreckliche Grausamkeiten möglich werden. Sie handeln dann furchtlos und ohne Rücksicht auf Gefahr. Konrad Lorenz hat diese Zustände sehr genau studiert und beschrieben.

Ganz Ähnliches gilt für Hunde. Was ein einzelner Hund nie tun würde, kann geschehen, wenn sich eine Meute zusammenrottet, schon dann, wenn diese aus nur zwei Tieren besteht. Es ist nicht Bosheit, wenn zwei Hunde miteinander die übrige Hundebevölkerung eines Ortes und womöglich auch menschliche Einwohner terrorisieren, es ist das vererbte Verhalten des Wolfsrudels gegenüber Rudelfremden. Lediglich die unter spezieller Selektion erzüchteten Meutenhunde (Bracken) richten ihre Aggression fast ausschließlich gegen die Jagdbeute, allerdings sollen auch braune Terrier (zum Beispiel Welsh Terrier), die bei Fuchsjagden zum Sprengen des Fuchses (Herausjagen aus dem Bau) losgelassen wurden, manchmal Opfer des Übereifers oder einer Verwechslung durch die Meute geworden sein. Angriffe auf Menschen durch mehrere oder alle Hunde einer Gruppe können durch die Aggression eines einzelnen Tieres ausgelöst werden. Unfälle mit Rudeln von Hunden sind daher kein brauchbarer Indikator für die Gefährlichkeit oder Ungefährlichkeit der betreffenden Rasse und Individuen an sich.

Individuelle und rassentypische Formen des aggressiven Verhaltens

Der Hund ist, wie gesagt, das einzige Lebewesen mit „doppelter Identität". Dementsprechend verhält sich seine Aggressivität zu den beiden „Artgenossen", dem echten und dem Menschen, anlagebedingt und durchaus nicht gleichartig. Es ist erstaunlicherweise möglich, Hunderassen oder Linien zu züchten, die je nach Wunsch zu fremden Menschen, zu Hunden oder zu beiden aggressiv oder aber friedfertig sind.

Hunde, die oft gegen andere Hunde, aber von vornherein in der Regel überhaupt nicht gegen Menschen (!) sehr aggressiv sind, stellen die Bull-Terrier-Rassen (English Bull Terrier, Staffordshire Bull Terrier, American Staffordshire Terrier) und besonders der Pit Bull Terrier dar. Sie wurden ursprünglich (der Pit Bull zum Teil noch immer) für Hundekämpfe gezüchtet und haben daher ihren eigenen Artgenossen gegenüber teilweise noch ein gestörtes Sozialverhalten beibehalten. In solch einem Fall ist jeder Kampf bei ihnen ein Ernstkampf, jeder fremde Hund Ziel eines solchen Kampfes. Vertrauten Hunden gegenüber ist jedoch das Verhalten dennoch meist einigermaßen normal. Ihr Kampftrieb ist manchmal so stark entwickelt, dass Rüde und läufige Hündin, statt sich zu paaren, kämpfend übereinander herfallen und sogar die Welpen vor der Mutter nicht sicher sind. Anders ist das Verhältnis zum Menschen. Obwohl es unter den Bull-Terrier-Rassen bösartige Tiere gibt, sind die meisten durchaus gute, verlässliche Familienhunde, die auch nicht besonders fremdenfeindlich oder misstrauisch eingestellt sind. Bei Pit Bulls kann man oft beobachten, dass sie zu Menschen durchaus das natürliche Bedrohungsritual einhalten (Knurren, Haaresträuben, Zähneblecken), also bewahrt haben, ihre Artgenossen aber ohne Vorwarnung formlos anfallen. Zwar kann man sie unter Umständen durch Erziehung mannscharf machen, ihrer Natur entspricht dies jedoch nicht. Ihre Kampfkraft ist allerdings groß, denn sie sind schmerzunempfindlich, sehr kräftig und manche kämpfen bis zum Ende. Übrigens sind, außer dem Pit Bull Terrier, die heutigen Bull-Terrier-Rassen seit längerer Zeit schon nicht mehr in Kampfverwendung und ihre innerartliche Aggressivität hat sich dementsprechend vielfach schon deutlich gemindert. Auch der vor 100 Jahren aus dem Kampfhund Bullenbeißer erzüchtete Boxer ist heute in aller Regel als freundlicher Familienhund par excellence bekannt. Bei anderen Rassen ist dieser Prozess erst seit kürzerer Zeit im Gange. So wurde in den 1970er-Jahren in Brasilien im Standard des Fila Brasileiro festgehalten, dass Angriffe auf den Richter bei Ausstellungen nicht negativ beurteilt werden dürften. Davon wurde aber schon in den achtziger Jahren abgegangen. Man fordert dort nun von dieser Rasse mehr Umgänglichkeit zu Fremden, aber unter Beibehaltung der Wachhundqualitäten. Umfangreiche Auswertungen von Wesenstests bei vielen Rassen wurden von P. E. Sundgren in Schweden durchgeführt, die in Form von Spindelgrafiken die oft bedeutenden Mentalitätsunterschiede der verschiedenen Rassen aufzeigen (www.genetica.se).

Bei Diensthundrassen, wie dem Deutschen Schäferhund, dem Rottweiler oder dem Dobermann, wurde da und dort auf Mannschärfe, bei gleichzeitig guter Unterordnungsbereitschaft, gezüchtet. Das hat zuweilen zu Problemen mit Linien dieser Rassen geführt (oder besser, mit deren Besitzern, denn natürlich müssen solche Hunde besonders gut ausgebildet und betreut werden). Dies gilt aber keineswegs für diese Rassen insgesamt. So war zum Beispiel der Deutsche Schäferhund der klassische Blindenführhund, bevor die Retrieverrassen ihm den Rang streitig machten, und viele werden heute noch so verwendet.

„Mannscharfe“ Hunde sind individuell gegenüber ihrem Herrn und in der Familie entweder durchaus gehorsam und zuverlässig oder doch widerspenstig und problematisch. Das liegt wesentlich an der „Härte“ des Hundes und an seinem Expansionstrieb, der wieder mit dem Testosteronspiegel im Zusammenhang stehen kann. Dieser prägt das „männliche“ Aussehen von Rüden aus, das auf Ausstellungen oft bevorzugt wird (übrigens einerseits zu Recht, denn von solchen Hunden kann man Gesundheit und Vitalität erwarten). Aber es liegt vor allem auch an der mehr oder weniger konsequenten Einwirkung des Besitzers zur Aufrechterhaltung seines höheren Ranges. Unterordnungsbereitschaft und Aggressivität sind eben zwei verschiedene und mehr oder weniger unabhängig vererbbare Wesenseigenschaften, die unterschiedlich ausgeprägt und kombiniert sein können. Körperliche Strafe ist bei einem extrem expansiv-dominanten Hund nicht angebracht. Es entspricht dies für ihn einem Ernstkampf und kann die Aggressivität noch steigern. Hier muss man Unterordnungsübungen und andere dominanzmindernde Maßnahmen ergreifen. Dazu gehört der Entzug bisheriger „Privilegien", wie an Türen vorausgehen, „Eigentum" an Sofas oder anderen erhöhten Sitz- und Liegegelegenheiten, weiter ein Tabu bestimmter Räume, kein Kontakt mit ihm dann, wenn der Hund es will, Mahlzeiten erst nach den Menschen. Wichtig sind in diesen Fällen auch viel gemeinsame Bewegung an der Leine, aber Unterbindung des Ziehens, sodass sich der Hund daran gewöhnt, sich stets nach uns zu richten, und Unterordnungsübungen. Solche Maßnahmen sind oft hilfreich. Allerdings, die meisten Hunde sind und bleiben auch ohne dies verlässliche Familienmitglieder.

Zur Bestrafung genügt meist ein leichter Schlag mit einer Zeitungsrolle. Wo unbedingt nötig, werden kleine Hunde einfach im Nackenfell gepackt, hochgehoben und geschüttelt. Das ist allerdings nicht die Strafmethode der Mutterhündin, wie man oft lesen kann. Diese fährt vielmehr auf den Welpen los, knurrt und wirft ihn auch oft um. Große Hunde kann man beiderseits im Nacken anfassen und anheben, wobei man sie anstarrt, doch ist dies bei sehr dominanten Hunden nicht ungefährlich, wie überhaupt ein sehr dominanter Hund nie ganz ohne Risiko ist. Einem fremden Hund in die Augen sehen kann eine Aggression auslösen (übrigens ist auch dies eine Parallele zum Menschen, einen Fremden anzustarren konnte in früheren Zeiten unter Offizieren bekanntlich zu einem Duell führen).

Aggression durch Schutztrieb

Der Schutztrieb ist dem Wachtrieb verwandt, oft sind beide Eigenschaften beim gleichen Individuum ausgeprägt. Voraussetzung ist auch hier eine feindliche (oder doch „misstrauische") Einstellung gegen Fremde. Der Schutztrieb, so vorhanden, kann aktiviert werden, wenn ein fremder Mensch sich dem Hundeführer oder einer anderen Person, mit welcher der Hund vertraut ist, in aggressiver Weise nähert oder auch nur zugeht. Bei richtiger Ausbildung des Hundes wird das Tier so weit konditioniert, dass es diesem Trieb nur bei objektiv gefährlichen Situationen und auf Befehl seinen Lauf lässt und im Übrigen verlässlich unterdrückt. Hunde reagieren oft instinktmäßig negativ auf irgendwie auffällige Personen, wie Landstreicher, Betrunkene, Heranschleichende, Tobende etc., nicht selten auch gegenüber Behinderten und andersrassigen Menschen. Hunde können „rassistisch" sein, der

Hund eines Weißen zum Beispiel gegen Schwarze und umgekehrt! Nun gehört zwar der Schutztrieb heute zu den Eigenschaften des Hundes, die einerseits von vielen Besitzern gewünscht werden, das Band Mensch–Hund festigen und dem Menschen das Gefühl der Sicherheit geben. Andererseits ist jedoch für die Umwelt ein „misstrauischer“ oder zu Fremden in irgendeiner Weise bedrohlich wirkender Hund eine Beunruhigung oder ein Ärgernis. Es ruft die feindliche Einstellung mancher Menschen gegenüber Hunden hervor oder verstärkt sie, heute mehr denn je.

Dominanzaggression

Knurren oder schnappen Hunde gar nach dem eigenen Herrn, dann geht es um die Aufrechterhaltung oder Verbesserung der Rangordnung, die in diesem Fall (vom Menschen her gesehen) gefährdet ist. Der Hund fühlt sich offenbar schon fast ranggleich und wird, je nach seinem Expansionstrieb, möglicherweise die Vorherrschaft anstreben, wenn nicht energisch gegengesteuert wird. Aggressive große Hunde zeigen aber häufig ein gewisses „fair play“. Sie beachten kaum kleine, schwache Hunde oder ebensolche Personen und Kinder. Ihr Interesse richtet sich meist auf solche Individuen, die eine Bedrohung ihrer sozialen Stellung darstellen könnten. Allerdings, eine Aggression in der Welpengruppe gegen zurückgebliebene Welpen in einem Wurf beginnt bereits mit sieben Wochen.

Solche Dominanz können durchaus und gar nicht so selten auch Zwerghunde zeigen, die sich zwar gerne herumtragen lassen, aber eben nur, wenn es ihnen gerade passt, und andernfalls zubeißen. Abnorme (idiopathische) vererbliche Aggressivität hat man u. a. gelegentlich bei braunen und schwarzen Englischen Cocker Spaniels und einer Reihe anderer Rassen in bestimmten Linien festgestellt. Es dürfte sich um eine der Epilepsie verwandte neurologische Störung handeln.

Männliche Embryos produzieren schon vor der Geburt eine erhöhte Dosis Testosteron, die Grundlage für ihre spätere Entwicklung als Rüde, und das bewirkt auch schon bestimmte Organ- und Verhaltensänderungen beim Welpen. In der Natur sind Männchen mit ausgeprägten sekundären Geschlechtsmerkmalen von den Weibchen bevorzugte Partner, da dies mit guter genetischer Gesundheit korreliert, was gerade für die heutige Hundezucht von großer Bedeutung ist. Wenn man darauf achtet, dass der Hund sich seiner Unterordnung bewusst bleibt, hält sich auch sein Testeronspiegel auf einem niedrigeren Niveau, der aber steigt, wenn der Hund Gelegenheit hat, uns gegenüber Dominanz zu entwickeln. Mit anderen Worten, ein Hund, der Dominanzanwandlungen hat, muss, etwa durch entsprechende Übungen und Verweigerung bisheriger Privilegien, zur Unterordnung gebracht werden. Dann sinkt sein Testeronspiegel und das soziale Verhältnis Herr und Hund ist in der Regel wiederhergestellt. Da Testosteron in geringerer Menge außer in den Hoden auch im Eierstock und in den Nebennieren gebildet wird, gilt dies vermutlich in gewissem Maße auch für Hündinnen.

Wenn dominante Hunde zum Beispiel einen Knochen mit Knurren und Beißen verteidigen, muss man die Unterordnung durch entsprechende Übungen zu erreichen suchen. Man kann ihn etwa in der Nähe eines Knochens oder der Futterschüssel an langer Leine absitzen lassen und sich kurz entfernen. Versucht der Hund, sich dem Futter zu nähern, wird dies durch Kommando „Sitz" und Leinenzug verhindert. Futter zu tabuisieren ist zur Festigung der Alphaposition oft sehr wirksam. Natürlich muss der Hund die Kommandos kennen und normalerweise auch befolgen. Stärker als „Sitz" wirkt noch „Platz". So muss der Hund lernen, dass er nur ohne „Machtdemonstration" durch Knurren und Schnappen zu seinem Futter kommt und er bei jeder Drohung das Gegenteil erreicht. Aggressivität entwickelt sich auch oft durch Frustration infolge ungenügender Betätigungsmöglichkeit und langem Eingesperrtsein, Sport und viel Bewegung sind da hilfreich und notwendig.

Wird eine größere Anzahl Hunde zusammen gehalten, kommen wie bei Wölfen manchmal Überfälle ganzer Gruppen auf einzelne, meist kleine und/oder unsichere sowie neu dem Rudel einverleibte Tiere vor. Darüber berichtet G. Bloch in Hunderevue 3/99, S. 33 ff. Man könnte dies „Mobbing" nennen, es wird meist von bestimmten Einzeltieren ausgelöst. Natürlich kann man gegenüber Artgenossen zu aggressive Hunde überhaupt nicht in Gemeinschaft halten. Solches Mobbing löst sich aber meist, jedoch nicht immer, nach einiger Zeit in Wohlgefallen auf und ist durchaus kontrollierbar. Für manche Anführer kann das zu einem beliebten „Zeitvertreib" werden, sofern man nicht rechtzeitig eingreift und notfalls solche Tiere aus der Gemeinschaft entfernt.

Um Hunden die Aggression gegen andere Hunde abzugewöhnen, kann man Folgendes versuchen: Man bringt Hunde in eine neutrale Rudelstimmung, indem man sie zu zweit außerhalb ihres Territoriums nebeneinander im flotten Schritt längere Zeit an der Leine führt, aber darauf achtet, dass sie sich weder berühren noch beißen können und keiner dem anderen voraus ist. Späterhin gewöhnt man dann den angeleinten, sitzenden Hund an die Annäherung eines anderen Hundes, wobei man die Annäherung abbricht, bevor der Hund zu knurren beginnt. Dafür wird er belohnt, ohne ihn zu berühren. Knurrt er, wird er aus einer Spritzflasche mit Wasser angespritzt. So kann man oft mit viel Geduld eine Verhaltensänderung bewirken.

Hält man mehrere Hunde gleichen Geschlechtes, kann der untergeordnete in Stresssituationen zum Sündenbock werden, so zum Beispiel, wenn eine fremde Person am Zaun verbellt wird, aber für den Hund unerreichbar bleibt. Dann kommt es bei manchen dominanten Hunden vor, dass sie nach dem Radfahrerprinzip den anderen angreifen. Wenn ihre Dominanz sich sogar auf den Besitzer erstreckt, dann auch diesen.

Scott und Fuller fanden auch so etwas wie „Rassenbewusstsein" in ihren Versuchen, jedoch in der Form, dass Cockerhündinnen fremde Cocker öfter angriffen als fremde Basenjis.

Jagdliche Aggression (Beutetrieb)

Als ursprünglicher Beutegreifer hat der Hund je nach Rasse einen mehr oder weniger ausgeprägten Beute- oder Jagdtrieb, der vor allem durch Wildfährten und laufende Lebewesen, vor allem Tiere, aber bei ungenügender Erziehung auch durch Menschen ausgelöst werden kann. Er ist die Ursache des Wilderns der Hunde und der Angriffe auf Haustiere, wie Schafe oder Geflügel. Aber auch Jogger oder Radfahrer können einen unerzogenen Hund motivieren, sie zu verfolgen oder gar anzufallen, was eine weitere wesentliche Ursache der heutzutage wachsenden Hundefeindschaft darstellt. Jedoch, wie fast immer bei Hundeproblemen ist der Hintergrund dafür bei unverantwortlichen Hundebesitzern zu suchen.

Hunden, die einmal erfolgreich gewildert haben, ist diese Untugend nur schwer oder gar nicht wieder abzugewöhnen. Wird aber der Junghund richtig erzogen und bietet man seinem Hund Ersatzbetätigungen, wie Laufen, Apportieren oder die modernen Arten des Hundesports, insbesondere Agility und Fly Ball oder Lure Coursing bei Windhunden, kann man diesen Trieb meist durchaus in gewünschte Bahnen lenken. Jäger sehen in wildernden Hunden Konkurrenten, die sie oft mitleidlos und manchmal grundlos erschießen, u. a. gelegentlich auch Hunde, die aufgrund ihres Körperbaues oder wegen fehlenden Jagdtriebs gar nicht mehr in der Lage sind, Wild zu gefährden. (Deutsche) Spitze und Wolfspitze zum Beispiel haben meist keinen Jagdtrieb und streunen nicht. Sie waren daher in früheren Jahrhunderten oft die einzigen Hunde, die dem Volk erlaubt waren, da man sie nicht zum Wildern brauchen konnte.

Züchterische Beeinflussung der Aggression

Hier sei eines betont: Jede Rasse, so aggressiv sie sich auch im Augenblick präsentieren mag, kann durch geeignete Zuchtwahl binnen gar nicht so langer Zeit zu

Friedfertigkeit „umgezüchtet“ werden. Hierfür gibt es einige anschauliche Beispiele: Wir erwähnten schon den Boxer, vom beißwütigen Bullenbeißer abstammend. Er wird heute in den Schlagzeilen über „Killerhunde“ kaum angetroffen, ebenso wenig die karikaturhafte heutige Englische Bulldogge, die ebenfalls von einem ausgesprochenen Kampfhund abstammt. Sie war daher übrigens noch im Paris des 19. Jahrhunderts verboten, ein weiterer früher Vorläufer der heutigen rassenspezifischen behördlichen Verbotsmaßnahmen.

Ein anderes Beispiel für züchterische Milderung der Aggressivität stellt der Pyrenäenhund dar, der ebenfalls ursprünglich ein scharfer Herdenwachhund war und heute ein weit umgänglicheres Wesen aufweist. Die Rassen, die heute noch, zum Teil zu Unrecht, das Sommerloch der Sensationspresse füllen, könnten leicht in ein paar Generationen noch weiter entschärft werden (vorausgesetzt, die Zuchtbasis ist für eine scharfe Wesensselektion noch breit genug). Statt bestimmte Rassen mit Verbot zu belegen und damit zum Aussterben zu verurteilen, könnten züchterische Auflagen neben strengen Strafdrohungen und Zulassungsbestimmungen für verantwortungslose Besitzer und Züchter die vielfach hochgespielten Probleme rasch entschärfen.

Der Einfluss der Erziehung

Obwohl, wie wir gesehen haben, Hunde sich oft in ihren Wesensanlagen voneinander individuell wie auch je nach Rasse und Linie beträchtlich unterscheiden, hat die Erziehung doch den entscheidenden Einfluss auf die spätere Akzeptanz des Hundes durch die menschliche Umwelt. Wobei, wie erwähnt, Unterschiede zwischen den Besitzern und den Außenstehenden bestehen. Viele Besitzer wünschen einen Hund, der nur sie als Herrn akzeptiert und schützt. Die Allgemeinheit jedoch zieht Hunde vor, die zu jedermann freundlich sind, möglichst niemand anbellen und schon gar nicht bedrohen. Die Erziehung muss nun aus einem Welpen einen Hund machen, der die unterschiedlichen Vorstellungen des Besitzers mit denen der Umwelt möglichst miteinander vereint. Das ist nun ein Hund, der durchaus in der Lage und bereit ist, seinen Herrn im wirklichen Notfall zu schützen, aber Fremden nicht von vornherein drohend, wenn auch reserviert begegnet und, wenn der Fremde von seinem Herrn begrüßt wurde, sich auch freundlich, aber nicht aufdringlich verhält. Keine leichten Anforderungen, aber solche Hunde gibt es erstaunlich viele, und sie sind wohl nicht zuletzt das Ergebnis einer verständnisvollen Erziehung im Verein mit guter Wesensanlage und entsprechender Intelligenz.

In vielen Fällen aber wird aus dem Hund mit gutem Wesen durch schlechte oder ungenügende Erziehung oder auch bei ungenügender Intelligenz des Tieres ein irgendwie problematischer oder untragbarer Hausgenosse. Er bellt zu viel, knurrt oder verhält sich sonst irgendwie bedrohlich, wird dadurch der Umwelt höchst unsympathisch und erhöht die Zahl der Hundegegner. So aber wird ein genereller Selektionsdruck gegen den Einpersonenhund mit Schutz- und Wachtrieb zugunsten des so genannten „Kalfakters" ausgeübt. Dieser ist gegen jedermann freundlich, besitzt keinen Schutz- und wenig Wachtrieb und macht zwischen seinem Herrn, seiner Familie und fremden Personen kaum einen Unterschied. Leider, muss man sagen, scheint diesem Typ deshalb die Zukunft zu gehören, besonders auch wenn man an die dramatischen Veränderungen denkt, die das Hundewesen durch die beginnende rassen- und verhaltensspezifische Gesetzgebung zu erwarten hat. Ein solcher Typ ist allerdings auch die Verkörperung einer fortgeschritteneren Domestikationsstufe (Abbau wildhundtypischer Verhaltensweisen).

Erst ein bis zwei Jahre nach der Sexualreife, die mit sechs Monaten bis einem Jahr eintritt, erscheinen bei Rüden manchmal aggressiv-expansive Tendenzen, also etwa zu der Zeit, da diese Erscheinung auch bei Wölfen zu beobachten ist. Sie werden dann aggressiv, wenn man sie stört, sich ihrem „Eigentum" (Lagerplatz, Futter, bevorzugte Person usw.) nähert, sie anleint, kämmt und dergleichen oder sonst einem Zwang unterzieht. Die Tiere fühlen sich dominant, weil sie eine Schwäche des Besitzers feststellen oder zu erkennen glauben oder weil sie einfach die Möglichkeit, ihren Rang zu verbessern, testen wollen. Wie man mit solchen Hunden verfährt, haben wir oben schon erläutert.

3

WARUM WERDEN HUNDE GEHALTEN?

Du willst auch nur ein Hund sein,
Und willst nicht scheinen mehr;
All meine übrigen Freunde
Verstellen sich zu sehr.

Heinrich Heine

Der Hund als soziologischer Faktor

Eine schwedische Studie bringt aufschlussreiche Erkenntnisse über die Wirkung des Hundes auf Menschen, die sie halten beziehungsweise sich mit ihnen befassen (I. Norling, 1990). Die wichtigsten Schlussfolgerungen dieser Erhebung sind:

- Hunde aktivieren uns körperlich, geistig und sozial.
- Hundehalter sind weit eher in der Lage, ihre Freizeit zufrieden stellend zu verbringen, als andere.
- Die Familiensituation der Hundebesitzer wird positiv beeinflusst, der Lebensstil ist gesünder, der Gesundheitszustand ist daher verbessert. Der Zusammenhalt ist enger und es herrscht mehr Harmonie und Stabilität.
- Die Entwicklung von Kindern wird durch Hundehaltung begünstigt, sie zeigen mehr Selbstvertrauen und erhöhte Aktivität.
- Behinderte Kinder entwickeln sich emotionell besser und sind aktiver, bei mehr Selbstsicherheit und besserer Kommunikation.
- Alte Menschen bleiben gesünder, physisch und psychisch aktiver, Gefühle der Hoffnungs- und Hilflosigkeit werden vermindert. Für Therapiezwecke ausgebildete Hunde werden hier mit Erfolg eingesetzt, auch bei Patienten mit Alzheimerkrankheit.
- Hunde stimulieren und unterstützen Menschen psychisch, wie es Menschen selbst schwerlich bewirken können, da Hunde sich durch ein fröhliches, aufmerksames Wesen auszeichnen, aber nicht wertend, kontrollierend auftreten.

- Drei Viertel der Hundehalter in dieser Studie wurden im Krankheitsfall schneller gesund.
- Fast alle Hundehalter der untersuchten Städte Göteborg (Großstadt) und Härryda (Landgemeinde) waren mit ihrer Lebenssituation insgesamt zufrieden, was gesellschaftlichen Umgang, Arbeit, Familie und wirtschaftliche Verhältnisse betrifft.
- Frisch gebackene Hundehalter erfuhren innerhalb von sechs Monaten eine deutliche Verbesserung ihres Gesundheitszustandes und Wohlbefindens, was bei einer Vergleichsgruppe nicht der Fall war.
- Die Bedeutung des Hundes für ihre Halter hat von 1975 beziehungsweise 1981 auf 1989 zugenommen.
- Kontakt mit Hunden übt einen deutlichen psychosomatischen Effekt aus. Mit einem Hund zu reden oder ihn zu streicheln senkt die Pulsfrequenz und wirkt stresslösend, was der Umgang mit Menschen normalerweise nicht bewirkt, der im Gegenteil oft Spannung erzeugt.
- Herzgefäßkranke wurden durch Hunde positiv im Krankheitsverlauf beeinflusst, oft mehr als durch andere Faktoren wie die wirtschaftliche Situation, die Familie und Freunde.
- Gesellschaftstiere wirken sich auf Insassen und Personal von Zuchthäusern und Pflegeanstalten sowie auf unter Depressionen leidende Kranke öffentlicher Spitäler positiv aus.

Kontakt zu Tieren wirkt sich also auf den Menschen günstig aus. Die Schlussfolgerung ist, dass infolge des sozialen Nutzens, den Hunde darstellen, die Gemeinden die Hundehaltung fördern müssten!

Ein fast unvermeidlicher Aspekt der Mensch-Hund-Beziehung ist die Vermenschlichung des Hundes. Doch der Hund macht es einem wirklich schwer bis unmöglich, in ihm nur ein seelenloses Tier zu erblicken. Den Eindruck, den Hunde auf uns machen, wenn wir diese Tiere näher kennen lernen, hat ebenfalls schon vor über 100 Jahren Scheitlin (Brehms Tierleben, 1893) brillant in Worte gefasst:

„Nicht ein einziger Hund ist dem anderen weder körperlich noch geistig gleich. Oft sind sie die ärgsten Gegensätze, sodass die Hundebesitzer an ihren Hunden einen unersetzlichen Stoff zu gesellschaftlichem Gespräch haben. Jeder hat einen noch gescheiteren! ... Und welche Verschiedenheit einer und derselben Hundeart! Jeder Pudel zum Beispiel hat Eigenheiten, Sonderbarkeiten, Unerklärbarkeiten; er ist schon viel ohne Anleitung. Er lehrt sich selbst, ahmt den Menschen nach, drängt sich zum Lernen, liebt das Spiel, hat Launen, setzt sich etwas in den Kopf, will nichts lernen, thut dumm, empfindet Langeweile, will thätig sein, ist neugierig ... Einige können nicht hassen, andere nicht lieben; einige können verzeihen, andere nie. Sie können einander in Gefahren und Verrichtungen beistehen, zu Hilfe eilen, Mitleid fühlen, lachen und weinen oder Thränen vergießen, zur Freude jauchzen, aus Liebe zum verlorenen Herrn trauern, verhungern, alle Wunden für ihn verachten, den Menschen ihresgleichen weit vorziehen und alle Begierden vor den Augen ihres Herrn in dem Zügel halten und schweigen. Der Pudel kann sich schämen, kennt Raum und Zeit vortrefflich, kennt die Schritte, den Ton der Glocke, den Schritt seines Herrn, die Art, wie er klingelt, kurz, er ist ein halber, ein Zweidrittelmensch. Er benutzt ja seinen Körper so gescheit wie der Mensch den seinigen und wendet seinen Verstand für seine Zwecke vollkommen an, doch mangelt ihm das letzte Drittel."

Dies ist eine ganz hervorragende Beschreibung der Psyche des Hundes, wenn wir von der vermenschlichenden Erklärung absehen. Davon ist wohl kein Hundehalter völlig frei, doch stellt sie eine oft so schwerwiegende Problematik dar, da sie leider nicht selten zur Tierquälerei führt. Der Psychologe Professor R. Bergler (1986) hat sich eingehend mit dem Studium der Mensch-Hund-Beziehung befasst und sagt, dass positive Wirkungen der Hundehaltung auf den Menschen, wie Verminderung beziehungsweise Neutralisierung der schädlichen Auswirkungen der Alltagsstressoren auf den Menschen, nur dann zu erwarten sind, wenn man dem Hund gegenüber eine partnerschaftliche Einstellung einnimmt. Dies sei bei etwa 50 Prozent der Hundehalter der Fall, 25 Prozent vermenschlichen das Tier, was zu den verschiedensten Auswüchsen führen kann. Sehr häufig ist die Überfütterung, die oft an Stelle der Bewegung im Freien „geboten" wird. Oft wird dem Hund eine menschliche Mentalität unterstellt, wie „schlechtes Gewissen", „mangelnde Einsicht", wenn man vergeblich glaubt, bei einem unfolgsamen Hund durch „gutes Zureden" etwas erreichen zu können. Oft wird jedes Kontaktsuchen des Hundes als Wunsch nach einer Mahlzeit oder einem Leckerbissen gedeutet. Das Ergebnis sind fette, gesundheitlich gefährdete Tiere.

Eine weitere Voraussetzung für eine positive Auswirkung ist die artgerechte Haltung des Hundes und die Berücksichtigung seiner Bedürfnisse, wie Freiauslauf, Sozialkontakt auch mit Artgenossen und viel Beschäftigung.

Schwerbehinderte, zum Beispiel Rollstuhlfahrer und Blinde, erfahren durch ihren Hund in ihrem Alltagsleben mehr Normalität. Der Hund vermittelt ihnen soziale Kontakte, die Selbstaufmerksamkeit auf sich und das Leiden werden vermindert, das heißt der Rollstuhl öfter einmal vergessen. Der Hund lässt permanentes Jammern nicht zu und verweigert keine Streicheleinheiten. Bei Krankheit vermindert er die Angst und den Medikamentenkonsum.

Kinder mit Heimtieren zeigten in Studien mehr soziale Kontakte, waren beliebter und konnten Gesichtsausdrücke besser deuten (Guttmann, Predovic und Zemanek, 1985). Bergler (1986) hat positive Einflüsse des Hundes nach der Meinung von Hundehaltern und Nichthundehaltern erhoben, wie Gesellschaft in der Einsamkeit, der Zwang zum Spazierengehen, die Quelle für Unterhaltung, Verantwortlichkeit, eine Aufgabe, das Erlebnis von Treue, Kameradschaft, Schutz, Wachsamkeit sich auswirken. Der Hund verhilft zu Kontakten, ist dankbar, folgsam, erzieht zu einer Zeiteinteilung und kann zu verschiedenen Leistungen abgerichtet werden. Nachteile liegen darin, dass auf Verschiedenes verzichtet werden muss, dass Kosten entstehen, Schäden und eventuell Verletzungen durch den Hund verursacht werden können, verminderte Bewegungsfreiheit, mögliche Nachbarschafts- oder auch Partnerprobleme, Lärm, Schmutz, die Versorgung des Hundes bei Reise, Krankheit und Tod, Zeitaufwand, Nervenbelastung bei Unarten und dergleichen mehr. Hunde geben viel und verlangen auch Opfer dafür.

Medizinisch gesehen sind Hunde vor allem nützlich bei Kreislauferkrankungen, Depressionen, Einsamkeit, Übergewicht und Bewegungsmangel. Leider sind Hunde auch für manche Menschen Prügelknaben, an denen sie ihre Komplexe und Frustrationen abreagieren, von sadistischen Neigungen wie etwa bei den Hundekämpfen ganz zu schweigen. Auch als Statussymbol müssen Hunde nicht selten herhalten.

Der Hund als Multitalent

Obwohl es für vielerlei Aufgaben speziell gezüchtete Rassen gibt, haben noch heute viele Hunde gleich mehrere, manche vielleicht sogar alle dieser speziellen Fähigkeiten der Wach-, Hüte-, Jagd-, Schutzhunde und sonstiger Spezialisten in abgestuften Graden! So kann es manchmal gelingen, einen Schäferhund als ganz brauchbaren Jagdhund und einen Jagdhund zum Hüten abzurichten. Eine amerikanische Rasse, der Catahoula Leopard Dog, ist sowohl Jagd- als auch Hütehund. Dies ist umso bemerkenswerter, als ein Hütehund ja die Hüteobjekte nicht als Beute jagen darf. Auch der Pudel scheint ursprünglich zum Teil eine solche Doppelfunktion gehabt zu haben. Sowohl Schäfer- wie Flintenjagdhunde (Spaniels, Vorstehhunde und Retriever) haben sich als Sporthunde bei Agility und Fly Ball besonders bewährt, und es gibt noch viele andere Beispiele. In den USA etwa wurden bereits zweimal Hütewettbewerbe für Mittelschnauzer durchgeführt, wobei sich zeigte, dass die meisten von der Anlage her nicht Treiber, sondern Heranholer der Schafe waren, also ähnlich wie Border Collies arbeiten. Sie konnten in der Arbeitsweise mit Welsh Corgis und Bouviers de Flandres verglichen werden, die ebenfalls besonders gern heranholen.

Viele Gebrauchshunde sind in der Regel auch angenehme Familienhunde, sofern ihnen auch genügend Aktivität geboten wird, allerdings ist nicht jeder Hund einer solchen Rasse als alleiniger Familienhund ohne regelmäßige rassegemäße (oder ersatzweise) Verwendung zu empfehlen.

Aber gerade als „gewöhnlicher" Familienhund besticht unser Hausgenosse durch seine Vielseitigkeit. „Ich habe Hunde gekannt," schreibt Lenz in Brehms Tierleben (1893), „welche fast jedes Wort ihres Herrn zu verstehen scheinen, auf seinen Befehl ihm die Thüren öffneten und verschlossen, den Stuhl, den Tisch oder die Bank herbeibrachten, ihm den Hut abnahmen oder holten, ein verstecktes Schnupftuch und dergleichen aufsuchten und brachten, den Hut eines ihnen bezeichneten Fremden unter anderen Hüten durch den Geruch hervorsuchten ... Überhaupt ist es eine Lust, einen klugen Hund zu beobachten, wie er die Ohren und Augen wendet, wenn er den Befehl seines Herrn erwartet, wie entzückt er ist, wenn er ihm folgen darf, und wie jämmerlich dagegen sein Gesicht, wenn er zu Hause bleiben muss ... wie er ferner jeden Hausfreund bald kennen lernt, unter den Fremden Vornehm und Gering leicht unterscheidet, vorzüglich einen Ingrimm gegen Bettler hegt u. hübsch sieht sich's auch an, wenn ein Hund seinem Herrn zu Gefallen Trüffeln sucht, für die er doch von Natur gar keine Liebhaberei hat; wie ein anderer seinen Schubkarren ziehen hilft und sich umso mehr anstrengt, je mehr er sieht, dass sein Herr es thut."

Ohne die Intelligenz eines Hundes überzubewerten, stehen wir auch heute noch immer wieder mit Staunen vor solchen Erlebnissen mit unseren Hunden.

Das Alltagsgenie

Aber auch der Hund von Herrn Jedermann, der nichts als Familienhund ist, überrascht mit dem, was er so in sich hat, als auch mit dem, was wir mit seinen Fähigkeiten anfangen können. Er sucht dann für uns verlorene Gegenstände in Haus und Garten, Pfifferlinge im Wald (ein beliebter „Hundesport" in Skandinavien), macht uns auf ungewohnte Ereignisse in unserer Umgebung aufmerksam usw. Seine positiven Wirkungen auf unsere Psyche und unsere Gesundheit sind Objekte wissenschaftlicher Forschung, ebenso wie seine katalysierende Wirkung auf unsere gesellschaftlichen Kontakte. Wenn wir ihn streicheln, sinken unser Blutdruck und die Pulsfrequenz, übrigens auch bei ihm. Es tritt also eine Stressminderung ein. Sein Zeitsinn ist erstaunlich. Er gibt uns das Gefühl größerer Sicherheit, und das mit Recht. Eine Umfrage bei den Polizeipräsidenten von fünfzig Städten der Bundesrepublik Deutschland hat gezeigt, dass, selbst in Zeiten der Technik und der Alarmanlagen, ein Hund, gleichgültig ob klein oder groß, den sichersten Schutz gegen Einbrecher darstellt.

Ich gehe abends meist mit Flecki joggen, und zwar um neun Uhr oder kurz danach. Schon nach kurzer Zeit hat er es sich angewöhnt, sich um neun vor die Tür zu legen und auf mich zu warten. Wenn ich bis zehn nicht gekommen bin, geht er schlafen. Ein Mensch, der keine Uhr hat, wird wohl kaum zu einer so genauen Zeitbestimmung imstande sein. Beim Joggen haben wir eine bestimmte Strecke, die wir im Sprint zurücklegen. Er kennt sie genau und legt sich genau an dieser Stelle gewaltig zum Galopp in die Riemen. Wenn ich das Zimmer betrete, wo er sich aufhält, begrüßt er mich, gibt aber deutlich zu erkennen, dass er sehr gut weiß, ob ich jetzt etwas mit ihm vorhabe oder nicht.

Ein Hund kann einen Menschen nicht ersetzen, hat aber im Umgang auch eine ganze Reihe von erheblichen Vorteilen gegenüber einem menschlichen Partner aufzuweisen: Er kritisiert uns nie, wir sind durch seine Gegenwart nicht im Stress, müssen uns ihm gegenüber nicht stets von unserer besten Seite zeigen und eine üble Nachrede haben wir bei ihm auch nicht zu befürchten. Er ist immer für uns da, für jede Zuwendung dankbar und zeigt uns das auch. Ein guter Hund beschützt uns, wir können ihm etwas beibringen, mit ihm spielen, wandern, Abenteuer suchen. Er hilft bei der Kindererziehung und bringt uns der Natur näher, er anerkennt und respektiert uns uneingeschränkt (meistens). Kurz, er kann für unser Leben eine große Bedeutung haben. Das und vieles andere gehört zu den erstaunlichen Talenten des Hundes, die ihn zu den großen Errungenschaften des Menschen machen.

Die Mensch-Hund-Beziehung ist eine Symbiose besonderer Art, da hier die Partner eine sehr weitgehende gegenseitige Kontrolle über den anderen auszuüben suchen, wie es sonst im Tierreich nicht vorkommt.

4

DIE „ARTGERECHTE" HALTUNG DES HAUSHUNDES

Eines sei vorausgeschickt: Eine „artgerechte" Haltung eines Wildtieres in Gefangenschaft gibt es nicht, nur mehr oder weniger geglückte Annäherungen an die natürlichen Bedingungen. Der Haushund hingegen, dieser domestizierte Wolf, kann unter einem erstaunlich weiten Spektrum von Bedingungen erfolgreich gehalten werden. Für manche Rassen von Gesellschaftshunden, zum Beispiel Zwerghunde, sind diese Umweltbedingungen schon ziemlich eingeengt, sie können nicht im Freien gehalten werden und stellen ganz bestimmte Ansprüche an die Haltung. Andere dagegen könnten notfalls auch in der Natur überleben und sind mit einer naturnäheren Haltung im Freien besser bedient, zum Beispiel Huskys. Aber so gut wie alle Hunde lieben und brauchen einen zumindest zeitweiligen Aufenthalt in der freien Natur. Immerhin sind verschiedene Anforderungen an den Hundehalter für alle gleich oder ähnlich und müssen beachtet werden. Wir dürfen den Hund in der Haltung wie auch sonst nicht vermenschlichen, aber auch nicht „verwölflichen", denn trotz seiner wölfischen Abstammung hat der Hund viele tausend Jahre Anpassung an den Menschen hinter sich, die sich in vielen Details seines Verhaltens, seiner Psyche und seiner Bedürfnisse widerspiegeln.

Nachdenkliches über das Futter für den Hund

„... denn das Überladen mit schweren Speisen verkrümmt die Beine der jungen Hunde, legt in den Körper den Keim zu Krankheiten und erzeugt Missbildungen im Inneren"

Aus: Xenophon, Kynegeticus, in: H. Brackert und C. van Kleffens, Von Menschen und Hunden (1989)

Seit seiner Domestikation vor vielen tausend Jahren wurde der Hund, wenn überhaupt, mit den Abfällen vom Tisch des Menschen gefüttert oder er suchte sich diese alleine, sofern er nicht auch Kleintiere noch selbst erbeutete und fraß. Seine Nahrungsansprüche ergänzten teilweise die des Menschen, dessen Verdauung nur hochwertiges Fleisch verwerten kann, während der Hund zum Teil auch mit Sehnen, Gedärm mit Inhalt, ja, sogar mit Knochen lange zurechtkommt. In 9.000 Jahre alten schwedischen Steinzeitausgrabungen fanden sich auch versteinerte Exkremente der damaligen Hunde. Sie hielten sich so gut, weil sie fast nur aus Knochenkalk bestanden. Aber ich erinnere mich, dass noch in meiner Kindheit die meisten „Hundstrümmerln" harte weiße Knollen waren. Ja, sie wurden sogar als „Griechisch Weiß" von Malern verwendet. Hunde haben ein zum Zerbeißen von Knochen gut geeignetes Gebiss und genügend Magensäure, um sie im Verdauungskanal schnell und gründlich aufzulösen. Und Gesner schreibt: „Der Hundekoth soll von solchen Hunden gesamblet werden / so drey oder vier tage allein mit beinen gespeist worden / derselbige wird hart / weiß und gantz nicht stinkend." Eine solche massive Knochenfütterung führt allerdings leicht zu Verstopfung, eventuell auch Mastdarmvorfall u. a. und ist daher nicht ungefährlich. Der prominente Tierarzt und Hundepsychologe Dr. Ferdinand Brunner aus Wien hat allerdings in 14-jähriger Praxiserfahrung in den 1950er- und 1960er-Jahren, als an Hunde ja noch sehr viele Knochen verfüttert wurden, nur ganz wenige Fälle von Verstopfung und keinen einzigen Todesfall verzeichnet (Unsere Hunde 5/1971).

Hunde kann man jedoch im Gegensatz zu Katzen auch rein vegetarisch ernähren, allerdings nur wenn die Zusammensetzung stimmt und vor allem die essenziellen Aminosäuren und Mineralien ausreichend enthalten oder ergänzt sind. Vor allem müssen die Kohlehydrate aufgeschlossen sein, wie in Brot oder gekochtem Reis. In der Dritten Welt leben Hunde seit eh und je oft vorwiegend von vegetabilen Stoffen. Dennoch ist eine solche Ernährung unnatürlich. Hunde sind vorwiegend Fleischfresser, die in der Lage sind, mit Ausnahme der Haare fast alles Verwertbare an einem Beutetier zu verdauen. Hunde sind aber zum Teil auch Nahrungskonkurrenten des Menschen, und das wird durch einen gewissen Bedarf an Fleisch, also hochwertigem tierischem Eiweiß, noch verschärft. Daher gibt es heute eine Bewegung, aus humanitären und/oder ideologischen Gründen Hunde nur vegetarisch zu ernähren. Ich halte das für eine Verirrung, in letzter Konsequenz sollte man dann lieber Kaninchen oder Meerschweinchen halten, die vorwiegend Gras und anderes für den Menschen nicht verwertbares Raufutter fressen.

Wölfe verzehren auch den pflanzlichen Darminhalt ihrer Beutetiere und wie erwähnt haben sich Hunde, besonders in den tropischen Gefilden, auch auf vorwiegend pflanzliche Nahrung umstellen können. Allerdings beschaffen sie sich dann das notwendige höherwertige Eiweiß, neben der Jagd auf Mäuse und Reptilien, auf eine für uns Ekel erregende Weise: Viele Hunde haben eine Vorliebe für die Exkremente von Rindern, Pferden u. a. Tieren, aber auch von Menschen. Der Kot von Pflanzenfressern enthält viele pflanzliche Nährstoffe in verdaulicher Form, die der Hund in ihrem ursprünglichen Zustand nicht oder nur schlecht verwerten kann. Der menschliche Kot ist noch heute bei Naturvölkern für den Hund eine wichtige, manchmal sogar die wichtigste Nahrungsquelle. Das darin enthaltene bakterielle Eiweiß (Bakterien machen etwa die Hälfte des menschlichen Stuhls aus!) ist dazu hochwertiger als das ihrer sonst ja oft vorwiegend pflanzlichen Nahrung („Windelersatz" bei den Turkanas!). An diese Nahrung mag der Hund sich in den tausenden Jahren des Zusammenlebens mit dem Menschen gewöhnt haben, sodass dies ein Erbe aus früheren Epochen sein könnte, denn mir ist nicht bekannt, ob auch der Wolf menschliche Fäkalien verzehrt.

Noch vor wenigen Jahrzehnten wurden die meisten Hunde hauptsächlich oder ausschließlich mit Küchenabfällen gefüttert. Nur ein kleiner Teil erhielt eigenes Futter, meist bestehend aus Brot oder Reis mit etwas Fleisch und dazu Knochen. Dies hat sich gewaltig geändert. Ich habe allerdings jahrzehntelang meine Hunde vorwiegend mit rohen Hühnerköpfen und anderem Geflügelklein wie Flügeln, Mägen und Herzen gefüttert, ohne die geringsten Schwierigkeiten. Doch dies soll keine Empfehlung sein – rohes Hühnerfleisch ist heute schon wegen der möglichen Verseuchung mit Salmonellen zu gefährlich. Bei dieser oft fast rein animalischen Fütterung traten keinerlei Mangelsymptome auf und waren auch meiner Ansicht nach nicht zu erwarten. Der Gehalt an allen wichtigen Nährstoffen ist ja durchaus ausreichend und ausbalanciert, wenn nicht nur Muskelfleisch, sondern auch Innereien, Knochen, Pansen etc. verabreicht werden. Das ist aber nur meine persönliche Erfahrung und Meinung, und ich will niemand dazu verführen, dem nachzueifern, denn sicher ist ein Teil der heutigen Hunde für diese Art der Fütterung nicht mehr geeignet (obwohl es so etwas wie eine Renaissance der natürlichen Fütterung gibt). Vor allem scheint ein Eiweißüberschuss in der Nahrung von hochgezüchteten Hunden nicht mehr so selbstverständlich verkraftet zu werden wie von einem Wildhund.

Im Übrigen ist der Verdauungstrakt des Hundes durch seine Kürze und die scharfen Verdauungssäfte für Bakterien ein viel weniger geeigneter Ort als der menschliche. Gesunde, ursprüngliche Hunde können daher Aas und Abfälle verwerten, die Menschen nicht vertragen. Sonst hätte ja auch die angeborene Neigung zum Vergraben von Futter als Reserve keinen Sinn. Der Darm der Hunde ist kurz und die Verdauung rasch, er neigt daher weniger zu schädlichen Gärungen als der Verdauungstrakt des Menschen. Der Verzehr des Darminhaltes der Beute durch den Wildhund weist auch darauf hin, dass er gegen Kolibakterien resistent ist. Aber, es sei wiederholt, der heutige Haushund ist oft nicht mehr so unempfindlich und die Salmonellen- und Kolisituation kann die Fleischverfütterung im rohen Zustand zumindest für den verfütternden Menschen gefährlich machen.

Inzwischen gibt es ja so viele nierenkranke und futterempfindliche Hunde, dass spezielles Diätfutter für die Futterfabriken profitabel zu sein scheint. So bietet eine Firma etwa ein Futter ohne Mais, Gerste, Soja, tierisches Fett, Huhn, Fisch, Schweinefleisch, Lamm, Füllstoffe und chemische Konservierungsmittel an. Enthalten sind lediglich Truthahn als einzige Eiweißquelle, Reis, Haferflocken, pflanzliches Öl, Fisch-, Oliven- und Leinsamenöl, Omega-3- und -6-Fettsäuren, Vitamine und Mineralien. Erschreckend, was viele Hunde an Stoffen nicht mehr vertragen, die normalerweise als bestes Hundefutter gelten! An sich gibt es heute eine wissenschaftlich fundierte Entwicklung von Hundefutter. Daher bietet heutiges Hundefutter im Allgemeinen alles, was Hunde brauchen, im richtigen Verhältnis (oder sollte es bieten), eine sehr erfreuliche Errungenschaft. Nur, Hunden so ein Futter auch ständig zu verabreichen erscheint mir ganz und gar nicht so wünschenswert, wie man glauben möchte. Es ist interessant, das Scott und Fuller ihre Versuchshunde mit einem Laborfutter ernährten, das gleich für alle Versuchstiere – Ratten, Meerschweinchen, Mäuse, Affen und Hunde – konzipiert war und u. a. mehr Rohfaser und weniger Fett enthielt, als für Hunde empfohlen wird. Dessen ungeachtet entwickelten sich ihre Hunde ausgezeichnet.

Ahnherr Wolf ist seit hunderttausenden von Jahren an fallweise Hunger- und Mangelperioden gewöhnt, denn Raubtiere können nicht immer nach Wunsch Beute machen. Dafür schlingt ein Wolf dann am endlich gelungenen Riss bis 5 Kilogramm Fleisch hinunter. Gelegentliches Fasten ist daher für ihn physiologisch wichtig. In Zoos werden deshalb pro Woche meist zwei Fasttage vorgesehen. Der Hund ist ebenfalls, seit es ihn gibt, die weitaus meiste Zeit an gelegentlichen Hunger gewöhnt gewesen, wogegen er andererseits meist nicht mehr zu den Fressorgien des Wolfes fähig ist. Aber wie beim Wolf und anderen Raubtieren sollte auch sein Verdauungstrakt zeitweise entleert sein, die permanente Füllung ist auch für ihn unphysiologisch. Ein knapp gefütterter Hund ist auch um vieles aufgeweckter, vitaler und lernfreudiger als einer, der sich ständig voll fressen kann und einen Teil seiner Energie ständig für die Verdauung aufwenden muss. Ebenso wenig braucht er stets und zu jeder Zeit alle Nährstoffe in dem genau wissenschaftlich abgestimmten Verhältnis, wie es uns die Industrie vorgaukelt, denn sein Organismus ist darauf angepasst, eine nicht optimale Zusammensetzung der Nahrung durch seine Reserven und bessere Ausnützung in gewissem Ausmaß auszugleichen. Natürlich wird auch diese Fähigkeit vielfach bereits zurückgegangen sein, da sie nicht mehr selektiert wird. Jede Nahrungsaufnahme ist nicht nur eine notwendige Versorgung, sondern gleichzeitig auch eine Belastung des Organismus. Viel wird heute über die „aggressiven Radikale" geschrieben und diskutiert, jene chemischen Substanzen, die bei der Verwertung der Nahrung im Organismus entstehen und vielen Abnützungserscheinungen und Krankheiten, darunter Krebs, Vorschub leisten. Sie können den Körper überfordern und dann nicht ausreichend neutralisiert werden. So ist das Schlagwort vom „Dinner Canceling" entstanden, dem Verzicht auf das Nachtmahl zur Gesunderhaltung und Lebensverlängerung. Die Heilkraft des Fastens ist seit Urzeiten bekannt. Seit den Zeiten des Überflusses nach dem Weltkrieg haben zahllose „Wohlstandskrankheiten" überhand genommen. Auch der menschliche Organismus ist einer dauernden Überversorgung mit Nährstoffen nicht gewachsen, der Hund von seiner Biologie her noch viel weniger.

Übrigens hat sich Füttern als weniger entscheidend für die Entwicklung einer Bindung an den Menschen herausgestellt, als man vermuten könnte. Der persönliche soziale Kontakt an sich ist hier der grundlegende Faktor. Es gehört zur leidigen Vermenschlichung, dass wir meinen, den Hund unbedingt mit täglichen oder täglich mehrmaligen Mahlzeiten füttern zu müssen. Man will ja keine Tierquälerei begehen, was aber gerade damit in der Praxis oft geschieht. Auch ist es zugegebenermaßen schwer, den bittenden Augen eines Hundes, der mangels anderer Betätigungsmöglichkeit eben, mehr aus Langeweile als aus Hunger, dauernd um Futter bettelt, zu widerstehen und ihn so zu versorgen, wie es allein artgemäß ist: täglich einmal und nicht jeden Tag, sondern bei ein bis zwei wöchentlichen Fasttagen. Freilich, vor allem, aber nicht nur große Hunde sind oft so gefährdet durch Magendrehung, dass sie keine größere Futtermenge auf einmal zu sich nehmen dürfen. Aber ich denke hier an den immer noch rundum gesunden, widerstandsfähigen Hund, den es ja auch gibt. Auch sehr kleine Hunde, mit ihrem größeren Energiebedarf pro Kilogramm Körpergewicht, brauchen häufigere Fütterungen. Der „Normalhund" soll so gefüttert werden, dass man die Rippen noch beim leichten Betasten spüren kann. Raubtiere sind nur agil und lebhaft, wenn sie keinen vollen Magen haben, denn in der Natur muss der satte Wolf oder Löwe seine Kräfte schonen, bis er sie zur nächsten Jagd braucht. Er ruht sich nach einem Riss manchmal tagelang aus. Für viele Hundehalter ist aber die ständige Verwöhnung des Hundes mit Futter und Leckerbissen eine wichtige Funktion des Tieres, nämlich die Befriedigung des menschlichen Pflegetriebes rund um die Uhr. Dies geht aber auf Kosten des Hundes und mindert dazu, wie bereits erwähnt, seine positiven Einflüsse auf die menschliche Psyche, wenn Überfütterung gar der Ersatz für genügend Bewegung sein soll.

Professor B. Denis (1997) zitiert Riser aus Berthelet (1982): „Eine adäquate Umweltsituation – knappe Ernährung, langsame Entwicklung, im Verhältnis zu ihrer Größe magere und leichte Welpen – fördert die Knochenausbildung und eine gute funktionelle Entwicklung der Hüfte, bevor sie exzessiven Anforderungen unterworfen ist." (Übersetzung)

Hüftgelenksdysplasie (HD ist teils genetisch bedingt und deshalb durch züchterische Maßnahmen bekämpfbar, allerdings wird dies dadurch erschwert, dass dabei viele Gene mitwirken und die Umwelt, so besonders die Art und Menge der Fütterung bei der Aufzucht, eine große Rolle bei der Ausprägung spielen. Das wird auch dadurch angezeigt, dass sogar bei gefangenen Dingos und Wölfen HD aufgetreten ist. Wirklicher Erfolg bei der HD-Bekämpfung ist meines Erachtens nur zu erreichen, wenn züchterische Maßnahmen mit richtiger, das heißt knapper, doch ausreichender Ernährung und mehrmals in verschiedenen Altersstadien wiederholten Galoppiertests Hand in Hand gehen, denn nur die schnellsten Galoppierer, die Windhunde, sind HD-frei oder wenig belastet (allerdings sind sie auch leicht gebaut). Ein Hund, der auch im fortgeschrittenen Alter noch ausdauernd galoppieren kann, besitzt und vererbt vermutlich alle für eine gesunde Hüfte nötigen Allele. Natürlich müssten die Hunde für den Test auch sonst gesund und trainiert sein. Versuche von Kealy et al. (1997) zeigen, dass Labrador Retriever bei knapper Fütterung nur zu einen Bruchteil die HD-bedingte Arthrose entwickelten wie solche, die beliebig Futter aufnehmen konnten!

Zu reichliche Fütterung und bei großen Rassen Zucht auf schnelle Entwicklung und übermäßige Größe hat also zweifellos einen wichtigen Einfluss auf die Ausbildung der HD. Allerdings scheinen beispielsweise Deutsche Schäferhunde nicht schneller zu wachsen als Wölfe in Gefangenschaft – in der Natur dürften Letztere jedoch langsamer zunehmen (G Peters, 1993). Knappe Fütterung sollte bei der Bekämpfung dieser Geißel unbedingt beachtet werden – ohne aber dabei den genetischen Einfluss und die züchterischen Gegenmaßnahmen zu vernachlässigen! Übrigens scheinen die meisten Hundeschläge und Rassen im Lauf der Domestikation auf weniger natürliches Futter selektiert worden zu sein. Jedenfalls hatten bei Scott und Fuller nur die „naturnahen" Basenjiwelpen Probleme bei der Aufnahme des (damals verwendeten) kommerziellen Futters für alle Arten von Labortieren, Fleisch haben sie dagegen gerne aufgenommen.

Heute ist nun als Reaktion auf die unermüdliche „Gehirnwäsche" durch die Futterindustrie eine Gegenbewegung entstanden, die das Industriefutter gar allein für die Erbkrankheiten, zum Beispiel HD, und sonstige Probleme der Hundezucht verantwortlich macht. Das ist natürlich ebenfalls maßlos übertrieben, obwohl zweifellos auch die – an sich unnatürliche – „künstliche" Ernährung dieser Art mit Industrieprodukten möglicherweise nicht selten zu Problemen etwa bei der Skelettentwicklung führen könnte, die wir in letzter Konsequenz noch gar nicht kennen. Die Hüfte ist anscheinend eine „Schwachstelle" in der Hundeanatomie, irgendwie vergleichbar der so empfindlichen Lendenwirbelsäule beim Menschen. Die sensible Balance zwischen Festigkeit und Beweglichkeit des Gelenks wird anscheinend durch beispielsweise zu viel Gewicht und/oder zu rasches Wachstum, zu viel oder zu wenig Bewegung als Jungtier leicht gestört.

Schließlich kommt die Futterindustrie auch nicht mehr ohne mehr oder weniger zweifelhafte Konservierungsmittel, Antioxidantien, färbende Zusätze, Geschmacksstoffe, Befeuchtungsmittel, Emulgatoren, Stabilisatoren, Verdickungsmittel und sonstige nicht immer unverdächtige Substanzen aus. Die Rohstoffe sind für den Käufer nach Art und Qualität nicht feststellbar, er kann sich nur an die deklarierten Angaben halten. Industriefütterung ist ferner auch keine natürliche Fütterung mit frischen Ingredienzien. Dazu kommt, dass langfristige Vergleichsversuche zwischen Frisch- und Industriefutter von unabhängigen Organisationen nicht angestellt werden, denn hinter dem Frischfutter stehen keine mächtigen Futtermittelfirmen. Es wird auch in vielen Fällen gar nicht mehr möglich sein, zur „natürlichen" Ernährung des Hundes zurückzukehren. Zu empfindlich ist heute der Verdauungstrakt vieler Rassehunde, zu schwach sind manchmal die Verdauungssäfte, um zum Beispiel Knochen zu verarbeiten, von denen sich ihre Urahnen vor 50 Jahren noch zu einem Gutteil ernährten.

Es ist doch paradox: Unablässige Forschungsarbeit hat die Geheimnisse der Ernährung des Hundes wohl weit besser erforscht, als dies für den Menschen möglich war, also kann man Hunde heute – im Prinzip – viel besser ernähren als uns selbst. Dennoch stimmt da einiges nicht. Denn der Hund ist eben nicht für eine wissenschaftlich fundierte „optimale" Ernährung geschaffen, in der zu keiner Zeit ein wichtiger Nährstoff ins Minimum gerät. Die Natur hat ihn vielmehr dafür ausersehen, ein Nahrungsopportunist zu sein, Mangel zu erdulden und diesen zu überstehen. Notfalls kann er auch lange von dem minderwertigen Eiweiß leben, das in geringen Mengen in Knochen enthalten ist. Jedoch, es fehlen meines Wissens langfristige Vergleiche zwischen der unbiologischen „anthropomorphen", also täglichen oder gar mehrmals täglichen Fütterung und der Einschaltung von Fasttagen.

Ich bin überzeugt, dass der ausreichend, aber knapp ernährte Hund gesünder bleibt und länger lebt, auch mehr von seinem Leben hat als der ständig „optimal" versorgte. Die natürliche Fütterung des Wildhundes besteht vorwiegend aus Fleisch und den vegetabilen Stoffen, die er mit den Gedärmen der Beute und zeitweise, saisonabhängig, in Form von zum Beispiel Beeren aufnimmt. Auch Hunde fressen oft mit Vorliebe süße Weintrauben – so berichtet Brehm, dass bei Bordeaux die Winzer das Recht hatten, jeden Hund, der sich ohne Maulkorb in den Weingärten sehen ließ, auf beliebige Art zum Tode zu bringen, daher sehe man dort in den Weingärten viele Hundegalgen. Daneben verzehren Hunde gelegentlich Gras, und manchmal erbrechen sie darauf. Besonders Quecke ist bei ihnen beliebt. Der Grund dieser Erscheinung ist unbekannt, manchmal, doch nicht immer, scheinen sie Magenverstimmungen so zu bekämpfen.

Schlittenhundmenüs müssen sehr viel Eiweiß und Fett enthalten, vor allem ist Fett die wichtigste Energiekomponente für den Ausdauersport. Dagegen benötigen Sprinter wie die Greyhounds im Renneinsatz mehr Kohlenhydrate (Hellemann, 1993). Fett- und Eiweißmangel durch falsch zusammengesetztes Futter kann die Ursache für Kotfressen (der eigenen Fäkalien) sein. Im Übrigen ist beim Hund Fett (und Eiweiß) der physiologisch passendste Energieträger, beim Menschen dagegen sind es die Kohlehydrate.

Spazieren gehen mit dem Hund

Der Hund ist das einzige Heimtier, mit dem man normalerweise einen Spaziergang unternimmt und unter die Leute geht. Nur er ist imstande, uns so zu manipulieren, dass wir die täglich notwendige, gesundheitsfördernde Bewegung durchführen, und entschädigt uns dafür, indem er solche Ausgänge oft interessant zu gestalten weiß. Er vermehrt dabei unsere sozialen Kontakte oder ermöglicht sie überhaupt erst, gibt uns Sicherheit und verhilft uns zur Entspannung nach dem täglichen Arbeitsstress. Als Gegenleistung sollten auch wir unsere Spaziergänge mit ihm so einrichten, dass er ebenfalls seine art- und rassegemäßen Bedürfnisse, so gut es geht, befriedigen kann.

Dabei sind wir und der Hund in vielen Belangen grundverschieden. Wir sind Augentiere, der Hund ist ein Nasentier. Ihn fesseln nicht eine schöne Aussicht oder die Landschaft, sondern viel mehr die Sinfonie der Gerüche am Boden, die Harn- und Kotmarkierungen der Artgenossen und interessante Witterungen, die der Wind ihm heranführt. Er neigt deshalb dazu, uns mit der eingehenden Untersuchung für uns unappetitlicher Stellen zu nerven und ungeduldig zu machen. Meist wird er daher mit „Pfui“ und „Komm endlich“ zur Verleugnung seiner Natur gezwungen. Dass Dinge, die bei uns Abscheu hervorrufen, für den Hund interessant oder sogar anziehend sein können, dass er keinen „Ekel“ im menschlichen Sinn kennt, ja sich sogar in Fäkalien mit Wollust wälzt oder diese gar frisst, ist für uns unverständlich und abstoßend. Das Wälzen im Unrat ist auch der Wissenschaft noch ein Rätsel, obwohl es viele Tierarten gibt, die sich, wie man es nennt, mit oder in stark riechenden Stoffen „verwittern“. Das Wort deutet an, dass wir meinen, der Hund übertäube damit seinen Raubtiergeruch, um eine potenzielle Beute nicht zu verschrecken. Doch das stimmt wohl nicht, denn die meisten Beutetiere, die für den Wildhund in Frage kommen, sind gleichfalls Nasentiere und damit vermutlich wie der Hund in der Lage, gleichzeitig wahrgenommene Gerüche nach ihrer Wichtigkeit zu sortieren, wie das ja auch der Hund perfekt beherrscht. Es ist ja kaum möglich, einen Geruch mit einem anderen zu überdecken, damit ihn der Hund nicht wahrnimmt, wie wir noch sehen werden. Der Hund wird sich bei einem Ausgang also vielen interessant riechenden Stellen widmen oder einer interessanten Fährte folgen wollen. Das aber wollen wir entweder oft nicht oder können es aus den verschiedensten Gründen beim besten Willen nicht zulassen.

Ein weiterer Interessenkonflikt entsteht, wenn ein anderer Hund kommt. Dann will unser Rex je nach den Umständen und seiner Mentalität und/oder Sozialisierung entweder mit ihm spielen oder ihn angreifen, auf jeden Fall aber ihn kennen lernen, besonders wenn er selbst ein Rüde ist. Nicht wenige Hündinnen sind an

Artgenossen außerhalb der Läufigkeit nämlich nicht sonderlich interessiert. Wir können Rex natürlich auch dann nicht einfach zu dem anderen Hund hingehen lassen, wenn er ein durchaus verträgliches Tier ist, denn es fragt sich, ob der andere Besitzer das wünscht, wie sich der andere Hund verhalten wird, oder die Situation auf der Straße lässt das nicht zu. Andere Hundebesitzer betrachten eine Annäherung oft als Belästigung. Viele fürchten aus Ängstlichkeit oder wegen der Veranlagung ihres Hundes eine Rauferei oder Ansteckung, oder sie haben selbst Angst vor unserem Hund. Also werden die meisten potenziellen Sozialkontakte unseres Hundes nicht zustande kommen können.

Damit aber nicht genug. Der Hund ist ein Laufraubtier, das sich von Natur aus am liebsten im Trab bewegt. Das ist seine „Reisegeschwindigkeit", je nach Temperament und Größe liegt sie bei zirka 7 bis 12 km/h. Das entspricht also Jogger- oder gemütlichem Radfahrertempo. Der Mensch aber mit seinen zwei Beinen will ja nur mit müden 4 km/h dahinschlendern. Was es vor allem für vitale, große und junge Hunde an Selbstverleugnung bedeutet, sich so langsam fortzubewegen, ist leicht vorstellbar. Lediglich die kleinsten und kurzbeinigsten Rassen kommen dabei auf ihre Rechnung, denn nur sie müssen bei menschlicher Promeniergeschwindigkeit schon traben. Möglicherweise ist das mit ein Grund, warum sie im Durchschnitt so viel älter werden als große, sie leben einfach gesünder, „sportlicher". Selbst in einer kleinen Wohnung können sie sich ja viel Bewegung verschaffen. Es sieht so aus, als ob große Hunde in früheren Epochen, als sie noch arbeiten mussten und nicht „optimal" gefüttert wurden, ein wesentlich höheres Alter erreichten. Oder sie hatten einfach viel mehr freie Bewegung als heute, obwohl auch andere Gründe hier mitspielen mögen. Darüber später mehr.

Man versetze sich nun in die Lage eines Menschen, der in einer „verkehrten Welt" von seinem Hund an der Leine spazieren geführt wird. Er müsste schon eine gute Kondition haben, um mit 12 km/h vielleicht zig Kilometer weit neben seinem Hundeherrn mitzukommen. Er dürfte nicht zu einem Plausch mit einem Bekannten stehen bleiben, denn das wäre ja für seinen Hund uninteressant. Dagegen wäre er gezwungen, querfeldein einer Hasenfährte zu folgen und manchmal bei jedem Baum zu verharren. Er müsste verschreckt dabeistehen, wenn sein „Herrchen" gerade in eine heftige Beißerei mit einem anderen Rüden wegen der Pudelnachbarin verwickelt wäre. Kurz, dies wäre mit Fug und Recht als eine nicht artgerechte, inhumane, ja geradezu menschenquälerische Haltung zu verurteilen. Schwere physische und psychische Probleme wären für uns Menschen die Folge einer so grundverkehrten, verständnislosen Behandlung.

Wir, als einfühlsame und verständnisvolle Hundebesitzer, können unserem Hund also auf einem Ausgang beim besten Willen nicht alles bieten, was seiner Natur entsprechen würde, also „artgerecht" wäre. Gottlob ist der Hund ein durch und durch positiv denkendes Tier, das im Vergleich zu uns unglaublich viel an Frustration und Verzicht seelisch verkraften kann. Er trägt es uns nicht nach, wenn wir ihm zum x-ten Mal von einem zu markierenden Laternenpfahl oder gar einer der Läufigkeit nahen Hündin wegzerren. Aber wir sollten in uns gehen und uns überlegen, wie wir in die täglichen Spaziergänge nach Möglichkeit artgerechte Triebbefriedigungen, oder weniger hochgestochen ausgedrückt: viel „tierischen Spaß", einbauen können.

Wie soll das nun geschehen? Sofern unser Liebling kein Zwerghund, Dackel oder Angehöriger einer sonstigen weniger bewegungstüchtigen Rasse ist (auch diese leisten aber oft in dieser Beziehung höchst Bemerkenswertes!), sollten wir ein flottes Tempo einschlagen, also das ebenso gesunde wie hochmoderne „strong walking" wählen. Damit erzielen wir wenigstens zirka 6 km/h statt entnervender 4 km/h. Wir verwenden ferner, wo immer vertretbar, eine ausrollbare Leine, dank der unser Hund an interessanten Stellen wenigstens kurz einmal schnüffeln kann und als Rüde auch schnell einmal markiert, um uns dann in einem kurzen Sprint einzuholen. Im verkehrs- und menschenreichen Gebiet muss freilich die Leine kurz gehalten und das Markieren eingeschränkt werden. Deshalb wählen wir unsere Promenade so, dass sowohl ruhige als auch belebtere Strecken enthalten sind. Letztere dienen auch der Erziehung zur Verkehrssicherheit und zu gesellschaftskonformem Verhalten. Wenn wir zusätzlich mit dem Hund noch joggen oder Rad fahren, wird er auch mit unserem artspezifischen Schlendrian beim Spaziergang eher zufrieden sein. Übrigens sind Hunde wie wir begeisterte Lokalgeher, also wenigstens da kommen unsere beidseitigen Wünsche einander entgegen, sofern wir eine hundefreundliche Gaststätte vorfinden.

Unser Spaziergang sollte auch dorthin führen, wo Hunde noch frei laufen können. Aber wo? Gute Frage, in der Stadt ist Verkehr, in Feld und Wald der Jäger, und fast überall Leinenzwang. Wir versuchen jedoch positiv zu denken und finden vielleicht irgendwo noch so ein Plätzchen. Wir haben es auch verstanden, unserem Hund nette, sozial angepasste Spielgefährten zu verschaffen. Sind auch deren Besitzer nette Zeitgenossen, profitieren wir vielleicht ebenfalls von diesen sozialen Kontakten.

Da wir, wenn wir keine Jäger sind, unseren Hund nicht an eine Hasenfährte ansetzen dürfen, wir ihn aber zu seinem eigenen Besten bereits auf Fährten eingeschult haben, legen wir ihm eine solche, die wir mit ein paar Leckerbissen auf der Strecke würzen. Das ist für den Hund übrigens auch eine Art Fitnesstraining, denn durch die verhaltene Atmung beim Fährten wird, wie bei einem Ausdauertraining, die Sauerstoffkapazität der Lunge geübt und verbessert. Weitere Einlagen wären Apportieren oder Suchen versteckter Gegenstände. Wir können uns auch selbst oder

Familienmitglieder verstecken und suchen lassen. Wir können ihn auch sicher dazu bringen, für uns etwas zu tragen. Wölfe tragen das Futter für ihre Welpen oft Dutzende Kilometer weit, diesen Trieb machen wir uns zunutze. Allerdings haben nicht alle Hunde und Rassen einen ausgeprägten Apportiertrieb, aber doch die meisten.

Lebhafte Hunde sind oft ungestüm, wenn wir sie ins Grüne bringen. Oft ist es dann schwierig, sie von den allzu vielen Ablenkungen abzubringen. Mit einem Trick kann man da oft Abhilfe schaffen. Man werfe dem Hund ein Stück Holz und lasse es ihn tragen. Dies werden viele Hunde gern tun, wobei sie die stolze, fröhliche Haltung des „Imponiertragens" einnehmen: der Kopf wird hoch gehalten, der Körper ist gestrafft, die Rute hochgestellt. Der Hund zeigt seinen „Besitzerstolz", lässt sich meist von anderen Hunden nicht ablenken, ja, meidet ihre Nähe und ist, solange er trägt, auch nicht an Gerüchen interessiert. Meine Hunde haben auch immer gerne schwere Äste weit getragen, was eine Art Krafttraining darstellt.

Die alltägliche hundehalterische Praxis des Gassigehens sieht leider eher traurig aus. Ein großer Teil der Hunde kommt nie von der Leine, sei es, weil sie – meist aus Unvermögen des Hundehalters – nicht verlässlich zurückkommen oder Raufer sind oder auch fremde, frei laufende Hunde gefürchtet werden müssen. Oder es gibt nirgendwo einen Ort, wo man sie noch legal frei laufen lassen kann. Schlecht sozialisierte kleine oder auch große „Berserker" bersten fast vor Aggressivität, wenn ihnen beim Spaziergang an der Leine ein anderer Hund in die Nähe kommt, andere zerren ihre Menschen, wohin sie wollen, wieder andere müssen die ganze Zeit zentimetergenau „bei Fuß" gehen. Nicht wenige lassen ihre Hunde einfach aus Bequemlichkeit oder Ängstlichkeit nie frei laufen. Manche Zeitgenossen lassen ihre großen Hunde frei und ohne Beißkorb auf kleine zulaufen, worauf besorgte Eigentümer ihre Lieblinge auf den Arm nehmen und der große nun an ihnen hochspringt, worüber die Besitzer des großen sich oft noch lustig machen. Aber nicht jeder große Hund ist zu kleinen friedlich (und umgekehrt!). Welpen werden meist respektiert, aber auch das ist nicht in jedem Fall so.

Lässt man seinen Hund an der Leine und es entsteht ein Kampf, meinen manche klugen Leute mit frei laufenden Hunden, das sei ja nur geschehen, weil man ihn an der Leine ließ. In der Tat ist die Gefahr einer Rauferei wesentlich größer, wenn sich Hunde begegnen, von denen einer an der Leine gehalten wird. Man erklärt dies gern damit, dass die Hunde für ihr Behindertsein durch die Leine irrtümlich den Gegner verantwortlich machen. Wahrscheinlicher ist jedoch, dass die Nähe des Besitzers den Rudelverteidigungstrieb des Hundes auslöst und das Angeleintsein ihn zusätzlich nervt. Hunde, die sich außerhalb ihres Territoriums und entfernt von ihren Führern begegnen, werden im Allgemeinen nur selten zu raufen beginnen, aber sicher ist das nicht, und es gilt natürlich auch nicht für alle Hunde. Sind sie verschiedenen Geschlechtes, ist die Begegnung fast immer ungefährlich, wenn auch die „Damen" Zudringlichkeiten oft sehr grimmig beantworten, meist kommt es aber zum Spielen.

Der übliche Ablauf einer Begegnung unter Hunden ist jedoch das gemessene, würdige, „selbstbewusste" Aufeinanderzugehen, also Imponieren, genaues Beschnüffeln und dann, sofern sich nun kein Spiel oder eine Rauferei entwickelt, ebenso gemessenes Auseinandergehen und darauf – bei Rüden – Markieren und Scharren.

Raufende Hunde zu trennen ist immer höchst riskant, Verletzungen sind schnell passiert. Allerdings gehen die meisten Raufereien unblutig aus, auch wenn sie sehr dramatisch aussehen und lautstark ablaufen. Im Allgemeinen wissen die Hunde sehr genau, wo sie hinbeißen. Alle diese Probleme ließen sich minimieren, wenn Hunde schon als Welpen an das Zusammensein mit anderen Hunden aller Art und Alterstufen, zum Beispiel in Welpenprägungsstunden und bei der Abrichtung, gewöhnt werden und späterhin weiter Kontakt mit Artgenossen zur Auffrischung und Einübung der sozialen Anpassungsfähigkeit geboten wird.

In der Praxis wird man also kaum jeden Ausgang artspezifisch optimal gestalten können, aber es ist so gut wie immer möglich, etwas für den Hund Anregendes einzubauen. Entwicklungsgeschichtlich gesehen ist für den Hund ein Spaziergang dasselbe wie der Aufbruch des Rudels zu einem Beutezug. Daher sollte es für unseren Hund auch immer der Auszug zu einem Abenteuer sein. Und das wird es dann für uns ebenfalls. So ungleiche Kumpane wir auch sein mögen, so richtig „wir" sind wir eigentlich nur, wenn wir zusammen sind.

Doch leider, die Möglichkeit, mit seinem Hund zusammen zu sein, nimmt immer mehr ab. Hunde sind soziale Tiere, ihr Anschlussbedürfnis ist sehr groß. Am liebsten würden sie uns Tag und Nacht begleiten und fühlen sich in Gesellschaft vertrauter Menschen am wohlsten. Doch die Welt hat sich verändert, die Großfamilien sind zu Paar- und sogar Singlehaushaltungen geschrumpft. So müssen Hunde meist stundenlang oder gar den ganzen Tag lang einsam ihr Leben fristen. Die Katze kann sich viel eher damit abfinden, daher steigt deren Zahl immer mehr an. Der Hund leidet und ist in Gefahr, abzustumpfen und psychisch auszurasten. Man sollte daher, wenn man den Zeitplan nicht ändern kann, wenigstens die Qualität der gemeinsam verbrachten Stunden für den Hund optimieren.

Der Hund zu Hause

Der Hund fühlt sich am wohlsten, wenn er mit uns unser Heim teilen kann. Er braucht dann einen ruhigen Ort, wohin er sich zurückziehen kann und dennoch einen gewissen Überblick über das Geschehen behält. Kleine Hunde, besonders Angehörige von Zwergrassen, können sich in unserer Wohnung auch viel von der so notwendigen Bewegung verschaffen. Für größere und große Rassen gilt dies weniger bis gar nicht, sie sind diesbezüglich viel mehr auf uns angewiesen. Ein Garten ist von großem Vorteil, aber er bietet dennoch nicht genügend Auslauf, denn er wird vom Hund meist nicht ausreichend ausgenützt. Anders als der Wolf, der auch im engen Käfig durch rastloses Hin- und Herlaufen sein Laufpensum abspult, wartet der Hund meist auf unsere Initiative. Zwei oder mehrere Hunde verschaffen sich im Garten zwar mehr Bewegung, aber auch nicht im wünschenswerten Ausmaß. Daher muss man auch in diesem Fall die Hunde regelmäßig spazieren führen oder besser noch mit ihnen Ausdauersport betreiben. Kurzläufige Rassen sind allerdings hier nicht so anspruchsvoll.

Ein wichtiger Punkt ist, wie besprochen, der gemeinsame Spaziergang, dazu kommen sonstige Betätigungen im Haus und im Freien. Im Haus kann man versuchen, den Hund sinnvoll zu beschäftigen. Man kann auch Intelligenztraining mit ihm durchführen, wie es zum Beispiel Coren (1994) beschreibt, oder, nur wenn er dazu begabt ist und gern apportiert, Höridentifikationstraining versuchen, wie später erklärt. Wenn er allein ist, kann ihn das Knabbern an einer Büffelhaut oder dergleichen davon abhalten, aus Einsamkeit zu bellen, zu heulen oder die Wohnungseinrichtung zu vernichten. Gibt man ihm etwas zum Nagen, wenn man weggeht, kann ihm dies unsere Abwesenheit etwas versüßen.

Leider werden immer noch viele Hunde in Zwingern gehalten. Die frische Luft ist für sie zwar gesundheitlich eindeutig wertvoller als die verbrauchte Zimmeratmosphäre, doch ist für den Hund als soziales Lebewesen eine solche Haltung nicht zumutbar, vor allem dann, wenn er als Einzeltier gehalten wird. Natürlich kommt es auf die näheren Umstände an: Kann er den Zwinger täglich mehrmals längere Zeit verlassen, bekommt er genügend Kontaktmöglichkeit mit seinen Menschen und anderen Hunden, mag dies akzeptabel sein. Bedenklich ist die aus Amerika kommende Methode, den Hund an einen Zimmerkäfig zu gewöhnen. Wenn überhaupt, sollte man ihn nur ausnahmsweise dort verwahren, wenn die Umstände das unbedingt erfordern. Hunde als ursprüngliche Höhlenbauer ziehen sich gerne in einen Unterstand zurück, doch kann so ein Käfig leicht zu Missbrauch verführen. Daher ist es in Schweden etwa verboten, einen Hund länger als eine Stunde in einem derartigen Käfig zu verwahren, was wohl in der Praxis kaum einzuhalten ist.

5

ERSTAUNLICHE BESONDERHEITEN UND FÄHIGKEITEN DES HUNDES

Der Hund übertrifft viel andere unvernünfftige Thier mit sonderbaren Tugenden und Geschickligkeit

Conrad Gesner, Thierbuch 1669

Körperliche Voraussetzungen

Cuvier prägte den Ausdruck, der Hund sei die größte Errungenschaft des Menschen. Wie sehr das stimmt, ist uns kaum bewusst, denn was physisch in einem Hund steckt, wird heute nur zu einem Bruchteil verwertet. Aber er war wahrscheinlich die Voraussetzung für den Aufstieg des Menschen zum Kulturwesen. Der bessere Schutz vor Raubtieren und Feinden sowie die Hilfe des Hundes bei der Jagd gaben vermutlich dazu die Grundlage. Halten wir uns nochmals vor Augen, welche Begabungen und Fähigkeiten unsere Haushunde haben.

Vom Urvater Wolf hat der Hund eine erstaunliche Leistungsfähigkeit geerbt, die vielfach die des Menschen ganz erheblich übersteigt. Der Hund kann laufen, schwimmen, springen und graben. Weniger begabt ist er im Klettern, mit individuellen und rassischen Unterschieden, manche Hunde, insbesondere Angehörige der Rasse Portugiesischer Wasserhund, können sogar tauchen. Nun einiges über das Leistungsniveau im Einzelnen:

Fortbewegung: Hunde können gehen, traben, kriechen und galoppieren. Die normale Fortbewegung des frei laufendes Hundes ist der Trab mit, je nach Körperbau und Größe, etwa 6 bis 14 km/h (Zwerghunde und extrem niederläufige Rassen traben schon bei 4 bis 5 km/h, also bei menschlicher Gehgeschwindigkeit). In der Ausdauer ist der sportlich geübte Hund einem trainierten Langstreckenläufer zumindest ebenbürtig, das gilt natürlich nur für die anatomisch hierfür geeigneten Rassen. Ahnherr Wolf legt oft pro Tag Strecken um die 50 Kilometer leichtfüßig trabend zurück. Ein Vergleich der Hybridrasse Tschechoslowakischer Wolfshund mit dem Deutschen Schäferhund zeigte, dass die Wolfshunde nach 100 Kilometer Trab sich in nur drei bis vier Stunden völlig regenerierten (Räber, 1992), während die Schäferhunde nach 50 Kilometern zehn bis zwölf Stunden benötigten, um sich gänzlich zu erholen. Auf der Iditarod-Rennstrecke legen Schlittenhunde zehn Tage lang 160 Kilometer pro Tag zurück. Die beste Ausdauer haben Schlittenhunde um 25 Kilogramm, größere leiden mehr unter Hitze, kleinere haben zu geringe Schrittweiten und kühlen bei tiefen Temperaturen zu stark ab (R. Coppinger und R. Schneider, 1995, 2).

Aber nicht nur Schlittenhunde finden Freude an langen Laufstrecken. Alle meine Hunde konnten rasch an kilometerlange Begleitung beim Radfahren und Joggen gewöhnt werden und taten dies mit größter Begeisterung, auch die beiden Terrier und der Kleinpudel. Während Katzen Reisen nicht lieben, sind für Hunde Ortsveränderungen, gleich ob diese zu Fuß oder mit Fahrzeugen erfolgen, eine ausgesprochen lustvolle Angelegenheit, besonders wenn dies in Gemeinschaft mit ihren menschlichen Partnern geschieht.

Allerdings ist der Hund gegenüber dem Menschen bei hohen Temperaturen im Nachteil, da seine Wärmeregulation auf einem anderen System beruht, er schwitzt nicht am Körper, sondern hechelt, worauf wie noch zurückkommen. Auf körperliche Anstrengung in der Hitze reagiert er daher empfindlicher als der Mensch.

Im Galopp erreichen mittelgroße Hunde auf kürzeren Strecken 40 bis 50 km/h, im Trab je nach Rasse und Größe 8 bis 18 km/h. Trainierte Schlittenhunde können Dauerleistungen (auch unter Belastung) im Schnelltrab von 20 und auf kürzeren Strecken im Galopp bis 30 km/h erzielen. Die maximale Geschwindigkeit im Sprint erreicht der Greyhound mit 60 km/h, bei Spitzen etwa bis 75 km/h. Wölfe erzielen um die 50 km/h, fallweise vielleicht auch mehr. Hunde können auch hervorragend springen, im Weitsprung (Gebrauchshunde) 4 Meter und darüber. Der Weitsprungrekord liegt laut einer Angabe in Our Dogs 12/9/97 bei 8,30 Meter, also etwa in der Größenordnung wie beim Menschen, und wurde von Spec, einem Lurcher (Windhund-Collie-Kreuzung), erzielt. Gut trainierte Hunde von Diensthunderassen können eine Kletterwand von 2,50 Meter, Spitzenhunde angeblich sogar 4 Meter Höhe überwinden (was aber ihrem Knochenbau nicht gut tun kann). Im Freisprung werden je nach Rasse 0,30 bis etwa 1,20 Meter gemeistert.

Klettern: Hunde sind im Klettern wenig begabt bis unfähig, doch bestehen hier beträchtliche rassische und individuelle Verschiedenheiten. Hunderassen aus den tropischen Regenwaldgebieten, wie Basenji und besonders der Neuguinea-Dingo, sind für ihre Kletterkünste bekannt, die sie sich im Lauf von Jahrhunderten angeeignet haben.

Graben: Die Neigung zum Graben ist unterschiedlich, besonders ausgeprägt bei Jagdhunden, vor allem Bauhundrassen (Terrier und Dachshunde). Das Bauen von Wohnhöhlen nach Art von Wolf und Fuchs haben Haushunde zum Großteil domestikationsbedingt aufgegeben, es kommt aber noch vor.

Einsatz des Gebisses: Der Hund hat ein Fleischfressergebiss, doch deuten die Kauflächen der hinteren Backenzähne darauf hin, dass auch pflanzliche Nahrung aufgenommen wird. Starke Kaumuskeln und Eckzähne ermöglichen den Einsatz des Gebisses als Jagd-, Kampf- und Verteidigungswaffe sowie als Werkzeug, die kräftigen Reißzähne können auch Knorpel und Knochen zertrennen, die, jedenfalls bei naturnah gebliebenen Hunden, auch anstandslos verdaut werden. Das Gebiss beziehungsweise der Fang ersetzt für den Hund auch die Hand des Menschen beim Tragen und Bearbeiten von Gegenständen.

Funktion der vorderen Gliedmaßen: Außer zur Fortbewegung dienen sie auch als Werkzeug, so zum Scharren, Graben und zum Festhalten von Nahrung. Auch im Sozialverhalten spielen die Vorderläufe und Pfoten eine Rolle. Vorstrecken der Pfoten dient der Kontaktaufnahme oder als Spielaufforderung, den gleichen Zweck, aber intensiver mit Dominanzandeutung, hat das Aufstützen der Vorderläufe auf dem Vorderrücken des Partners. Es wird daher von dominanten Hunden oft nicht geduldet.

Die hinteren Gliedmaßen dienen vor allem zur Kraft- und Schwungentwicklung bei der Fortbewegung. Damit ist die Hinterhand beim Traben, Galoppieren und Springen entscheidend, das heißt, Geschwindigkeit, Sprungweite und Zugkraft beim Zug- und Schlittenhund werden vor allem von ihr bestimmt. Wichtig ist hierbei auch die Winkelung von Knie- und Sprunggelenk. Bei manchen Rassen findet man Übertreibungen der Sprunggelenkwinkelung, entweder ist sie zu steil, zum Beispiel beim Chow-Chow, oder zu stark wie beim Deutschen Schäferhund. Im ersten Fall werden die Stöße auf die Gelenke der Hinterhand nicht genügend abgefedert, was zu deren vorzeitiger Abnützung und Arthrose führt. Bei zu großer Winkelung wieder treten bei rascher Bewegung zu weite Schrittlängen auf, die optisch gut wirken, aber dem Tier zu viel unökonomische Kraftanwendung abverlangen und die Wendigkeit stark beeinträchtigen. Beide Extreme führen daneben auch vermehrt zu anderen pathologischen Problemen, auf die sowie auf solche bei unterschiedlichen Vorderhandwinkelungen wir hier nicht näher eingehen können. Die anatomischen Vorbilder der wilden Caniden werden leider in der Ausstellungskynologie auch bei den Gebrauchsrassen nicht oder nicht genügend berücksichtigt, worauf bereits Trumler hinwies.

Beim Galopp und beim Springen ist beim Hund im Gegensatz zum Pferd auch die Mithilfe des Rückens von großer Bedeutung. Der Pferderücken ist starr, der Hunderücken dagegen beweglich und er vermehrt die Spannkraft der Hinterhand bei Galopp und Sprung entscheidend.

Welche Bedeutung kommt schließlich dem Schwanz zu? Wir haben gehört, dass er für die Kommunikation des Hundes wichtig ist. In schneller Bewegung dient er zur Aufrechterhaltung der Balance, beim Sprung hilft er wohl auch bei der Steuerung mit. Allerdings merkt man kupierten oder schwanzlosen Hunden nicht an, dass sie dadurch Probleme hätten. Da beim Haushund häufig ein normalerweise erhoben bis geringelt getragener Schwanz vorkommt, ist wohl oft die ursprüngliche Funktion beeinträchtigt. Diese veränderte Schwanzhaltung kommt ja durch verkürzte Muskeln und Sehnen zustande. Obwohl solche Hunde durchaus den Schwanz auch senken können, dürfte die Feinreaktion in der Bewegung dadurch erschwert sein.

Die bemerkenswerten Fortpflanzungsstrategien des Hundes

Von allen Tierarten sind Hunde für uns eine alltägliche Erscheinung. Es ist daher erstaunlich und kaum bekannt, dass Hunde in den biologischen Abläufen ihrer Fortpflanzung recht Ungewöhnliches aufweisen, das von dem Üblichen bei anderen Säugetieren stark abweicht. In seinen Fortpflanzungsbesonderheiten ist uns der Hund ein weitgehend unbekanntes Wesen. Es beginnt bereits mit dem Deckakt: Nur die hundeartigen Tiere kennen die eigentümliche Erscheinung des „Hängens" bei der Kopulation. Hierbei schwillt ein Teil des Penis stark an, sodass die Tiere zunächst miteinander verbunden bleiben, im Durchschnitt etwa 10 bis 30 Minuten. Vorher war der Rüde mit einem Lauf über die Hündin hinweggestiegen, sodass die Tiere Hinterteil an Hinterteil nach verschiedenen Richtungen sehen. Bisher hatte man für diese Merkwürdigkeit keine befriedigende Erklärung, am plausibelsten erschien noch, dass damit ein Rückfluss der Samenflüssigkeit längere Zeit verhindert wird. Aber warum findet man diese Erscheinung dann nicht bei anderen Tierarten? Inzwischen hat die Verhaltensforschung aber bei verschiedenen Spezies, besonders Insekten, erstaunliche Strategien festgestellt. Das Männchen versucht dadurch zu verhindern, dass nach einer Kopulation ein nachfolgender Freier seinen Besamungserfolg gefährdet. So verschließen sie bei bestimmten Arten die Geschlechtsöffnung des Weibchens ganz einfach mit einem Pfropfen oder entfernen sogar den Samen eines vorhergehenden Rivalen. Das tut zum Beispiel auch das Maulwurfmännchen, das am Ende der Paarung verschiedene Sekrete ausscheidet, die im weiblichen Genitaltrakt miteinander vermischt ganz wie der Klebstoff Epoxidharz gummiartig aushärten und so einen wirksamen Verschluss darstellen. Es liegt also nahe, anzunehmen, dass das „Hängen" der Hundeartigen eine ähnliche Bedeutung hat: Der Rüde verschafft damit seinen Spermien einen vielleicht entscheidenden Vorsprung gegenüber einem eventuellen Nebenbuhler, der kurz darauf etwa Gelegenheit hätte, die Hündin zu decken. Außerdem bewacht, wie erwähnt, der Alpharüde bei Stammvater Wolf die hitzige Wölfin während der befruchtungsbereiten Tage der Hochranz und verschafft sich so eine zusätzliche Sicherheit für seine Vaterschaft.

Es wird heute auch vermutet, dass bei der Hündin die befruchtungsfähige Eizelle eine aktive Rolle insofern spielen könnte, als sie genetisch ihr ähnliche, weil zu nahe verwandte Spermien zurückweist (P. E. Sundgren, persönliche Mitteilung). Wird die Hündin nicht gedeckt oder kommt keine Befruchtung zustande, tritt die zweite erstaunliche Besonderheit ein. Während bei Weibchen von anderen Tieren, wenn keine Befruchtung erfolgt, je nach Tierart nach verschiedener Zeit ein neuer Eisprung eintritt, wird die Hündin – jede Hündin! – zunächst scheinträchtig. Das heißt, es setzen bei ihr grundsätzlich dieselben hormonellen Vorgänge ein wie bei einer befruchteten Hündin, dennoch zeigt sie nach außen kein abweichendes Verhalten. Nicht selten kommt es jedoch bei Haushunden zu einer Störung dieser endokrinen Prozesse, die Hündin verhält sich dann wie eine tatsächlich trächtige oder säugende Hündin, „adoptiert" Puppen oder Ähnliches als „Ersatzwelpen", bewacht ein fiktives „Wurflager", die Zitzen schwellen an usw. Das wird nun fälschlich als „Scheinträchtigkeit" bezeichnet, der richtige Ausdruck für diese Störung ist jedoch „Pseudoträchtigkeit". Die wahrscheinliche Bedeutung der Scheinträchtigkeit, einer einmaligen Erscheinung im Tierreich, dürfte darin liegen, dass im wilden Zustand innerhalb eines Rudels beim Ausfall eines Muttertieres bei anderen Weibchen synchron gesteuerte mütterliche Funktionen hormonell ausgelöst werden, sodass die verwaisten Welpen von einer oder mehreren „Ersatzmüttern" aufgezogen werden können. Eine solche Ammenfunktion von nicht gedeckten Hündinnen wird auch gelegentlich in der Hundezucht beobachtet.

Wenn aber die Hündin gedeckt wird, folgt die Embryonalentwicklung ebenfalls keiner herkömmlichen Routine. Das befruchtete Ei wird drei Wochen lang nicht in der Gebärmutter implantiert und entwickelt sich auch dort zunächst sehr langsam. Erst im zweiten Monat der Trächtigkeit geht die Entwicklung dann sehr rasch vor sich. Durch diese Strategie fällt die Wildhündin nur eine relativ kurze Zeit als aktive Jägerin aus.

Doch damit sind die Besonderheiten der Hundefortpflanzung noch keineswegs erschöpft. Auch die Ernährung der Welpen erfolgt grundsätzlich nach einem ausgeklügelten System. Unsere Hunde stammen vom Wolf ab, und dieser ist darauf spezialisiert, Großwild zu jagen, das ein Rudel oft erst in weiter Entfernung von der Wurfhöhle erbeuten kann. Wir haben bereits das Vorwürgen vorverdauter Nahrung als Übergangsfutter und das Zubringen von Teilen der Beute durch die Mutter und andere Rudelmitglieder erwähnt. Dieses sinnreiche Verhalten hat erst die Jagd auf große Beutetiere möglich gemacht.

Fast alle diese Verhaltensweisen spielen in der heutigen Hundezucht meist keine Rolle mehr, sind mehr oder weniger verloren gegangen oder nicht möglich, nur die Scheinträchtigkeit, das Betteln der Welpen und das Hängen, gelegentlich auch das Vorwürgen haben sich noch als eine Erinnerung an das Wildleben erhalten.

6

NASENWESEN, AUGENWESEN: DIE SINNESLEISTUNGEN VON MENSCH UND HUND

Ohr

Das Hörvermögen des Hundes ist von unserem eigenen nach wissenschaftlichen Untersuchungen nicht allzu verschieden, obwohl viele praktische Erfahrungen von erstaunlichen Leistungen sprechen. Es wird aber auch berichtet, dass Hunde doch viel leisere Töne als wir hören oder auch einen bestimmten Ton in mehrfacher Distanz. Vor allem aber hört ein Hund auch viel höhere Töne als Menschen, sodass es ja bekanntlich möglich ist, Hunde mit „unhörbaren" Pfeifen heranzurufen. Dadurch kann der Hund vermutlich Mäuse und andere Kleinsäugetiere im Boden orten, die in dieser für uns nicht wahrnehmbaren Ultraschalltonlage miteinander kommunizieren. Die beweglichen Ohren ermöglichen dazu eine etwa zehnmal feinere Lokalisation von Lauten als beim Menschen. Sie können sogar Achteltöne unterscheiden. Das sehr melodische Heulen des Wolfes – er gehört so zu den wenigen „singenden" Säugetieren – und die Stimmbegabung des Hundes verführt auch zu der Frage nach der Musikalität des Hundes, die aber die Wissenschaft bisher nicht beantwortet hat. Das natürliche Stehohr kann die Töne und Geräusche in den Gehörkanal leiten und verstärkt sie dabei. Dies entfällt bei Hängeohren, doch ist die Hörschärfeminderung nicht allzu groß. Hunde haben einen eigenartigen Hörkanal, der zunächst absinkt und dann eine scharfe Wendung nach innen macht, was die Reinigung und tierärztliche Behandlung kompliziert. Nicht untersucht ist meines Wissens, ob Hunde wie zum Beispiel Elefanten tiefste Töne (Infraschall) wahrnehmen und so etwa entfernte oder bevorstehende Erdbeben merken. Im Vergleich zum Wolf ist das Trommelfell verkleinert, ebenso die knöcherne Gehörkapsel, was die Hörleistung mindert (Hemmer, 1983).

Angeborene Taubheit kommt vermehrt in Rassen vor, die viel Weiß in ihrer Körperfarbe haben, wie Dalmatiner und Hunde mit Merlefarbe oder stark weiß gescheckte, da ein Mangel an Pigmentzellen in bestimmten Teilen des Ohrs die Entwicklung des Gehörs beeinträchtigen kann. Es bestehen jedoch große rassische Unterschiede, reinweiße Rassen mit anderem genetischen Hintergrund sind davon nicht betroffen.

Auge

Das Sehvermögen des Hundes ist dem des Menschen nicht unterlegen, es ist aber anders ausgerichtet. Da Hunde eine relativ größere Pupille und Linse haben, ist ihre Welt heller als die unsere. Sie sind aber nach neueren Erkenntnissen nicht völlig farbenblind, wie man bisher annahm, sondern können Violett, Indigo und Blau sehr gut unterscheiden. Dagegen haben Hunde große Schwierigkeiten, Rot, Orange, Gelb und Gelbgrün zu erkennen. Sie erkennen also nur Farben an den beiden Enden des Spektrums, können daher zum Beispiel rote Beeren im grünen Laub nach der Farbe nicht unterscheiden (Rot-Grün-Blindheit). Nun fressen Wölfe und Hunde gern manchmal Beeren, doch sie erkennen diese ohnehin am Geruch. Auch einen roten Ball auf der Wiese kann der Hund nicht nach der Farbe ausmachen, wohl aber einen blauen. Dies entspricht der so genannten dichromatischen Farbenblindheit des Menschen. Nach einer anderen Studie (Pretterer, 2000) konnten Hunde im Versuch Rot, Grün, Blau und zwei Türkisarten unterscheiden, doch auch daraus ergibt sich ein dichromatisches Farbsehen. Hunde haben nur zwei Arten von zapfenförmigen Photorezeptoren zum Farbensehen in der Netzhaut, wir haben drei (trichromatisches Farbsehen). Infolge seiner guten Nachtsichtfähigkeit kann der Hund aber vermutlich die Farben, die er wahrnimmt, im Gegensatz zu uns auch in der Nacht sehen.

Dagegen sieht der Hund sehr gut Bewegungen und hat vor allem, wie erwähnt, dank seinem Tapetum lucidum, einer reflektierenden Schicht hinter der Netzhaut, ein ausgezeichnetes Nachtsichtvermögen. Die wahrnehmbare Lichtmenge wird von hinten wieder an die Netzhaut geworfen und so verdoppelt, die Detailschärfe jedoch dabei verringert, sie ist viel geringer als beim Menschen. Das erlaubt eine bessere Ausnützung des schwachen Lichtes in der Dunkelheit. Deshalb leuchten auch die Augen des Hundes in der Nacht, wenn sie von Licht angestrahlt werden. Die Katze freilich sieht noch besser im Dunklen. Hunde können ganz schwaches Licht noch wahrnehmen, das wir nicht mehr sehen. Gegenüber dem Wolf wurde beim Pudel eine Abnahme von Sinneszellen, Ganglienzellen und Fasern im Sehnerven festgestellt.

Hunde sehen ziemlich schlecht aus der Nähe, da sie ihre Augen auf einen nahen Gegenstand nicht sehr exakt einstellen können, auch sind das Auflösungsvermögen und die Tiefenschärfe gering, sie sehen weniger Details. In die Ferne sehen sie einigermaßen gut, besonders aber ist ihr Bewegungssehen entwickelt. Oft erkennen sie Personen in einiger Entfernung erst an Bewegungen. Weit- und Kurzsichtigkeit ist etwa gleich häufig wie beim Menschen. Schwedische Versuche haben gezeigt, dass Hunde bestimmte unbewegliche Objekte bis maximal 500 Meter weit, meist aber nur auf kürzere Distanz erkennen konnten, bewegliche jedoch bis auf 600 Meter. Hütehunde, wie Border Collies, erkennen Schafe auf große Entfernung.

Hunde sind im Allgemeinen an Fernsehbildern nicht interessiert, vermutlich auch, weil der geruchliche Aspekt wie in der Natur fehlt. Kurioserweise könnten sie jedoch europäischen Fernsehbildern theoretisch folgen, da diese 625 Punkte je Sekunde auf den Bildschirm bringen, nicht jedoch den amerikanischen mit nur 525 Bildern (Fogle, 1990).

Die Stellung des Auges in der Sinneswelt des Hundes ist anders als beim Menschen, und das hat zur Folge, dass auch viele blinde Hunde erstaunlich gut in ihrer Umwelt zurechtkommen. Sie haben in dieser Beziehung meist wesentlich weniger Probleme als Menschen. So wurde berichtet, dass ein seit Geburt blinder Collie an einem Agilitywettbewerb in Frankreich teilnahm und den Parcours souverän meisterte. Vielleicht spielen hier ihre Tasthaare eine Rolle (siehe später). Erstaunlich ist auch die Sicherheit, mit der sich Hunde von solchen Rassen bewegen, die sich mit einem „Vorhang" zottiger Haare vor den Augen abfinden müssen. Ihnen diese nicht freizuscheren grenzt allerdings an Tierquälerei. Wenn solche Rassen, wie der ungarische Komondor, seit eh und je ihren Dienst bei der Herde versehen haben, muss man bedenken, dass die Bilder von Arbeitshunden weit weniger Haarfülle als Ausstellungstiere zeigen und die Hirten ihre Hunde jeweils mit den Schafen scheren. Verminderung der Sicht und des Gehörs können bei Hunden Verhaltensprobleme, wie Schreckhaftigkeit und Angstbeißen, verursachen. Zottige Altenglische Schäferhunde in amerikanischen Tierheimen vertrugen sich schlecht, bis man ihnen die Augen freischor.

Aus Obigem ergibt sich, dass man blinden oder erblindenden Hunden ihren Zustand oft lange nicht anmerkt. Solche Hunde werden meist vorsichtiger in der Bewegung, sind scheuer oder auch aggressiver als zuvor, laufen weniger oder nicht und zeigen sich vom Menschen abhängiger. Das Auge ist beim Hund das Organ mit den meisten vorkommenden Erbdefekten, wie zum Beispiel grauer Star, Linsenluxation und progressive Retina-Atrophie (PRA).

Nase

Das großartigste Sinnesorgan des Hundes ist die Nase, mit ihr wollen wir uns daher besonders ausführlich befassen. Der Geruchssinn gilt als der ursprünglichste, denn schon Urtiere (Protozoen) erhalten dadurch lebenswichtige Umweltinformationen. Er erscheint einfach, verglichen etwa mit der Kompliziertheit des Auges, jedoch geht es dabei um Myriaden biologischer Funktionen, die erst jetzt von der Wissenschaft ihrer Geheimnisse allmählich entkleidet werden.

Hunde leben in einer anderen Welt. Die Leistungsfähigkeit ihrer Nase ist für uns einfach unfassbar. Der Geruchsinn ist der ursprünglichste Sinn, über die Nase hat das Gehirn direkten Kontakt zur Umwelt. Die Zahl der Riechzellen beim Durchschnittshund liegt bei 200 Millionen, der Mensch hat fünf Millionen. Ein Drittel des Hundehirns kann deren Signale bearbeiten, das Riechzentrum im Gehirn ist 7- bis 14-mal größer als beim Menschen. Hätten wir auch eine Nase wie ein Hund, könnten wir dennoch mit Hilfe unseres kleinen Riechzentrums daraus nicht klug werden. Riechen ist vor allem eine geistige Arbeit! Als Wahrnehmungszeit genügt ihm eine halbe Sekunde.

Ein Drittel des Hundehirns bearbeitet die Signale aus der Nase, gegen nur ein Zwanzigstel beim Menschen. So kann der Hund kleinste Konzentrationen erkennen. Die Dicke des Riechepithels beim Menschen beträgt 0,06 mm, beim Schäferhund 0,12 mm. Ferner hat der Hund 260-mal mehr Riechpunkte als der Mensch. Dazu kommt ein ausgezeichnetes, ja lebenslanges Riechgedächtnis.

Zusätzlich zur Nase besitzt der Hund jedoch, wie viele Säugetiere, ein Sinnesorgan am Gaumen, dessen Funktion wenig geklärt ist. Über die Bedeutung dieses zweiten Riechsystems, des so genannten vomeronasalen oder Jacobsonschen Organs, das sich am hinteren Gaumen befindet und eine Verbindung zu diesem hat, ist beim Hund wenig bekannt. Es ist entwicklungsgeschichtlich uralt, Schlangen etwa nehmen durch Züngeln Geruchsstoffe auf, führen sie an dieses Organ und können so Beutetiere verfolgen. Pferde und viele andere Säugetiere stellen damit Sexualbotenstoffe (Pheromone) fest, indem sie „flehmen“, das heißt mit angehobenem Kopf und aufgezogener Oberlippe Witterung aufnehmen. Diese Erscheinung hat offenbar mit dem Sexualverhalten zu tun und dient vermutlich zur Wahrnehmung bestimmter Botenstoffe brünstiger Weibchen. Auch bei Schakalen und Kojoten hat man Flehmen festgestellt, nicht jedoch bei Hunden. Möglicherweise erfolgt aber auch beim Hund durch Lecken an den Geschlechtsteilen und dem Harn anderer Hunde eine solche Orientierung über dieses Organ. Oft sieht man auch Hunde, die beim Riechen an Urin von Hündinnen die Kiefer zitternd bewegen, was vermutlich dem Flehmen entspricht. Anders als die Botschaften der Sinneszellen der Nase werden die Reize des vomeronasalen Organs in keine Hirnregionen geleitet, die Duftempfindungen bewusst machen. Es werden offenbar nur Signale und Empfindungen über die Pheromone vermittelt. Die zentrale Bedeutung des Geruches kommt auch dadurch zum Ausdruck, dass man Hunde durch den Geruch leichter vertraut machen, eventuell auch an sich binden kann. Ein Taschentuch mit dem Eigengeruch im Hundelager kann dabei hilfreich sein.

Die Nase des Hundes enthält ein geruchsempfindliches Epithel, das sich um die knorpeligen Riechkanäle ausbreitet. Voll entfaltet würde es ein Fußballstadion bedecken. Seine unentfaltete Fläche beträgt bei Hunden je nach Rasse bei 18 bis 150 Quadratzentimeter gegenüber 4 bis 6 Quadratzentimeter beim Menschen. Dieses Riechorgan liegt hinten in der Nasenhöhle dicht am Siebbein und dem Geruchslappen (der die Differenzierung der Einzelgerüche vornimmt) am vorderen Teil des Großhirns. Das Großhirn wendet große Teile seiner Kapazität zur Bearbeitung der Myriaden von chemischen Signalstoffen (Duftmolekülen) auf, von denen es durch die Riechzellen mittels elektrischer Impulse informiert wird. Nur wasserlösliche Stoffe kann man riechen. Die Hundenase soll je nach Substanz tausend bis eine Million Mal empfindlicher für menschliche Gerüche sein als die unsere, nach manchen Studien für bestimmte Düfte sogar hundert Millionen Mal mehr.

Jeder Riechprozess erfordert eine vielseitige Zusammenarbeit von spezialisierten Körperorganen. Bei normalem Atmen beträgt die Geschwindigkeit des Luftstroms in den Nasenwegen 3 bis 4 km/h, beim Schnüffeln das Zehnfache. Die Gerüche aus der Luft kommen in der Nase des Hundes mit einer Schleimschicht in Kontakt, die sich auf den Riechnervenzellen (Neuronen) mit Ausläufern (Dendriten) befindet. Diese haben feine bewegliche Geißeln (Zilien). Der Schleim absorbiert die Duftstoffe, diese kommen so mit den Zilien in Kontakt, welche dadurch angeregt einen Impuls an das Riechzentrum im Gehirn senden. Nach jüngsten Versuchen mit Mausmutanten und mutierten Fadenwürmern, denen das Riechvermögen fehlt, spielen dabei Botenstoffe eine Rolle, die durch Gerüche aktiviert werden und einen Ionenkanal in den Neuronen öffnen. Auch ein Zusammenspiel verschiedener Botenstoffe wird angenommen. Es mag erforderlich sein, dass die Neuronen früh beim Jungtier aktiviert werden, um diese mit dem Zentrum im Gehirn richtig zu „verdrahten". Denn es wird vermutet, dass sich bestimmte Sensorzellen auf einzelne Gerüche spezialisieren, die dann etwa wie der Schlüssel ins Schloss passen, wenn der Luftzug beim Einatmen die Duftmoleküle an den dazugehörigen Zellen vorbeiträgt. Dann wird ein elektrisches Signal abgegeben und durch allerfeinste Nervenfasern in die Riechzone des Gehirns geleitet. Die Nervenfasern sterben mit der Zeit ab, werden aber immer neu nachgebildet und mit derselben Stelle der Riechzone im Gehirn verbunden. Es dürfte daher das Erkennen der Gerüche mit der Lokalisierung der erhaltenen Nervenimpulse im Gehirn zusammenhängen. Wo der Impuls ankommt, daraus erkennt das Gehirn, um welchen Geruch es sich handelt. Nach einer anderen, weniger wahrscheinlichen Theorie sind jedoch bestimmte Radiofrequenzen der Duftstoffe für die Wahrnehmung maßgebend.

Das Geruchszentrum sortiert die ankommenden Geruchswahrnehmungen nach ihrer Wichtigkeit und dort werden die notwendigen Assoziationen der Gerüche vorgenommen. Das Riechzentrum des Hundes sitzt ganz vorne im Gehirn. Der Hund kann auch verschiedene Gerüche gleichzeitig assoziieren. Unser Hund vermag daher festzustellen, wenn er uns nach unserer Heimkehr abschnüffelt, wo wir waren und welchen Kontakt mit Tieren und Menschen wir hatten! Zur besten Ausbildung des Geruchsinnes dürfte es vermutlich wichtig sein, schon den Welpen erste „Spielfährten" zu legen und sie vieles beschnüffeln zu lassen, damit sie sich schon früh viele Duftstoffe einprägen und ihren Geruchsinn einüben.

Hunde sind sogar imstande, eine Spur zu verfolgen, wenn der Verfolgte mittendrin ein Fahrrad nimmt oder Gummistiefel anzieht. Auch wenn der Fährtenleger hohe Gummistiefel anhat, kann der Hund dessen Eigengeruch wahrnehmen, denn je nach der Wanddicke der Stiefel ist der Geruch nach Minuten bis mehreren Stunden für den Hund riechbar, meist wohl schon kurze Zeit nach dem Anziehen der Stiefel. Hunde können Buttersäure, einen Bestandteil des menschlichen Schweißes, in Konzentrationen unter 10.000 Molekülen pro Kubikzentimeter Luft erkennen, der Mensch braucht dazu 10.000.000.000. So kann der Hund 1 Gramm Heroin in einer luftdichten Dose, umgeben von stark riechenden Sardinen durch Aussortieren des Geruches feststellen. Die Buttersäure in unseren Schuhen dringt nur zu einem Tausendstel durch diese durch, aber das ist auf der Fährte bereits ein bis drei Millionen Mal mehr als das Minimum, das der Hund wahrnehmen kann. Dies erklärt anschaulich die Fähigkeit des Hundes, menschlichen Spuren zu folgen. Spürhunde haben schon Kleinkinder gefunden, die streckenweise getragen wurden. Grenzen der Anwendung der Hundenase sind nur durch die menschliche Phantasie und unsere Kenntnis im Umgang mit Hunden gesetzt. Die Überlegenheit des Hundes im Vergleich zum Menschen ist übrigens nicht für alle Gerüche gleich.

Der unverwechselbare menschliche Eigengeruch setzt sich aus einer Vielzahl verschiedener Stoffe zusammen. Viele davon sind verschiedene flüchtige Fettsäuren unterschiedlicher Konzentration und Zusammensetzung. Auch sind die Gerüche verschiedener Körperteile unterschiedlich, angeblich sollen Hunde zum Beispiel Achsel- und Fußgeruch nicht auf einen Nenner bringen, das heißt für denselben Menschen nicht identifizieren können.

Neben dem Fährtenspüren und dem Beriechen von Gegenständen ist das Wittern die dritte Funktion des Geruchsvermögens (die Funktion des Jacobsonschen Organs wäre die vierte). In Windrichtung befindliche Lebewesen kann der Hund so orten, auch wenn sie hunderte von Metern entfernt sind. Bei Wölfen hat man schon erlebt, dass sie kilometerweit entfernte Elche wahrgenommen und die Jagd auf sie begonnen haben. Jeder Besitzer einer läufigen Hündin auf dem Land kann zu seinem Leidwesen von der Witterungsfähigkeit der Rüden ein Lied singen.

Durch stark riechende Substanzen kann der Eigen- oder Spurgeruch nicht übertäubt werden, denn der Hund vermag ja im Gegensatz zum Menschen ihn interessierende Gerüche aus einem Gemisch „herauszufiltern". Hunde können nur durch giftige Substanzen abgeschreckt oder durch interessantere Gerüche (läufige Hündin!) abgelenkt werden. Hunde können Personen in Autos durch den Geruch aufspüren, der aus den Fenstern oder sonstigen Öffnungen strömt. In den USA verfolgt man so Verdächtige in Autos mit Bluthunden, indem man jeweils an den Kreuzungen den Hund die Richtung angeben lässt und dann bis zur nächsten Kreuzung fährt! Drogenschmugglern hat auch der Versuch nichts genützt, Drogen in Benzin, verdorbenen Nahrungsmitteln und sonstigen übel riechenden Materialien zu verstecken.

Für das Suchen von Minen und Sprengstoff gibt es nach Untersuchungen der amerikanischen Streitkräfte bis jetzt kein mechanisches Gerät, das dem Hund ebenbürtig sein könnte. Auch neuere schwedische Bemühungen haben nichts gefruchtet. Versuche mit so ausgefallenen Spurensuchern wie Frettchen, Dachsen, Nasenbären, Kojoten, Beagle-Kojoten-Kreuzungen, Stinktieren, Waschbären, Füchsen etc. hatten ebenfalls keinen Erfolg, wie Fogle berichtet. Fährten wurden gelegt, dann tiefgepflügt, mit Benzin übergossen und angezündet. Die Fährtenleger tauchten auch flussabwärts durch ein Gewässer, aber all dies konnte ihre Verfolger nicht endgültig abschütteln. Rüden sollen übrigens bessere Spurensucher als Hündinnen sein.

Das Riechvermögen, vor allem aber das Interesse für bestimmte Gerüche ist jedoch bei verschiedenen Hunderassen sehr unterschiedlich ausgeprägt. In einem amerikanischen Versuch wurde eine Maus in einem Feld von 1 Acre (etwa 40 Ar) Fläche ausgesetzt. Beagles fanden sie in einer Minute, Fox Terrier innerhalb einer Viertelstunde und Schottische Terrier gar nicht. Das kann allerdings mit unterschiedlicher Motivation, Stimmung oder Triebstärke der Hunde zu tun haben (Fogle, 1990, 1).

Hunde haben auch unterschiedliche Begabungen für Boden- und Luftwitterung. Typische Bodenspurensucher sind Schweißhunde und der Bloodhound, auch Spaniels und andere Jagdhunde suchen vorwiegend oder fast nur am Boden. Collies sind als ursprüngliche Schäferhunde auf großen Flächen gute Windwitterer und werden deshalb von britischen Rettungsbrigaden bevorzugt. Sie müssen ja auch Schafe außer Sicht hinter Hügeln finden. Witternde Hunde folgen einer Luftgeruchsspur durch Hin- und Herlaufen mit leicht erhobener Nase und ziehen sich vergrößernde Kreise, falls sie sie verlieren. Hoch hält der Hund die Nase, wenn es darauf ankommt, ferne Objekte, Personen oder Tiere auszumachen. Mit erhobener Nase wird auch gesucht, wenn der Hund plötzlich eine interessante Witterung wahrnimmt. Bei der Flächensuche durch Revieren sucht der Hund eine Spur, kann aber auch, sofern infolge günstigen Windes wahrnehmbar, durch eine Witterung geleitet werden. Hunde können auch in gewissem Ausmaß Gerüche „ausschalten“. Das geschieht u. a. durch Umleiten des Luftstroms um das Geruchszellenfeld herum durch den „Thermostat“ – eine Anhäufung feiner Blutgefäße im Mittelteil der Nase, welche die Körpertemperatur regelt – und weiter in den Schlund. In der Großhirnrinde erfolgt die „Motivationsfilterung“, das heißt, hier entsteht die Stimulation des Hundes, Geruchsinformation in Aktivität umzuwandeln. Dies hat mit dem Überleben in der Natur zu tun, wie auch zum Beispiel mit der Fortpflanzung. Rüden können heiße Hündinnen ja auf kilometerweite Entfernung riechen und werden stark motiviert, dem Geruch nachzugehen (heute wird jedoch oft berichtet, dass Rüden benachbarte läufige Hündinnen nicht merken oder nicht beachten).

In gewissen Krankheitsfällen, zum Beispiel Staupe, kann der Geruchssinn verloren gehen, ein solcher Mangel kann aber auch genetisch bedingt sein. Es wurde daher schon vorgeschlagen, Hunde, auch von Gesellschaftsrassen, auf das Geruchsvermögen hin zu überprüfen. Die Gefahr liegt darin, dass wir Menschen mit unserem guten Gesichts- und passablen Gehörsinn den Geruchssinn als Bagatelle auffassen und mit solchen Tieren züchten. Für den Hund ist er jedoch von großer Bedeutung und sein Mangel eine schwerwiegende Behinderung. Auch Menschen mit geschädigtem Riechvermögen verlieren zum Beispiel an Lust beim Essen und bei der Sexualität. Hunde, die das Geruchsvermögen verloren haben, verhalten sich oft wie verwirrt und ihre Verbindung zum Menschen verringert sich. In der Natur könnte ein Hund, der nicht mehr riechen kann, nicht überleben.

Hunde haben also ein ungeheures Riechvermögen und können so auch den Ermittlungsbehörden Beweismaterial liefern, das anders nicht zu beschaffen ist. Das kann etwa so vor sich gehen:

Ein Verdächtiger wird in einen fast leeren Raum gebracht. Darin stehen auf metallenen Ständern fünf gläserne Gefäße. Dann wird der ID-Hund („Identifizierungshund“) hereingeführt und zum gefundenen Schuh gebracht. Diesen beschnüffelt er und darauf den Inhalt der fünf Gläser, in denen sich völlig gleiche Socken befinden, von denen einer vom Verdächtigen getragen wurde. Die anderen stammen von freiwilligen Helfern. Der Hund untersucht alle der Reihe nach und legt sich schließlich vor einem nieder. Er hat damit die Übereinstimmung festgestellt.

Zur Überprüfung werden die Gläser umgestellt und der Hund nochmals angesetzt. Wenn er sich wieder vor demselben Glas niederlegt, hat er eine Übereinstimmung mit großer Sicherheit angezeigt. Diese wird noch erhärtet, wenn ein zweiter ID-Hund den Befund bestätigt.

Gerüche vom Tatort können mit bestimmten Methoden auf Wattebäusche übertragen und in hermetisch verschlossenen Gläsern jahrelang aufbewahrt werden. So hat man dann Gerüche von Tatorten zur Verfügung, die in so genannten Geruchsbanken aufbewahrt werden. Es befinden sich in solchen über ganz Ungarn verteilten Stationen auch Gerüche von einsitzenden Missetätern. Die Abnahme des Geruches einer Person erfolgt ebenfalls durch molekulare Überführung auf Zellstoff.

Von diesen Gerüchen werden auf vergleichbare Weise beinahe unbegrenzt wieder „Geruchsproben" abgenommen, die dann für die Identifikation verwendet werden können. Auf Anordnung des Richters ist es nun möglich, einen Hund die Gerüche ausarbeiten zu lassen. Dazu muss der Hund nach Geruchsabnahme vom Ausgangsgeruch (Geruch einer Person oder vom Tatort) aus fünf verschiedenen Gerüchen, die sich in den Glasgefäßen in den metallenen Ständern befinden, sofern vorhanden, diejenigen mit gleichem Geruch anzeigen.

Auch in den Niederlanden wird mit dieser Art von Geruchskonservierung gearbeitet. ID-Hunde, also Hunde zur Identifizierung von Besitzern von Gegenständen oder Personen, die Gegenstände berührt haben, sind für die Kriminalpolizei besonders wertvoll. Gegenüber der hochmodernen, viel diskutierten DNS-Methode haben die Hunde den Vorteil, dass ihnen schon der Geruch zur Identifizierung genügt, während bei der DNS-Untersuchung körperliche Substanzen wie Blut, Sperma, Schuppen usw., wenn auch in kleinster Menge, erforderlich sind. Außerdem ist der Hund sofort einsetzbar. Der Verdächtige oder Zeuge hält dabei zehn Minuten lang einen sterilisierten vierkantigen Metallstab. Zugleich werden fünf andere Personen hinzugezogen. Der Hund identifiziert nun den Stab, an dem gegebenenfalls der Geruch eines am Tatort gefundenen Gegenstandes haftet. Dies wird mit drei Hunden wiederholt. Das Ergebnis gilt als vertrauenswürdig, wenn sie unabhängig voneinander dasselbe Ergebnis liefern. Allerdings ist die Sicherheit, mit der ein Hund auf diese Weise identifiziert, nur etwa 75 Prozent, daher müssen jeweils mehrere Hunde übereinstimmende Ergebnisse bringen.

Die Tatortgegenstände werden in sterilen Glasbehältern aufbewahrt. Der Geruch daran vermindert sich zunächst rasch, bleibt aber dann lange Zeit (man spricht von einem Jahr, ja sogar von fünf Jahren) feststellbar. Die Aufnahme eines vom Hund wahrnehmbaren Geruches auf einem Gegenstand erfolgt bereits bei einer Berührung von zwei bis drei Sekunden. Wenn wir zum Beispiel an einem Flussufer dem Hund einen Kieselstein werfen (was wir aber wegen möglicher Zahnbeschädigungen nicht tun sollten!), wird er diesen unter Hunderten unfehlbar heraussuchen und uns bringen.

Ob allerdings mit der allgemeinen Einführung und Perfektionierung der DNS-Tests der Einsatz von ID-Hunden Zukunft hat, ist eher fraglich.

Die Riechwelt des Hundes ist und bleibt für uns unvorstellbar, die Leistung der Hundenase unersetzlich. Jedoch, auch hier bahnt sich eine technische Entwicklung an, die zu „künstlichen Nasen" führen dürfte (gewisse Prototypen für bestimmte Zwecke gibt es schon), doch wird vermutlich der Hund als „Suchgerät" noch lange nicht, wenn überhaupt je, zu ersetzen sein.

Auf der Fährte

Hunde können Fährten von Tieren und Menschen auf jeder Art von Oberfläche verfolgen, allerdings ist dies auf bewachsenem Boden für sie wesentlich leichter. Wir Menschen verlieren täglich gegen 50 Millionen abgestorbene Hautzellen. Diese steigen als feinste Schuppen wie eine Wolke in der warmen Luft um den Körper auf und sinken dann auf den Boden, wenn sie nicht von Luftströmungen vertragen werden. Selbst wenn man gerade aus der Dusche kommt, wimmeln Millionen Bakterien auf der Hautoberfläche und verwandeln das Drüsensekret in den ganz spezifischen individuellen Körpergeruch. Er ist zum Teil ererbt, zum Teil wird er von der Nahrung beeinflusst. Unser individueller Geruch ist einmalig, nur eineiige Zwillinge machen eine Ausnahme. Auch sie kann ein Suchhund, wenn auch mit Schwierigkeiten, auseinander halten (bei eineiigen Säuglingen aus der gleichen Umgebung haben sie allerdings versagt). Nur eineiige Zwillinge mit gleicher Ernährung können größere Probleme bereiten. Ein Versuch von Kalmus (1995) ergab Folgendes: Wenn man einen Hund den Geruch eines Zwillings riechen ließ, folgte er ohne weiteres auch der Fährte des zweiten Zwillings, er konnte aber die beiden eineiigen Zwillinge unterscheiden, wenn man ihn deren beider Gerüche riechen ließ! Er konnte jedoch nicht die Handtücher von eineiigen Zwillingen richtig identifizieren. Man könnte Hunde auch abrichten, aus einer Menschengruppe alle ängstlichen Personen oder zum Beispiel alle Schizophrenen herauszusuchen.

So können „Nasentiere“ wie der Hund unsere Hautzellen auch in Entfernungen von hunderten von Metern, ja sogar kilometerweit wahrnehmen. Manchmal werden die Geruchsstoffe von Luftströmungen hochgezogen und senken sich an einer anderen Stelle wieder zum Boden. In diesem Fall kann der Hund natürlich die Richtung, wo sich das geruchserregende Objekt befindet, nicht eruieren. Er ist jedoch, wenn der Geruch für ihn Bedeutung hat, entsprechend alarmiert. Unser Körpergeruch wird nach neuesten wissenschaftlichen Erkenntnissen durch den so genannten MHC-Genkomplex unseres Immunsystems bestimmt, worauf wir noch zu sprechen kommen werden. Körpergeruch ist individuell einmalig wie ein Fingerabdruck, unser Hund erkennt ihn jedenfalls unter Tausenden anderen Menschengerüchen wieder.

Fährtensuchen ist eine besonders anspruchsvolle Gebrauchs- und Hundesportdisziplin. Sie erfordert vom Hund eine nur ihm mögliche, für uns Menschen unvorstellbare Leistung, die noch dazu, wie erwähnt, besondere mentale, aber auch körperliche, sozusagen sportliche Anforderungen stellt. Man hat festgestellt, dass nach einer längeren Fährte die Körpertemperatur des Hundes um 1 bis 2 Grad Celsius erhöht ist. Auch Atmung und Herzschlag sind erhöht. Erst nach eineinhalb Stunden wurden die Normalwerte wieder erreicht. Unmittelbar nach der Fährtenarbeit darf man dem Hund daher keine weitere anstrengende Tätigkeit abverlangen und mit ihm auch nicht anstrengend spielen. Vorher aber sollte er, wie ein Sportler, die Möglichkeit zum Aufwärmen haben. Ein Fährtenhund muss daher eine gute Kondition besitzen, die wir durch entsprechendes Ausdauertraining wie Jogging oder Radfahren mit dem Hund erreichen.

Im Prinzip aber ist Spürarbeit in erster Linie eine Gehirnleistung. Man hat nur wenig Unterschiede in der Genetik des Riechvermögens verschiedener Rassen an sich feststellen können. Ob ein Hund „eine gute Nase" hat, hängt vor allem davon ab, ob er die gewünschte Leistung erbringen will. Das aber ist wieder in hohem Maß von uns und unserer Fähigkeit abhängig, ihn richtig zu motivieren.

Folgt der Hund auf der Spur dem menschlichen Geruch oder sind es nicht vielmehr nur der verletzte Boden und zertretene Pflanzen, die den Hund leiten? Diese Frage spiegelt schon unsere Unfähigkeit wider, die Geruchswelt des Hundes zu begreifen. Wir können einfach nicht glauben, dass die minimalen Geruchsmengen, die durch unsere Schuhe auf den Boden gelangen könnten, für einen Hund zur Identifizierung ausreichen würden. Daher spukt diese Meinung auch heute noch vielfach in der Fachwelt herum. Konrad Most und G. H. Brückner hatten 1937 eine Untersuchung veröffentlicht, wonach Hunde einer Spur, die mit einem „Spurenrad", also ohne menschlichen Fährtengeruch, angelegt wurde, ohne weiteres nachgingen. Damit war aber nur bewiesen, dass Hunde auch auf Begleitgerüche achten und diesen noch nachgehen, wenn der sie eigentlich interessierende Geruch des Fährtenlegers aus irgendwelchen Gründen nicht wahrnehmbar ist. Der Hund „vermutet" offenbar folgerichtig, dieser Geruch würde später schon wieder auftauchen. Ein guter Fährtenhund dürfte sich bei der Arbeit je nach den Verhältnissen nach dem Personen- oder dem Begleitgeruch richten.

Dennoch könnte der Hund durch Abrichtungsfehler auf die Begleitgerüche allein programmiert werden. Das kann man erkennen, wenn man zwei etwa gleich große Personen von verschiedenen Stellen weg eine Fährte ziehen lässt, wobei sie sich an einem Punkt treffen und jeder im rechten Winkel abbiegt. Geht der Hund beim Fährten dann geradeaus weiter, ohne Unsicherheit zu zeigen, hält er sich offenbar an die Nebengerüche. Bei der Abrichtung auf Verleitungsfährten wird sich ein Hund, der sich nur an die Nebengerüche hält, nicht beirren lassen, wenn die Verleitungsfährte lange vor oder nach der Testfährte verlegt wurde, da der Hund den Altersunterschied erkennt, bei gleich alten Fährten verschiedener Personen gleichen Gewichtes wird er dagegen leicht auf die falsche Fährte wechseln.

Auch auf einer Wildfährte werden Hunde die Spur noch verfolgen, wenn der eigentliche Wildgeruch zeitweise so schwach werden sollte, dass sie ihn nicht mehr riechen können, in der Gewissheit, dass er später wieder stärker werden muss. So zu verfahren hat sich ja in Jahrmillionen als zweckmäßig erwiesen.

Können Hunde aber auch eine Spur auf hartem Untergrund verfolgen? An sich können sie das. Sie folgen dann nur dem Menschen- und Schuhgeruch, die Bedingungen sind so für sie viel schwieriger. Oft wundert man sich, dass ausgebildete Hunde mit solcher Begeisterung für sie so uninteressanten Gerüchen, wie solchen von Drogen, Pfifferlingen, Sprengstoffen, Holz- und Mauerschimmel usw., nachgehen, wenn man sie darauf ausbildet. Bei ihnen ist dabei der Beutetrieb aktiviert, da man ihnen in der Ausbildung beigebracht hat, diese Gerüche mit etwas Interessantem, zum Beispiel Spielzeug oder Leckerbissen, in Verbindung zu bringen, was durch Lob und Belohnung noch verstärkt wird. Dadurch dürfte es prinzipiell möglich sein – und bei Abrichtungsfehlern auch geschehen –, dass Hunde auf der Fährte die Begleitgerüche und nicht den Eigengeruch als die eigentlichen Leitfaktoren auffassen und so leicht auf Verleitungsfährten hereinfallen.

Aber völlig unbegreiflich wird uns der Hund, wenn wir uns erklären wollen, wieso Hunde die Richtung feststellen können, in der eine Fährte gelegt wurde. Auch das können sie, denn sonst würden sie oft eine gefundene Spur irrtümlich zu ihrem Anfang zurückverfolgen, was selten geschieht. Die einzige Erklärung dafür ist die, dass sie erkennen können, wo die Spur jünger wird, eine ganz grandiose Leistung. Sie müssten also geringste Konzentrationsänderungen der Spur erkennen können und danach ihre Suchrichtung bestimmen. Zwar brachten ältere Versuche in dieser Richtung keine ganz eindeutigen Ergebnisse, neuere Studien gaben aber ein anderes Bild. Die Veränderung des Spurgeruches ist darauf zurückzuführen, dass die Bakterien bei älter gewordenen Spuren mehr Zeit hatten, fermentative Veränderungen zu bewirken, doch ist schwer zu verstehen, dass solche Unterschiede schon innerhalb weniger Meter der Fährte für den Hund erkennbar sein sollten. Hunde, die man im rechten Winkel an eine Spur heranführte, prüften die Fährte in beiden Richtungen wenige Fußstapfen weit, um sich dann für eine davon zu entscheiden und dann meist dabei zu bleiben, also vermutlich aufgrund von Altersunterschieden der Tritte von wenigen Sekunden! Die Hunde scheinen eine unterbrochene Trittspur dazu zu benötigen, denn sie versagten, wenn die Tritte ohne Unterbrechung aneinander gereiht wurden. Andererseits wurde festgestellt, dass Hunde beim Auffinden älterer Spuren oft längere Zeit fälschlich „rückspüren", als wenn die Fährte frischer ist. Wenn zum Beispiel amerikanische Waschbärhunde (Coon Hounds) auf der Suche nach dem Wild losgelassen werden, bleiben sie auf einer querenden Fährte oft so abrupt stehen, dass die nachkommenden über die vorderen stürzen. Falls sie sich zunächst irren, wird die Richtung sehr rasch festgestellt und gewendet, bei einer frischeren Spur geht das aber rascher als auf einer älteren, wo sie oft länger verkehrt spüren (Falkeland, 1999).

Hunde können sich auch nach dem Geruch verletzter Pflanzenteile und der betretenen Bodenoberfläche orientieren. Auf harter Unterlage kann es hingegen auf die aufwärts strömenden Duftstoffe ankommen, dann hält der Hund die Nase höher. Im Übrigen tendiert er gerne zur Außenseite der „Molekülstraße", das heißt etwa 1 Meter oder mehr seitlich von der Spur selbst. Das geschieht häufig bei frischer Spur und starkem Wind. Daher ist auch für den Spürhundführer die Windrichtung wichtig. Natürlich legt man eine Fährte immer mit dem Wind im Rücken. Da die Geruchsmoleküle wasserlöslich sind, kann Regenwetter die Arbeit erschweren. Dazu wählt man einen windstillen Morgen zeitig früh, wenn die Luft noch feucht ist und der Tau am Boden perlt. Gerade wenn die Sonne zu wärmen beginnt, dann liegen die meisten Geruchspartikel sozusagen als kleine duftende „Blasen" über der Fährte. Wenn es dann später heiß wird, verdampfen die meisten Geruchsstoffe und die Fährtensuche wird schwieriger.

Folgende Faktoren behindern die Geruchsleistung: zu viele Stimuli zu nahe nebeneinander, zu trockener Boden, zu starke Luftfeuchtigkeit, Regen, körperliche Erschöpfung, lange Pausen bei der Sucharbeit und fehlender Erfolg nach langer Suche. Da beim Fährten eine gehemmte Atmung erfolgt, ist diese Arbeit für die Hunde sehr belastend, steigt doch dadurch sehr rasch der Laktatgehalt des Blutes wie bei einem rasanten Sprint, aber auch die Körpertemperatur. Nach längerem Fährten sollen daher unbedingt Rastpausen von etwa 20 Minuten eingelegt werden. Hunde in guter Kondition ertragen diese Belastung natürlich viel leichter. Solche Pausen sind auch aus einem anderen Grund anzuraten: Wie beim Menschen dürfte auch beim Hund bei längerem Einsatz eine Geruchsgewöhnung eintreten, wobei der Duft nicht mehr oder weniger gut erkennbar wird. Bei älteren Fährten dürfte dies weniger leicht eintreten, daher wird auch beim Legen einer Spur bis zum Ansetzen des Hundes einige Zeit zugewartet.

Dies jedoch besonders aus einem anderen Grund: Um erfolgreich eine Fährte auszuarbeiten, muss am besten eine halbe Stunde zugewartet werden, damit die einsetzenden bakteriellen duftproduzierenden Reaktionen nach dem Betreten im Boden richtig in Gang kommen können. Diese Düfte ziehen erfahrene Hunde neben dem Geruch verletzter Pflanzenteile und der betretenen Bodenoberfläche „zu Rate". Auf harter Unterlage kann es hingegen bei Wärme auf die aufwärts strömenden Duftstoffe ankommen, so hält der Hund hier die Nase hoch.

Sonstige Sinnesleistungen

Der Tastsinn des Hundes ist gut ausgeprägt. Die Pfoten, vor allem aber die Schnauze mit ihren Tasthaaren, wissenschaftlich Sinushaare genannt, werden bevorzugt zum Fühlen eingesetzt. Der Tasthaarapparat ist als ein eigenes, wichtiges Sinnessystem der Umwelterkundung aufzufassen. Mit menschlichen Barthaaren sind diese Haare nicht vergleichbar. Ein Amtstierarzt hat sogar deshalb die standardmäßige Schur des Fanges bei Pudeln als tierschutzwidrig beanstandet (Europudel 3/2001, S. 29). Möglicherweise werden dadurch Luftvibrationen oder Infraschall (extrem tiefe, für uns unhörbare Töne) aufgenommen. Die gute Umweltkompetenz blinder Hunde könnte vielleicht damit zusammenhängen.

Der Geschmacksinn des Hundes ist zwar weniger gut ausgebildet als der des Menschen, was schon aus der viel geringeren Zahl der Geschmackspapillen auf der Zunge zum Ausdruck kommt. Der Mensch hat davon zirka 9.000, der Hund nur um 1.700. Das reicht aber durchaus aus, dass Hunde bestimmte Nahrung anderer vorziehen. Vor allem haben Hunde gekochtes Fleisch, sobald sie es kennen, meist lieber als rohes und solches in Dosen lieber als frisch gekochtes. Anders als Katzen nimmt ihr Geschmacksinn auch Süßes wahr, denn im Gegensatz zu Katzen verzehren wilde Hundeartige auch Früchte. Die Süße von Sacharin erscheint ihnen dagegen bitter. Konzentrierte Süßigkeiten jedoch lieben sie nur, wenn sie daran gewöhnt werden (was man nicht tun sollte!), Schokolade ist für sie sogar giftig. Salzig ist ihnen weniger wichtig, denn anders als bei Menschen und Pflanzenfressern enthielt ihre natürliche Fleischnahrung das lebenswichtige Salz in ausreichender Menge. Ihre Geschmacksempfindlichkeit für Salz ist daher gering. Hunde schmecken auch sauer und „fleischigen“ Geschmack (Nucleotide), vielleicht auch wie der Mensch die Geschmacksverstärkung durch Natriumglutamat. Bei der Geschmackswahrnehmung spielt wie beim Menschen der Geruchssinn mit eine Rolle.

Hunde haben bekanntlich ein sehr gutes Zeitgefühl, sie können mit großer Genauigkeit auf eine bestimmte Zeit, zum Beispiel zur Fütterung, eingestellt werden (nach Fogle mit einer Minute Genauigkeit). In englischen Quarantänezwingern (eingeführte Hunde müssen ja in Großbritannien zur Verhinderung der Einschleppung von Tollwut sechs Monate in Quarantäne bleiben; seit kurzem gibt es Ausnahmen) hat man beobachten können, dass die Hunde dort je nach der Frequenz der Besuche durch die Besitzer ihr Verhalten an den Besuchstagen ändern, weniger fressen oder unruhig werden. Das kann dann je nach den Umständen wöchentlich, vierzehntägig oder monatlich der Fall sein.

7

HÖRIDENTIFIKATION – DER GEDANKENWELT DES HUNDES AUF DER SPUR

Hat der Hund Vorstellungen und Bewusstsein?

Wie schon an anderer Stelle besprochen, war der Mensch im Zusammenleben mit dem Hund immer geneigt, ihn zu „vermenschlichen", ihm menschliche Denk- und Gefühlsmodelle zu unterschieben, wie „schlechtes Gewissen" oder das Gefühl für gut und schlecht. Das hat sogar dazu geführt, dass in alten Zeiten Hunde als „Verbrecher" abgeurteilt und hingerichtet wurden (heute ist es allerdings nicht viel besser, wenn wir denken, dass zum Beispiel in England wieder Hunde auf Gerichtsbeschluss hin getötet werden, nur weil sie einer bestimmten als „bösartig" stigmatisierten Rasse angehören, sogar wenn sie harmlos sind und nichts getan haben oder der verdächtigten Rasse nur ähnlich sehen – mittlerweile gibt es Derartiges auch in Deutschland). Schon in der römischen Legende von der Rettung durch die wachsamen Gänse des Kapitols beim Einfall der Gallier wird das Versagen der Hunde, welche dies verschliefen, schwer gerügt. Bis in die Zeiten des Kaiserreiches wurden als „Sippenhaftung" alljährlich Hunde am Tag der Verfehlung auf dem Kapitol gekreuzigt. Erst in unserer Zeit wird versucht, die tatsächlichen psychischen Fähigkeiten des Hundes zu erforschen.

So hat W. Fischel in seinem Buch „Die Seele des Hundes" seinerzeit das wissenschaftliche Grundprinzip der „sparsamsten Erklärung" vertreten. Damit ist gemeint, dass man bei der Interpretation der Fähigkeiten und Aktionen von Hunden nicht von komplizierten Begriffen aus der Welt des Menschen ausgehen sollte. So ist zum Beispiel das gedrückte Heranschleichen eines Hundes nach dem verbotenen Streunen kein Ausdruck des „schlechten Gewissens", sondern aktive Unterwerfung, ein rührender Beschwichtigungsversuch im Hinblick auf frühere Bestrafung in solchen Fällen, um so eine menschliche „Beißhemmung", also den Verzicht auf die Bestrafung, zu erwirken. Nicht Liebe oder Treue bringt der Hund uns entgegen, sondern Anhänglichkeit oder, wie man heute sagt, soziale Bindung, doch im Grunde kommt es auf dasselbe heraus, denn gerade die „Tiefe des Gefühls" ist es, die uns beim Hund so anspricht.

Dementsprechend bezeichnet Fischel Freude als Lustempfinden, Trauer als Unlustgefühl infolge eines Verlustes usw. Dem Hund fehle sogar ein Vorstellungsvermögen, jedenfalls müsse man das annehmen, solange man es nicht beweisen könne. Für die Gedächtnisleistungen des Hundes genüge es demnach, ein so genanntes „leeres Gedächtnis" anzunehmen, das keine Vorstellung voraussetzt, sondern erst aktiviert wird, wenn die Ereignisse oder Objekte wahrnehmbar sind. Analoges gibt es ja auch beim Menschen, wenn manchmal das (Vorstellungs-) Gedächtnis aussetzt. So etwa, wenn man morgens mit dem vagen Gefühl aus dem Haus geht, dass einem etwas fehle, ohne sagen zu können, was es eigentlich ist. Später, im Büro, merkt man dann etwa, dass man einen Schlüssel, eine Unterlage oder dergleichen vergessen hat.

Die moderne Wissenschaft hat mit den vermenschlichenden Vorstellungen aufgeräumt, dabei aber gelegentlich auch einmal über das Ziel hinausgeschossen. Fischel unterscheidet die „gebundene" und die „freie" Erinnerung. Erstere habe auch der Hund, es ist dies das Wiedererkennen beim Bekanntheitserlebnis, etwa wenn der Hund seinen Apportierstock findet und in der Erinnerung an lustvolle Apportierspiele seinem Herrn wedelnd zuträgt. Dagegen gebe es beim Menschen, anderen Primaten und einigen höheren Pflanzenfressern die „freie Erinnerung". Ein Kind, dem Äpfel und Birnen angeboten werden und das die ihm besser mundenden Birnen wählt, betätigt die „gebundene Erinnerung", sieht es nur Äpfel und bittet um Birnen, so liegt nach Fischel eine „freie Erinnerung" vor, das Kind hat also offenbar eine Vorstellung von einer Birne. „Nein", schrieb Fischel, „es gibt in der Seele des Hundes keine Vorstellungen. Das mag manchen Tierfreund überraschen und enttäuschen ..."

Verblüffend, aber folgerichtig meinte Fischel sogar, der Hund kenne daher auch seinen Herrn nicht, das heißt, er könne sich ihn nicht vorstellen. Zwar ist er offenbar deprimiert, wenn er allein ist, doch das sei nur ein Unlustgefühl, dem Hund fehle etwas, er wisse aber nicht was. Erst wenn sein Herr hereinkommt, erkennt er ihn freudig dank seiner „gebundenen" Erinnerung, ähnlich einem Menschen, der das Gefühl hat, etwas vergessen zu haben (siehe oben). In diesem Fall liegt also ein Versagen der betreffenden freien Erinnerung vor, die ja nach Fischel beim Hund überhaupt nicht vorhanden ist. Deshalb könne auch der Jäger den Hund nicht mit dem Befehl „Hase" oder „Fasan" auf ein bestimmtes Wild ansetzen. Allerdings haben mir Jäger mitgeteilt, dass es Jagdhunde gibt, die sich je nach Jagdart beziehungsweise Gelände automatisch auf das spezifische Wild einstellen. Ob dies ein Beweis für freie Erinnerung ist oder ob nicht andere Faktoren (zum Beispiel vorherrschende Wildwitterung) eine Rolle spielen, ist schwer zu sagen.

Fischel meint weiter, ein Beweis für freie Vorstellungen („Suchbilder") beim Hund wäre es, wenn man einem Hund das exakte Bringen des richtigen Gegenstandes beim Befehl „Ball" oder „Holz" beibringen könnte. Leider hat Fischel unerklärlicherweise diesen Versuch nie angestellt. Er erwähnt nur einen Kollegen, der ihm seinen Hund vorführen wollte, der dies gekonnt haben soll. Doch dieser entlief auf Nimmerwiedersehen am Vortag der geplanten Vorführung.

Nur ein anderer Versuch gab Fischel doch etwas zu denken, allerdings reichte es ihm nicht, seine These umzustoßen. Er legte für einen Pinscher und einen Fox Terrier ein Stück Fleisch und einen Keks in zwei verschiedene Behälter, so, dass die Hunde es sehen konnten. Er erwartete, dass die Hunde wählen würden, sie taten es jedoch nicht, liefen zum Behälter mit dem Keks und fraßen dann auch das Fleisch. Doch unter 50 Versuchen kam es sechsmal vor, dass der Fox Terrier zwar zum Keks lief, diesen jedoch zunächst liegen ließ und sich erst das Fleisch holte und dann auch noch den Keks verzehrte. Für diesen als Ausnahmsleistung betrachteten Fall ließ Fischel eine höhere, doch schwach ausgeprägte Vorstellungsfähigkeit immerhin zu.

Als Bestätigung seiner These sah Fischel ferner an, dass im Gebrauchshundewesen alle Befehle sich auf Tätigkeiten beziehen, auch wenn es nicht immer Tätigkeitswörter sind, wie „Sitz“, „Platz“, „Voran“ usw. Merken könne sich der Hund nämlich nur Wörter, die eine Handlung bedeuten. Wäre es anders, meinte Fischel, müssten Bezeichnungen für Gegenstände schon lange in die Hundeabrichtung Eingang gefunden haben.

Die Überlegungen Fischels entsprachen dem wissenschaftlichen Grundsatz der sparsamsten Erklärung und dem damaligen Wissensstand, und so hielt es Fischel nicht für erforderlich, dem Hund ein hochstehendes bildliches Vorstellungsvermögen zuzubilligen, um hundliche Leistungen befriedigend erklären zu können. Tatsächlich scheint es nicht möglich zu sein, Suchhunde etwa auf mehrere Suchtgifte abzurichten und dann auf Befehl einmal etwa nur Heroin, dann wieder nur Haschisch suchen zu lassen (es sei denn, man gibt ihnen vorher die Anleitung durch die entsprechende Witterung!). Hunde weisen aber eine sehr gute Gedächtnisleistung besonders für Personen und andere Hunde auf, die sie oft noch nach Jahren der Trennung wiedererkennen können.

Außerdem fehle dem Hund als vorwiegendem Nasentier die Einsicht in Anordnungen, sagt Fischel weiter. Er lerne daher durch Versuch und Irrtum, nicht aber durch Überlegung. Legt man zum Beispiel ein Stück Fleisch, an dem eine Schnur befestigt ist, vor ein Gehege, wird ein Hund hinter dem Zaun das Fleisch nur bekommen, wenn er, mit den Pfoten in seine Richtung planlos scharrend, zufällig die Schnur heranzieht und so das Fleisch erreicht. Beim nächsten Versuch allerdings wird ein intelligenter Hund sofort an der Schnur ziehen, er hat die Problemlösung zwar vermutlich nicht einsichtig verstanden, aber gelernt und behalten.

Hinsichtlich des Vorstellungs- und Denkvermögens (Kognition) von Tieren gibt es aber in jüngster Zeit viele neue Erkenntnisse. So die erfolgreichen Versuche mit sprachlicher Kommunikation mit Menschenaffen über Computer und die Hinweise auf ein

Ich-Bewusstsein höherer Tiere. E. G. Sarris (1931) sagt, dass die Vorkämpfer einer Sonderstellung des Menschen mit „unbeugsamer Hartnäckigkeit" gegen die Annahme der Vorstellungsfähigkeit des Tieres gekämpft hätten. Doch zeigen Tauben in Versuchen die Fähigkeit, gezeichnete Bäume verschiedener Art und verschiedener Größe als Bäume zu erkennen, sie konnten also verallgemeinern beziehungsweise in Kategorien denken. Das setzt eine bestimmte Denk- und Vorstellungsfähigkeit voraus.

Wohl am erstaunlichsten aber sind die Erkenntnisse der amerikanischen Ethologin Irene Pepperberg (1990), die mit ihrem Graupapagei Alex darlegen konnte, dass dieser nicht nur die Namen von 35 Gegenständen erlernte, sondern auch in der Lage ist, diese zu verlangen oder abzulehnen. Ferner kennt und benennt er einige Farben, Formen von Gegenständen und Materialien und kann bis sechs zählen. Damit nicht genug, hat Alex auch Denkkategorien wie Form, Farbe und Anzahl erlernt und kann auf diesbezügliche Fragen („Welche Farbe?") richtig antworten.

Diese unwahrscheinlichen Leistungen entsprechen denen von Menschenaffen, Robben und Walen. Solche Ergebnisse sind sensationell, denn bisher hatte man angenommen, dass Papageien nur in Ausnahmefällen menschliche Wörter sinnvoll anwenden, sonst aber nur die erlernten Vokabeln ohne Bedeutung vor sich hin plappern. Die Tatsache, dass Papageien die menschliche Sprache sehr gut imitieren können, hat diese Forschungen natürlich wesentlich erleichtert. Dennoch ist es verwunderlich, dass man nicht früher auf dieses bemerkenswerte Talent von Papageien gestoßen ist. Es fehlte aber eine richtige Trainingsmethode, die erst Pepperberg erarbeitet hat.

Hunde können nicht sprechen und uns im Gegensatz zu Alex auf Fragen nicht antworten, wir können also nur mit Schwierigkeit anhand ihrer Reaktionen (richtiges Apportieren) vermuten, ob es bei ihnen ein Vorstellungsvermögen gibt. Wie gehen wohl die Denkweise und Entscheidungsvorgänge beim Hund vor sich? Ein Erlebnis mit einem Hund macht mich nachdenklich, wenn dies auch nur anekdotisch ist. Es war ein kleiner schwarzer spitzartiger Mischling mit Namen Blacky, zwölf Jahre alt. Er wurde unserer Nachbarin, einer betagten Dame, von ihrer Tochter geschenkt, da sie ihre alte Spanielhündin gerade verloren hatte. Er stammte aus einer aufgelösten Wohngemeinschaft, war also ein Notfall. Im neuen Heim zeigte sich, dass er Männer fürchtete, und so entlief er, als er den Sohn der neuen Besitzerin sah. Den Tag über wurde er immer wieder, zum Teil in kilometerweiter Entfernung gesehen, aber jedem Fangversuch entzog er sich durch Flucht. Die Hoffnung auf seine Rückkehr hatte man bald aufgegeben. Vor dem Haus befand sich eine äußerst verkehrsreiche Straße. Es war auch zu vermuten, dass er versuchen würde, sein früheres Heim wiederzufinden. Aber als es Nacht wurde, kratzte es an der Tür. Er war gegen alle Erwartungen selbst zurückgekommen, wobei er noch dazu einen Umweg über den Nachbargarten genommen hatte, da nur dort für ihn eine Durchschlupfmöglichkeit bestand. Er muss also Überlegungen angestellt und Entscheidungen getroffen haben, die ohne Vorstellungsvermögen schwer erklärbar sind. Seine Angst vor Männern hat er übrigens trotz seines Alters später weitgehend verloren.

Als Nasentier hat der Hund vielleicht aber eher eine „Riechvorstellung“ gegenüber der vorherrschenden Sichtvorstellung der „Augenwesen“ Mensch, Menschenaffe oder auch der Taube. Jedenfalls besitzen Hunde die geistigen Voraussetzungen, um in ihrer oder in einer menschlichen Sozietät die hierarchischen Strukturen zu analysieren und für ihre soziale Stellung nutzbar zu machen.

Das Vorstellungsvermögen ist ja auch eine Vorbedingung, um Überlegungen möglich zu machen. Das können wir am besten bei Hütehunden beobachten, die bei ihrer Arbeit oft selbstständig zwischen mehreren Aktionsmöglichkeiten wählen müssen. Beim Treiben der Schafe müssen sie genau beobachten und entscheiden, wann sie auf eine andere Seite wechseln müssen. Die Möglichkeit des Lernens durch Nachahmung ist beim Hund auch dadurch begrenzt, dass in seinem Gehirn das dazu nötige Pyramidalsystem nur 10 Prozent der weißen Gehirnsubstanz ausmacht (beim Menschen 30 Prozent).

Wir sind leicht geneigt, Hunden die Fähigkeit des Träumens zuzuschreiben, also die Erzeugung von Traumbildern als Widerspiegelungen von Erlebnissen. Hunde geben im Schlaf oft die verschiedensten Laute von sich und führen Bewegungen aus, die etwa vermuten lassen, sie träumten von der Jagd usw. Allerdings wäre auch die einfachere Erklärung möglich, dass es sich nur um mentale Erregungszustände im Schlaf handeln könnte. Aber auch menschliche Träume sollen ja nach einer Erklärung ihren Ausgang in chaotischen Erregungen des Kleinhirns nehmen, die dann vom Großhirn „dichterisch“ ausgestaltet werden. Hunde haben Verhaltensweisen, die zwar anders zustande kommen als menschliche Analogien, die sie uns jedoch wesensverwandt erscheinen lassen. Wie gut ihnen das gelingt, dafür kennt wohl jeder eindrucksvolle Beispiele. Auch Menschen, die nicht auf Hunde als vorwiegenden sozialen Kontakt angewiesen sind, sprechen von ihren gegenwärtigen und besonders einstigen Hunden oft nicht anders als von geliebten Familienmitgliedern. Ein jeder Tierfriedhof gibt darüber beredten Aufschluss.

Was ist Höridentifikation?

Diese neue Ausbildungsdisziplin soll etwas ausführlicher besprochen werden, da sie interessante Einblicke in die Denkweise des Hundes gewährt und ich mich damit besonders befasst habe.

Fischel hat also dem Hund die Vorstellungsfähigkeit abgesprochen. Inzwischen hat jedoch die Nutzanwendung der „freien Erinnerung" des Hundes längst in bestimmte neue Gebrauchsformen des Behindertenhundes Eingang gefunden, ohne dass die Wissenschaft dies gebührend zur Kenntnis genommen hätte. So werden Blindenhunde heute abgerichtet, Zebrastreifen, Stiegen, freie Sitzplätze in Fahrzeugen, Türen usw. anzuzeigen, bei deren Erkennung der Geruch kaum oder gar keine Rolle spielen kann. Die Hunde der Rollstuhlfahrer betätigen Lichtschalter und rufen den Lift herbei. Viele Behindertenhunde holen auf Nennung Gegenstände, auch aus Schubladen. Der bekannte Tierarzt und Hundepsychologe Dr. Brunner („Der unverstandene Hund") sagte mir, der Hund habe durchaus die Fähigkeit zur visuellen Vorstellung, doch leichter falle ihm die geruchliche, die wieder uns Menschen Schwierigkeiten macht.

Die Wissenschaft hat sich lange mit dieser interessanten Thematik nicht eingehend befasst, doch 1991 wurde in den USA eine Studie veröffentlicht, die der oben erwähnten fischelschen Forderung entspricht. Hierbei wurde mit drei Golden Retrievern und jeweils drei verschiedenen Gegenständen nach intensiver Ausbildung eine Erfolgsquote von über 80 Prozent erzielt (Young, 1992). Immerhin kannte auch Dr. Brunner (persönliche Mitteilung) ein hundliches Genie, das 30 Gegenstände identifizieren konnte. Ferner war in einer Sendung von „Wetten dass" die derartige Leistung eines Border Collies zu sehen.

Aufgrund dieser Sachlage rief der österreichische Kynologenverband auf meine Anregung einen Arbeitskreis „Höridentifikation" ins Leben, der durch drei Jahre tätig war. Hierbei sollte diese Fähigkeit des Hundes näher untersucht, geeignete Methoden für die Ausbildung und gegebenenfalls so eine neue Gebrauchsdisziplin erarbeitet werden. Dazu kommt, dass damit auch viele wesentliche neue Erkenntnisse über die Psyche und die geistigen Fähigkeiten des Hundes sozusagen als „Nebenprodukt" zu erwarten sind, die einen Fortschritt in der Kynologie darstellen.

Übrigens, ein Hund, der die sprachlichen Bezeichnungen für Gegenstände versteht, wird sicher geistig besonders gefordert und gefördert. Es ist das wohl auch ein Training für den Hund, weil er vermutlich so zugleich die menschlichen (sprachlichen) Kommunikationsformen besser zu verstehen lernt.

Besonders bemerkenswert war die Leistung eines Mischlings namens Blacky (nicht der vorerwähnte), der in Agility ausgebildet war. Hier wurden als Gegenstände ein improvisierter Slalom aus Plastikstangen im Rasen, ein gleichfalls improvisierter „Tisch" (eine Holzpalette) und ein Ball verwendet. Es waren also auch zwei Großgegenstände zu identifizieren, und Blacky bot eine überzeugende Leistung, da er diese Geräte auf Hörzeichen mit großer Sicherheit aufsuchte und gleich vorschriftsmäßig benützte! Solche Leistungen sind zwar heute bei Agilityhunden nicht mehr ungewöhnlich, doch ist bemerkenswert, dass hier zugleich ein Hinweis auf das Abstraktionsvermögen Blackys geliefert wurde. Der „Tisch“ war nämlich auf Bodenniveau und der Slalom bestand aus nur wenigen Stangen.

Nach unseren bisherigen Erfahrungen kann man eines bereits sagen: Die Ausbildung auf verlässliche Höridentifikation ist nicht leicht, und es scheinen große individuelle Begabtheitsunterschiede vorzuliegen. Auch hat die Konzentration der Hunde beim dritten Durchgang in diesem ersten Test mit offenbar noch nicht voll ausgebildeten Tieren (dies war nicht vorausgesetzt worden) rasch nachgelassen, denn die Leistung im ersten Durchgang lag mit 75 Prozent bereits nahe bei dem in der amerikanischen Studie erreichten Wert. Es war hochinteressant, die Arbeitsweisen von Hund und Führer bei dieser Disziplin zu beobachten. Später hat die leider inzwischen verstorbene Deutsche Schäferhündin Ombra von Pomonia von C. H. Tehsarik mit sicherer Identifizierung von fünf identifizierten Gegenständen das beste Resultat erreicht.

Wie bildet man den Hund hierzu aus? Wichtig ist, dass er gerne apportiert und dazu auch ausgebildet ist. Dann beginnt man mit einem Gegenstand zu üben und dabei die Kommandos „Bring“ und den Namen des Gegenstandes, zum Beispiel „Ball“, „Leine“, „Stock“ usw., zu nennen. Dies geschieht anfangs nur mit einem Gegenstand. Wenn das sitzt, kann man einen anderen Gegenstand verwenden und mit diesem üben. Wenn auch das klappt, legt man beide Gegenstände aus und befiehlt, einen davon zu bringen. Apportiert der Hund den falschen, darf man sich das keinesfalls anmerken lassen, bevor der Hund mit dem Gegenstand vor einem sitzt. Dann erst sagt man ruhig und bestimmt „Nein“ und legt den Gegenstand wieder zu dem zweiten. Keinesfalls darf man sich dabei ärgerlich zeigen. Bei richtiger Ausführung wird der Hund dagegen begeistert gelobt. Bringt der Hund zu oft das Falsche, muss man diesen Gegenstand entfernen und den Hund, wenn er nun das allein verbliebene Richtige bringt, besonders loben. Man wird dann am besten einige Zeit wieder nur mit den einzelnen Gegenständen üben. Übungen mit mehr als einem Gegenstand sollten nicht öfter als fünfmal wiederholt werden, da die Konzentration des Hundes bei dieser schwierigen Aufgabe rasch abnimmt. Nach und nach wird es dann gelingen, drei oder sogar noch mehr Gegenstände zu verwenden. Doch muss man immer auf die Lust des Hundes, mitzutun, achten! Auch wechselt oft die Tagesform sehr stark. Man braucht also sehr viel Geduld und viele Übungen, die aber nie länger als fünf Minuten dauern sollten.

Höridentifikation gelingt nur bei hoher Motivation und nur bei entsprechender Begabung des Hundes. Es ist für ihn psychisch schwer zu verkraften, bei einer für ihn anscheinend erfolgreichen Bringleistung nicht gelobt, sondern womöglich getadelt zu werden (was aber nicht sein darf!). Ebenso ist nicht jeder Hundeführer imstande, bei wiederholten Misserfolgen oder schwankender Leistung die notwendige Gleichmütigkeit zu bewahren, denn Erfolge müssen hoch belobt (und belohnt), Fehler aber mit einem neutralen, ruhigen „Nein!“ kommentiert werden. Bei Nichtbeachtung dieser Regeln kann es zur totalen, dauernden Demotivierung des Hundes, auch für andere Ausbildungen, kommen! Die schwierige Konzentrationsarbeit umgehen die Hunde gern durch Beobachtung des Hundeführers auf bewusste oder unbewusste Hinweise. Es ist daher besser, „ums Eck“ (das heißt, die Gegenstände sind außer Sicht des Hundeführers) zu arbeiten, obwohl es dabei beim Bringen zum Trödeln kommen kann. Dies verhindert das so genannte „Kluger-Hans-Phänomen“, benannt nach einem berühmten Pferd zu Anfang des 20. Jahrhunderts, das angeblich rechnen konnte, in Wirklichkeit aber auf subtile, auch unwillkürliche Hinweise seines Dresseurs reagierte.

In dieser Weise arbeitete C. H. Tehsarik mit seiner Ombra von Pomonia. Die offenbar sehr begabte Hündin hatte schon BgH 1 und 2, SchH 1 und FH 1 abgelegt (Begleithund-, Schutzhund- und Fährtenhundprüfungen). Hier sei der Verlauf einer Übung wiedergegeben, die in einem Videofilm festgehalten wurde. Die Beobachtung des Verhaltens und „Überlegens“ des Hundes waren hochinteressant!

Die Übung erfolgte an einem sehr heißen Sommertag. Herr Tehsarik blieb in seinem Sommerhaus, vier Gegenstände (Holz, Leine, Ball, Gummiring) wurden im Abstand nebeneinander auf einer Betonfläche vor dem Haus etwa 4 Meter rechts vom Eingang so ausgelegt, dass er sie nicht sehen konnte, also auch nicht den Hund bei der Arbeit. Es wurde 14-mal apportiert, elfmal waren alle vier Gegenstände ausgelegt, dann wurde „abgeräumt“.

Übung 1: Anweisung „Bring Holz“ wird ohne zu zögern rasch und freudig ausgeführt. Ombra steuert sofort direkt auf das Holz zu.

Übung 2: Anweisung „Bring Ring“, Ombra erledigt dies ebenfalls prompt. Der Gummiring wird von ihr von der Schmalseite aufgenommen. (Tehsarik im Haus: „Ja, das hör ich schon knautschen, ja, das hör ich schon knautschen!“) Ombra bringt korrekt und wird wie üblich belobigt und mit einem kleine Leckerbissen belohnt.

Übung 3: Nochmals „Bring Ring“. Ombra geht zum Ring, zögert, nimmt dann den Ball, geht ein paar Schritte Richtung Haus, dreht aber wieder um, sieht nach dem Ring und steuert darauf zu. All das dauert schon einige Zeit, der Hundeführer ist ungeduldig geworden, er weiß ja nicht, wieso der Hund so lange nicht kommt, ruft ihn. Ombra dreht um, kommt daher mit Ball. Tehsarik: „Nein!“ Kein Lob, keine Belohnung, aber auch keine (für uns) merkbare Ärgerlichkeit in der Stimme (so muss es sein).

Übung 4: „Bring Holz.“ Der Hund ist langsam geworden, nimmt das Holz und geht zögerlich zum Eingang, bleibt davor stehen und schaut erst, wie der Hundeführer nun reagiert. Erst nach Ermunterung geht Ombra hinein und bringt das Holz.

Übung 5: „Bring Leine." Ombra hat den Fehler, mit der Leine zu spielen, sie fallen zu lassen und wieder aufzunehmen. So auch jetzt. Dann bringt sie sie.
Übung 6: „Bring Ball." Ombra ist jetzt langsam und unkonzentriert, nimmt den Ball, wendet sich zum Haus, geht aber wieder zu den Gegenständen zurück. Da ruft sie der Hundeführer und sie bringt nun den Ball.
Übung 7: „Bring Leine." Ombra nimmt die Leine, spielt wieder damit, die Leine stößt den Ball an, dieser kommt ins Rollen. Sie nimmt dadurch angeregt den Ball auf und bringt ihn. Der Hundeführer quittiert dies mit einem knappen „Nein!".
Übung 8: „Bring Leine." Diesmal klappt es, aber der Hund hat seinen Elan verloren. Es macht ihm sichtlich keine Freude mehr.
Übung 9: „Bring Holz." Ombra nimmt wieder die Leine, trödelt herum, bleibt schließlich in einiger Entfernung vom Eingang stehen, sieht „fragend" hinein, als ob sie wieder zu den Gegenständen wollte, geht aber schließlich hinein und hört wieder das „Nein!" des Hundeführers.
Übung 10: „Bring Ring." Das klappt wieder.
Übung 11: „Bring Ball." Ombra holt ihn, geht aber dann wieder unschlüssig um die Gegenstände herum, bringt ihn schließlich auf Aufforderung vom Haus her. Es liegen nun nur noch drei Gegenstände draußen.
Übung 12: „Abräumen! Bring Holz." Ombra geht zunächst zum Wassergefäß und trinkt (es ist mörderisch heiß). Sie hat aber nicht vergessen und bringt anschließend das Holz. Der Rest wird korrekt gebracht.

Kritik: Diese Übung war zu lang. Mehr als fünf Übungen hintereinander überlasten die Konzentrationsfähigkeit, besonders an einem so heißen Tag. Es war dann ein gravierender Fehler, den Hund zu rufen, der dem Anschein nach – möglicherweise – gerade im Begriff war, doch den richtigen Gegenstand zu holen. Darauf die Enttäuschung durch das „Nein", der Hund war sich ja offenbar keines Fehlers „bewusst", da er doch gerufen wurde. Das hat ihm die weitere Arbeitsfreude ziemlich verdorben und ihn von da an unsicher gemacht, er riskierte es daher nicht mehr, stracks zum Hundeführer zu laufen, sondern suchte vorher dessen Reaktion abzulesen.

Man sieht daraus, dass Höridentifikation eine sehr schwierige Disziplin ist, die von Seiten des Hundeführers enorm viel Gleichmut verlangt. Ich möchte eine solche Ausbildung daher keinesfalls generell anempfehlen, da man den Hund damit zu leicht total verderben kann. Viele Hunde (und als Ausbilder dafür vermutlich noch mehr Menschen) sind dafür nicht geeignet, und ein solches Training widerspricht ja auch irgendwie der natürlichen Veranlagung des Hundes, der nur schwer Namen mit Objekten assoziieren kann. Zur Erforschung der psychischen Leistungsfähigkeit des Hundes ist Höridentifikation jedoch sehr wertvoll.

Noch vor fünfzig Jahren meinte man, dass nur der Mensch in der Lage sei, ganz konkret um ein Ei oder eine Banane zu bitten. Das ist inzwischen schon am Beispiel der Primaten widerlegt, möglicherweise werden kommende Studien an Hunden diese Fähigkeit auch für Hunde belegen.

Richtungskommunikation – eine entscheidende Fähigkeit des Hundes

Neuerdings schenkt man endlich der Gedankenwelt (Kognition) des Hundes wissenschaftlich wieder mehr Beachtung. Es ist zu hoffen, dass jetzt eine Trainingsmethode ausgearbeitet wird, die speziell an die Denkweise des Hundes angepasst ist, wie dies für den Graupapagei Alex durch Dr. Pepperberg geschehen ist.

In Ungarn hat man kürzlich festgestellt, dass Hunde – vielleicht als die einzigen Tiere – verstehen und folgen können, wenn ihnen Richtungsangaben durch Zeigen mit der Hand und sogar durch die Blickrichtung oder Körperwendung gegeben werden (Á. Milosi, 1998). Ohne diese Fähigkeit wäre der Hund kaum für uns brauchbar. Ein Hund lernt rasch, in die Richtung zu schauen oder zu laufen, die wir ihm auf diese Weise angeben. Wie gut Hunde das können, sehen wir in Vollendung bei Agilityturnieren. Ein guter Agilityhund folgt den Körpersignalen seines Hundeführers mit unglaublicher Geschwindigkeit, doch oft ist dieser gar nicht imstande, sie rasch genug zu geben. Diese Leistung im Befolgen erfordert natürlich auch hoch entwickelte mentale und kognitive Fähigkeiten, die wir erst jetzt wieder ernsthaft zu erforschen beginnen.

8

ÜBER DIE GRUNDLAGEN DER ERZIEHUNG UND AUSBILDUNG

Die Stimme ihres Herrn erkennen die Hunde gar eygentlich / folgen auch derselbigen / so sie gehetzt oder angereizt werden / als ob sie Menschenverstand hätten

Conrad Gesner, Thierbuch 1669

Von der Geburt zur Entwöhnung

Welpen sind erstaunliche Geschöpfe. Nach der Geburt noch „halbe Embryos", verwandeln sie sich innerhalb von acht Wochen in gut ausgebildete Wesen, deren Entwicklungszustand mit dem eines achtjährigen Kindes verglichen werden kann, sie entwickeln sich also sozusagen 48-mal rascher als dieses. Verglichen mit einem menschlichen Säugling kommen sie gegen frühe traumatische Sinneserlebnisse geradezu „versiegelt" und so geschützt zur Welt, denn ihre Augen und Ohren sind verschlossen und ihr EEG (Elektroenzephalogramm) zeigt Dauerschallwellen an. Sie haben aber ein Wärmeempfinden. Obwohl sie sofort die Fähigkeit zur Fortbewegung besitzen, sind Welpen also anfänglich zum Teil noch unfertiger, embryonaler als menschliche Neugeborene, ihre Entwicklung geht aber geradezu rasend schnell vor sich.

Wenn der Welpe geboren wird, hört er noch nicht, obwohl er sich oft lauthals bemerkbar macht. Er wird von der Mutter abgenabelt und trockengeleckt. Durch kreisförmiges Kriechen und pendelnde Kopfbewegungen sucht er sofort die Nähe der Mutter zu erreichen und an die Zitzen zu kommen. Wenn er den Kontakt zur Mutter verliert und ihre Körperwärme nicht mehr spürt, schreit er in bestimmter Weise, was die Mutter veranlasst, ihn zu sich heranzuschieben. Dieser „Hilfeschrei" besteht nur im Welpenalter, die Mutter reagiert darauf mit Heranschieben an sich nur in den ersten zirka 14 Tagen. Anfangs verlässt die Mutter den Wurf kaum. Welpen, die sich weiter entfernt haben, bringt sie mit einem vorsichtigen Griff um den Körper ins Wurfnest zurück. Versuche haben nicht bestätigt, dass Hündinnen Vorlieben für bestimmte Welpen haben, doch sie verlieren an solchen, die bewegungslos und kalt werden, das Interesse.

Die Energie, die der Welpe gleich nach der Geburt auf der Suche nach der mütterlichen Zitze entwickelt, wurde von Eberhard Trumler als Grundlage für seinen „Biotonustest" verwertet, der einen Rückschluss auf die Lebenskraft und Lebensfähigkeit erlaubt. Der Tageslauf des Neugeborenen besteht aus Schlafen im Wechsel mit Saugen. Man nennt daher die ersten zwei Wochen seines Daseins die vegetative Phase, aber auch noch in der dritten Woche, der Übergangsperiode, hat der Welpe nicht viel Kontakt zur Außenwelt, wenn sich auch Augen und Ohren etwa um den zwölften Tag geöffnet haben. Dann können Welpen vor- und zurückkriechen und schließlich auch laufen sowie selbstständig Kot und Harn absetzen. Sie verlassen dazu das Wurflager. Etwa ab der achten Woche trachten sie, sich vom Lager recht weit zu entfernen, und versuchen durch Schnüffeln eine Bodenstelle zu finden, die nach Hundeausscheidungen riecht. Der Trieb, das Lager und dessen nähere Umgebung sauber zu halten, legt die Grundlage für die spätere Zimmerreinheit. Bis zu einem Alter von zwölf Wochen etwa urinieren und koten die Welpen tagsüber sehr häufig.

Auch über die Entwicklung von Hundewelpen haben Scott und Fuller in den sechziger Jahren umfangreiche Versuche mit den Welpen von fünf Hunderassen und ihren Kreuzungen durchgeführt, die für die Abrichtungs- und Problemlösungsversuche verwendet wurden. Dies hat viele grundlegende Erkenntnisse gebracht. In der Folge wird u. a. auf diese Ergebnisse eingegangen.

Erst um den 19. Tag kann man Reaktionen beobachten, die anzeigen, dass die Tiere wirklich sehen und hören können (es gibt natürlich bei diesen Daten individuelle Abweichungen). Manche Welpen zeigen dann schon „Aggressivität" durch Knurren, wenn man ihnen einen Knochen streitig macht. In der dritten Woche beginnen die Welpen auch Zusatzfutter aufzunehmen, das in der Natur aus vorgewürgtem Mageninhalt der Mutter und anderer Rudelmitglieder besteht, die von den Welpen darum angebettelt werden. Bei unseren Haushunden ist dieser Trieb des Futtervorwürgens häufig verloren gegangen und wird auch von den Züchtern meist nicht geschätzt.

Mit der vierten Woche sind die Welpen richtige kleine Hunde geworden und sie kommen in eine kritische Phase der körperlichen und sozialen Entwicklung. Die Milchzähne sind nun durchgebrochen. Sie können jetzt laufen und sich in ihrer Umwelt orientieren. Werden Welpen experimentell ohne menschlichen Kontakt aufgezogen, entwickeln sie ein Fluchtverhalten, sodass man sie im Alter von vier Monaten gar nicht mehr fangen kann. Dabei wurden im Versuch Angehörige so menschenfreundlicher Rassen wie Cocker Spaniel und Beagle genau so scheu wie Fox Terrier, Sheltie und Basenji, nur bissen sie nicht so fest zu. Eine Beißhemmung gegenüber dem Menschen hatten sie mangels entsprechender Prägungsphase nicht erlernt.

Mit der vierten Woche beginnt auch die Phase der Sozialisierung. Etwa ab der fünften Woche beginnt die Mutter manchmal zu knurren, wenn die Welpen saugen wollen. Versuche haben gezeigt, dass Welpen dann am besten zu Menschen Vertrauen gewinnen, wenn sie in der fünften bis siebenten Woche sozialisiert werden. Doch zu dieser Zeit sind viele auch sehr beunruhigt, wenn man sie aus ihrer Umgebung fortnimmt. Daher sollten sie in dieser Zeit nicht zu ihrem künftigen Besitzer kommen, doch sollte der Züchter sie während dieser Periode an vielfältige menschliche Kontakte und kurzzeitige Ortsveränderungen gewöhnen. Die beste Zeit für die Abgabe der Welpen ist die neunte Woche, jedoch sollte der Welpe schon vorher mit den künftigen Besitzern Kontakt gehabt haben. Die Sozialisierung mit den Wurfgeschwistern erfolgt durch aggressive Beißspiele, und so bildet sich bis zur elften Woche eine Rangordnung heraus, die mit 15 Wochen ziemlich stabil ist. Aggressivere Rassen, wie der Fox Terrier, zeigen dann eine lineare Rangordnung, während diese bei friedlicheren Rassen, wie Spaniel und Beagle, mehr auffächert, das heißt, in den unteren Rängen ist die Rangordnung nicht so eindeutig bestimmt. Knochen haben für Welpen einen hohen Besitzwert, obwohl sie mit ihren Milchzähnen davon nichts abnagen können. Es ist selten, dass zwei an demselben friedlich nagen. Relativ rasch stellen sich so Rangunterschiede her, besonders bei kämpferischen Rassen wie dem Fox Terrier. Bei Beagles und anderen Jagdhundrassen sind die Rangunterschiede nicht so ausgeprägt, es geht bei diesen friedlicher zu. Mit etwa sieben Wochen aber treten bei den Welpen aller Rassen wechselseitige „Bandenkämpfe" und „Mobbing" einzelner, oft kleiner Geschwister auf, die aber spielerisch verlaufen und vorübergehend sind. Bei manchen Rassen können sie aber auch dazu führen, dass man die Welpen trennen muss. Im späteren Alter kommen Rennspiele hinzu, und daneben spielen die Welpen auch allein mit verschiedenen Gegenständen, auch Tauziehen mit längeren Gegenständen und „King of the Castle" (ein Welpe besetzt einen erhöhten Standplatz und verteidigt ihn).

Die Welpen sind außerordentlich stark aneinander und an die Mutter gebunden, die jedoch in dieser Periode in ihrer Fürsorge und Aufmerksamkeit zunehmend nachlässt. Wenn sie nach einer Trennung erscheint, drängen sich die Welpen schwanzwedelnd um sie, ähnlich wie Wölfe um ihren Rudelführer bei einer sozialen Zeremonie. Ab der fünften Woche beginnen die Welpen, als Gruppe herumzulaufen. Ein Nachfolgeversuch im Alter von 18 Wochen zeigte, dass die Welpen sich mehr in unmittelbarer Nähe des Versuchsanstellers aufhielten, wenn ihre Mutter, die sie nach einem Alter von zehn Wochen nur mehr einmal gesehen hatten, an der Leine mitgeführt wurde.

Wohl muss der Hund unbedingt im frühen Welpenalter mit Menschen in Kontakt gekommen sein, da er sonst scheu wie ein Wildtier bleibt, also muss er eine gewisse Prägung durchgemacht haben, dann aber zeigen Hunde, abgesehen vom Fortpflanzungstrieb, mehr Interesse für die ihnen vertrauten Menschen als für ihre Artgenossen.

Die Zeitspanne, innerhalb derer die Sozialisierung und Prägung des Welpen erfolgen muss, erstreckt sich von der vierten bis zur sechsten Woche gegenüber Hunden und von der vierten bis zur zwölften Woche gegenüber Menschen. Nach amerikanischen Studien genügen dabei schon Kontakte von 20 Minuten zweimal die Woche, um eine normale soziale Entwicklung zu erreichen, aber sicher wird man sich bei der Welpenaufzucht keinesfalls mit diesem Minimum zufrieden geben können.

In einem „Kaspar-Hauser-Versuch" von Fisher, das heißt isolierte Aufzucht eines Welpen bis zur 16. Lebenswoche, zitiert in Scott und Fuller (1965), zeigte der Welpe, als man ihn zu seinen Wurfgeschwistern zurücksetzte, einen Mangel an Kontakt mit diesen. Sie griffen ihn jedoch an, und er unterlag immer. Wenn vier solcher isolierten Tiere zusammengesetzt wurden, verhielten sie sich dagegen friedlich, doch kam es nicht zu Kontakten oder Spielen untereinander. Diese Welpen zeigten auch keine spontanen Spiele mit Menschen, spielten jedoch mit diesen, wenn die Initiative von den Menschen ausging. Sie waren also nicht mehr zur spontanen Aufnahme sozialer Kontakte mit Menschen oder Artgenossen fähig. In einem anderen Versuch von Fisher, bei dem isolierte Fox-Terrier-Welpen von ihm bei Annäherungsversuchen bestraft wurden, entwickelten sie dennoch Kontaktverhalten. Auch das deutet darauf hin, dass Hunde eine Art „genetische Vorprägung" auf den Sozialpartner Mensch aufweisen, ähnlich der Neigung von Dalmatinern zu Pferden und der Finnenspitze zur Jagd auf Raufußhühner.

Im Spiel mit Menschen zeigen Welpen auch vorwiegend spielerisches Beißen, das mit steigendem Alter in der Intensität zunimmt, ernsthafte Attacken oder Drohen gibt es dabei so gut wie nie. Selbstsicherheit, Reaktion auf Umweltreize und Spiellust sind jene Merkmale eines Welpen, die am meisten über sein Wesen aussagen. In der Anhänglichkeit und dem Bestreben, einer menschlichen Kontaktperson zu folgen, zeigten vier der fünf Versuchsrassen von der fünften bis zur 15. Woche etwa gleiche hohe Werte. Nur Basenjis zeigten überhaupt kein Folgeverhalten zum Menschen mit fünf Wochen, das aber mit sieben Wochen das Niveau der anderen Rassen fast erreichte, was als typisches Merkmal einer geringeren Domestikationsstufe betrachtet werden könnte. Mit 52 Wochen waren die Werte der Anhänglichkeit allgemein vermindert, am wenigsten beim Cocker Spaniel, am meisten beim Sheltie. Basenjis sind ja eine sehr ursprüngliche afrikanische Rasse, in ihrer Heimat ist offenbar eine gewisse Unabhängigkeit noch lebenswichtig. Die Verselbstständigung des Shelties dagegen könnte mit der ursprünglichen Bestimmung als Schäferhund irgendwie zusammenhängen. Auch im erstmaligen Auftreten des Wedelns fand man große rassische Unterschiede, viele Cocker wedelten schon am 18., Basenjis erst am 30. Tag.

Angst und Aggressivität sind keine Gegensätze, das zeigte sich darin, dass Basenjis sowohl aggressiv als auch scheu waren, Fox Terrier dagegen erwiesen sich als aggressiv, aber nicht scheu, da ja die Rasse auf Draufgängertum gezüchtet ist. Die anderen Rassen lagen mit beiden Eigenschaften im Mittelfeld.

Ein interessantes Ergebnis erbrachte ein Versuch mit isoliert aufwachsenden Fox Terriern, die nie von Hand gefüttert wurden. Immer wenn die Tiere sich heranwagten, wurden sie bestraft, aber sobald der Versuchsansteller damit aufhörte, überwanden sie ihre Furcht und gingen auf ihn zu, ja sie befassten sich mehr mit ihm als immer freundlich behandelte vergleichbare Fox-Welpen. Das würde bedeuten, dass Fütterung nicht nötig ist, um Welpen anhänglich zu machen, und dass Hunde sogar bei schlechter Behandlung meist anhänglich bleiben.

Wenn es sich bei diesen Versuchen auch um die von Natur harten Fox Terrier handelt, fällt einem dabei zweierlei ein. Erstens die Bindung, die Geiseln nicht selten mit ihren Peinigern eingehen. Und, was wir schon erwähnten, zweitens die in früheren Zeiten nach unseren Maßstäben oft unmenschlich behandelten und bestraften Hunde, die dennoch dabei, wenn sie nicht ein seelisches Trauma erlitten, von ihrer Anhänglichkeit nichts einbüßten.

Persönlichkeitsbildung – so wird der Welpe zum Hund

Erziehung und Ausbildung des Welpen und des jungen Hundes bedeutet Einwirkung im Sinne einer Lenkung seines Verhaltens nach unseren Wünschen und Bedürfnissen. Dies ist kein Buch über Hundeerziehung, sie soll jedoch hier in Grundzügen behandelt werden, da dies zum besseren Verständnis des Hundes unabdinglich ist.

Der Welpe ist ein Wesen, das sich noch ausschließlich durch seine Triebe, den mentalen „Unterbau", leiten lässt. Im Laufe des Heranwachsens lernt das junge Tier, sein Triebleben den Umweltbedingungen anzupassen und zu beherrschen, es erwirbt so einen psychischen „Oberbau", der seine Aktionen aufgrund seiner Erfahrungen reguliert. Die Erziehung und Ausbildung, die wir ihm angedeihen lassen, baut dieses Regulationssystem weiter aus und verfeinert es, der Hund wird „erzogen" beziehungsweise ausgebildet. Wir kommen noch darauf zurück.

Bei der Konferenz über Mensch-Tier-Beziehungen von Montreal wurde von M. Niego (1992) über das amerikanische Welpenerziehungsprogramm Puppy Max berichtet. Hierbei werden, basierend auf den Forschungen von Scott und Fuller, dem Welpen Reize aus der natürlichen wie der zivilisatorisch-technischen Umwelt schon früh, aber im Einklang mit ihrer physisch-psychischen Entwicklung, wohl dosiert geboten. Dazu gehören zweckmäßigerweise auch potenziell Angst erregende Geräusche und Erscheinungen, wie Donner und Blitz, Sturm und Flintenknall in der Natur, Straßenlärm, Musik und Silvesterknallerei in den Wohngebieten. Es werden den Welpen Tonbänder mit diesen Geräuschen zunächst nur kurze Zeit und ganz leise, später allmählich länger und lauter vorgespielt und ihre Reaktion beobachten. Man sollte solche Vorführungen jeweils noch mit freudigen Ereignissen, wie Fütterung oder ins Freie lassen, verbinden, um von vornherein eine positive Assoziation zu erzielen. Diese Stressaussetzungen dürfen natürlich nicht so weit getrieben werden, dass etwa das Gehör der Welpen Schaden leiden könnte, und sind daher zeitlich und im Ausmaß zu begrenzen. Natürlich ist auch die individuelle Stresstoleranz verschieden, so wird vielleicht ein zarter Windspielwelpe anders zu behandeln sein als eine kleine athletische Bulldogge. Zeitweilige kurzfristige Ortsveränderungen können auch zur frühen Gewöhnung an ein Auto genutzt werden. Alle belastenden Veränderungen sollten durch Leckerbissen, Spielen usw. attraktiv gestaltet werden und sind abzubrechen, wenn das Tier ungünstig reagiert. Dann müssen sie später vorsichtig in geringerer Dosierung wiederholt werden. Schon früh werden die Welpen berührt, getragen und mit verschiedenen Personen in Kontakt gebracht. In der ersten Zeit gibt es nur kurze, milde Stressdosierungen durch Hantierungen mit den Welpen und dem an verschiedene Temperaturen. Alle diese Maßnahmen müssen aber je nach der Entwicklungstufe des Welpen vertretbar sein.

Man hat in Versuchen mit Ratten gefunden, dass diese, wenn sie zu mehreren in strukturreich bei häufiger Abwechslung eingerichteten Käfigen gehalten wurden, ein größeres Gehirngewicht entwickelten als solche, die in einem leeren Käfig untergebracht waren, selbst wenn es sich um erwachsene Tiere handelte (M. R. Rosenzweig, 1984). Die extrem kurze Entwicklungszeit des Hundewelpen macht daher jeden Tag in der Entwicklung kostbar. Welpen sollten im Haus wie auch im Freien über einen „Abenteuerspielplatz“ verfügen, in dem Kletter- und Versteckmöglichkeiten verschiedener Art vorgesehen sind. Es könnte dies zum Beispiel eine Art „Mini-Agilityparcours“ sein. Wichtig ist die ständige Änderung der Zusammensetzung und Zusammenstellung der Strukturen mit Leitern, Tunnels, Wippen, Kisten, Hürden usw., um die Neugierde wach zu halten und den Betätigungstrieb zu fordern. Das entspricht einer „Umweltbereicherung“ (environmental enrichment), wie sie heute in der Tierhaltung, besonders bei Zootieren, als Beschäftigungs- und Anregungstherapie Eingang gefunden hat. Auch ein entwöhnter Welpe bei seinem neuen Besitzer sollte ebenso wie die älteren Saugwelpen einen „Abenteuerspielplatz“ zur Verfügung haben, wo er sich körperlich und geistig auf Leitern, Stiegen, in Röhren, mit Wippen, Hürden, Plateaus, in einem Labyrinth usw. ertüchtigen und erproben kann, und zwar möglichst sowohl unter Dach wie im Freien. Durch Umstellen, Ändern, Erneuern usw. sind die Konstellationen häufig zu variieren, um immer neue Situationen und Probleme zu schaffen. Das Interesse an dem Gerät, bei dem es sich zum Teil um eine Art Mikro-Agilityparcours handeln kann, kann man mit Leckerbissen als Köder, geruchlicher Verwitterung mit Fleisch usw. steigern. Nichts ist für die Entwicklung des jungen Tieres schädlicher als eine durch längere Zeit gleichförmige Umgebung. Natürlich müssen die Geräte möglichst verletzungssicher sein.

„Welpenspielplätze“ im Freien sollten auch aus natürlichen Elementen bestehen, wie (vorzugsweise hohle) Baumstämme, Höhlen, Kletterfelsen, Wasserstellen, niedere Hecken als Hürden, Gebüsche, Gras, Sandflächen usw. Wichtig ist eine vielfältige Struktur, welche die pädagogische und ethologische „Qualität“ des verfügbaren Raumes ausmacht. Generell kann man sagen, je strukturierter der Raum, desto intelligenter wird das Tier, das ihn bewohnt. Das wird klar, wenn man etwa die geistigen Fähigkeiten eines Eichhörnchens mit denen eines Feldhasen vergleicht. Die strukturierteste Umwelt bietet der Baum beziehungsweise der Wald, und deshalb sind Baum- und Waldbewohner unter den Tieren besonders intelligent. Das Superhirn des Menschen wäre nicht entstanden, wenn unsere Vorfahren nicht Millionen Jahre lang auf Bäumen gelebt hätten. Hunde sind keine Baumbewohner, aber Strukturen wie Hindernisse, Leitern, Höhlen, Gräben usw. regen die körperliche und geistige Tätigkeit natürlich unvergleichlich mehr an als eine ebene, unstrukturierte Fläche oder gar ein Zwinger.

Daneben sollten die Welpen progressiv im Einklang mit ihrer Entwicklung Gelegenheit haben, neue Umgebungen und Orte kennen zu lernen, und dosiertem Stress ausgesetzt werden. Früher Stress, natürlich nicht übermäßiger, ist wichtig für die Entwicklung des Welpen, sie beschleunigt diese und unterstützt vermutlich seine Fähigkeit, später im Leben mit Stress fertig zu werden. Zu viel davon verzögert jedoch die Entwicklung. Im Freien könnte auch eine flache Wasserstelle vorhanden sein. Wichtig ist es ja, die Welpen früh mit der Umwelt vertraut zu machen, mit der sie sich als Erwachsene auseinander zu setzen haben. Mit zunehmender Entwicklung sollten die Welpen überdies öfter in fremde Umgebungen, sowohl Wohngebieten wie in die Natur, kommen und dort mit Menschen aller Art wie auch – wenn der Impfschutz gegeben ist – mit „kinderfreundlichen“ erwachsenen Hunden zusammenkommen. Sehr wichtig ist die Gewöhnung an den Lärm unserer heutigen Umwelt. Motorenlärm und besonders knallende Geräusche sind oft die Ursache für Angstpsychosen. Es ist daher eine vorsichtige, dosierte Gewöhnung des älteren Welpen und des Junghundes an diese Stresssituationen sehr wichtig. Bereits geschädigte Hunde können oft gebessert oder geheilt werden, wenn man den Lärm von Schüssen, Knallfröschen, Verkehrslärm und dergleichen auf Tonband aufnimmt und es dem unter Konsultation des Tierarztes unter Umständen medikamentös beruhigten Hund zunächst sehr leise vorspielt und dann im Laufe der Zeit, wenn der Hund keine Angst zeigt, vorsichtig die Lautstärke erhöht und diesen Vorgang an verschiedenen Orten wiederholt. Schon Welpen soll man außerdem mit verschiedenen schwierig zu begehenden Bodenflächen, wie Gittern und glatten Fußböden, vorsichtig vertraut machen. Auch die Umkonditionierung durch Ausnützung der Gegensätzlichkeit des sympathischen und parasympathischen Nervensystems kann unter fachlicher Anleitung ausgenützt werden. Der Parasympathicus entspannt, was mit Angst nicht vereinbar ist. Fressen ist zum Beispiel mit Angst kaum vereinbar, ein Knochen kann daher einem Hund meist lange die Einsamkeitsangst vertreiben, und so weiter.

Die Ergebnisse solcher Bestrebungen, das psychische Potenzial der Welpen schon frühzeitig zu trainieren, werden mit Interesse zu verfolgen sein. Sie entsprechen den modernen pädagogischen Erkenntnissen beim Menschen, dass man schon die intellektuellen Fähigkeiten der Kleinkinder optimal fördern und ausschöpfen sollte.

Die wichtigsten Eigenschaften eines Hundes als Partner des Menschen sind seine Anpassungsfähigkeit und Selbstsicherheit. Wenn man einen Welpen kauft, sollte man sie überprüfen. Setzt man einen Welpen im abgabefähigen Alter allein in eine ihm fremde Umgebung, sollte er keine Angst oder Gedrücktheit zeigen, vielmehr sie neugierig zu erkunden beginnen und sich auch leicht zu einem Spiel bewegen lassen. Wirft man ihm etwa einen Schlüsselbund vor, ist es normal, wenn er kurz zurückzuckt, wesentlich ist aber, wie schnell er sich wieder normal verhält und wieder spielt, jedenfalls darf er keine längere Angst zeigen. Positiv ist zu bewerten, wenn er einem geworfenen Ball nachläuft und vielleicht sogar mit diesem zu uns zurückkommt. Unter den Geschwistern sollte er sich weder übertrieben aggressiv zeigen noch übermäßig bellen. Allerdings müssen wir auf die Eigenheiten der Rasse Rücksicht nehmen, denn manche neigen eben mehr zum Bellen als andere. Sucht man einen Schutz-, Wach- oder Jagdhund, kann zu wenig Aggressivität und Bellen im Welpenalter sich später, je nach der Verwendung, als Nachteil erweisen. Bei der Auswahl der Welpen ist es natürlich wichtig, sich die Mutter, wo möglich auch den Vater oder andere Verwandte anzusehen und sich einen Eindruck von der Zuchtstätte und dem Züchter zu machen. Der Eindruck, den ein Welpe hinterlässt, spiegelt sich jedoch nicht immer im Wesen des ausgewachsenen Hundes wider. Welpentests haben nur eine annähernde Verlässlichkeit, da manche Eigenschaften individuell verschieden schnell beziehungsweise stark ausreifen.

Es ergibt sich also die Forderung an Züchter und Besitzer, dem jungen Hund schon ab dem frühen Welpenalter die Bedingungen zu bieten, die seine ererbten Anlagen für Anpassungs- und Leistungsfähigkeit, soziale Einordnung, körperliche und psychische Entwicklung optimal fördern und fordern. Viele heutige Hundeprobleme, an denen sich die Gesellschaft (beziehungsweise der hundekritische Teil von ihr) stößt und die den Hundefreunden zu schaffen machen, könnten sicher weitgehend vermieden werden, wenn der Hund in seiner gesamten Entwicklungszeit erzogen wird und nicht erst, wenn er zu seinem definitiven Besitzer kommt, beziehungsweise an die zivilisatorische, soziale und natürliche Umwelt gewöhnt wird, mit der er sich schon bald nach seiner Geburt intensiv auseinander setzen können muss.

Unsere Aufgabe ist es, ihm in allen Entwicklungsperioden die richtigen, an das Entwicklungsstadium und seine individuellen Anlagen angepassten Umweltreize zu bieten, damit nicht Perioden mit besonderen Entwicklungsmöglichkeiten versäumt werden. Was aus einem Hund wird, hängt weitgehend von uns ab, auch, wie gesagt, seine Intelligenz. Darin besteht die Gefahr für das Zusammenleben mit dem Hund durch kommerzielle Züchtereien mit Zwingerhaltung, Unterbringung in Schweinekoben usw., also bei unzureichenden Umweltreizen während der Welpenphase. Gute Hunde erhält man nur, wenn die Elterntiere in der Familie des Züchters gehalten werden und die Welpen viel Gelegenheit zu Kontakt mit Menschen und anderen Hunden haben.

Stress ist ein ambivalenter Umweltfaktor, man unterscheidet positiven (Eustress) und negativen Stress (Dystress). Stress an und für sich ist lebensnotwendig, zu wenig und natürlich zu viel Stress schädlich. Ob Stress positiv oder negativ wirkt, hängt aber auch von der psychischen Einstellung ab: Für einen Teenager ist laute Rockmusik angenehm, weil er „auf sie abfährt", und daher für die Stimmung positiv (weniger für den Gehörsinn), für seine Großmutter ist es unerträglicher Dystress. Ähnlich ist ein Büchsenknall für den erfahrenen Jagdhund das höchste der Gefühle, also Eustress, für manche anderen Hunde jedoch ein Angst und Panik einjagendes Vorkommnis, also Dystress.

Die hohe Schule der Geruchsausbildung

Die größte Bedeutung für das künftige Leben und die Persönlichkeitsbildung des jungen Hundes hat ja, wie ausführlich besprochen wurde, der Geruchssinn und seine Übung und Formung. Unbekannte Gerüche machen den Hund vorsichtig, misstrauisch, eventuell auch scheu oder aggressiv. Was liegt daher näher, als den Welpen nicht nur rechtzeitig zu sozialisieren, sondern ihn, am besten schon vorher, mit allen Gerüchen vertraut zu machen, die im späteren Leben für ihn wichtig sein werden. Diesem Aspekt hat man aber bisher kaum die nötige Aufmerksamkeit geschenkt. In einer Zeit, wo das Verhalten und die Anpassung des Hundes für seine Akzeptanz, ja Duldung durch die menschliche Umwelt eminent wichtig geworden sind, muss hier größte Sorgfalt angewendet werden, sei es vom Züchter wie auch vom künftigen Besitzer. Hundeverkauf in Tierhandlungen ist daher, wie leicht verständlich ist, inadäquat und grenzt an Tierquälerei.

Wie soll man nun dabei vorgehen? Es ist vorteilhaft, ja, wichtig, die Welpen etwa ab der dritten Woche mit den verschiedensten Umweltgerüchen vertraut zu machen. Tücher, die sich einige Stunden in Autos und öffentlichen Verkehrsmitteln, Tierarztordinationen, Gaststätten usw. befunden hatten, werden zum Welpenlager gelegt, ebenso solche, die man an Personen jeden Alters, Katzen, Pferden, Kühen und anderen Tieren gerieben hat. Später führt man den Welpen alle diese Personen und Tiere selbst vor. Die Sozialisierungen sollten bis zu einem Jahr fortgeführt werden, jedoch auch später nicht völlig abbrechen. Geruchserfahrungen spielen in der erzieherischen Vorbereitung eines Welpen und Junghundes auf sein späteres Leben eine ganz wichtige Rolle, sodass die oben besprochene optimale Gewöhnung an und Einführung in maßgebliche Dinge der Umwelt des Hundes die Vermittlung von Geruchsinformation beziehungsweise -gewöhnung umfassen muss. Müssen wir unseren Hund jemand für einige Zeit anvertrauen, ist es nützlich, ihm vorher ein Tuch mit dessen Geruch ins Lager zu legen. Maßnahmen dieser Art werden vielleicht nicht immer Wunder bewirken, aber sich meist als sehr nützlich erweisen.

Ein Welpe kommt ins Haus

Ist also die Saugwelpenzeit optimal verlaufen, so tritt nun der Hund in die Periode nach dem Besitzwechsel ein. Dies ist ein Schock, und als solcher kann er die Weiterentwicklung kurzzeitig hemmen oder auch den Hund langfristig ungünstig beeinflussen. Optimal wäre daher ein „fließender Übergang“ vom Leben mit der Mutter beim Züchter zum Leben mit dem künftigen Besitzer, aber das ist meist nicht durchführbar. So sollte man sich wenigstens mit dem Welpen vor dem endgültigen Abholen vertraut machen, etwa indem die künftigen Besitzer den Welpen schon in der siebenten Woche besuchen und in der achten stundenweise mitnehmen.

Mit acht Wochen ist der Welpe so weit entwickelt, dass er vom Züchter abgegeben werden kann, aber die neunte Woche ist dafür ein besserer Zeitpunkt. Ich plädiere für die zwölfte, wenn der Welpe schon vorher viel Kontakt mit dem künftigen Besitzer hat. Im neuen Zuhause sollte der Welpe auf seinem Lager ein Tuch haben, das einige Zeit in seinem bisherigen Lager war und die Gerüche der Mutter und der Geschwister in sich trägt. Sehr wertvoll sind nunmehr „Welpenprägungsspieltage", bei denen Kontakt zu anderen Welpen, erwachsenen Hunden und Menschen geboten wird. Sie sollten sowohl im Domizil des Welpen wie bei anderen Welpen und auf neutralem Boden erfolgen, damit der Welpe das soziale Umfeld im eigenen, in fremdem und auch in unbeanspruchtem Territorium erkunden kann.

Wichtig ist es, dem jungen Hund vielfältige Aufgaben zu stellen, die ihn körperlich und geistig fordern, etwa Suchübungen nach Futter oder Bezugspersonen, Verstecken von Futter unter Deckeln usw. Hunde haben wenig Einsichtsfähigkeit in Anordnungen, viele sind aber kreativ beziehungsweise einfallsreich und versuchen nach verschiedenen Methoden Hindernisse zu überwinden und Probleme zu lösen (also nach der Methode Versuch und Irrtum), dieses Probiertalent ist frühzeitig zu fördern. Leider haben in der Praxis Welpen beim Aufwachsen zu wenig Gelegenheit, wechselnde Umweltbedingungen kennen zu lernen. Überfürsorge trägt oft ein Übriges dazu bei, dass Welpen keine Gelegenheit haben, früh zu lernen, mit kleinen Alltagsproblemen selbst zurechtzukommen und so ihre Intelligenz zu schulen.

Fremde Welpen werden beim Zusammentreffen mit erwachsenen Hunden meist, aber nicht von jedem, freundlich behandelt. Solche Kontakte sind notwendig, doch muss das Verhalten des erwachsenen Hundes zu Welpen bekannt sein. Er sollte „welpenfreundlich" sein. Dies ist zu berücksichtigen, damit der heranwachsende Hund auch an seine Artgenossen gut sozialisiert wird und später keine Probleme mit diesen hat oder macht.

Ein Welpe spricht uns gefühlsmäßig außerordentlich an. Er entspricht weitgehend unserem „Kindchenschema", wie es Konrad Lorenz entdeckte. Ein verhältnismäßig großer, rundlicher Kopf, kurze Läufe, ein dicklicher Körper sind Merkmale, die auch ein Baby oder Kleinkind aufweist. Dazu kommen die hohen Stimmchen, die tollpatschigen Bewegungen und das zutrauliche Wesen. Dies bedingt, dass viele Menschen nicht widerstehen können, so ein Tierchen zu kaufen, wenn sie es – wie das leider immer noch erlaubt ist – in einer Tierhandlung sehen oder es ihnen gar auf der Straße angeboten wird. Bedauerlicherweise erkaltet diese Liebe aber nicht selten, wenn der Welpe heranwächst, seine kindchenartigen Merkmale verliert und sich Probleme bei der Haltung zeigen. Die Endstation ist dann leider oft ein Tierasyl.

Es muss wohl nicht betont werden, dass Welpen keine Weihnachtsgeschenke sein dürfen und nicht in Tierhandlungen gekauft werden sollten. In diesen Fällen geht es nicht ohne Problematik ab, denn die sorgfältige Auswahl und Umgewöhnung sind so nicht gewährleistet, der Welpe ist infolge des erlittenen Stresses gesundheitlich sehr gefährdet und oft viel zu jung (je jünger, umso leichter zu verkaufen!). Einen Hund zu schenken ist einer Art Kuppelei nahe, darum prüfe, wer sich lange bindet. Das ist bei einem lebenden Überraschungsgeschenk nicht möglich. Seelische Belastungen wie beim Welpen in der Tierhandlung schwächen das Immunsystem, solche Tiere erkranken häufig. Dort ist der Welpe außerdem einem hohen Infektionsrisiko ausgesetzt gewesen und man hat keine Möglichkeit festzustellen, wie seine Mutter oder der Vater aussieht und sich verhält, wie und wo der Welpe aufgewachsen ist usw.

Die Natur hat uns, Mensch wie Hund, unsere maximalen körperlichen und geistigen Entwicklungsmöglichkeiten in unserem Erbgut vorgegeben. Sie sind weit größer als das, was wir im besten Fall je erreichen, denn sie hängen von den Einflüssen und Möglichkeiten ab, welche die Umwelt uns bietet. Und die sind nie ganz optimal oder maximal, um unser Potenzial der Persönlichkeitsbildung voll auszuschöpfen. Was den Hund betrifft, so hängt seine Entwicklung zum Großteil von uns Menschen ab. Seine entscheidenden Prägungsperioden im weitesten Sinn liegen in den ersten Wochen und Monaten, die endgültige Ausformung ist erst mit zwei Jahren und bei manchem auch noch später abgeschlossen, was auch von der Rasse abhängt. Grundsätzlich muss man sich vor Augen halten: Im Allgemeinen sind die Eindrücke und Erlebnisse der ersten Wochen bedeutsamer als die der ersten Monate, und diese sind wieder wichtiger als die ersten Jahre, ohne damit die Bedeutung dieser späteren Entwicklungsphasen unterschätzen zu wollen.

Es ist ein altes Sprichwort, das auch ganz besonders für den Hund gilt, wenn wir es auch etwas abwandeln wollen: Was Hänschen (der Welpe) nicht lernt, lernt Hans (der Junghund) nur schwer und Johann (der erwachsene Hund) gar nicht mehr. Das muss man allerdings richtig verstehen: Manche Dinge kann ja der Junghund erst lernen, wenn er schon über höhere psychische und verhaltensmäßige Grundlagen verfügt, und auch ältere Hunde sind natürlich in mancher Hinsicht noch gut lernfähig. Aber generell gesehen ist eben die erste Zeit am wichtigsten, jeder versäumte Tag in der physischen und psychischen Formung daher eine verlorene Chance!

„Oberbau" und „Unterbau" der Psyche

Stark vereinfacht gesagt, besteht das Gehirn des Hundes, wie unseres, aus Klein- und Großhirn. Das Kleinhirn ist u. a. für die natürlichen Urtriebe, wie Hunger, Aggression, Sexualität usw., verantwortlich, im Großhirn sind die höheren intellektuellen Fähigkeiten verankert. Hier wird Erfahrung verarbeitet und ausgewertet. Der neugeborene Welpe wird von seinen grundlegendsten Trieben, wie Hunger und Schutzbedürfnis, beherrscht. Später kommen dann höhere Bedürfnisse, wie sozialer Kontakt, Neugier und Dominanzstreben, zur Geltung. Erfolge und Misserfolge formen dann den Charakter. Seine Umwelt, die Mutter, Geschwister und später die Erziehung durch den Menschen vermitteln jene Erfahrungen, die den Welpen und Junghund veranlassen, sein triebhaftes Verhalten dann einzubremsen, wenn ihm daraus erfahrungsgemäß Nachteile erwachsen sind, und die seine Veranlagung dann fördern und bestätigen, wenn sie ihm positive Erfahrungen vermitteln.

Sind die primitiven triebhaften Regungen als „mentaler Unterbau" anzusprechen, so bringt die Erfahrung durch Versuch und Irrtum allmählich jene Regelung des Verhaltens des Welpen und Junghundes, welche den Erfolg des Individuums im täglichen Leben inklusive seines Überlebens ermöglicht. So entsteht bei entsprechender Veranlagung und richtiger Erziehung der optimal sozial angepasste Hund aus einem zunächst völlig „ungezogenen" Welpen. Grundlage der Erziehung des Hundes ist es, das Ausleben von Trieben dort zu verhindern, wo dies unseren Intentionen zuwiderläuft (zum Beispiel Jagen von Wild, Verunreinigen der Wohnung usw)., jedoch so zu kanalisieren, dass unsere Abrichtungsziele, zum Beispiel bei Jagdhunden, erreicht werden oder aber dem Hund zumindest ermöglicht wird, triebhaftes Wesen auf problemlose Weise auszuleben (zum Beispiel Jagen nach dem Ball statt nach Katzen oder Geflügel).

Es gab eine Zeit, da man Hunde noch hemmungslos vermenschlichte und jedes „Vergehen" hart, manchmal sogar gerichtlich bestrafte. Doch auch in einem über 100 Jahre alten Buch über Hundeabrichtung von Ed. Zborzill (zirka 1880) wurde schon die Wichtigkeit des Lobes bei der Dressur betont. Damals wurden Zirkushunde grausam durch Schläge gezwungen, den Abrichter stets im Auge zu behalten, wogegen sich der Autor wendet. Dass man mit solchen Methoden überhaupt etwas erreichen konnte, ist verwunderlich und lässt auf eine sehr widerstandsfähige Psyche der damaligen Hunde schließen.

Bei der Erziehung und bei der Ausbildung des Hundes stellen sieben Begriffe die grundlegenden Elemente dar. Die Bindung an den Menschen ist die Voraussetzung für ein positives Verhältnis von Mensch und Hund im Zusammenleben und bei der Arbeit. Die Rangordnung ist die Grundlage des Zusammenlebens von Mensch und Hund. Der Mensch als „Leitperson" ist die Basis. Motivation bringt den Hund dazu, sich für die Erreichung eines Zieles einzusetzen und dabei die körperlichen und geistigen Fähigkeiten zu nutzen. Assoziation bewirkt die geistige Verknüpfung eines bestimmten Vorfalles mit einem darauf folgenden, bedeutsamen Ereignis. Gewöhnung gibt Sicherheit und kann zur zweiten Natur werden.

Vermeidung entsteht durch abschreckende oder Schmerzerlebnisse und Überforderung. Unlust entsteht, wenn Bedürfnisse nicht befriedigt werden oder psychischer Druck vorherrscht. Wir wollen nun diese Elemente im Einzelnen näher betrachten.

Die Rangordnung

Ohne die – richtige! – Rangordnung geht gar nichts. Der Hund muss seinen Menschen als ihm übergeordnet anerkennen. Die daraus folgende Führigkeit ist allerdings bei den einzelnen Hunderassen und individuell sehr verschieden. Mensch und Hund sind Geschöpfe, die in der Gemeinschaft leben müssen. Sie bilden miteinander eine Hierarchie, welche das Zusammenleben regelt. Der Mensch muss die leitende Rolle spielen, der Hund sie akzeptieren. Das bedarf von Seiten des Menschen der Konsequenz in der Erziehung und in der Durchsetzung seines Vorrangs. Dennoch gelingt es Hunden oft, ihre eigenen Interessen wirksam zur Geltung zu bringen. Sie lernen herauszufinden, mit welchen Verhaltensweisen sie ihre Menschen dazu bringen, so zu reagieren, wie sie es wünschen. Zur Dominanz neigende Hunde und Rassen werden jedes Anzeichen ausnützen, das sie als Schwäche deuten. Sie stehen noch dem Wolf am nächsten, bei dem der Leitwolf, wie erwähnt, auf das liebevollste von den Rudelangehörigen begrüßt wird, selbst aber meist eher mürrisch, höchstens mit angedeuteter Huld darauf antwortet. Er darf sich ja keinesfalls eine Schwäche anmerken lassen, denn sonst könnte er die längste Zeit Leitwolf gewesen sein. Beim Hund ist die soziale Hierarchie nicht so labil, er wird eine einmal akzeptierte Unterordnung, vor allem gegenüber dem Menschen, im Allgemeinen beibehalten. Aber wie gesagt, es gibt individuelle und rassische Unterschiede.

Ist die Rangordnung zugunsten des Menschen eindeutig hergestellt, ist die wichtigste Voraussetzung für eine gedeihliches Verhältnis gegeben. Die Jahrhunderttausende als Wolf und ganz besonders das 10.000-jährige Zusammensein mit dem Menschen haben den Hund genetisch auf ein zufriedenes Leben im zweiten Glied einer Gemeinschaft geprägt.

Bindung und Motivation

Neben der Rangordnung ist die Bindung an den Menschen die zweite wichtige Voraussetzung für ein reibungsloses Zusammenleben. Zuwendung, Fütterung, gemeinsames Spiel, Sport und Ausgänge fördern die gegenseitige soziale Bindung. Es bestehen aber große Unterschiede im Ausmaß, wie liebevoll-nachsichtig oder streng der Mensch sich dem Hund gegenüber verhalten muss. Manche Hunde, besonders Angehörige von Zwergrassen, „kleben“ an uns und wenden uns ständige Beachtung zu. Andere erweisen sich als an der Umwelt und bestimmten Interessen, zum Beispiel Fährten, mehr interessiert. Rassisch und individuell unterschiedlich ist auch die Bindung an die „Leitperson“, deren Familienmitglieder und Fremde, wie wir schon besprochen haben.

Es ist bekannt, zu welchen Leistungen, ja Selbstüberwindung hoch motivierte Menschen imstande sind, sei es im Sport, im Beruf, im Krieg, in der Liebhaberei etc. Für Hunde gilt Ähnliches, besonders wenn es sich um Gebrauchshunde handelt. Ohne Motivation kann auch ein Hund weder richtig erzogen noch zu hohen Leistungen gebracht werden. Deshalb soll besprochen werden, was eigentlich einen Hund motivieren kann und wie man das erreicht.

Da sind zunächst die grundlegenden körperlichen Bedürfnisse: Nahrung, Wasser, Unterkunft beziehungsweise Heimterritorium und der Geschlechtstrieb. Ein hungriger Hund wird alles Mögliche versuchen, zu Futter zu kommen. Der hungrige Wolf interessiert sich lebhaft für die Witterung und Fährten von Beutetieren, sucht nach ihnen und geht meist im Rudel auf einen Jagdzug. Der satte Wolf dagegen kümmert sich nicht darum. Deshalb ist auch für den Hund Hunger eine sehr starke Anregung und davon hängt es vielfach ab, wie erfolgreich Leckerbissen zu seiner Motivierung von uns eingesetzt werden können.

Der Geschlechtstrieb ist für einen normalen Rüden eine enorme Motivation, zum Beispiel wenn er eine heiße Hündin wittert. Diese Motivation überspielt im Allgemeinen jede andere, sodass man in einer solchen Situation von ihm kaum irgendeine Leistung erwarten kann. Auch die läufige Hündin ändert ihr Verhalten und kann in Gehorsam und Leistung beeinträchtigt sein. Aber auch die soziale Bindung selbst ist für einen Hund stark motivierend. Als „Wesen mit doppelter Identität“, das an Menschen und ebenso (hoffentlich!) an Hunde sozialisiert ist, sind sowohl Menschen als auch Hunde für den Hund in abgestufter Intensität attraktiv. Lassen wir im Gelände jemanden unseren Hund halten und entfernen wir uns dann selbst, bis der Hund uns nicht mehr sehen kann. Wird er nun ausgelassen, sucht er normalerweise uns beziehungsweise unsere Fährte und wird uns in der Regel auch bald finden. Durch seine Bindung an uns ist er hoch motiviert, alles zu tun, um wieder bei uns zu sein. Ist die andere Person dem Hund ebenfalls vertraut und gehen beide in verschiedener Richtung auseinander, wird der Hund vermutlich dem nachfolgen, mit dem er die stärkere Bindung hat. Anders, wenn wir anwesend bleiben: Dann ist eine Fremdfährte für den Hund meist interessanter als eine von uns gelegte (außer, er ist durch die Ausbildung auf eine solche besonders eingestellt).

Die Anwesenheit anderer Hunde ist besonders für einen jungen Hund eine starke Ablenkung. Der Hund muss erst lernen, auch in Gegenwart anderer Hunde seine Übungen durchzuführen. Ein befreundeter Hund kann aber auch eine Hilfe sein, etwa bei Agility, wenn man ihn vor unserem Hund durch den Tunnel schickt und unseren, der dies noch verweigert, damit zum Nachkommen anregt. So ist es bei vielen Hunden schwierig, ein festes Halten des Apportiergegenstandes zu erreichen. Ist ein anderer Hund in der Nähe, geht das oft ohne weiteres, denn unser Hund hält jetzt in der Regel den Gegenstand fest, damit der andere ihn nicht wegnehmen kann.

Eine allzu starke Bindung des Hundes an uns kann in der Ausbildung auch ein Nachteil sein. Besonders bei Jagdhundrassen ist dies natürlich ein schwerer Fehler, Rassen für die Büchsenjagd, wie Stöberhunde und Solobracken, dürfen sich aber auch nicht aus dem Schussbereich des Jägers zu weit entfernen. Starke Bindung macht es oft so schwierig, Hunde eine längere Strecke „voran" zu schicken, wie zum Beispiel bei Obedience erforderlich. Bei Agility führt es ebenfalls oft dazu, dass der Hund zu sehr das Bestreben hat, in der Nähe des Hundeführers zu bleiben, was natürlich zu Zeitverlusten und möglicherweise Fehlern führt, weil der Hund nicht zügig voranstrebt.

Andererseits hilft uns diese Bindung, eine besondere Motivation des Hundes aufzubauen. Wird anfänglich mit Leckerbissen und Lob die Motivierung gefördert, so kann, ja soll mit der Zeit oft der Leckerbissen entfallen, da dies nun mit Lob allein erreicht werden kann. Es entwickelt sich so bei guten Hunden der so genannte „will to please," das heißt die Motivierung, das begehrte Lob zu erreichen, indem sie uns einen „Gefallen" tun und gleichzeitig an der Funktionsausübung Befriedigung erleben. Da auch im Urzustand der Hund oft erst lange jagen muss, bevor er zu einer Nahrung kommt, ist es auch sinnvoll, die Verabreichung von Leckerbissen allmählich einzuschränken, bis dies vielleicht nur mehr am Ende einer Gesamtleistung zur Belohnung geschieht. Auch das soziale Spiel ist für den Hund sehr motivierend, daher ist es förderlich, am Ende der Übung oder Leistung ein Spielchen, wenn zweckmäßig und möglich auch zwischendurch, einzuschalten. Die Leistung eines Hundes ist also besonders von dem Talent und Geschick des Hundeführers zur Motivation abhängig.

Daneben und vor allem ist aber die „inhärente Motivation", also der innere, genetisch bedingte Funktionstrieb, eine unerlässliche Voraussetzung für Leistung und Lernerfolg. Der Hund wird dadurch veranlasst, jede Gelegenheit zu ihrer Ausübung zu nützen. Dazu gehört rasche Bewegung, also Laufen, Springen, einem geworfenen Gegenstand oder einem anderen „Beuteersatz" nachzujagen, ein Bedürfnis, das uns hilft, sportliche Leistungen des Hundes zu erreichen, die also das Ergebnis einer sozialen und physischen Motivation darstellen. Nur ein Hund mit solchen Anlagen „arbeitet gern".

Motivation wird in modernen Ausbildungssystemen bevorzugt angewendet. Statt dem Hund zum „Sitz" vorne hochzuziehen und hinten niederzudrücken, wird er zum Beispiel durch geschickte Manipulation von Spielzeug oder Futter dazu gebracht, die gewünschte Position von selbst einzunehmen, gleichzeitig gibt man das Hörzeichen. Dann wird der Hund gelobt und erhält das Spielzeug beziehungsweise Futter. Bei solcher Art der Ausbildung fällt es viel leichter, einen hoch motivierten ausgebildeten Hund zu erhalten. Wir können hier nicht näher darauf eingehen, so sei nur erwähnt, dass zum Beispiel Lind (1998) eine Methode entwickelt hat, bei der auch die Harmonie, Zweckmäßigkeit und Freiheit der Bewegungen des Hundeführers eine große Rolle spielen, Dinge, die erst erlernt werden müssen. Man erreicht so eine Minimierung des Stresses bei der Ausbildung und eine maximale Kooperation, Konzentration und Mitarbeit des Hundes, welchem Zweck auch die Verwendung spezieller Artikel, wie Apportierobjekte usw., dient. Eine andere interessante Ausbildungsneuheit aus der Ausbildung von Zirkustieren, Delphinen etc. ist das so genannte Clicker-Training, wobei man mit kleinen Geräten ein knackendes Geräusch erzeugt und damit den Hund genau im richtigen Moment motivieren kann.

Assoziation

Hunde können Stimmungen und Bedürfnisse stimmlich sehr nuanciert zum Ausdruck bringen. Eine Wortsprache wie wir Menschen haben sie freilich nicht. Dennoch lernen sie, dass menschliche Wörter für sie besondere Bedeutungen haben können. Assoziation ist also eine wichtige Grundlage von Ausbildung und Erziehung, der Hund lernt hauptsächlich durch Assoziation beziehungsweise Versuch und Irrtum. Nur sehr gering dagegen ist seine Fähigkeit entwickelt, wie der Mensch auch durch Nachahmung oder gar Einsicht zu lernen (er lernt nach dem Schema „Wenn ..., dann ...", nicht aber „Weil ..., daher ..."!). Es ist auch sehr schwierig, jedoch mit viel Geduld und Geschick möglich, Hunde abzurichten, Gegenstände mit ihren Bezeichnungen zu assoziieren (siehe Kapitel 7. „Höridentifikation ...").

Im Wolfsrudel gibt es keine Befehle und keinen Zwang zu einer Aktivität, sondern nur Motivation und Abschreckung. Das Rudel folgt den Leitwölfen nur aus eigenem Antrieb infolge der sozialen Motivation und Notwendigkeit, beisammen zu bleiben oder einen Jagdzug zu unternehmen. Auch die Stimmungsübertragung spielt eine Rolle. Der Mensch jedoch verlangt ganz bestimmte Handlungen aufgrund seiner eigenen Wort- (Laut-) beziehungsweise Gebärdensprache, die der Hund erst lernen muss. Manches, vorzugsweise Unterlassungen, kann meist nur durch

Zwang erreicht werden (auch der Leitwolf fordert durch Imponieren oder Aggression nur Unterlassungen als Ausdruck der Unterwerfung), Aktivität jeder Art erfordert jedoch in erster Linie eine motivierende Einwirkung.

Gewöhnung

Gewöhnung ist ebenfalls ein wichtiges erzieherisches Hilfsmittel. Durch Gewöhnung lernt der Hund, auch ihm zunächst unangenehme Dinge zu tolerieren. Ein Beispiel ist die Leinenführigkeit. Die Leine beraubt den Hund seiner Freiheit und er kämpft daher anfangs dagegen an. Durch gleichzeitige Motivation (Leckerbissen, Spiel, Lob usw.) gelingt es allmählich, dass der Hund die Leine akzeptiert, ja schließlich sogar mit Erfreulichem (wie dem Spaziergang) verbindet. Er hat sich daran gewöhnt und duldet dann meist die persönliche Einschränkung, auch wenn später die ursprüngliche Motivation, zum Beispiel ein Leckerbissen, fortfällt. Ein anderes Beispiel ist der Maulkorb, der anfangs dem Hund sehr unangenehm ist. Wenn er aber merkt, dass auf das Anlegen des Beißkorbes ein Spaziergang folgt, wird er ihn (meist) bald akzeptieren.

Der junge Hund hat noch die Fähigkeit, sich an eine große Vielfalt an Umweltbedingungen und deren Änderungen zu gewöhnen. Dieses Vermögen lässt jedoch mit zunehmendem Alter nach. Es ist daher wichtig, dass der Hund frühzeitig die verschiedensten Umweltverhältnisse kennen lernt, damit er in seiner Anpassung später nicht eingeschränkt ist. Deshalb sollte jeder Welpe mit Verkehr, anderen Hunden, Tieren aller Art und Menschen (vor allem auch Kindern) vertraut gemacht werden. Die Notwendigkeit, an verschiedenen Orten, zu verschiedenen Zeiten und Umständen zu üben, haben wir bereits besprochen.

Nach der Domestikation wurde die Bewegungsfreiheit der Hunde vermutlich lange Zeit nicht eingeschränkt, damit hatte der Mensch keine Möglichkeit, sie gezielt für seine Zwecke wie zum Beispiel die Jagd einzusetzen. Erst mit der Erfindung von Halsband und Leine konnte der Hund zum Gebrauchshund werden. Die Leine ist also dafür ähnlich epochemachend wie etwa das Rad für die wirtschaftliche und kulturelle Entwicklung des Menschen.

Erste Abbildungen von angeleinten Hunden datieren meines Wissens vor zirka 6.000 Jahren. So sieht man auf einer Abbildung aus der ältesten ägyptischen Negadekultur I einen Jäger, der sechs Hunde an der Leine hält, die übrigens deutlich als ringelschwänzige, stehohrige Windhunde zu erkennen sind. Vielleicht hat gerade die Leine erst die Verwendung der ältesten Jagdhunde ermöglicht, die vermutlich die Windhunde waren.

Der Gebrauch der Leine setzt neben Gewöhnung auch einen bestimmten Grad der Domestikation voraus, da zum Beispiel Wölfe nur sehr schwer an eine Leine zu gewöhnen sind. Versuche von H. Frank in Amerika mit Wolf- und Malamutewelpen zeigten, dass sich Letztere schon in einer Woche fortschreitend und weitgehend an die Leine gewöhnten, die Wölfe sich jedoch noch am Ende des Versuches dagegen fast genauso sträubten wie am ersten Tag. Allerdings waren die Ägypter offenbar Meister in der Abrichtung wilder Tiere, wie aus Darstellung angeleinter Ichneumons, Bären, Hyänen und anderer Tiere hervorgeht.

Erst mit der genial zu nennenden Erfindung des Anleinens bekam der Mensch den Haushund völlig in seine Gewalt. Die gesamte weitere Entwicklung, die Zucht verschiedener Rassen, der Einsatz für verschiedene Zwecke war erst durch die Leine möglich. Der noch recht wilde, unabhängige Paria wurde durch sie und ihre „hässliche Schwester", die Kette, erst zum völlig unterjochten, seiner Freiheit weitgehend beraubten, gezähmten Haustier.

Gewöhnung kann auch sehr hilfreich sein, wenn ein Hund zum Beispiel schuss- oder verkehrslärmscheu ist. Wie schon bei den Welpen erwähnt, gelingt es oft, ihn zu desensibilisieren, indem man ihm zu Hause derartige Geräusche auf Tonband zunächst ganz leise kurzzeitig vorspielt und diese Gewöhnung in Tagesabständen immer etwas länger und lauter durchführt. Gleichzeitig kann man mit Futter oder Spiel plus Lärm eine positive Assoziation zu erreichen versuchen. Dabei muss man den Hund beobachten und bei Angstsymptomen sofort wieder auf eine geringere Lautstärke zurückgehen. Sehr empfindliche Hunde können dabei auch durch den Tierarzt für die Sitzungen Beruhigungspillen bekommen. Eine solche Desensibilisierung ist vor allem im Hinblick auf die Silvesterknallerei für jeden jungen Hund zu empfehlen. Allerdings gelingt das nicht bei jedem Hund. Am besten ist es bei Angstzuständen, einen Verhaltensexperten beziehungsweise einen entsprechend ausgebildeten Tierarzt zu konsultieren.

Das Tabu, die Abschreckung und Unlusterregung

Hunde lernen leicht, unser persönliches Eigentum, bestimmte Räume etc. zu respektieren, diese werden dann für sie tabu. Allerdings kommt es hierbei ganz besonders auf die Konsequenz des Erziehers an. Welpen sind an sich bald daran zu gewöhnen, unsere Einrichtung, Teppiche, Schuhe usw. in Ruhe zu lassen, allerdings muss man ihnen geeignete Dinge zum Nagen, wie Knochen, Büffelhaut etc., als Ausgleich dafür bieten. Haben sie einmal die Bedeutung des Wortes „Nein!" gelernt, kann man ihnen auch beibringen, einen Teil der Wohnung nicht zu betreten und vom nassen Garten nicht hereinzukommen, sondern an der Schwelle zu warten, bis man ihnen die Füße abgetrocknet hat. Natürlich ist „Nein!“ auch ganz besonders wichtig, wenn sie versuchen sollten, sich in der Küche oder vom Tisch selbst zu bedienen.

Der junge Hund lernt durch Erfahrung, gefährliche oder Unlust verursachende Situationen zu vermeiden. In der Erziehung und Ausbildung dient Unlusterregung dazu, den Hund dazu zu bringen, unerwünschte Handlungen zu unterlassen. Das bedeutet oft, eine Quelle der Motivation „umzupolen“. Geht es um einen wichtigen Trieb, ist das meist schwierig, ja, manchmal unmöglich beziehungsweise könnte es den Hund zum Neurotiker machen. Bei vielen Hunden, naturgemäß besonders bei Jagdhundrassen, aber auch zum Beispiel bei Schäferhunden, ist der Jagdtrieb besonders ausgeprägt. So wurden in Norwegen Versuche mit den sehr umstrittenen Elektrohalsbändern durchgeführt, um Hunden Angriffe auf Schafe abzugewöhnen. Nach der Abrichtung jagten nur noch 10 Prozent der Hunde Schafe, doch ergaben sich verblüfend große rassische Unterschiede: Bei Laufhunden waren es 0 Prozent, bei Settern noch 13 Prozent, bei Deutschen Vorstehhunden 15 Prozent und bei Elchhunden 40 Prozent. Erstaunlich hoch waren die Rückfallquoten bei Deutschen Schäferhunden mit 67 Prozent. Die Rassen, die nach dieser Untersuchung am meisten geneigt sind, Schafe zu verfolgen, sind Schäferhunde, Bouvier des Flandres und Boxer; am leichtesten umzugewöhnen waren erstaunlicherweise die nichtnordischen Jagdhundrassen. Außerdem wurden bei 7 Prozent der Hunde teils günstige, teils ungünstige Verhaltensänderungen festgestellt. Es ist interessant, dass Jagdhunde dabei besser reagierten als Hütehundrassen! Die Kurse und Untersuchungen wurden vom norwegischen Jäger- und Fischerverband durchgeführt (Øystein Søbye, 1991).

Von starkem Zwang bei der Ausbildung, früher viel angewendet, kommt man dagegen heute gottlob immer mehr ab, allerdings kann kein Hund nur durch Motivation allein erzogen oder ausgebildet werden. Ganz ohne die zu Recht verrufenen Leinenrucke ist auch nicht in jeder Situation und bei jedem Hund auszukommen. Die oft nötige erzieherische Unlusterregung beziehungsweise Abschreckung kann durch Wegsperren, Nichtbeachtung, Versagen bisheriger „Privilegien“, intensive Unterordnungsübungen oder scharfe Befehle erfolgen. Man verstärkt also den Unterwerfungszwang beziehungsweise frischt diesen auf. Die richtige Dosierung ist ganz wichtig, um den Hund weder depressiv, handscheu oder neurotisch zu machen noch das Ziel, die Unterlassung der unerwünschten Handlung, zu verfehlen. Unterlässt der Hund das unerwünschte Verhalten, ist daher sofort auf – richtig dosiertes – Lob umzuschalten. „Nachtragendes“ Verhalten ist in der Hundeerziehung völlig verkehrt.

Schlechte Erfahrungen, Bestrafungen, die immer wieder dazu zwingen, gewünschte Handlungen zu unterlassen, können im Übermaß zu Missstimmung und Verweigerung durch Frust führen. Dieser kann negativ auf die gewünschte Motivierung wirken, der Hund nimmt die zu strenge Behandlung „übel" und verliert die Freude an der Mitarbeit. Ob und wie schnell so etwas eintritt, hängt von der Sensibilität des Hundes ab. Hier bestehen sehr große rassebedingte und individuelle Unterschiede. Diese zu kennen und im Umgang mit dem Hund zu berücksichtigen ist sehr wichtig. Bei sensiblen Hunden ist es besonders angezeigt, Unangenehmes mit Angenehmem zu kompensieren, zum Beispiel mit Leckerbissen oder Spiel. Die Motivation beziehungsweise Missstimmung eines Hundes kann man leicht an der Ohren-, Schwanz- und Körperhaltung erkennen, die bei Motiviertheit der eines imponierenden, bei Missstimmung der eines sich passiv unterordnenden Hundes ähnelt. Allerdings wird häufig die Stimmung eines Hundes von der des Hundeführers beeinflusst, oft ohne dass dieser sich dessen bewusst ist. Der Hund erkennt sie vermutlich an der Bewegung wie auch an „Geruchsbotschaften" des erregten oder gedrückten oder kranken Menschen. Anscheinend ist diese „Duftkommunikation" ja auch dafür entscheidend, ob bei der Begegnung mit fremden Hunden eine freundliche Beziehung oder eine Rauferei entsteht.

Die „Stimmungshormone" (wie Adrenalin) und bestimmte andere Pheromone des Menschen und des Hundes dürften identisch oder chemisch ähnlich sein. Das Versagen mancher Hunde in einer Wettkampfsituation, die beim Training hervorragend entsprachen, scheint auf „Nervositätsgerüchen" und dem Gebaren des Hundeführers zu beruhen. In den USA soll es für Hundeführer eine Salbe geben, die gegen diese geruchlichen Signale bei Wettkämpfen wirksam sein soll.

9

DAS „BERUFSSPEKTRUM“ DES HUNDES

DER HUND, DAS „BERUFSTÄTIGE“ TIER

Der Wolf sieht recht gut, er orientiert sich mit den Augen, spürt auf der Fährte und wittert im Wind, horcht, kurz, er verwendet alle Sinne zur Erkundung der Umwelt. So konnten Hunde gezüchtet werden, die auf einen bestimmten Sinn spezialisiert sind, während die anderen dann oft eine untergeordnete Rolle spielen. Jagdhunde suchen auf der Fährte mit der Nase, Windhunde richten sich vorwiegend nach dem Gesichtssinn. Fährtensuchen ist daher für Spaniels und Bassets eine Leidenschaft, oft halten sie den Kopf unterwegs fast nur am Boden. Andere, wie die Mittelmeerwindhunde, zum Beispiel der Pharaohund, suchen sowohl mit der Nase als auch mit den Augen.

Infolge der Fülle an Instinkten, Trieben und Fähigkeiten des Hundes gibt es heute Hunderte von „Hundeberufen“, und ständig werden es mehr. Und in diesen Berufen gibt es viele besondere Spezialisten: Unter den Hütehunden hat zum Beispiel der Deutsche Schäferhund den Trieb des „Wehrens von der Frucht“, also den Schutz der bestellten Äcker vor den gehüteten Schafen, der australische Kelpie kommt mit riesigen Schafherden klar, indem er einfach über deren Rücken die Wege abkürzt, der neuseeländische Huntaway dagegen ist ein Experte im Auffinden und Ins-Tal-Treiben von versprengten Schafen auf den Berghängen. Der kanadische Duck Tolling Retriever und das holländische Kooikerhondje locken neugierige Wildenten durch Spielen am Ufer in Flintenreichweite des Jägers beziehungsweise in Fangreusen. Die Verwendungsfähigkeit des Hundes im Dienste des Menschen kennt kaum Grenzen.

Für alle Nutztiere, die gehütet werden können, gibt es Hütehunde: für Rinder, Pferde, Schafe, Enten und Gänse, und Hirtenhunde, die sie bewachen und schützen.

Der Hund als Helfer und seelische Stütze bei Krankheit und Behinderung wird immer aktueller: als Blindenführer, für Hörbehinderte und Querschnittgelähmte, als Tröster für kranke Kinder in Spitälern. Hunde werden auch mit Erfolg in Gefängnissen, Altersheimen und Waisenhäusern eingesetzt. Hunde haben sich als Therapiehilfe bei Infarktpatienten und in vielen anderen Fällen bewährt. Die Sterblichkeit sinkt, der psychische und gesundheitliche Zustand der Patienten wird dadurch oft dramatisch verbessert. Aber Hunde können noch mehr: Manche können bevorstehende Anfälle von Epileptikern erkennen und anzeigen. Ja, sogar Hautkrebs sollen Hunde feststellen können.

Von den Haustieren, die der Mensch auch, vorzugsweise oder ausschließlich zur Arbeit heranzieht, ist der Hund bei weitem das vielseitigste. Während zum Beispiel Pferde und Rinder etwa zu Transport- und Zugleistungen herangezogen werden, Pferde auch noch zu Sport- und Reitdressuraktivitäten, sind Hunde fähig, die vielfältigsten Arbeiten zu leisten, die Geschicklichkeit, geistige und/oder Sinnesleistung erfordern. Derartiges findet man zwar noch bei Pferden, doch nicht in dem Ausmaß noch der Vielfalt wie beim Hund. Die unerreichte Vielseitigkeit, Anpassungsfähigkeit, der Arbeitseifer und die Leistungsbereitschaft des Hundes haben es ermöglicht, dass wir heute diese Unzahl von „Berufen" für Hunde kennen. Bemerkenswert ist dabei, dass gerade in jüngster Zeit eine Fülle neuer Gebrauchsformen für Hunde entstanden ist und weiter entsteht und dass wir eben lernen, die positive Wirkung von Hunden auf die Psyche des Menschen zu erkennen und gezielt einzusetzen.

Herdenhüten, Jagen, Bewachen, Schützen, Apportieren, Fährtensuchen, alle diese grundlegenden Fähigkeiten sind in vielen Hunden in wechselnder Ausprägung mehrfach, ja vielleicht in manchen Individuen alle vorhanden. So wurden schon Papillons in Skandinavien zu offiziellen Dienstwachhunden und Rettungshunden ausgebildet, ja sogar Schweißhundprüfungen legten sie schon erfolgreich ab. Im Allgemeinen gilt aber natürlich „Spezialisten leisten mehr", und bei den spezialisierten Rassen wiederum erzielt man meist nur mit Hunden aus geprüften Ahnen die besten Ergebnisse. Extrem entwickelte Eigenschaften neigen dazu, sich bei Aufhören der Leistungszucht in Richtung Normalität abzuschwächen, dennoch blieben manchmal Gebrauchseigenschaften auch nach vielen Generationen der Zucht nur nach dem Formwert noch erhalten.

Im Fall des erwähnten „Wehrens von der Frucht" des Deutschen Schäferhundes und anderen könnte man sogar von „erzüchteten neuen Instinkten" sprechen. Es ist anzunehmen, dass diese „neuen Instinkte" sich in sehr langen Zeiträumen zufällig herausgebildet haben und erst nach geraumer Zeit, da ja Verhaltensweisen meist nur eine geringe Vererblichkeit aufweisen, selektiv fixiert werden konnten, wobei sicher auch die Tradition, das heißt das Beispiel des Hundeführers oder des bereits ausgebildeten erwachsenen Hundes, für die Qualität der Ausführung immer eine Rolle spielte und spielt. Die Vermutung ist daher nicht undenkbar, dass es gelingen könnte, zum Beispiel „instinktive" Blindenhunde oder gar eine Blindenhundrasse zu erzüchten, die für diese Tätigkeit eine ganz besondere Vorliebe und Eignung aufweist.

Die Zahl der Verwendungsarten steigt in letzter Zeit sehr schnell an, man denke nur an Gehörlosen-, Therapie-, Katastrophen-, Suchtgifthunde und vieles andere. Dies zeigt, dass der Mensch den Hund trotz allen technischen Fortschritts heute mehr denn je braucht. Manche Verwendungsformen sind allerdings ausgestorben wie etwa der Zughund in Europa oder der „Bratspießdreher“ des Mittelalters. Andere drohen auszusterben, manche davon werden aber als neue Sportarten weitergeführt (zum Beispiel Ersatz der Schlittenhundgespanne durch Motorschlitten bei den Eskimos, aber andererseits starke Zunahme des Schlittenhundsports oder des Zughundsports bei den Zughunden). Sogar aus dem Schafhüten scheint jetzt ein neuer Hundesport zu werden.

Hunde sind wohl die vielseitigsten Haustiere. Sie jagen vom Rebhuhn bis zum Sibirischen Tiger und vom Auerhahn bis zum Fischotter auf jedes denkbare Wild, indem sie es je nach Rasse und Art der Jagd hetzen, stellen und verbellen, töten, aufstöbern, davor vorstehen, aus dem Bau sprengen, auf Bäume jagen, die Beute apportieren und/oder auf der Fährte suchen etc. In Wald und Feld, im Boden und auf den Bäumen (zum Beispiel Finnenspitz bei der Auerhahnjagd), auch im Wasser (zum Beispiel Otterhund, Wasserspaniel) – überall können bestimmte Jagdhunde erfolgreich eingesetzt werden, um Wild zu finden, zu apportieren oder zu überwältigen. Hunde schützen Viehherden vor Wölfen, Bären, Löwen, Leoparden und Räubern, hüten Schafe, Enten und Gänse und treiben Rinderherden, bringen wilde Bullen zur Raison, wittern auf hunderte Meter Distanz, finden Fährten von Mensch und Tier, überführen Verbrecher durch Identifizieren jahrealter Geruchsspuren, prüfen in Schweden Telegrafenmasten und Häuser auf Pilzbefall und neuerdings dort auch Quecksilberreste in Chemiesälen von Schulen, Schädlinge an Bäumen, Drogen, rindernde (brünstige) Kühe, gefährliche Chemikalien, Gasaustritt aus Leitungen, Sprengstoff, Leichen unter Wasser und vergraben im Boden, Brandlegungsstellen, Lawinen- und Erdbebenopfer usw., usw. Es finden sich besonders für die Nase des Hundes immer neue Verwendungsmöglichkeiten: Hunde suchen Termitenbefall in Gebäuden in Kalifornien, Erze in Finnland und seit alters Trüffel in Frankreich und Italien. Hunde stellen Kriminelle, schützen Haus und Hof, finden verlorene Gegenstände aller Art. Die Verwendungsmöglichkeiten von Hunden für Polizei und Militär sind ebenfalls vielseitig: Beherrschung von erregten Menschenmassen, Objektbewachung, Meldedienst, Personen- und Verwundetensuche, Dingfestmachung von Verdächtigen, Suchen von Beweisstücken, um nur das Wichtigste zu nennen. Hunde retten Ertrinkende, ziehen Boote und apportieren aus dem Wasser, ja, sie können sogar Ertrunkene unter Wasser orten. Im Zweiten Weltkrieg wurden nicht weniger als 30.000 Hunde für die deutsche Wehrmacht eingezogen, die meisten kamen nicht mehr zurück (Wippermann und Berentzen, 1999).

Die Liste ist schier unerschöpflich: Hunde ziehen Wagen und Schlitten, manchmal hunderte Kilometer weit, sind Sprinter und Langstreckenläufer und werden heute zu immer mehr Sportarten wie Agility, Fly Ball und Frisbee verwendet. Gute Hunde sind die besten Alarmanlagen, verhelfen uns und besonders behinderten und alten Menschen zu mehr sozialen Kontakten, führen Blinde durch den Verkehr und hören für Taube, helfen behinderten Rollstuhlfahrern und machen das menschliche Familienleben – sofern notwendige Vorbedingungen stimmen – harmonischer, kontaktreicher, fördern die psychische und soziale Entwicklung von Kindern. Sie verbessern die Atmosphäre in Altersheimen, Krankenhäusern, Gefängnissen usw., warnen Epileptiker vor Anfällen beziehungsweise holen Hilfe, retten Ertrinkende und können möglicherweise Hautkrebs erkennen.

Allerdings fordern uns Hunde dafür auch einiges an Zeit, Beschäftigung, Kenntnissen, Aufopferung, Zuwendung, Erziehung und partnerschaftlicher Einstellung ab. Ohne diese Voraussetzungen kann „Bruder Hund" auch zu einer Belastung werden.

Die „höchste Berufung" des Hundes ist es aber wohl, wie kein anderes Wesen auf der Erde für seinen menschlichen Partner schlicht und einfach „da zu sein". Für viele Menschen ist es so, wie Konrad Lorenz (1963, 1) sagt: „Man fühlt sich einfach nicht mehr allein auf der Welt, wenn wenigstens ein Wesen da ist, das sich darüber freut, dass man wieder nach Hause kommt."

Bei der folgenden Besprechung der „Hundeberufe" wird es da und dort zu Vermischungen von Tätigkeits- und Rassebezeichnungen kommen, da manche Verwendungen gewöhnlich nur von bestimmten Rassen ausgeführt werden. Rassen werden jedoch in einem speziellen Abschnitt noch näher behandelt. Die folgende Tabelle gibt eine Übersicht über jene Verhaltensweisen des Hundes, die der Mensch sich zunutze gemacht hat, und ihre Anwendungsgebiete sowie die für einzelne Leistungen spezialisierten Rassen:

Verhaltensweisen aus den Funktionskreisen Beuteerwerb, Territorialität und Sozialität im Hinblick auf ihre Nutzung durch den Menschen

VERHALTEEN RASSEN	FUNKTION *beim Wildhund (Wolf)*	NUTZUNG *(jagdlich)*	*(sonstig)*
Mäuseln, Mäuselsprung: besonders Pinscher, Terrier, Schnauzer	Fang kleiner, flinker Beutetiere		Schädlingsbekämpfung (Ratten, Mäuse)

Graben: besonders Dachshund, Terrier	Ausgraben von Beutetieren	Baujagd auf Fuchs, Dachs, Kaninchen	
Verfolgen von fliehenden Tieren: die meisten Rassen, besonders Jagd-, Wind- und Gebrauchshunde	Hetzen größerer Beute	Meutenjagd, Brackieren	Windhundrennen Polizeidienst
Totschütteln: die meisten Rassen, besonders Jagd- und Windhunde, Terrier Schnauzer, Pinscher	Töten kleinerer Beute	Töten von Raubwild und angeschossenem Niederwild	Vertilgen von Ratten
Niederziehen: Jagd- und Gebrauchshunde	Überwältigen größerer Beute	„Abtun" von verletztem Wild	Polizeidienst
Fährtensuche (Wild): Jagdhunde	Gebrauch der Nase Aufspüren der Beute auf der Fährte	Schweißhund, Meutenhund, auch kontinentale Vorstehhunde früher: Leithund	Gebrauchshunde (Diensthunde von Polizei, Militär usw.)
Fährtensuche: Jagd- und Gebrauchshunde, besonders Deutscher Schäferhund	wie oben	Suchen auf Wildfährten, Schweißhund	Verfolgen der Spur von Verdächtigen, Aufspüren verirrter Personen
Sonstige Suche: viele Rassen, besonders Herden-, Jagd- und Gebrauchshundrassen	Suchen nach Aas oder Wild, sonstiger Nahrung, Wasser oder Artgenossen	Suche durch Wittern	Suche nach dem Geruchssinn ohne Fährte, Lawinen-, Rettungshunde, etc.
Stöbern: Spaniels, Jagd- und Gebrauchshunde	Aufstöbern der Beute	Aufstöbern von Wild aus dichter Vegetation	Flächensuche, Rettungs-, Dienst- und Lawinenhunde
Bringen: die meisten Hunde, besonders Jagd- und Gebrauchshunde insbesondere Retriever	Versorgen von Jungen und Muttertier, Vorratshaltung	Apportieren von erlegtem oder angeschossenem Niederwild	Apportieren, Identifizieren

Vorstehen: Vorstehhunde	Verharren beim Beschleichen und Belauern von Beutetierren	Anzeigen von Niederwild	Vorstehen
Territorial- und Schutzverhalten, Verteidigung: einige Jagdhunde, Gebrauchs- und Hirtenhunde und viele andere	Schutz der Rudelgemeinschaft , des Territoriums oder der Jungen	Schutz des Jägers	Schutz des Hundehalters, Diensthunde, Hirtenhunde
Bewachung: viele Rassen, besonders Spitz, Pinscher und Schnauzer; Hirtenhunde	Gefahrabwehr, Alarmierung	Bewachung der Strecke	Wachhund
Hüteverhalten: verschiedene Rassen, besonders Schäferhunde	unklar: Wölfe „hüten“ Wildtierherden nicht wie Hütehunde		Hütearbeit
Vietreiben: Treibhunde, wie Rottweiler, Cattle Dog Sennenhunde	Treiben von Wildtierherden (zum Beispiel Bisons in Amerika durch Wölfe)		Treiben von Rinderherden
Schwimmen: die meisten Rassen besondern Neufundländer, Retriever, Portugiesischer Wasserhund, Wasserspaniels	Überqueren von Gewässern, Fischen von laichenden Lachsen usw.	Apportieren aus dem Wasser	Hilfe bei der Fischerei, Wasserrettung
Tauchen: seltene Fähigkeit, Portugiesischer Wasserhund	unbekannt	Apportieren aus tiefem Wasser	Helfer der Fischer
Soziale Leistungen, Behinderte führen, Gesellschaftshunde, Partnerhunde etc.: grundsätzlich alle Rassen als Behinderten und Führhunde besonders Retriever und Deutsche Schäferhunde	Sozietät Wolfsrudel	vielseitig, siehe im weiteren Text	siehe im Text

DER HUND ALS JAGDKAMERAD

Die hervorstechende Fähigkeit des Hundes, allein oder gemeinsam in der Meute Wild aufzuspüren, zu verfolgen, zu stellen und zu erbeuten, war und ist für die Jagd unentbehrlich. Bei allen Jägervölkern der Tundrengebiete werden Hunde zur Jagd eingesetzt, kaum dagegen bei den autochthonen Völkern Australiens und Südamerikas. Es gibt aber auch Eingeborenenstämme, die keine Hunde haben oder sie nicht für die Jagd verwenden. Nachfolgend seien die verschiedenen Formen der Jagdhunde besprochen.

HETZJAGDHUNDE

Die Hetzjagd frei jagender Hunde ist die ursprüngliche Jagdform: Man ließ die Hunde nach alter Wolfsart im Rudel – der Meute – einfach selbst jagen. Sie datiert aus der Zeit vor den Feuerwaffen. Der oder die Hunde werden auf das Wild angesetzt, spüren es entweder auf (Laufhunde) oder jagen im freien Gelände auf Sicht (Windhunde). Aus den Laufhunden haben sich die meisten spezialisierten Jagdhundeformen entwickelt.

Windhunde

Windhunde sind an offenes Gelände, insbesondere Wüsten und Steppen angepasst. Sie sind schnelle und ausdauernde Renner zur Jagd auf Gazellen und andere Antilopen, Hasen und selbst Kragentrappen im Orient beziehungsweise Hasen, Hirsche und Kaninchen in Europa, aber auch auf Wölfe in Russland und früher auch in Irland. Windhunde werden als Einzeljäger oder öfter zu zweit oder zu dritt, seltener auch als Meute eingesetzt. Sie jagen rassenspezifisch auf Sicht, können jedoch durchaus auch ihre Nase auf der Fährte wie andere Hunde gebrauchen, vor allem langhaarige Rassen.

Einen Übergang zu den Bracken bilden die mediterranen Windhunde, sehr ursprüngliche, pariahundähnliche Tiere, gekennzeichnet durch Stehohren und auch Gebrauch der Nase nach Art der Bracken bei der Suche nach Wild, vor allem Kaninchen. In vielen europäischen Ländern ist die Jagd mit Windhunden heute verboten, doch sind diese Rassen als Sporthunde bei Windhundrennen oder beim Lure Coursing, der technischen Imitation einer Hasenjagd mit Windhunden, populär.

Laufhunde (Bracken)

Ebenfalls recht früh, um 3.000 v. Chr., tauchen in Ägypten bereits Jagdhunde mit längeren Hängeohren auf. Laufhunde sind auf Terrain mit Busch- oder Baumvegetation spezialisiert, wo das Wild auf der Fährte aufgespürt werden muss. Als Zentrum der Entwicklung gelten der Sudan, Südfrankreich und China. Sie sind die gegebenen Hunde für die Meutenhetz- oder Parforcejagd, so auf Hirsche, Füchse oder Hasen, die in vielen Ländern Europas heute verboten ist, und jagen mit klangvoller Stimme. Es gibt hochläufige und niederläufige Formen, Letztere sind als Niederlaufhunde, Dachsbracken und Bassets bekannt. Die hochläufigen werden von Reitern begleitet, die niederläufigen zu Fuß. Alle Bracken sind hängeohrig und meist dreifarbig gescheckt. Es gibt sehr viele Brackenrassen (etwa 100), viele sind auch durch den Fachmann schwer zu unterscheiden. Das klassische Land der Laufhunde ist Frankreich, auch die im Altertum berühmte Keltenbracke stammte von dort. Es gibt dort große und kleine hochläufige, glatt- und rauhaarige (Griffons) sowie niederläufige Rassen (Bassets). In Frankreich wird noch mit Meuten gejagt.

Auch in England hat die Jagd mit Bracken eine lange Tradition. Berühmt sind die heute umstrittenen Fuchsjagden mit dem Foxhound. Eine kleine Bracke ist der Beagle, der heute auch zu einem beliebten Familienhund geworden ist. Aus England kommt auch der groteske Basset Hound, aus Kreuzungen von französischen Bassets mit Bloodhounds entstanden, der heute ebenfalls als Familienhund in Mode gekommen ist.

Bracken werden bei uns noch als Einzel-(Solo-)Jäger vor allem im Alpengebiet und Skandinavien verwendet. Sie stöbern das Wild auf und jagen es mit dem charakteristischen klangvollen Bellen (Geläut) der Laufhunde. Die Jagd verläuft in einem Bogen, schließlich kehrt das verfolgte Stück Wild zu seinem Einstand zurück – es nimmt den nicht allzu schnellen, lautgebenden Hund nicht so recht ernst – und gelangt hierbei dem Jäger vor die Flinte.

Schweisshunde

Zur Suche nach Wild am Riemen (Fährtenleine) vor der Parforcejagd verwendete man in früheren Jahrhunderten ausgesucht ruhige, sorgfältig suchende Bracken, die so genannten Leithunde. Aus ihnen haben sich die heutigen Schweißhunde entwickelt, die zur Nachsuche auf der Schweißspur (= Blutspur) des angeschossenen Wildes verwendet werden. Schweißhunde zeichnen sich durch ruhige, sorgfältige Suche aus und sind für die weidmännische Jagd unentbehrlich, allerdings können auch andere Jagdhunde eingesetzt werden.

Ein Beispiel, dass auch Nichtgebrauchshunde manchmal für Aufgaben ausgebildet werden können, die eigentlich spezialisierten Rassen zukommen, sei an dieser Stelle erwähnt: Der Tibetspaniel Berggrabben's Yung-Chao-Tsun aus Norwegen hat nach einem Bericht der Zeitschrift „Hundesport" die Prüfungen auf der Schweißspur bestanden. Auch in Schweden soll es einen als „Schweißhund" ausgebildeten Tibetspaniel geben.

Jagdhunde für die Flintenjagd (Gun Dogs)

Aus den Bracken wurden im Mittelalter neben dem Leithund auch andere höher spezialisierte Rassen herausgezüchtet, die mit dem Jäger eng zusammenarbeiten mussten. Das waren zunächst die so genannten Vogelhunde, die als Gehilfen auf der Falkenbeize oder zum Treiben von Haar- und Federwild in Netze dienten. Mit dem Auftauchen der Feuerwaffen änderte sich die Verwendungsart: Diese Hunde hetzen das Wild nicht mehr, sondern je nach Rasse stöbern sie es auf oder zeigen es durch Stehenbleiben (Vorstehen) an, um es erst auf Befehl aufzuscheuchen. Diese Eigenschaften wurden durch Zucht gefestigt. Eine weitere Jagdhundform für den Jäger mit der Flinte sind die Apportierhunde (Retriever), die geschossenes Wild aufsuchen und dem Jäger zubringen. Diese Hundeformen werden englisch Gun Dogs oder Sporting Dogs genannt (im Gegensatz zu den Hounds, das sind die vorerwähnten Bracken und Windhunde).

Bauhunde

Zur Jagd auf Wild, das sich in Höhlen unter der Erde zurückziehen kann, wie Fuchs und Dachs, dienen kleine Jagdhunde mit besonderer Raubwildschärfe. Sie drücken entweder das Wild aus dem Bau heraus, wo der Jäger es erwartet, oder überwältigen es selbst. Dazu wird einerseits eine kleine kurzläufige Brackenform, der Dachshund, andererseits eine Reihe von Terrierrassen verwendet. Beide Formen stellen aber heute vorwiegend Familienhunde.

Terrier sind den Pinschern und Schnauzern nahe verwandt. Von den zahlreichen Terrierrassen werden heute nur mehr der Deutsche Jagdterrier (dieser vorwiegend), der Fox Terrier, der Jack Russell Terrier und der Welsh Terrier, in England noch einige Lokalschläge in gewissem Umfang zur Baujagd auf Fuchs und Dachs eingesetzt, die anderen nur vereinzelt, sonst werden sie als Familienhunde gehalten.

Nordische Jagdhunde

In Skandinavien, Sibirien und im nördlichen Ostasien und Amerika konnten ursprünglich die schlanken, kurzhaarigen Windhunde und langohrigen Jagdhunde wegen der zu geringen Kälteresistenz nicht verwendet werden. Die an das kalte Klima bestens angepassten Nordischen Spitzartigen waren aber dafür prädestiniert. So ist eine Reihe spitzartiger Jagdhunde entstanden. In Schweden und Norwegen gibt es die Elchhunde, in Finnland den Finnenspitz, der besonders zur Jagd auf den Auerhahn dient, dessen Standort er aufsucht, den er bei Flucht verfolgt und bei Aufbaumen durch Lautgeben meldet, sowie den Karelischen Bärenhund.

In Sibirien und dem übrigen nördlichen Russland gibt es verschiedene Rassen so genannter Laikis (Einzahl Laika), spitzartige Hunde von wolfsähnlichem Aussehen. Sie werden sogar zur Jagd auf den Sibirischen Tiger verwendet. Der Karelische Bärenhund dient, wie der Name sagt, aber nicht ausschließlich, zur Bärenjagd. In Kanada gab es eine kleine, heute leider ausgestorbene Bärenhundrasse, den Tahltan Bärenhund. Bei vielen nordischen Hunden ist der Übergang vom Schlitten- zum Jagd- oder Rentierhütehund fließend, es sind oft „Mehrzweckhunde“.

Afrikanische Jagdhunde

Nur zwei aus Afrika stammende Jagdhunde sind bis heute als Rassen im Westen anerkannt worden, der Basenji und der Rhodesian Ridgeback. Ersteren werden wir als Urhund auch später noch behandeln. Die zweite, ganz andere Rasse, der Rhodesian Ridgeback, ist brackenähnlich, durch Kreuzung einheimischer afrikanischer Hunde mit europäischen Jagdhunden entstanden und zur Jagd auf Großwild, auch Löwen, verwendet worden. Den Ridge, jenen eigenartigen, dem Haarstrich entgegengerichteten Haarstreifen am Rücken, verdankt er seinen afrikanischen Ahnen, die jedoch dieses eigenartige Merkmal von Hunden früher malayischer Einwanderer erhalten haben dürften. In Thailand ist seit langer Zeit der ebenfalls mit Ridge versehene Phu-Qoq-Hund bekannt, der inzwischen unter dem Namen Thailand Ridgeback als Rasse anerkannt wurde. Umgekehrt könnten aber vielleicht auch arabische Händler solche Hunde mit Ridge vom südlichen Afrika nach Ostasien gebracht haben. Die afrikanischen Windhundformen Azawakh und Sloughi werden später besprochen.

SCHÜTZER UND LENKER DER HERDEN

Wölfe haben gegenüber Herden ihrer Beutetiere zwei grundsätzliche Verhaltensweisen: Sie schützen sie in ihrem Territorium vor anderen Beutegreifern und fremden Artgenossen und sie versuchen sie durch Treiben in Bewegung zu setzen, denn das ist bei der Jagd weniger riskant als eine Beute, die nicht flieht, sondern sich gegen das Raubtier wendet. Daraus entstanden die Herdenschutzhunde einerseits und die Hütehunde andererseits. Es ist auch eine bekannte Eigenschaft von Beutegreifern, dass sie in ihrem unmittelbaren Wohnbereich nicht jagen. Daher war es nicht allzu schwer zu erreichen, dass die domestizierten Wölfe sich nicht an den Herden ihrer Besitzer vergriffen. Diese waren jedoch stark durch Raubtiere gefährdet, sodass es den Menschen des Altertums sehr zustatten kam, dass die neu gewonnenen Gefährten aus dem Tierreich auch die Herden bewachten. Durch Auslese der Besten entstanden so die Hirtenhunde, das sind Herdenschutzhunde. Später benötigte man diese Tiere auch zum Treiben, besonders der Rinder, es entstanden die Treibhunde. In manchen Gebieten finden sich große Herdenschutzhunde und kleinere Hütehunde zum Teil nebeneinander, zum Beispiel die Tibetdoggen und Tibet Terrier in Tibet, die Pyrenäenhunde und Pyrenäenschäferhunde aus den Pyrenäen, die Komondore und Pulis in Ungarn und die Tatrahunde und Niederungsschäferhunde (PON) in Polen. Sicher waren viele Herdenhunde ursprünglich sowohl als Bewacher als auch beim Hüten und Treiben tätig. Als schließlich im 19. Jahrhundert die wilden Raubtiere verschwanden und die Flur immer mehr als Acker genutzt wurde, war nur mehr der Schäferhund als spezialisierter Hütehund gefragt. Seine wichtigste Aufgabe ist das Lenken der Schafherden. In Kontinentaleuropa kam immer mehr auch die Abwehr des Viehs von den Ackerparzellen dazu, im nördlichen England und Schottland lernten die Hütehunde, die Schafe auch auf weite Distanz vom Schäfer nach dessen Anweisungen zu lenken oder heranzuholen. Diese „Berufsbilder" wurden gegensätzlich: Hütehunde haben Jagdtrieb, sie sehen die Schafe noch irgendwie als Beute an und wildern daher nicht selten, wenn sie vernachlässigt werden. Die Hirtenhunde sind Herdenschutzhunde, die Schafe, wenn vom Welpen auf mit ihnen vergesellschaftet, als Artgenossen betrachten und verteidigen. Allerdings gab und gibt es, wie erwähnt, auch Hundeformen, besonders Hofhunde, die beide Funktionen, Schutz und Hüten, noch vereinigen.

HIRTENHUNDE

Entsprechend ihrer Aufgabe, die Herden zu schützen, mussten diese Hunde groß und stark sein, mit wenig oder keinem Beutetrieb, aber guter Sozialisierungsfähigkeit mit den Schafen. Sie mussten auch den Trieb haben, die großen Herden zu patrouillieren, um sie wirksam bewachen zu können. Hirtenhunde gehören zu den ältesten Gebrauchshunden, es gab sie schon im Altertum und vermutlich noch früher.

Vermutlich die älteste Rasse, von der man behauptet, dass alle übrigen von ihr abstammen – was aber nicht bewiesen ist –, ist die Tibetdogge. Viele weitere Formen findet man in den Berggebieten Asiens und Europas, von denen einige als Rassen anerkannt sind. Die wichtigsten davon sind die großen weißen Berghunde.

Während in ihren alten Heimatgebieten durch das Aussterben der Beutegreifer Wolf und Bär der Fortbestand vielfach bedroht ist, haben diese Hunde in Amerika ein neues Aufgabengebiet gefunden. In den USA und Kanada werden sie jetzt gleichfalls zum Schutz der Herden, vor allem vor den Kojoten, sehr erfolgreich eingesetzt, aber auch in der Slowakei gibt es ein Programm, um die Herden vor den unter Naturschutz stehenden Bären und Wölfen zu schützen. Mit der Rückkehr des Wolfes aus Italien werden die Hirtenhunde auch in der Schweiz und Frankreich wieder aktuell.

Schäferhunde

Im Gegensatz zu Hirtenhunden arbeiten Schäferhunde mit dem Hirten nach dessen Befehlen eng zusammen. Ihre Blütezeit begann erst, als man in West- und Mitteleuropa die Bären und Wölfe dezimiert hatte und die zunehmende Besiedlung Hunde zur Lenkung der Herden erforderlich machte.

Grundsätzlich besitzen Schäferhunde einen ausgeprägten Jagdtrieb, der jedoch durch Erziehung in die vom Menschen gewünschten Bahnen gelenkt wird. Dadurch sind Schäferhunde eine höchst wertvolle Hilfe bei der Lenkung von Schaf- und Rinderherden, aber auch Enten und Gänse können von Schäferhunden gehütet werden. Nicht ausgebildete, vernachlässigte Schäferhunde können allerdings zum Wildern und Reißen von Schafen neigen.

Im Gegensatz zu Hirtenhunden sind Schäferhunde sehr leicht abrichtbar und vielseitig, ja, sie gehören zu den am leichtesten auszubildenden Rassen. Sie stellen daher die meisten Dienstgebrauchshunde, vor allem die wichtigste Rasse, der Deutsche Schäferhund, aber auch der belgische Malinois. Ähnlich wie bei den Vorstehhunden kann man britische und kontinentale Schäferhunde unterscheiden. Der Deutsche Schäferhund wird heute nur mehr in sehr kleiner Zahl als Schäferhund eingesetzt. Eben wegen ihrer ausgezeichneten Abrichtbarkeit sind Schäferhunde auch als Sporthunde sehr beliebt, besonders der Border Collie und der Malinois.

Als „echter Arbeitsschäferhund“ setzt sich heute immer mehr der britische Border Collie durch, der durch seine besondere Arbeitsweise auffällt, die an das Verhalten von Vorstehhunden erinnert (lauerndes Fixieren der Herde). Diesen Hunden beim Arbeiten zuzusehen ist immer wieder ein Erlebnis. Bei ihnen sind bestimmte Verhaltensweisen erblich fixiert, die möglicherweise als „neue Instinkte“ gelten können, wie etwa das „turn out“, das weite Ausschwenken des Hundes, wenn er eine weit entfernte Schafherde heranholen soll, die er zunächst weit ausholend überholt und von hinten dem Schäfer zutreibt. So vermeidet er das panische Auseinanderstieben der Schafe.

DER HUND ALS KUMPAN – GESELLSCHAFTSHUNDE

Da die Mehrzahl der Rassehunde heute in die menschliche Familie integriert ist, kann man die meisten auch als Gesellschaftshunde bezeichnen. Sie üben bei ihren menschlichen Partnern einen positiven Einfluss auf die psychische und physische Gesundheit aus. Sie geben einsamen Menschen mehr Sicherheit, sozialen Kontakt auch mit anderen Menschen und eine sinnvolle Ablenkung. Zwerghunderassen, Schnauzer, Spitze, Pudel und verschiedene andere sind vorwiegend Gesellschaftshunde. Manche, wie Mops und Pekingese, entsprechen dazu mit ihrer runden Kopfform dem „Kindchenschema“ und erfüllen so eine psychosoziale Funktion. Sie sind aber heute als „Qualzucht“ umstritten, denn der abnorme Kopf bringt oft Probleme bei der Atmung und der Wärmeregulation mit sich, die großen Augen sind verletzungsanfällig. So sollten sie heute in einem weniger extremen, dem ursprünglichen der Rasse entsprechenden Typ gezüchtet werden. Schon die alten Ägypter hatten „Lieblingshunde“, die häufig als kleinwüchsig oder niederläufig abgebildet sind. Einige Zwerghunderassen, wie die Malteser, Pekingesen und der Mops, können auf ein relativ hohes Alter zurückblicken, wenn sie auch voll reinrassig erst seit der Stammbaumära gezüchtet werden.

Während die bisherigen Kategorien sich jeweils auf bestimmte Rassengruppen bezogen, kommen wir jetzt zu den reinen „Berufszweigen“, die nicht für bestimmte Rassen begrenzt sind, bei denen jedoch oft bestimmte Rassen sich als besonders geeignet erweisen.

HELFER UND THERAPEUTEN – DIE FÜHR- UND THERAPIEHUNDE

Die Verwendung von Hunden als Führhunde für Blinde ist seit langem bekannt. Schon auf antiken Bildnissen sieht man Blinde, die von Hunden geführt wurden. In Deutschland begann man nach dem Ersten Weltkrieg, Blindenhunde systematisch auszubilden. Heute werden vor allem Retriever und Deutsche Schäferhunde dafür verwendet. Sie geben den Blinden wieder Selbstständigkeit und Kontakte zur Umwelt. Dazu kommen jetzt auch mannigfache neue Verwendungsformen von Hunden als Helfer für Behinderte, wie Gehörlosenhunde und Hunde für Gehbehinderte (Partnerhunde).

Animal assisted activities, tierunterstützte Aktivitäten, erlebten von den USA kommend eine ungeahnte Entwicklung, ob in der Therapie, Pädagogik, Psychotherapeutik, der Rehabilitation usw. Der Umgang mit dem Heimtier wirkt entspannend und stressmindernd. So wurde festgestellt, dass im Test Puls und Blutdruck beim Streicheln eines Tieres zunächst anstiegen und nach 15 Minuten erheblich abgesenkt waren. Es scheint sich eine Art Bindungsprozess abzuspielen, der mit einer Erregungsphase eingeleitet wird. Streicheln ist eine Form der Körperpflege, die seelische Bindung schafft oder verstärkt. Gegenseitige körperliche Berührung ist in unserer Kultur teilweise quasi tabuisiert, das Streicheln eines Tieres ist dafür eine Art Ausgleich.

Eine Untersuchung über die Blutdrucksteigerung während der Arbeit an einer arithmetischen Aufgabe ergab Folgendes: Waren die Versuchspersonen allein, stieg ihr Blutdruck mittelhoch an, bei Hundebesitzern aber etwas weniger als bei Nichthundebesitzern. War man dabei mit einem Hund und einer eng befreundeten Person zusammen, war der Blutdruckanstieg beim Hundebesitzer sehr gering, beim Nichthundebesitzer noch höher als im ersten Fall (diese Gesellschaft verstärkte also den Stress). Noch höher aber war der Blutdruckanstieg in Gesellschaft des Ehepartners, beim Hundebesitzer nur geringfügig niedriger. Waren der Hund, die befreundete Person und der Ehepartner zugegen, war die Steigerung beim Hundebesitzer gering, beim Nichthundebesitzer höher, aber niedriger als mit dem Ehepartner allein. Eine klare Aussage über die stresslindernde Wirkung des vertrauten Hundes, auch bezüglich der allgemeinen Blutdruckreaktion (das heißt, wenn der Hund gar nicht anwesend ist; Allen, 1998).

In einer Untersuchung wurde die Zunahme von bestimmten Substanzen im Blut, die bei positiven sozialen Kontakten eine Rolle spielen, bei zwei Personengruppen untersucht, von denen eine ihnen unbekannten Beaglehunde, die andere ihren eigenen Hunde kontaktierte. In beiden Gruppen nahm die Blutplasmakonzentration von Phenylessigsäure, Dopamin und Endorphin zu, bei der Gruppe mit den eigenen Hunden stieg auch der Prolactintiter. Man schließt daraus, dass bei verschiedenen Gesundheitsproblemen die Gesellschaft eines Hundes eine günstige Wirkung haben dürfte (S. Lehmann, 1998).

P.A.T. (Pet Aided Therapy) heißt die Verwendung von Hunden als zusätzliche Therapiemaßnahme bei Kranken, insbesondere Kindern und Behinderten. Gute Erfolge hat man auch mit Hunden und anderen Tieren in Waisenhäusern, Gefängnissen, Altersheimen und dergleichen erzielt.

Bereits 1792 hatte Tuke in York, England, eine positive Wirkung von Haustieren, wie Geflügel und Kaninchen, auf psychisch Kranke registrieren können, die verantwortlicheres Verhalten annahmen und mehr Selbstkontrolle zurückerlangten. Im Zweiten Weltkrieg machte man ähnliche Erfahrungen mit verwundeten und psychisch geschädigten Soldaten in den USA. Sie konnten im Kontakt mit Heimtieren Depressionen, Apathie und Gefühle der Sinnlosigkeit leichter überwinden. Das Tier war also hier ein Katalysator, der psychische „Kurzschlüsse" zu beheben imstande ist. Hunde und andere Tiere dienen daher heute vielfach als „Kotherapeuten", als Gehilfen des Arztes in der Therapie.

Versuche mit autistischen Kindern ergaben deutliche Besserungen im Kontakt- und Sprechverhalten der kleinen Patienten. Ähnlich gut waren in den USA Ergebnisse mit drogenexponierten, psychisch geschädigten Kindern.

Auch gehörgeschädigten Menschen können Hunde helfen. Als Gehörlosenhunde eignen sich besonders kleine bis mittelgroße Hunde, zum Beispiel Terrier-Pudel Mischlinge. Die Abrichtung dauert in den USA sechs Monate. Die Hunde machen ihre Schutzbefohlenen auf Telefon, Wecker, Rauchdetektor, Türklingel, Klopfen an der Tür und bei Rufen des Namens des Besitzers aufmerksam.

KAMERAD HUND IM DIENST DER OBRIGKEIT

Bei der Polizei, dem Militär und anderen staatlichen Institutionen sind Hunde seit 100 Jahren unentbehrlich. Polizeihunde dienen der Bewachung von Objekten, dem Schutz der Beamten, der Suche nach und dem Stellen von Kriminellen, der Suche nach Drogen und Explosivstoffen, Minen, Schmuggelgut usw. Tatortuntersuchungen, VIP-Schutz, Einsatz bei Geiselnahmen und Demonstrationen, aber auch die Imagepflege der Polizei und des Militärs sind weitere wichtige Aufgaben. Auch bei der Suche nach Personen, Drogen und Chemikalien und in den verschiedensten anderen Funktionen werden Hunde verwendet. Hunde haben eine ausgezeichnete Abschreckungswirkung auf Kriminelle, Randalierer und Angreifer.

In den USA werden Hunde zum Auffinden von Lebensmitteln im Reisegepäck auf Flughäfen eingesetzt, deren Import zum Schutz vor Schädlingen und Infektionen streng verboten ist. In den Weltkriegen wurden viele Hunde bei den Streitkräften als Meldehunde und als Sanitätshunde zur Suche nach Verwundeten verwendet. Die Sowjetunion verwendete Hunde auch zu „Kamikazeaktionen“, wobei sie mit Sprengladungen unter feindliche Panzer laufen mussten und dabei natürlich umkamen, eine wenig humaner Missbrauch.

Weltweit hat, wie erwähnt, der Deutsche Schäferhund wegen seiner Vielseitigkeit als Dienstgebrauchshund eine überragende Stellung, aber auch Rottweiler, Riesenschnauzer und Boxer und einige andere werden da und dort verwendet. In jüngster Zeit hat sich der Malinois mit großem Erfolg eingeführt. Er hat eine besondere Karriere als Dienst- wie als Sporthund gemacht, der heute vielfach die Spitzenposition des Deutschen Schäferhundes in Frage stellt. Sein besonderer Vorteil ist die Bewahrung der normalen Caniden-Anatomie im Unterschied zu dem leider seit einigen Jahrzehnten mit einem abfallenden Rücken gezüchteten Deutschen Schäferhund. In Frankreich sollen die Malinois sogar von Gendarmerie-Sondereinsatzkommandos zum Überwältigen von Terroristen und Geiselnehmern in Lokalitäten eingesetzt werden. Die Hunde werden paarweise bei einem Fenster eingelassen, überfallen die Täter lautlos und machen sie für die wenigen erforderlichen Sekunden wehrlos, in denen sie von den eindringenden Gendarmen dingfest gemacht werden können. Diese Malinois gelten dort als eine Art kleiner gelber Teufel, die in beengter Räumlichkeit besser einsatzfähig sind als der größere Deutsche Schäferhund, leicht und blitzschnell, lautlos, mutig und scharf. Die Malinois werden dem sofortigen Einsatz von Gendarmen vorgezogen, denn deren Leben wird geschont und der Angriff der Hunde ist nicht tödlich, wie es die sofortige Anwendung von Schusswaffen sein könnte, wird also als humaner betrachtet. Als Drogensuchhunde werden auch viele Retriever, Spaniels u. a. eingesetzt

Die Schweizer Postverwaltung ist sich über den Nutzen von Hunden für die Sicherheit der Postämter im Klaren. Zwar haben auch ihre Briefträger Probleme mit Hunden, 180-mal im Jahr wird zugebissen, in Waden, Schenkel, selten ist der Kopf betroffen, meist nur die Hosen. Aber Hunde sind und bleiben der beste Schutz gegen Diebstahl, Einbruch und Überfälle, eben auch in Postämtern. So gab es 51 Kriminalfälle im Jahr 1990, die Postämter betrafen, darunter war kein einziges, das von einem abgerichteten Hund bewacht wurde. Weder Panzerglas noch ausgeklügelte Alarmanlagen kamen da mit. Die Schweizer Postverwaltung förderte daher auch die Hundehaltung ihrer Angestellten mit einer Subvention.

Wie schon erwähnt, ist die Einsatzfähigkeit von Suchhunden dank des enorm leistungsfähigen Riechorgans des Hundes unwahrscheinlich vielfältig. Die Sucharbeit ist beim richtig ausgebildeten Suchhund mit den entsprechenden Anlagen nicht von dem Wert abhängig, das der Hund dem Suchobjekt beimessen könnte, sodass in der Auswahl möglicher Suchziele kaum eine Beschränkung besteht. Entsprechend geschult, sucht der Hund fast jedes denkbare Objekt, das sich dafür eignet.

Fährtenhunde

Vermisste Personen oder flüchtige Kriminelle können oft erfolgreich aufgrund hinterlassener Fußspuren auf natürlichem und auch festem Boden verfolgt und gefunden werden, wie bereits besprochen. Hierzu werden ebenfalls meist die vielseitigen Deutschen Schäferhunde verwendet, neuerdings auch wieder die bereits erwähnten besonders feinnasigen und gründlichen englischen Bluthunde (Bloodhounds).

Flächensuchhunde

Oft kommt es darauf an, ein Gelände nach Personen oder Gegenständen systematisch zu durchsuchen. Diesem Zweck dient der speziell abgerichtete Flächensuchhund.

Lawinensuchhunde

Hunde können Menschen auch tief unter Schnee, je nach dessen Struktur durchschnittlich bis zu einer Tiefe von 0,60 bis 2 Meter wittern, aber auch Fälle von bis 7 Meter Tiefe sind schon vorgekommen. Erstmals wurden die Hunde des Hospizes am St.-Bernhard-Pass dazu eingesetzt. Diese ursprünglichen Bernhardiner waren aber nur halb so schwer und weit beweglicher als die heutigen massigen Vertreter dieser Rasse. Die Mehrzahl der Lawinenhunde sind daher heute ebenfalls Deutsche Schäferhunde, die ja überhaupt bei den meisten nichtjagdlichen Gebrauchsdisziplinen die Hauptrolle spielen.

KATASTROPHENHUNDE (RETTUNGSHUNDE)

Sie sind eine neuere Errungenschaft, je nach Einsatz werden sie auch Erdbeben-, Rettungs- oder Ruinensuchhunde genannt, die lebende und tote Verschüttete aufspüren. Sie haben schon bei Katastrophenfällen in Mexiko, Armenien, Friaul, Japan, Indien und anderen Ländern von sich reden gemacht. Die verschiedensten Rassen haben sich dafür gut bewährt, in Schweden hat sogar ein Zwerghund (Papillon) die Prüfung mit Erfolg abgelegt, die u. a. Schussfestigkeit, Gleichgültigkeit gegen laute Geräusche, Staub usw. erfordert. Ihre Aufgabe ist es, verschüttete lebende oder schon tote Personen in Ruinen eingestürzter Bauten zu finden. Auch zur Suche nach vermissten oder verirrten Personen werden sie oft eingesetzt.

WASSERSUCHHUNDE

Dies ist eine junge Gebrauchsdisziplin, die von der Fähigkeit des Hundes ausgeht, Objekte, die sich unter Wasser befinden – es handelt sich meist um Ertrunkene –, an der Oberfläche, vom Ufer oder Boot aus zu orten. Hunde können Gerüche, die tief aus dem Wasser aufsteigen, an der Oberfläche wahrnehmen und anzeigen.

ID-HUNDE

Wie wir bereits besprochen haben, können Hunde Personen, die einen Gegenstand berührt haben, aufgrund der darauf verbliebenen Witterung identifizieren (daher der Name). Aufgrund dieser Erkenntnis werden eigens abgerichtete Identifizierungshunde zu polizeilichen Ermittlungen herangezogen.

TRÜFFELSUCHHUNDE

Nicht im Dienstgebrauch, aber hier anzuschließen sind die Hunde, die in Mittelmeerländern seit Jahrhunderten die unterirdische gastronomische Kostbarkeit suchen. Von jeher werden dort Schweine und Hunde zum Suchen dieser Pilzdelikatesse verwendet, von der es viele Arten gibt. Nur eine Hunderasse, die dafür vorzugsweise verwendet wird, ist inzwischen auch von der FCI anerkannt worden, der pudelähnliche Lagotto Romagnolo aus der Pudelverwandtschaft. Die Trüffelsuche, französisch „cavage" genannt, kann mit den verschiedensten Rassen durchgeführt werden. Die meisten Trüffelsuchhunde sind jedoch Deutsche Schäferhunde.

In Südfrankreich wächst im Erdreich von Eichen- und anderen Wäldern das „Schwarze Gold" der Meisterköche, der Trüffelpilz. Um ihn zu finden, können verschiedene Tiere helfen. Am erstaunlichsten ist die Fliege Helomyza tuberivora. Wenn man mit einem Stöckchen über das Erdreich streicht, fliegt gelegentlich diese Fliege auf. Diese Stellen markiert man, gräbt dann dort nach und findet in neun von zehn Fällen den edlen Pilz. Ein anderes Hilfsmittel ist die Sau: der Trüffelgeruch soll mit dem eines brünstigen Ebers vergleichbar sein. Schweine riechen den Trüffelpilz noch in großer Tiefe, sind aber unhandlich, wollen den Pilz fressen und schädigen durch ihr Wühlen das Myzel. Auch elektronische Geräte gibt es, doch die können die reife nicht von der unreifen Trüffel unterscheiden.

Da ist also der Hund erste Wahl. Gegenüber dem Schwein ist er mobil, leistungsstark, findet die Delikatesse auch unter Schnee und frisst sie nicht selbst. Daher gibt es seit längerer Zeit Wettbewerbe im Trüffelsuchen. Dabei müssen auf 25 Quadratmeter Fläche sechs eingegrabene Trüffelknollen in kürzestmöglicher Zeit gefunden werden. Das schaffen die meisten Hunde in weniger als zwei Minuten! Manche Hunde scharren nur kurz, andere graben wie verrückt. Der Hundeführer muss dann möglichst schnell die Knolle ausgraben und der Jury übergeben, dabei darf er nicht mehr als 20 Quadratzentimeter aufwühlen! Dann stürzt er sich wieder auf die Suche, wenn sein Hund nicht schon allein die Aufgabe bewältigt hat. Manche Hunde hetzen ihre Führer dabei ganz schön. Jede falsche Markierung bringt zehn Abzugspunkte. Aus „Gefälligkeit" zu ihrem Führer schwindeln beziehungsweise simulieren manche Hunde, aber es bringt nichts, das Vertrauen zu verlieren. So ist unter dem Zeitdruck die Spannung immer gewaltig. Dazu kommt, dass man das Loch jeweils wieder einebnen muss.

Auswilderungshunde für Rebhühner

Die Region Södra Tuna in Schweden war einmal ein Eldorado für Federwild, aber die neuzeitliche Feldwirtschaft brachte die Rebhühner an den Rand des Aussterbens. Ende der achtziger Jahre hat man daher Rebhühner ausgesetzt, doch mit katastrophalem Ergebnis: Von tausend Hühnern blieben in kurzer Zeit nur einige wenige übrig, denn sie wurden vom Raubwild trotz dessen starker Bejagung dezimiert. Also musste man die Technik der Aufzucht und des Aussetzens verbessern. Künstlich aufgezogene Rebhühner fliegen schlecht, sind zu wenig scheu und zu ortstreu an den Futter- und Aussetzungsplätzen, wo Fuchs und Marder schon auf sie warten. Um dem entgegenzuwirken, wurden nun Deutsche Vorstehhunde und Englische Setter eingesetzt, um die Tiere vorsichtiger zu machen. Die Vögel lernten dann schnell um, achteten mehr auf ihre Umgebung und wurden wieder flüchtig. Natürlich kann man nur disziplinierte Hunde dazu verwenden, denn sie dürfen nach den Vögeln nicht springen oder schnappen, auch muss das „Überlebenstraining" wohl dosiert sein. Nebenbei lernt man so auch die Höhe des Bestandes kennen, da die Hunde die Hühner auffinden. Es wird aber noch lange dauern, bis die Hühnerbestände wieder groß genug zur Bejagung sein werden.

Kiwi-Suchhunde, Anti-Terrorhunde und andere

Nun zu den Antipoden, denn eine ähnliche Funktion haben dort einige Labrador Retriever in Neuseeland. Die Kiwis, nicht die exotische Frucht ist gemeint, sondern die merkwürdigen, sehr seltenen flügellosen Vögel, die wie Schnepfen in den Wäldern nach Würmern stochern und vom Aussterben bedroht sind, sollen durch ein wissenschaftliches Projekt wieder vermehrt werden. Dabei bedient man sich der speziell abgerichteten Hunde, welche die Höhlen der Kiwis finden, sie aber sonst in Ruhe lassen und sich bei dieser Aufgabe als unschätzbare Hilfe erwiesen haben.

Auf unserer kynologischen Reise geht es jetzt über den großen Teich. In Kalifornien verwendet man Beagles zur Erkennung von Allee- und Parkbäumen, die von Holzschädlingen befallenen sind. Der Sinn dieser Maßnahme: Die Hunde selektieren die tatsächlich befallenen Bäume, sodass die notwendigen Chemikalien viel sparsamer und umweltschonender eingesetzt werden können.

Weiter nördlich, in Kanada, suchen Beagle-Jack-Russel-Mischlinge auf den Flughäfen nach Konterbande. Diesmal nicht nach Drogen, sondern nach eingeschmuggelten Nahrungsmitteln und Pflanzen, denn Kanada fürchtet die Einschleppung von Schädlingen für seine Landwirtschaft. Die kanadischen „Agrarhunde" bewähren sich hervorragend: Milch, Kompott, Fleisch usw. können sie sogar durch Dosen und hermetisch verschlossene Gläser hindurch wittern und arbeiten stundenlang unbeirrbar im Stress und Lärm der Zollräume auf den Flughäfen.

Bei Brandlegungen kommt es darauf an, Reste des verwendeten Zündmittels und damit auch den Ausgangspunkt des Feuers aufzufinden. Dazu dienen in den USA die „arson dogs", bei uns Brandbeschleuniger-Spürhunde genannt. Sie identifizieren die Stellen auf stinkenden Brandstätten, wo ein Brandstifter den Brand zum Beispiel mit Benzin oder Nitroverdünnung gelegt hat. Dort werden dann Proben gezogen. Ohne die Hunde würde man etwa um die Hälfte mehr Proben analysieren müssen, was bei Kosten von 150 Dollar pro Untersuchung eine Vorstellung von der Rentabilität des Hundeeinsatzes gibt. Oft kann man auch die Ursache überhaupt nur durch den Hund feststellen. Dadurch wird Brandstiftung, eine moderne Geißel, für Kriminelle wesentlich riskanter.

Ein Sommervergnügen für den Besitzer und seinen Hund ist das Pilzesuchen, wir erwähnten es schon. Darüber gibt es in Schweden ein kleines Handbuch. Gesucht werden Pfifferlinge (in Österreich „Eierschwammerln“ genannt), die man oft unter Falllaub und dergleichen nicht sehen kann. Die Hunde werden ausgebildet, die Pilze durch Niederlegen zu markieren, um Schäden am Myzel beim Graben zu verhindern. Angehörige aller Hunderassen können das lernen, und es macht ihnen viel Spaß.

Bekannt sind auch die Anti-Terrorhunde, in den USA „bomb dogs“ genannt, die auf Flughäfen, bei Großveranstaltungen und konkreten Drohungen eingesetzt werden. Sie suchen Bomben und Höllenmaschinen, die sie durch Hinsetzen anzeigen. Berühren dürfen sie die Bomben natürlich nicht, auch nicht durch Bellen anzeigen, denn manche Sprengkörper werden durch Schallwellen gezündet.

Hunde als medizinische Diagnostiker

Manche Hunde zeigen spontan einen bevorstehenden Epilepsieanfall ihrer Bezugsperson an beziehungsweise können dazu abgerichtet werden. Schon seit Jahren ist das Verhalten mancher Hunde gut bekannt, die Aura (Zustand vor einem Anfall) eines epileptischen Besitzers anzuzeigen. Immer handelt es sich um Tiere, die sensibel sind und ein besonders enges Verhältnis zu ihrem menschlichen Partner haben. Entdeckt wurde diese Eigenschaft zum ersten Mal in Amerika, als bei einer Zusammenkunft von Behinderten eine Colliehündin plötzlich ein eigenartiges, auffälliges Verhalten zu einem Mädchen zeigte, das kurz danach einen Anfall bekam. Aus den USA kommt auch die Kunde, dass man solche Hunde als so genannte Anfallswarnhunde (seizure alerting dogs) abrichtet, wobei ebenfalls als Voraussetzung erwähnt ist, dass nur Hunde mit den obigen Eigenschaften sich dazu eignen.

Bei der „Animals and Us“-Konferenz in Montreal 1992 wurde eine englische Studie (A. Edney, Dogs and Human Epilepsy) veröffentlicht, die eine Umfrage auswertete, welche Hunde Epilepsieanfälle anzeigen und wie sie sich dabei verhalten.

Es waren zahlreiche Fälle zu verzeichnen, sie betrafen 35 Hunde und eine Katze. Folgende Verhaltensformen wurden festgestellt: Alarmierung anderer Personen im Haus, aufgeregtes, merkwürdiges und/oder ungehorsames Verhalten, Schnüffeln, Anspringen, Winseln, Bellen, überwacht, setzt sich davor, „stellt", „hütet" zu sicherem Ort, leckt Gesicht/Hände. Die Tiere waren nicht abgerichtet, sie irrten sich nie (ein Hund ignorierte sogar gespielte Anfälle). Ein Hund entdeckte bevorstehende Anfälle eines anderen Hundes, ein anderer warnte vor bevorstehenden schizophrenen Anfällen eines Kindes.

Man vermutet, dass manche Hunde auch andere Anfallsformen, zum Beispiel Herzinfarkte, vorhersehen und sogar Hautkrebs (Melanome) erkennen könnten. Dies wurde zum ersten Mal vor einigen Jahren in Schottland entdeckt, als ein Hund auffällig an einem kleinen Mal am Knie seiner Besitzerin schnüffelte. Es erwies sich als im Übergang zum Melanom befindlich. Jetzt wurde in den USA ein Schnauzer dafür ausgebildet und konnte mit großer Sicherheit im Versuch Melanomzellen identifizieren. Diese Versuche wurden mit Atemluft von Lungenkrebspatienten und gesunden Personen wiederholt. Auch hier konnte der Hund gesund von krank unterscheiden.

Es wird außerdem berichtet, dass Hunde gefährliches Absinken des Blutzucker bei Diabetikern feststellen können, ferner gewisse Viren, Tuberkulose und Geisteskrankheiten. Nicht alle Hunde sind dazu imstande, aber man entdeckt immer mehr Krankheiten, die einen bestimmten Geruch bedingen, der von der Hundenase entdeckt werden kann (J. Adlercreutz, 1999).

Hunde konnten im Versuch Gegenstände von schwangeren Frauen von solchen nichtschwangerer unterscheiden. Könnten Hunde also als „Schwangerschaftstester" oder gar als Anzeiger der fruchtbaren Tage dienen?

Besondere Einsatzformen

In Schweden, einem verhältnismäßig großen und zum Teil sehr dünn besiedelten Land, müssen die Telegrafenmasten regelmäßig auf Befall durch Mikroorganismen, wie Schimmel- und Bakterienarten, untersucht werden. Dazu mussten früher die Inspektoren alle zwei Jahre die Erde um die einzelnen Masten aufgraben, um ihren Zustand kontrollieren zu können, eine mühsame und kostspielige Arbeit. Diese ist heute durch den Einsatz speziell geschulter Hunde wesentlich vereinfacht und erleichtert worden: Die Hunde zeigen die befallenen Masten an, und nur um solche muss dann zur näheren Begutachtung aufgegraben werden.

Die Treffsicherheit der Hunde ist sehr groß, ihr Einsatz macht sich daher schnell bezahlt. Ein nicht zu unterschätzender Vorteil besteht auch darin, dass sich der Kontrolleur nun bei seiner Arbeit, weit weg von daheim, nicht mehr so einsam fühlen muss.

Schweden ist auch das Land der „kranken Häuser“. Die langen, kalten Winternächte führen dazu, dass auch viele Bauten durch schädliche Schimmel- und Bakterienarten befallen werden, was große gesundheitliche Risiken für die Bewohner mit sich bringt. Auch hier haben sich Hunde sehr bewährt, die imstande sind, den Befall an sich und die Schadstellen anzuzeigen. Dies erfordert eine sehr kostspielige und langwierige Ausbildung, da die Zahl der vorkommenden schädlichen Mikroorganismen sehr groß ist. Die Hunde können sich zwar eine anscheinend unbegrenzte Zahl von Schädlingen einprägen, der Ausbildungserfolg ist aber weitgehend von der Qualität und Verfügbarkeit des dazu notwendigen Probenmaterials für die Ausbildung abhängig, das oft schwer zu beschaffen ist. In Skandinavien suchen Hunde auch gefährliche Quecksilberreste in Schullabors.

In Finnland entdeckte man die Fähigkeit der Hunde, Bodenschätze aufzuspüren, wie sulfidische Erze. Im Versuch fand ein ausgebildeter Hund neun sulfidführende Gesteine und 1.330 derartige Felsblöcke auf 3 Quadratkilometer Fläche, ein Prospektor (Erzsucher) dagegen nur 270. Die Hunde können diese Arbeit unter den meisten Bedingungen verrichten, auch im sumpfigen Gelände und unter Schnee. Eine derart genaue Arbeit ist Menschen selbst mit bester Ausrüstung nicht möglich. Erfahrene Erzsuchhunde zeigen eine umso größere Erregung, je umfangreicher das von ihnen entdeckte Erzlager ist. Auch Versuche zum Aufspüren von Erdöl wurden unternommen (Mattson, 1989).

Hunde prüfen in den USA Häuser auf Termitenbefall und ersparen so vielen Hauskäufern großen Ärger. Ja, ein Termitensuchhund, ein Beagle, hat auf diese Weise geholfen, das amerikanische Nationalsymbol, die Freiheitsstatue zu retten, in deren Holzkonstruktionsteilen sich Termiten breit gemacht hatten. Eine der wichtigsten Aufgaben von Spürhunden, die Drogensuche, ist gut bekannt und soll hier nur der Vollständigkeit wegen erwähnt sein.

Dies ist nur eine Auswahl aus der großen Vielfalt von neuen Einsatzmöglichkeiten. Sie gibt eine Übersicht über die Leistungen des Hundes für den Menschen, die keinen Anspruch auf Vollständigkeit erhebt, werden doch ständig neue Verwendungsmöglichkeiten entdeckt. Die Spezialisierung und der Tätigkeitsbereich der Hunde im Dienst des Menschen haben sich in gleichem Maße wie dessen Kultur und Zivilisation fortentwickelt.

ZUGHUNDE

Früher waren Hunde wichtige Zugtiere für Kleingewerbetreibende, vor allem Fleischer, Müller und Bauern, und, im Ersten Weltkrieg, für das Militär. Hunde waren billiger zu erhalten als Pferde oder Esel und auch auf solchem Terrain und in engen Gassen zu verwenden, wo diese Zugtiere nicht durchkamen. Erste Hinweise ihrer Verwendung in Wien zum Beispiel stammen aus dem Jahre 1547. Mit dem Erwachen des Tierschutzgedankens Mitte des 19. Jahrhunderts wurden in Wien die Misshandlung der Hunde und das Aufsitzen des Führers verboten, später erfolgten weitere Vorschriften, wie zum Beispiel eine tierärztliche Untersuchung. Dennoch ging es den Zughunden nicht gut, daher rief der Tierschutzverein 1901 eine Aktion „Esel statt Zughunde" ins Leben, die jedoch misslang, da die Esel in Erhaltung und Anschaffung kostspieliger waren (Laichmann, 1998). Heute beginnt Wagenziehen mit dem Hund als Sport wieder an Interesse zu gewinnen, darüber mehr weiter unten.

ZIRKUSHUNDE

Auch dieser „Beruf" soll hier nicht unerwähnt bleiben. Hunden kann man eine große Vielfalt an Zirkuskunststücken beibringen. Besonders Pudel, Terrier und Mischlinge sind beliebte Zirkushunde. Mit dem steigenden Widerstand gegen die Verwendung von Wildtieren im Zirkus bestehen hier vermehrte Zukunftsaussichten.

SPORTHUNDE

Der Hund ist ein idealer Freizeitkamerad für den sportlichen Menschen. Immer neue Sportarten neben dem herkömmlichen Hundesport, also der klassischen Ausbildung zum Fährtenhund, Schutzhund oder Begleithund, vergrößern die Auswahlmöglichkeiten: Obedience, Agility und Fly Ball sind Sportarten, die einen enormen Aufschwung nehmen. Ferner gibt es Hundetriathlon, Lastziehen (Weight Pulling) für athletische Hunde, Breitensport, Wettläufe mit Hund, Jogging und Radfahren, Wagenziehen, Frisbeesport, Wandern mit dem Traghund, Lure Coursing und vieles mehr, ferner die Windhund-, Schlittenhund- und sonstigen Hunderennen. Neuerdings wird sogar mit dem Hund getanzt. Diese Entwicklung ist umso mehr zu begrüßen, als nur ein kleiner Teil der heute gehaltenen Hunde noch als Gebrauchshunde verwendet werden und sie daher oft viel zu wenig Anregung und Bewegungsmöglichkeiten haben. Es ist immer wieder erstaunlich festzustellen, wie schnell Hunde auch schwierige Sportarten lernen und mit welcher Begeisterung sie dabei sind. Voraussetzung ist allerdings Freiheit von Skelett- und Kreislaufkrankheiten. Der Hundesport hat in den letzten Jahrzehnten einen ungeahnten Aufschwung erfahren. Zu unterscheiden sind der Ausbildungsport und die athletischen Sportarten. In diesem Rahmen können nur die wichtigsten Sportarten kurz besprochen werden.

Ausbildungssport

Hierbei geht es um die Abrichtung und das Training von Hunden für verschiedene Zwecke, wie Schutzhund, Begleithund etc. Diese traditionellen Hundesportformen sind heute besonders aktuell, da, wie bereits erwähnt, es mit der immer größeren Bevölkerungsdichte zunehmend zu Konflikten zwischen Hundebesitzern und Nichthundebesitzern kommt. Das wird dann durch die Medien oft dramatisiert. Straßenverschmutzung, Lärmbelästigung und Verletzungen durch Bisse sind die Hauptstreitpunkte. Da sie alle zum Großteil auf fahrlässiges oder schuldhaftes Verhalten der Hundebesitzer zurückzuführen sind, können Ausbildungskurse helfen, hier sehr effektiv Abhilfe zu schaffen. Der Schutzhundsport ist allerdings umstritten.

Begleithund

Die Ausbildung zum Begleithund ist die Grundlage für jede weitere Sportart und eigentlich für die Hundehaltung aus den oben angeführten Gründen unerlässlich. Sie setzt den Grundstein für die Unterordnung des Hundes und seine Lenkung und Beherrschung in den Situationen des Alltags.

Obedience

Eigentlich die sportliche Höchstform einer Begleithundausbildung, dadurch charakterisiert, dass besonders exakte und schwierige Ausführungen gefordert werden. Dieser Hundesport kommt aus England und hat sich auf dem Kontinent rasch eingebürgert. Es ist eine Disziplin, die besonders den Schäferhunden und Flintenjagdhundrassen (Gun Dogs, Spaniels, Retriever und Vorstehhunde) liegt, also Rassen mit hoher Abrichtbarkeit.

Fährtenhund

Der unvergleichliche, für uns Menschen unbegreiflich feine Geruchsinn des Hundes macht diese Disziplin zu einer faszinierenden Sportart, umso mehr, als es hier nur durch gute Motivation möglich ist, Höchstleistungen zu erreichen. Die Ausbildung seiner Spürfähigkeit ist eine wertvolle Betätigung für den Hund. Sie ist auch für den Hundeführer erzieherisch wertvoll, da bei dieser Tätigkeit, die höchste Konzentration und Bereitschaft erfordert, keinerlei Zwang ausgeübt werden kann. Er würde unweigerlich zum Versagen des Hundes führen.

Schutzhund

Diese Sportart ist heute vielfach ins Schussfeld der Kritik geraten. Allerdings dürften richtig ausgebildete Schutzhunde gegenüber Hunden ohne eine solche Ausbildung in Unfallstatistiken nicht stärker vertreten sein, eher ist das Gegenteil zu erwarten. Durch die Ausbildung hat der Hundeführer den Hund besser in der Hand, dieser wird geschult und dadurch verlässlicher, auch wird der Hetzarm vom Hund mehr als Beutespielzeug betrachtet, worauf die heutige Form der (sportlichen) Schutzhundausbildung aufbaut.

Dennoch besteht oft die Ansicht, so würde der Hund auf den Menschen „scharf“ gemacht. Ich meine, je nach der individuellen Veranlagung des Hundes zur „Naturschärfe“ kommt beides vor. Die Schutzarbeit ist die klassische Domäne des Deutschen Schäferhundes. Ringsport und Mondioring sind französische Varianten der Schutzhundausbildung. Dabei trägt der Helfer statt des Hetzarms einen Schutzanzug (hierbei kann man wohl kaum von „Beutespielzeug“ sprechen!). In verschiedener Hinsicht, so beim Sprung, werden bei dieser Variante sehr hohe Anforderungen gestellt. Im Ringsport bewährt sich besonders der Malinois.

Athletische Sportarten

Darunter ist der eigentliche Hundesport zu verstehen, also alles, was mit Laufen, Ziehen, Springen und Schwimmen zu tun hat. Die erfreuliche Entwicklung auf diesem Gebiet ist sehr zu begrüßen, obwohl sie bereits zum Leistungssport mit all dessen Nachteilen auszuarten droht beziehungsweise schon geworden ist. Die moderne Zeit beschneidet den natürlichen Bewegungstrieb der mittelgroßen und großen Hunde immer mehr: Beißkorb, Leinenzwang und immer weniger Möglichkeiten zum Freilauf sind für das Lauftier Hund auf die Dauer eine Qual und schädigen Gesundheit und Psyche. Da können solche Sportarten in gewissem Ausmaß eine willkommene Abhilfe schaffen. Es gibt heute schon so viele Hundesportarten, dass jeder eine auswählen kann, die ihm oder seinem Hund (am besten natürlich beiden) am meisten zusagt!

Das Training

Eines ist wohl selbstverständlich: Wie jeder Sportler muss auch der Hund vorher ärztlich untersucht werden, und jedes Training muss die Leistungsanforderungen langsam und methodisch aufbauen. Die ganze Woche rasten und sich nur zum Wochenende völlig verausgaben kann sich nur schädlich auswirken. Die Natur rüstet Mensch wie Hund mit einer „Grundfitness" aus, die durch Training ganz gewaltig gesteigert werden kann. Tiere in der Natur sind zweifellos ständig trainiert und somit immer auf einer höheren Leistungsstufe. Diese ist auch gesundheitlich von großem Vorteil, denn der trainierte Organismus ist besser durchblutet und seine Widerstandsfähigkeit gegen Krankheiten ist erhöht. Auch die Psyche wird positiv beeinflusst. Allerdings, bei Überanstrengung wird das Immunsystem geschwächt und es kann zu Folge- oder Spätschäden besonders am Skelett kommen.

Die Basis jedes Trainings ist der Trainingsreiz, etwa durch eine anfänglich kurze Laufstrecke. Darauf reagiert der Körper mit Anpassungsvorgängen und die Leistungsfähigkeit erhöht sich. Erfolgt nach einer ausreichenden Ruhepause ein erneuter Trainingsvorgang, ist daher die Leistung in der Regel besser geworden, die Trainingsanforderung kann also weiter etwas gesteigert werden. So verbessert sich die Leistungsfähigkeit stufenweise bis zum möglichen Maximum. Da jedoch die erworbene Mehrleistung bei einer längeren Pause bald wieder auf das Ausgangsniveau zurückgeht, muss das nächste Training möglichst am Maximum der erzielten Mehrleistung stattfinden, weder zu früh (zu geringe Ruheperiode) noch zu spät (maximale Mehrleistungsphase nicht rechtzeitig ausgenützt). Auf diese Art wird die individuelle Höchstleistung am schnellsten erreicht.

Windhundrennen

Windhundrennen sind die älteste athletische Hundesportart. Auch sie hat sich in der heutigen Form in England entwickelt. Leider wird sie dort und in anderen Ländern kommerziell betrieben, dadurch werden Windhunde zu Tausenden gezüchtet, ja, Windhundezucht ist in Irland geradezu ein landwirtschaftlicher Betriebszweig für den Export nach England, Spanien und den USA, der bis vor kurzem sogar von der EU subventioniert wurde. Unzählige Windhunde, die meist nach wenigen Jahren aus dem Rennbetrieb wegen Alter, Verletzung oder ungenügendem Rennerfolg ausscheiden müssen, erleiden so ein trauriges Schicksal in Labors, Tierasylen oder werden einfach „entsorgt".

Von Windhundevereinen organisierte Rennen für Windhundliebhaber sind dagegen geradezu ein Muss für die rassengerechte Haltung aller Windhunderassen. Greyhounds sind die schnellsten, sie erreichen 60 km/h, aber auch die kleinen Whippets sind mit 53 km/h schneller als der schnellste Mensch! Bei einer finnischen

Meisterschaft nahmen acht Rassen teil. Nachfolgend seien als Beispiel die Ergebnisse der Sieger in Sekunden und Stundenkilometer wiedergegeben:

Whippets:	32,40 s	53,3 km/h
Salukis:	33,17 s	52,1 km/h
Azawakhs:	35,04 s	49,31 km/h
Pharaohunde:	37,45 s	46,14 km/h
Afghanen:	38,72 s	44,6 km/h
Podenco Ibicencos:	41,68 s	41,46 km/h
Windspiele:	41,68 s	24,18 km/h

Alle angeführten Rassen außer den Windspielen liefen 480 Meter, die Windspiele 280 Meter. Die schnellste Windhundrasse, die Greyhounds, die ja über 60 km/h schaffen, nahm an diesem Wettbewerb nicht teil. Fast alle Rassen erreichen, die meisten überbieten also den menschlichen Sprinterweltrekord auf 100 Meter, das aber auf einer viel längeren Strecke. Die kleinen Whippets waren am schnellsten. Sie sind ja, im Gegensatz zu den orientalischen und Mittelmeerwindhunden, auf Sprintleistung und nicht auf Ausdauer gezüchtet. Sehr bemerkenswert auch die Leistung der winzigen Windspiele, deren Gewicht nur etwa ein Zwanzigstel des menschlichen Durchschnittsgewichts beträgt! Die Zeitschrift GEO 6/99 berichtete gar, Greyhounds erreichten auf kurzen Sprints 110 km/h und stünden damit den Geparden, die 120 km/h schaffen, nur wenig nach.

Aber nicht nur Windhunde rennen liebend gern, auch die meisten anderen Rassen laufen mit Begeisterung, daher gibt es bereits Pudel- und Yorkierennen, die durch Wettrennen für andere Rassen noch ergänzt werden sollten. Auch ein 50-Meter-Sprint-Rennen für alle Rassen in 18 Klassen gibt es schon. Die meisten mittelgroßen Rassen erreichen auf 100 Meter gleichfalls um 40 km/h und können so fast jeden Menschen rasch einholen.

Lure Coursing

Hierbei handelt es sich um eine technische Imitation der Hasenjagd mit einer Koppel Windhunde. Der künstliche Hase schlägt dabei durch einen gewinkelten Parcours plötzliche Haken. Coursing nennen die Angelsachsen Windhundejagden hinter dem lebenden Hasen. Diese Sportart gibt es noch in England und den USA, doch ist sie in einigen US-Staaten bereits verboten beziehungsweise besteht um die großen Städte Mangel an geeignetem Gelände. Beim Coursing ist übrigens nicht die Erbeutung des Hasen das eigentliche Ziel, sondern der gesamte Ablauf, die Geschicklichkeit, Zusammenarbeit und Strategie der Hunde.

Es wurde daher, analog den Standard-Windhunderennen, auch ein Coursing hinter dem „künstlichen Hasen“ (engl. lure = Köder, daher lure coursing) entwickelt. Dieser Sport kostet wenig und steht Jung und Alt unter den Windhundbesitzern offen. Betrieben wird diese Disziplin in den USA von der 1972 gegründeten American Sighthound Field Association. Ihr Ziel ist die Erhaltung der natürlichen jagdlichen und körperlichen Fähigkeiten der Windhunde, aber auch Basenjis und Rhodesian Ridgeback sind dort zugelassen. Seit längerem gibt es auch in Europa solche Wettbewerbe.

Lure Coursing wäre aber, meine ich, auch eine geeignete sportliche Betätigung für viele andere Rassen. Deren Hundeclubs sollten nach Möglichkeit erwägen, dies auch für ihre Hunde anzubieten, denn es werden dabei Ausdauer, Reaktionsfähigkeit und Wendigkeit trainiert.

Schlitten-, Zug- und Traghundesport

Diese Sportarten sind heute in starker Entwicklung begriffen. Der Hund ist ein gutes Zugtier und hat auch dazu, richtig ausgebildet, eine besondere Motivation.

Schlittenrennen mit nordischen Rassen

Die Verwendung des Schlittenhundes ist uralt. Die nordischen Rassen sind in der Kunst unübertrefflich, in Schnee und Eis zu überleben. Allerdings bedingen die anatomischen Verhältnisse des kompakten, quadratischen Baus und der relativ steilen Winkelung, dass zwar große Ausdauerleistungen, jedoch keine Höchstgeschwindigkeiten erreicht werden. Auch sind die typischen Polarhundrassen (außer dem Siberian Husky) für Höchstleistungen zu groß, da die erzeugte Wärme nicht so gut abgestrahlt werden kann wie bei kleineren Hunden. Eine gewisse Größe aber ist andererseits unter Polarbedingungen aus eben diesem Grund notwendig. Große Hunde frieren weniger leicht, deshalb ist auch der Polarwolf größer als südliche Unterarten.

Man hat daher einerseits durch Kreuzung, unter anderem mit Windhunden, eine Gebrauchsrasse, den Alaskan Husky, geschaffen, die heute im Leistungsschlittensport dominiert, andererseits werden bei der skandinavischen Variante, der Pulka mit dem auf Langlaufskiern folgenden Führer, vorzugsweise die sehr schnellen und ausdauernden, anatomisch ideal gebauten Vorstehhunde und deren Kreuzungen verwendet. Sie sind rechteckig gebaut und hochbeinig, die Polarhunde dagegen zur Verringerung der Wärmeabstrahlung im Rumpf quadratischer, kompakter und kurzbeiniger, daher weniger schnell. Dafür bietet das Laufen eines „echten“ Polarhundegespanns das sehr harmonische Bild einer Art Wellenbewegung.

Die Inuit (Eskimos), wohl die Erfinder der Verwendung von Schlittenhunden, haben zwar die Hunde heute vielfach durch Schneemobile ersetzt, dafür aber sind in Europa und Amerika die Schlittenhundrennen überaus beliebt geworden. Es gibt die verschiedensten Disziplinen mit Rassehunden wie Siberian Huskys, Malamutes, Samojeden u. a. oder den Alaskan Huskys.

Mit der Aufnahme der Polarhundrassen in die westliche Welt hat sich manches grundlegend geändert. Sie unterliegen hier nicht mehr der harten natürlichen und oft auch nicht der Gebrauchsauslese, dafür werden sie nun vorwiegend nach Exterieur gezüchtet und verändern so ihr Erscheinungsbild, verlieren aber an Gebrauchswert. Bei den auf die Rennen spezialisierten Alaskan Huskys achtet man dagegen nicht auf Äußerlichkeiten und geht andererseits teilweise schon so weit, auf kurze Behaarung zu züchten und für sie sogar Schlafsäcke mitzuführen, da der normale dichte Polarpelz keine ausreichende Wärmeabstrahlung der Tiere bei den geforderten Geschwindigkeiten mehr zuließe! Auch für die psychische Balance ist eine maßlos übertriebene Leistungszucht ungünstig. Solche Tiere, gleich ob Jagd-, Schlitten- oder Hütehunde, leiden enorm, wenn sie nicht ausreichend in ihrem Spezialgebiet eingesetzt werden, es kommt dann oft zu Verhaltensproblemen.

Schlittenrennen werden auf kurze (8 bis 15 Kilometer), mittlere (30 bis 80 Kilometer) und lange Distanzen abgehalten. Bei Letzteren können bis 250 Kilometer täglich zurückgelegt werden. Die Strecken beim Alpen Trail (Europa), Yukon Quest (Kanada, 1.000 Kilometer) und Iditarod (Alaska, 1.600 Kilometer) sind besonders lang. Besonders diese überlangen Rennen werden von Tierschutzorganisationen heftig kritisiert. Von den da und dort leider vorkommenden Überlastungen, Doping etc. abgesehen, hat aber der Rennschlittenhund ein weit artgemäßeres Leben als der so oft überfütterte und extrem bewegungsarm gehaltene Familienhund. Schlittenhunde laufen mit ungeheurer, unverkennbarer Begeisterung. Sie sind aber in der warmen Jahreszeit gegen hohe Luftfeuchtigkeit und Temperaturen eher empfindlich.

Pulka

Während die Eskimos Polarhundrassen verwendeten und jeweils mehrere Hunde einspannten, haben die Skandinavier in der Pulka ihre eigene Form des Schlittenhundsports, die eine Art Skijöring darstellt (Skijöring ist das Ziehen des Langlaufskifahrers durch ein Pferd). Bei der Pulka steht der Schlittenführer nicht auf dem Schlitten, sondern fährt auf Langlaufskiern mit. Als Zughunde werden große europäische Rassen, besonders Schäferhunde, Pointer, Dobermänner und vor allem Deutsch Kurzhaar verwendet. Letztere haben sich am besten bewährt, weil sie für ausdauerndes und schnelles Laufen sehr günstige anatomische Voraussetzungen mitbringen. In den letzten Jahren setzen sich die so genannten German Trail Hounds durch, eine amerikanische Gebrauchskreuzung, vermutlich von Vorsteh- und Windhundrassen.

Wagenziehen

Zughunde waren noch vor 80 Jahren ein wichtiges ziviles und militärisches Transportmittel, sozusagen „das Pferd des kleinen Mannes". Vor hundert Jahren gab es auch Zughundausstellungen. Ja, bis in die 1970er-Jahre wurden Hunde im oberösterreichischen Mühlviertel zum Holztransport aus dem Wald verwendet.

Das Ende der Zugverwendung des Hundes hat einigen großen Rassen, wie dem Berner und dem Großen Sennenhund, nicht gut getan. Wagenziehen ist für athletisch gebaute, große Rassen, die ohnehin meist viel zu wenig Auslaufmöglichkeit haben, das beste Konditionstraining.

Im Gegensatz zu einigen früheren Vorstellungen, dass der Hund als Zugtier im Gegensatz zu Pferd und Rind nicht die anatomischen Voraussetzungen habe, ist ein kräftiger, gesunder und großer Hund durchaus ein sehr geeignetes und außerordentlich williges Zugtier. Er erleidet durch diese Beschäftigung sogar weniger gesundheitliche Probleme als das Pferd. Aber auch kleine Hunde können im Rahmen ihrer Möglichkeiten gut ziehen, in den USA werden sogar Hundewagen in Fox-Terrier-Format angeboten!

Auch Zughundwettbewerbe sind erfreulicherweise als Sport wieder im Kommen. Es geht hier aber nicht um Geschwindigkeit, sondern einfach um eine sinnvolle Betätigung für kräftige Hunde, wie Berner Sennenhunde, Rottweiler, Amstaffs (kurz für American Staffordshire Terrier), die Schlittenhundrassen u. a. Im österreichischen Waldviertel wird beispielsweise jährlich, basierend auf einer alten Tradition, das so genannte Heanabockziehen (Heanabock = ein Schlitten mit hohen, hörnerähnlichen Kufen) abgehalten. In Frankreich gibt es aber schon Meisterschaften im Geschicklichkeitsfahren.

Lastzugwettbewerbe (Weight Pulling)

Dieser Sport stammt aus dem Norden Kanadas und Alaskas aus der Zeit der Goldgräber. In seinem Buch „Ruf der Wildnis" hat Jack London einen solchen Wettbewerb unter den rauen Männern des Nordens unnachahmlich beschrieben und dabei die Auffassung geprägt, welche die heutigen Verfechter dieses Sports rühmen: Er sei die reinste Verkörperung der Liebe des Hundes zu seinem Herrn, denn nur deshalb gebe das Tier bei einer solchen Probe willig sein Äußerstes.

Das heutige in den USA, besonders im Westen, beliebte Weight Pulling wird in sechs Gewichtsklassen, von unter 35 bis über 120 Pfund durchgeführt. Diese Wettbewerbe werden von der IWPA, der International Weight Pulling Association, veranstaltet. Es haben bisher 33 Rassen daran teilgenommen, besonders populär sind hier die Alaskan Malamutes. Aber unter den Wettbewerbern fanden sich auch Chinese Crested Dogs (!), Shetland Sheepdogs, Cocker Spaniels, Bichons, Barzois, Mastiffs und Mischlinge. Einwänden wegen gesundheitlicher Risiken wird entgegengehalten, dass noch kein Fall einer Verletzung bei 5.000 Teilnehmern in fünf Jahren vorgekommen sei, ja, dass es lebensverlängernd sei, denn zwölfjährige Hunde hätten daran noch teilgenommen. Vor möglichen Spätschäden bei Überlastung muss aber gewarnt werden.

Traghundesport (Dog Trekking)

Es ist wenig bekannt, dass der Hund auch ein ausgezeichnetes Tragtier für kleinere Lasten abgibt. Zwar sind Huftiere wegen ihrer relativ steifen Rücken im Vergleich zu dem geschmeidigen Raubtier Hund für schwere Lasten, natürlich auch wegen ihrer Größe, noch besser geeignet. Jedoch ist der Hund infolge seiner Wendigkeit in schwierigstem Terrain unschlagbar.

Sowohl Eingeborene wie auch die Trapper der nördlichen Regionen Amerikas benützten von jeher Hunde als Tragtiere sowie als Zugtiere für die Travois genannten Astschleppen. Auf den Wasserwegen fuhren sie in Kanus, dabei wurde bei schwierigen Passagen, Stromschnellen und Wasserfällen das Gepäck von den Hunden am Ufer transportiert. Bei den Paddelstrecken liefen die Hunde frei am Ufer.

Auch die Eskimos benützten auf ihren sommerlichen Touren Traghunde mit Robbenhauttragsätteln, die mit den Haaren nach unten und gegen den Strich des Haarkleides der Hunde aufgelegt waren, sodass der Rückenteil des Tragsattels bei ruckartigen Bewegungen im Gelände nicht nach vorn gleiten konnte.

Heute verwendet man in Skandinavien beim Wandern mit Traghunden, schwedisch Klövning genannt, Tragsättel aus Nylon und Segeltuch. Die Tragtaschen neueren Modells werden nach vorne tiefer, denn der Hund soll nicht am Rücken belastet sein, sondern über den Vorderläufen. Diesen Sport gibt es seit 1930, er begann in Norwegen. Heute gibt es sehr gute Tragtaschenmodelle für Hunde. Im Durchschnitt kann ein Hund ein Drittel, ein gut gebauter, trainierter mittelgroßer Hund auch die Hälfte seines Eigengewichtes tragen. Natürlich kann der Hund bei einem kürzeren Ausflug mehr tragen als etwa bei einer mehrwöchigen Tour. Mittelgroße bis große Hunde mit einem Schultermaß zwischen 45 und 75 Zentimeter können als Traghunde Verwendung finden, das sind also alle Gebrauchshunderassen, Schlittenhunde, die Nordischen Spitze, die Vorstehhunde, die Retriever u. a. Es ist darauf zu achten, beide Taschen gleich schwer zu belasten, das geschieht am besten so, indem man die Taschen beim Einpacken mit dem Rückenteil über das Knie legt. Weiche Gegenstände wie Wäsche kommen dabei nach innen, harte wie Proviant nach außen.

Den Hund als Tragtier zu verwenden ist, sofern Skelett und Herz gesund sind, eine gute Möglichkeit, ihm ein ausreichendes Ausdauerkreislauftraining zukommen zu lassen, wenn man mit ihm ein Lauftraining, wie Joggen oder Radfahren, nicht durchführen kann oder will oder er, etwa als Angehöriger einer schweren, molossoiden Rasse, dem Laufen nicht viel abgewinnen kann.

Sonstige moderne Sportarten

Agility

Dieser großartige Turniersport mit dem Hund wurde in England erdacht, wobei man sich am Pferdeturnier inspirierte. Es werden dabei vom Hund in Begleitung des Hundeführers eine Anzahl unterschiedlicher Hindernisse, wie Hürden, Laufstege, Wippen, Tunnels, ein Slalom und anderes, überwunden. Der Hund läuft frei und darf nicht berührt werden. Die besten Ergebnisse erzielen dabei meistens Angehörige von Schäferhundrassen, besonders die Border Collies, Malinois und Mischlinge. Es kommt auf Geschwindigkeit und genaue Ausführung an. Selbst kleinste Hunde können bei „Mini-Agility" hervorragende Leistungen erbringen, auch hier ist eine Schäferhundart, der Shetland Sheepdog, am erfolgreichsten. Agility hat einen ungeheuren Aufschwung genommen, der noch nicht sein Maximum erreicht hat. Heute gibt es auch Abarten dieser Sportart wie Behändigkeit und andere.

Mobility

Eine Abart von Agility in der Schweiz, bei der es vor allem auf die Ausführung ankommt, sodass auch bedächtigere Hunde der großen und schweren Rassen eine Chance haben. Man hört allerdings davon nicht allzu viel.

Fly Ball

Diese unterhaltende Sportart kommt aus Amerika, wobei zwei Mannschaften ihre Hunde einzeln staffettenlaufartig auf eine Hindernisbahn schicken. An deren Ende müssen die Hunde an einem Gerät ein Pedal betätigen, wodurch ein Ball ausgeworfen wird. Er muss gefangen, über die Hürden zurückgebracht und apportiert werden, dann startet der nächste Hund. Dieser Wettbewerb ist sehr publikumswirksam.

Hundetriathlon

Diesen Sport für Hund und Herr/Frau gibt es zum Beispiel in den Niederlanden seit sechs Jahren. Er besteht aus 120 Meter Schwimmen mit angeleintem Hund, dann 12 Kilometer Radfahren in mindestens 45 Minuten, dann in zehn Minuten 1.200 Meter Laufen. Diese Veranstaltung hat keinen Wettkampfaspekt, und zwischen allen Sportarten wird eine Viertelstunde gerastet.

Tanz mit dem Hund

Dies ist die allerneueste Entwicklung, die auf großes Interesse stößt. Auch dies ist ein Versuch, dem Hund, der heute zum Großteil seine ursprünglichen Aufgaben verloren hat, durch neue Aktivitäten mehr Abwechslung zu bieten und in harmonischer gemeinsamer Bewegung die Bindung mit dem Tier zu vertiefen. Meiner Ansicht nach nicht sehr tier- und artgerecht, aber vielleicht besser als gar keine Bewegung mit dem Hund.

Andere Sportarten

Es entstehen noch immer neue Sportarten, wie Turniersport, die Agility-Fly-Ball-„Kreuzung" Flygility in Neuseeland, Jumping und anderes mehr.

10

VOR DEM AUSSTERBEN: DIE LETZTEN URHUNDE

Noch leben heute in Ländern der Dritten Welt Reste der Urhunde, die vor dem Zeitalter der intensiven Selektion durch den Menschen entstanden, aber heute wie wilde Tierarten immer mehr bedroht sind. An den Beginn dieses Kapitels sei daher ein Bericht über jenen Schweizer Forscher gestellt, der sich bereits im 19. Jahrhundert eingehend und verdienstvoll mit der kynologischen Erbschaft eines tropischen Kontinents befasst hat, die im Verschwinden begriffen ist beziehungsweise leider bereits Vergangenheit darstellt.

MAX SIBERS VERLORENES VERMÄCHTNIS

„Es ist ... eine seltsame Erscheinung, dass von wissenschaftlicher Seite so wenig für diese uns zunächst stehende Tierrasse getan worden ist.“ Diese Bemerkung schrieb Richard Strebel, ein früher Klassiker der Kynologie, als Vorwort zu dem Buch „Die Hunde Afrikas“ von Max Siber. Strebel meinte damit den Haushund im Allgemeinen und seine ursprünglichsten Formen, die Eingeborenenhunde der Tropen und Subtropen, die Parias und Dingos, im Besonderen.

Der Schweizer Forstmeister und Kynologe Max Siber lebte zu Ende des 19. Jahrhunderts. 1899 erschien aus seinem Nachlass das Buch „Die Hunde Afrikas“, zu dem Richard Strebel das Vorwort und Schlussbetrachtungen schrieb. Hier charakterisierte er den Autor u. a. wie folgt:

„Mitten im Walde, unmittelbar an der rauschenden Sihl, hatte er seine Heimstätte aufgeschlagen. Ich sehe noch das Zimmer vor mir, hoch mit hellem Föhrenholz getäfelt, starrten die Wände von den Jagdtrophäen zweier Weltteile, in den Schränken eine Bibliothek über Kynologie, wie man sie selten findet. Hier war es, wo er in der ihm eigenen Art bei mir das Interesse für seine Liebhaberei, die wissenschaftliche Kynologie, zu erwecken wusste ... Seine Anregungen, sein geradezu erstaunliches Wissen und Belesenheit auf diesem Gebiet wirkte auf mich für alle Zeiten ... Jahre sind verflossen, seit das Werk begonnen ... manches hat sich als Irrtum herausgestellt, da man nur auf unzulängliches Material angewiesen war, das von Leuten stammte, die nur ein sehr nebensächliches Interesse an Hunden hatten. Es ist überhaupt eine seltsame Erscheinung, dass von wissenschaftlicher Seite so wenig für diese uns zunächst stehende Tierrasse getan worden ist ..."

Letztere Bemerkung gilt leider heute noch, vor allem die Erforschung der ursprünglichen Hunderassen hat nie mehr die Intensität erfahren, mit der sie Max Siber so leidenschaftlich betrieb. Liest man sein Buch, so erfasst einen jedoch unweigerlich die Faszination des ursprünglichen kynologischen Reichtums gerade eines so urtümlichen Kontinents wie Afrika. Ein Vermächtnis, das geradeso verloren geht (und zum Großteil bereits verloren ist) wie die Regenwälder der Erde mit den letzten Naturvölkern, ihren Kulturen und ihren mit der Natur harmonisierenden Lebensweisen.

Max Siber gibt in seinem Buch zunächst einen fesselnd illustrierten Bericht über die Hunde des alten Ägyptens (er beabsichtigte ja u. a. auch ein Buch über die Hunde der Antike zu schreiben), woraus man gute Einblicke in die bereits hoch entwickelte altägyptische Jagdkynologie erhält. Im Weiteren werden detaillierte Berichte über die nord- und schwarzafrikanischen Hundeformen gebracht. Deren Bedrohung deutete sich aber schon damals an, denn die Bastardierung mit den Hunden der Kolonialherren hatte bereits eingesetzt. So berichtet er mehrfach über Tiere, deren Äußeres auf einen Fox-Terrier-Mischling schließen ließ, auch eine Begegnung mit einem durch die Wüste laufenden Fox Terrier wird geschildert.

Sibers Gewährsleute vermitteln allerdings vorwiegend keine gerade hohe Meinung, insbesondere von den schwarzafrikanischen Hunden. Die am häufigsten verwendeten vermenschlichenden Adjektive sind feig, diebisch, abstoßend hässlich, räudig und Ähnliches. Die Tiere wurden natürlich vorwiegend nach den europäischen ästhetischen und Nützlichkeitsstandpunkten beurteilt und – es gab ja noch keinen Konrad Lorenz und seine Verhaltenslehre – sehr anthropomorph gewertet und beschrieben. Dementsprechend findet man aber auch Übertreibungen im Positiven. Die afrikanischen „rasselosen" Hunde wurden (und werden) meist nicht gefüttert und oft gleichgültig bis schlecht behandelt (es gibt aber auch positive Beispiele), vielfach auch verzehrt, sodass sie in der Regel dürr, oft räudig und parasitenbefallen waren und Überlebensstrategien entwickeln mussten, die u. a., vermenschlicht ausgedrückt, im „Stehlen" bestehen. Nachfolgend seien einige Beispiele für ursprüngliche Hundeformen aus Sibers Buch wiedergegeben.

Er berichtet von einer Fülle verschiedener interessanter Rassen, so einer Art afrikanischem „Fox Terrier", wohl einer basenjiähnlichen Variante von der Goldküste. Die Tiere hatten Stehohren und folgten bei Tau oder Hitze stundenlang den Spuren von Antilopen, Gazellen und Stachelschweinen. Ihr Mut sei unvergleichlich, selbst den Leoparden griffen sie an (was verwundert, denn Hunde sind eine beliebte Beute dieser Raubkatze).

Der Bildhauer Urs Eggenschwiller kommt zu Wort und beschreibt seinen „Schakal- oder Beduinenhund" aus Ägypten, den er bei einem Tierhändler erstanden hatte, der afrikanische Eingeborene neben Dromedaren, Ziegen und afrikanischen Hunden in einer „Wildafrika" genannten Schau zeigte.

Diese Hündin hatte schöne, feine schakalähnliche Formen und eine prachtvolle Sandfarbe. Sie war zunächst nicht anhänglich und zeigte nur Interesse für andere Hunde. Sehr viel Futter wurde von ihr vergraben. Sie grub viel schneller als ein Fuchs, zum Beispiel in wenigen Minuten unter einer Türschwelle durch. Außerordentlich war ihre Behändigkeit, mit der kein anderer Hund mitkam. Strafe (nach damals üblicher Art) vertrug sie nicht, sondern versuchte zu kratzen und zu beißen. Eggenschwiller hielt auch Wölfe und Füchse, mit denen sie einen Käfig bewohnte. Im Kampf mit diesen gebrauchte sie mehr die Pfoten als die Zähne und konnte sich gut durchsetzen. Später gehorchte sie, freigelassen, erstaunlicherweise trotz solcher Behandlung ausgezeichnet und erwies sich Fremden gegenüber als scharf.

Von der Fülle der Rassen, die Siber beschreibt, muss man wohl annehmen, dass die meisten heute nicht mehr (unvermischt) existieren. So sollen die „Bloodhounds of Katzena", eine afrikanische Brackenart, bei der Gazellenjagd „mehr Schlauheit, Geschicklichkeit und Mut" gezeigt haben, als der Reisende früher in Europa bei irgendeiner Jagdhundrasse zu beobachten Gelegenheit hatte: „So folgten sie nicht konstant der Fährte mit der Nase, vielmehr schnitten sie häufig die Bögen und Widersprünge ab, die das gejagte Wild machte, um beim Kreuzen der Fährte wieder neu auf dieser zu jagen ... diese drei Hunde waren Modelle in Bezug auf Bau und elegante, leichte Bewegungen." Es ist unklar, ob dies die Nachkommen altägyptischer Bracken waren oder ob diese Rasse bereits europäisches Brackenblut führte.

Als weiteres Beispiel aus Sibers Buch sei ein Bericht über Hottentottenhunde wiedergegeben. In den Weidegründen der Hottentotten waren Löwen und Leoparden Standwild. Der beste Schutz der Herden waren die Hunde, die hässlich, struppig und stehohrig waren, aber wertvolle Eigenschaften aufwiesen. Sie umstellten nachts die eingepferchte Herde in regelmäßigen Abständen wie Schildwachen. Sie waren die ganze Nacht munter und wachsam. Umschlich ein Leopard das Lager, rotteten sich die Hunde zusammen, denn einer allein hätte keine Chance gehabt. Floh er nicht, so umzingelten und überwältigten sie ihn. Waren die Raubtiere in der Mehrzahl, stießen die Hunde ein eigentümlich klagendes Geheul aus und riefen so die Hunde, welche die nächste Herde bewachten, zur Hilfe herbei. Es ist dies ein hochinteressantes Beispiel des selbstständigen, vom Menschen nicht unmittelbar beeinflussten Zusammenwirkens von Hunden. Dagegen scheinen in Nordamerika die Kojoten neuerdings gegenüber den anfänglich mit Erfolg eingesetzten, aus Europa und Asien importierten Hirtenhunden, wie Kuvasz, Pyrenäenhund und Akbash, die Oberhand zu gewinnen, denn sie haben es gelernt, die Hunde von den Schafen wegzulocken und abzulenken, während andere Kojoten diese überfallen. Hier konnte sich also noch keine Strategie der Hirtenhunde gegen die Kojoten entwickeln wie bei den Hottentottenhunden in Afrika gegen die Raubkatzen im Laufe von Generationen.

Wir wissen freilich nicht, inwieweit solche positiven und erstaunlichen Berichte ebenso wie die Überzahl negativer über diese Urrassen im Detail stimmen. Die Berichterstatter sind ja meist keine Kynologen gewesen und exakte Verhaltensforschung gab es noch nicht. Allerdings finden sich nunmehr einige Berichte über südafrikanische Naturrassen, die Ähnliches aussagen. Aus ihren Reihen ist auch der bereits erwähnte Rhodesian Ridgeback durch Kreuzung mit europäischen Jagdhunden hervorgegangen, denn unter diesen Südafrikanern finden sich da und dort auch noch Exemplare mit dem Ridge, jenem typischen Kamm aus in der Gegenrichtung liegenden Rückenhaaren, die der Rasse den Namen gegeben haben.

Max Siber beschrieb akribisch Tiere, die heute zum Teil schon verschwunden sind oder vor dem Aussterben stehen, oft zusammen mit den sie beherbergenden Ureinwohnern. Ursache für die Gefährdung sind Vernichtungsfeldzüge zur Tollwutbekämpfung und besonders auch die Verkreuzung mit europäischen Hunden, eine Entwicklung, die in Afrika zum Beispiel schon aus dem 19. Jahrhundert berichtet wird. Für Urhundvarietäten, also Naturrassen eines uns so nahe stehende Tieres, besteht kein Washingtoner Artenschutzabkommen. So empfahl schon Professor Hauck vor 60 Jahren dem Kynologenehepaar Menzel anlässlich dessen erster Reise nach Palästina: „Kümmert euch um die Pariahunde und sammelt so viel Material, wie ihr könnt“ (Menzel und Menzel, 1960). Das geschah denn auch und führte schließlich, wie erwähnt, zur Schaffung des israelischen Nationalhundes, des Kanaaniters, aus von den Menzels eingefangenen palästinensischen Pariahunden.

URHUNDE HEUTE

Die Populationen der früher bei uns heimischen rasselosen Hunde, die zum Teil durchaus gebietsweise einen bestimmten recht einheitlichen Typ aufweisen konnten, waren noch einer harten natürlichen Selektion unterworfen und genetisch meist noch nicht streng abgegrenzt, das heißt, es war ein gewisser genetischer Fluss innerhalb größerer Populationen möglich. Daher handelte es sich um harte, genetisch äußerst variable Hunde, die eine jahrzehntelange Inzuchtmanipulation bei der Verwendung als Ausgangsmaterial für die Hochzucht vertrugen.

Heute dagegen ist fast bei keiner Rasse mehr ein Rückgriff auf naturnahe Ausgangspopulationen möglich. Selbst ursprüngliche, erst in jüngerer Zeit „hochgezüchtete" Primitivhunde, wie die Chow-Chows, wurden in wenigen Generationen zum Teil im Exterieur durch Typübertreibung denaturiert und Erbkrankheiten nahmen zu.

Nur in Übersee sind noch Reste ursprünglicher Haushundpopulationen vorhanden, mit denen wir uns hier beschäftigen wollen. Schensis sind die Hunde der ursprünglichen Ackerkultur, des Hackbaus, der Vorstufe zum Pflugbau. Er bildet in den Tropen den so genannten Hackbaugürtel, und dort finden (oder fanden) sich die ursprünglichsten Haushunde, die – mit wenigen Ausnahmen wie den beiden Dingos – nicht wild leben wie die Parias, aber dennoch sehr selbstständige Tiere geblieben sind. Primitivhunde müssen sich selbst ernähren und haben sich oft notgedrungen weitgehend auf vegetarische Kost umgestellt. Der Hund ist ja in viel stärkerem Maße als die Katze imstande, pflanzliche Kost zu verwerten, und dies ermöglicht vielfach sein Überleben bei Naturvölkern, die ja selbst oft an Eiweißmangel leiden. Der Hauptnutzen des Hundes der Naturvölker besteht vielfach vor allem in der Vertilgung von Abfällen, Unrat und Exkrementen sowie Schlangen, Ratten und anderen Schädlingen. Auch von der Verwendung als „Windelersatz" haben wir schon berichtet, ferner dient der Hund selbst oft als Nahrung.

Siber, die Menzels, Hauck, Wendt, Brisbin und Trumler sind neben einigen anderen Forschern zu nennen, wenn es um die hochinteressanten ursprünglichen Haushundformen geht. Heute ist, fünf vor zwölf, ein stärkeres wissenschaftliches Interesse für diese Hunde zu vermerken, die gleichermaßen als Natur- wie als menschliches Kulturgut zu werten sind.

Die Jagdverwendung der Primitivhunde gibt es nicht bei allen Völkern, denn diese Hunde verzehren die Beute oft schneller, als die Jäger zur Stelle sein können. Schon Siber sagt, dass für den Jagdgebrauch des Hundes eine bestimmte Kulturstufe erforderlich ist. Zimen berichtet von den Turkana-Hunden auch, dass sie interessanterweise im Gegensatz zu ihren europäischen Artgenossen dem Jäger nicht spurensuchend vorauslaufen, sondern vielmehr diesem hinterher folgen.

Wir können so heute grob vier Gruppen von weitgehend selbstständig lebenden, auf niedriger Domestikationsstufe befindlichen Hunden unterscheiden (in aufsteigendem Domestikationsgrad):

- Dingos
- Schensihunde
- ostafrikanische Parias
- südasiatische Parias

Diese natürlichen Hunderassen können wir nach dem Grad ihrer Domestikation wie folgt einteilen:

I. Primitive Haushunde erster Ordnung

So möchte ich die Hundeformen nennen, die auf einer tiefen Stufe der Domestikation stehen. Sie bellen wenig, sind aber keineswegs stumm und heulen. Sie können wir untergliedern in:

a) Vorwiegend oder teilweise wild lebende Formen

Hierher gehören die am wenigsten domestizierten Haushunde überhaupt: die Dingos in Australien und der Neuguinea-Dingo und vermutlich auch der ausgestorbene Tenggerhund aus Java. Sie können sowohl als Haushunde der Ureinwohner wie auch selbstständig als Wildhunde leben, der australische Dingo ist vorwiegend ein Wildtier. Als Haushunde werden sie von den Eingeborenen kaum gepflegt oder gefüttert, erjagen sich daher das Futter selbst und/oder ernähren sich von Abfällen und menschlichen Exkrementen. Doch gibt es auch Volksstämme, bei denen sie durchaus gut gepflegt werden, und andererseits solche, die gegen Hunde eine traditionelle Abneigung haben. Im Islam gelten sie als unrein, doch Windhunde sind oft eine Ausnahme.

Dingos

Dingos sind seit Jahrtausenden verwilderte Haushunde aus Australien und Neuguinea. Wir behandelten schon den vorwiegend wild lebenden australischen Dingo, der aber als junges Tier auch von den Ureinwohnern in loser Gemeinschaft mit ihnen gehalten wird, und den an den Regenwald angepassten, ebenfalls teilweise vollkommen wild lebenden Neuguinea-Dingo, den „New Guinea Singing Dog" der Amerikaner.

Merkwürdigerweise haben die beiden Dingos eine soziale Rückbildung durchgemacht. Zwar bilden sie fallweise kleine Rudel, doch sind sie nicht wie Wölfe auf Großwild angewiesen, vielmehr wie ursprünglichere Caniden, zum Beispiel der Fuchs, weitgehend auf sich selbst gestellt. Daher verhalten sie sich in der Gemeinschaft recht aggressiv und haben einen Teil der sozialen und kommunikativen Verhaltensweisen des Wolfes verloren.

Der australische Dingo wurde und wird, da er Schafe reißt, mit allen Mitteln bekämpft, konnte aber dadurch nicht ausgerottet werden. Jetzt allerdings dürfte ihm die zunehmende Verkreuzung mit Rassehunden das Ende bereiten, da in vielen Gebieten die Mehrzahl der Tiere bereits Mischlinge sind. Erst in jüngster Zeit ist man bestrebt, den reinblütigen Dingo durch Zucht auf Farmen und Aufstellung eines Standards zu erhalten. Dennoch, nur als Wildtier in Reservaten könnte er auf die Dauer als das erhalten bleiben, was er ist: ein verwilderter Haushund, der sich in die australische Natur als das Spitzenraubtier integrieren konnte. Doch die Verkreuzung mit Haushunden wird man in der Natur wohl nirgends verhindern können.

Der Neuguinea-Dingo wird anscheinend von manchen Papuastämmen gar nicht, von anderen aber sehr wohl verwendet. So konnte ich in einem Fernsehfilm über das Baumkänguru sehen, wie zwei solcher Hunde, die einen eingeborenen Jäger begleiteten, aufmerksam in die Richtung der auf einem Baum sitzenden Beute schauten und, sobald diese vom Pfeil getroffen zu Boden fiel, hinstürzten, um sie zu überwältigen.

Eine erfreuliche Nachricht kommt nun aus den USA: Dort bemüht sich Professor I. Lehr Brisbin von der Universität von Georgia, dessen Fachgebiet auch verwilderte Haustierformen sind, um die Erhaltung des Carolina Dog, eines verwilderten Pariahundes der Indianer, des Neuguinea-Dingos und anderer Urhaushundformen und hat zu diesem Zweck eine Gesellschaft, die ADANA (Aboriginal Dog Association of North America), gegründet. Ein Stammbuch für die erwähnten beiden Rassen wurde eröffnet. Ein weiterer Schritt zur Erhaltung wurde mit dem Einfrieren von Samen und Konservierung in einer Samenbank getan. Neuguinea-Dingorüden von Professor Brisbin sollen auch bei der Erforschung des Genoms des Haushundes helfen, von der man sich Aufschlüsse über Erbkrankheiten, rassische Besonderheiten usw. erhofft. Dazu sind Kreuzungen einander möglichst fern stehender Rassen erforderlich. Diese äußerst seltene, in ihrer Heimat fast ausgestorbene beziehungsweise durch Verkreuzung mit Kulturrassen verschwindende Hundeform kann so für die Wissenschaft, wie zum Beispiel in den Bereichen Kynologie, Genetik und Pathologie inklusive Humanpathologie, unschätzbare Dienste leisten.

Die These von der „doppelten Identität" des Haushundes bekommt durch den Dingo eine Unterstützung: Ähnlich wie der Wolf wird der Dingo nur dann völlig haushundartig zahm, wenn er vor der Entwöhnung von der Mutter getrennt im Alter von drei bis vier Wochen durch den Menschen aufgezogen wird, wie Wolfswelpen, die man auf den Menschen prägen will. Er ist offenbar nicht oder nicht mehr wie echte Haushunde auf den Menschen angeborenermaßen „vorgeprägt" oder „prägebereit". Der Hund unserer Breiten akzeptiert den Menschen als „zweiten Artgenossen", ohne dass er dazu getrennt von der Mutter aufgezogen werden muss. Allerdings, ob dies eine Vorprägung auf den Menschen oder eine Prägungsbereitschaft bis ins höhere Welpenalter bei den höher domestizierten Hunden darstellt, ist unklar. Von den australischen Ureinwohnern als säugende Welpen der Wildnis entnommene und aufgezogene Dingos bleiben dennoch nur bis zur Geschlechtsreife bei diesen und kehren dann in die Freiheit zurück. Sie dienen ihnen vornehmlich als „Heizkissen" in kühlen Nächten. Die Hundehaltung der Aborigines könnte den Verhältnissen der Domestikation des Wolfes in der Steinzeit entsprechen.

b) Nicht wild lebende Formen

Zu nennen sind hier die Schensis, die Hunde des Hackbaugürtels. Sie ähneln den Hunden der vorhergehenden Gruppe, doch werden sie zum Teil bereits als Helfer auf der Hetzjagd in Netze usw. verwendet und stehen daher auf einer etwas höheren Stufe der Domestikation, da sie auch nicht wild leben. Dazu gehören auch der Telomhund aus Malaysia, der Battakhund, der Balihund und andere (im Gegensatz zu anderen Autoren beschränke ich hierbei den Ausdruck „Schensi" nicht auf afrikanische Hunde dieses Typs). Zwei Formen seien hier näher besprochen.

Afrikanische Schensis – der Basenji

Die so genannten Schensis Afrikas sind den Dingos ähnlich. Es sind Hunde der Eingeborenen, die wiederum kaum oder gar nicht gefüttert und gepflegt werden, also gleichfalls vorwiegend auf sich selbst gestellt sind, aber nicht gänzlich verwildern. Die bekannteste Form ist der Basenji aus dem Kongo, der es bei uns bis zur anerkannten FCI-Rasse gebracht hat. Er ist in vieler Hinsicht dem Neuguinea-Dingo, auch im Verhalten, ähnlich, befindet sich aber doch auf einer etwas höheren Domestikationsstufe. Auch er ist eine Anpassung an den Regenwald, und auch ihm wird eine besondere Kletterfähigkeit und -freude nachgesagt. Er zeichnet sich körperlich durch große, geradezu katzenartige Geschicklichkeit aus, auch im Klettern und in der „Handhabung" von Futter und Gegenständen. Mit anderen Rassen wurde er auch Problemlösungs- und Abrichtungstests unterzogen und kam, wie erwähnt, als einzige Rasse in der Problemlösung mit den Wölfen mit oder übertraf sie sogar. Das mag mit den Anforderungen zu tun haben, die ein strukturiertes Waldmilieu an ein Raubtier stellt, wo oft auch Klettern nötig ist.

Basenjis bellen wenig und nur kurz und müssen dazu sehr erregt sein, aber in den Pygmäensiedlungen machen sie trotzdem fürchterlichen Lärm, der aus „jodelnden" und „jammernden" Lauten besteht. In Versuchen von Scott und Fuller bellten Basenjis in 20 Prozent der Dominanztests (je zwei Hunden wurde gemeinsam ein Knochen angeboten), Amerikanische Cocker Spaniels in 68 Prozent der Fälle. Meist nur ein- bis zweimal gaben die Basenjis dabei ein „wuff" von sich. Wie die Wölfin wird die Basenjihündin nur einmal im Jahr läufig, und zwar meistens im September. Verkürzt man im Versuch die Tageslänge im Frühjahr, kann die Hitze schon im Juli auftreten. Die Welpen zeigen vielfach natürliche Scheu und wehren sich heftig gegen Zwang, zum Beispiel wenn sie in die Hand genommen werden. Sie neigen auch untereinander und zu fremden Hunden zu Aggressivität, eine für primitive Hunde wichtige Eigenschaft, da sie ihre Ressourcen, also Futterquellen, verteidigen müssen.

Wir haben Basenjis und Neuguinea-Dingos häufig erwähnt, weil ihr Verhalten wohl dem ursprünglichen Haushundverhalten in der Frühzeit der Domestikation sehr nahe kommt. Solche Rassen ziehen viele naturverbundene Menschen besonders an, die für sie großes Verständnis, besondere Duldsamkeit und Interesse aufbringen. Für den durchschnittlichen Haushalt sind sie wenig oder nicht geeignet. Der Basenji ist nicht nur schwer abrichtbar, manche überklettern Zäune bis 1,50 Meter Höhe oder können gar nur mit einem Überhang vom Ausbrechen gehindert werden, vorausgesetzt, es wird auch das Durchgraben durch entsprechende Maßnahmen verhindert. Ihre hohe innerartliche Aggressivität wurde schon erwähnt, sie sind zerstörerisch, misstrauisch gegen Fremde und kommen kaum auf Kommando zurück, wenn ihr Jagdtrieb geweckt ist. Heute wird gegen all diese „Untugenden" vielfach selektiert, zum Teil mit Erfolg, was aber eigentlich eine Verfälschung ihres ursprünglichen Wesens bedeutet. Da die im Westen gezüchteten Basenjis nur von wenigen importierten Hunden abstammten und wohl auch wegen der leidigen Inzucht und zu geringem Rüdeneinsatz bald an Erbkrankheiten litten, wurden später nochmals Tiere aus Afrika nach USA exportiert. Inzwischen hatte sich aber bereits das Aussehen der „Zivilisationsbasenjis" so weit modisch verändert, dass die Neuankömmlinge bei Ausstellungen keine Chancen hatten.

Der HaHo Awu

Neben dem Basenji hat in jüngster Zeit eine andere Schensiform von sich reden gemacht. Es ist dies der Hund der Ewe, einem westafrikanischen Volk, den Herr Jiri Rotter in der Schweiz aus Togo importiert hat und züchtet. Er nennt ihn „HaHo Awu", was „Hund vom HaHo-Fluss" in Ghana bedeutet. Er ist sandfarben, sieht wegen einer leicht buschigen Rute und großen Stehohren etwas fuchsartig aus und ist auch ungefähr terriergroß. Ob mit ihm ein zweiter Schensi zu einer Hochzuchtrasse wird, bleibt abzuwarten.

II. Primitivhaushunde zweiter Ordnung

Diese gliedern sich den vorhergehenden Gruppen an. Es gehören dazu:

a) Südliche Primitivhaushunde

Dies sind Pariahunde (einzige bisherige Hochzuchtform: Kanaanhund), die zwar meist herrenlos leben, aber durchaus zum Teil bereits als Haus- und sogar Gebrauchshunde in unserem Sinn verwendet werden können. Sie bellen, heulen aber auch noch häufig und bewohnen besonders die Subtropen. Wir wollen hier einige Formen näher besprechen.

Parias

Parias sind herrenlose Hunde, die aber lose an menschliche Siedlungen gebunden sind. Menzel und Menzel haben die palästinensischen Parias genau beschrieben, unter denen es, wie weithin im Orient, verschiedene Typen vom Hirtenhundtyp über den collieähnlichen bis zur Windhundform gibt. In der haustierkundlichen Forschungsstation „Eberhard Trumler" in Wolfswinkel werden ähnliche Hunde persisch-türkischer Herkunft gezüchtet und studiert, und aus beiden Untersuchungen ergibt sich, dass diese Hunde eigentlich eher als „Landrassen" denn als echte Primitivhunde einzustufen sind. Sie würden damit den bei uns weitgehend ausgestorbenen robusten Landschlägen entsprechen, aus denen im 19. Jahrhundert unsere Hochzuchtrassen hervorgegangen sind und die nun leider nicht länger als „Jungbrunnen" für diese zur Verfügung stehen.

Es gibt aber offensichtlich unter den verschiedenen Pariaformen auch solche, die eine Brücke zu den Schensis und Dingos bilden. Äthiopisch-arabische Kreuzungsparias in Wolfswinkel haben sich jedenfalls als solch eine Zwischenform erwiesen. Dabei hat ein Vergleich von Dingos mit diesen Pariaformen ergeben, dass das Verhaltensinventar, also die Gesamtheit aller festgestellten Verhaltensformen der „kultivierteren", haustierartigeren Parias türkisch-persicher Abstammung, die Mitte hielt (150 Verhaltensformen), bei den äthiopisch-arabischen Hunden war es am reichhaltigsten (184), während die beiden Dingoformen im Verhaltensinventar stärker eingeschränkt waren (113 die australischen, 118 die Neuguinea-Dingos) (C. Goes, 1991; U. Feulner; 1991, I. Voth, 1988). Diese Beobachtung ist interessant, denn im Gegensatz zu der Annahme, dass ursprünglichere, zum Teil verwilderte Formen auch am meisten vom Verhaltensinventar des Wolfes bewahren sollten, hat teilweise eine umgekehrte Entwicklung stattgefunden! Das Leben als

Wildtier bei verminderten soziologischen Erfordernissen (keine gemeinsame Großwildjagd) hat anscheinend eine Entwicklung ausgelöst, die als Tendenz zum sozial unabhängigeren, Kleintiere jagenden Caniden betrachtet werden könnte (nach Art des Fuchses). Hingegen scheint eine stärkere zeitweise Bindung zum Menschen die sozialen Fähigkeiten besser bewahrt zu haben. Pariahunde werden ja immer wieder auch als Haus- und Herdenhunde gehalten, normalerweise aber leben sie herrenlos in und im Umfeld von Siedlungen.

Ein Vertreter der Parias aus Nordamerika ist der erwähnte Carolina Dog, der im Süden der USA, in den Sümpfen von North Carolina, allerdings völlig verwildert wie ein Dingo lebt. Er dürfte von Indianerhunden abstammen und sieht einem Dingo sehr ähnlich, ist aber eher zu den Parias zu zählen. Er scheint sich leichter an zivilisierte Verhältnisse anzupassen als die echten Dingos und weist eine interessante Eigenheit im Verhalten auf: Besonders die Hündinnen vergraben ihren Kot wie andere Hunde ihre Knochen, ein Verhalten, das man gelegentlich bei anderen Primitivhunden wie dem Basenji und dem Akita beobachten konnte. Die Existenz des Carolina Dog ist erstaunlich, denn in den USA gibt es ja die Konkurrenz durch den Kojoten und früher vor allem durch den Wolf. Allerdings war die Region bisher frei von Kojoten, was sich jedoch jetzt ändert, denn der Kojote dringt immer weiter in bisher von ihm nicht besiedelte Gebiete vor. Ein weiteres Beispiel ist die folgende Rassengruppe, die wir etwas näher beschreiben wollen.

Südafrikanische Naturrassen

Die südafrikanischen Hunde stammen vermutlich ursprünglich von nordafrikanischen Pariahunden ab, einige sind im Typ Windhunde. Diese, wie die Sica, Isiqha, Isigola und andere, haben sehr ursprüngliche Wesenszüge beibehalten und sind daher als „zivilisierte" Heimtiere wenig geeignet, wie Sian Hall (1995) mitteilt. Sie sind ausgezeichnete Jäger auf Antilopen und anderes Wild, Wildern ist ihnen nicht abzugewöhnen. Gleichzeitig fungieren sie als „Gesundheitspolizei" in den Kraals und räumen mit Ratten und anderen Schädlingen wie auch Abfällen aller Art auf, übertragen aber selbst auch Krankheiten. Im Übrigen stehlen sie unkorrigierbar, wo sie nur können, und zeigen auch ein in westlichen Augen übertrieben erscheinendes, wenig ansprechendes kauerndes Unterwürfigkeitsverhalten. Doch trotz ihrer halbwilden Wesensmerkmale sind sie durchaus gehorsam und treu. Bei Weißen bewährten sie sich erstaunlicherweise in Obedience und bei Begleithundprüfungen. Diese Hunde sind hervorragende Springer. Sie lieben menschliche Gesellschaft, möchten diese ständig um sich, brauchen aber sehr viel Bewegung, langweilen sich schnell und neigen dann zu üblen Untugenden. Sonst sind sie lebhaft, spielfreudig und immer unterhaltsam. Im Futter kommen sie mit sehr wenig Eiweiß aus.

b) Nördliche Primitivhaushunde

Dies sind die nordischen Spitzrassen, wie die Eskimohunde und andere Schlittenhundrassen, der Chow-Chow, der Akita usw. Sie heulen und bellen auch, sind aber von jeher noch mehr als die vorhergehende Gruppe an den Menschen gebunden, von dem sie bereits früh zu verschiedenen Diensten herangezogen wurden. Sie haben auch höher domestizierte Verwandte, wie die Elchhunde, die übrigen skandinavischen Spitze und den Deutschen Spitz. Diese sind nirgends wirklich verwildert, sind weit mehr auf den Menschen angewiesen und haben ihre ursprünglichen Merkmale wie kleine Stehohren und vorwiegendes Stock- und Langstockhaar wohl aus klimatischen Gründen (Schutz vor der Kälte) beibehalten.

III. Höher domestizierte Haushunde

Was heißt „höher domestiziert“? Haustiere verlieren nach und nach immer mehr Wildtiereigenschaften und erwerben solche, die im Haustierstand und im Zusammenleben mit uns wichtig sind. Dazu kommt die Selektion bestimmter vom Menschen angestrebter Merkmale und Qualitäten. Diese Hundeformen bilden schließlich die dritte Gruppe, wieder untergliedert in die Sondergruppe der Windhunde und die nichtspitzartigen Rassen (sowie die erwähnten Spitze), wozu die Mehrheit unserer nachfolgend zu besprechenden Haushundrassen zählt.

11

DIE MODERNEN REINGEZÜCHTETEN HUNDERASSEN

Der Haushund ist ein überaus variables Tier. Alle anatomischen Details können unter den Rassen extrem divergieren. Diese große Variationsbreite hat dazu geführt, dass wir heute unter Hunderten von Hunderassen wählen können.

Im Verlauf der Domestikation tauchten immer mehr vom Wolf abweichende Hunde, zum Beispiel kleinere oder weiß gescheckte, auf, die durch vorhandene oder neue Genmutationen und Inzucht zur Ausprägung kamen. Schon eine geringe Anzahl von solchen Genmutationen ergibt eine enorme Vielfalt von Kombinationen. Mit den möglichen anatomischen Formänderungen reicht dann die Zahl denkbarer Rassenformen ins Unendliche. Die Zahl der bei den derzeitigen Hunderassen beteiligten Genmutationen ist vermutlich relativ gering, aber die Zahl ihrer Kombinationen unerschöpflich.

Rassenkunde bei Hunden ist eine Wissenschaft für sich. Hier kann nur eine knappe Übersicht über das Wichtigste auf diesem Gebiet gegeben werden, im Übrigen sei auf die umfangreiche Spezialliteratur verwiesen. Viele Rassen haben wir auch schon eingangs im Kapitel „Das Berufsspektrum des Hundes“ besprochen.

Als Hunderasse ist eine Gruppe von Hunden zu verstehen, die sich untereinander ähnlich sehen, ähnliche Eigenschaften haben, sich in einigen Merkmalen von allen anderen Rassen unterscheiden und diese Merkmale bei Paarung untereinander auch auf die Nachkommen vererben. Ein Paar reinrassige Dackel wird immer wieder nur junge Dackel hervorbringen, ein Paar Mischlinge dagegen, und seien sie einander auch noch so ähnlich, wird immer Nachkommen haben, die sich von den Eltern mehr oder weniger, oft gewaltig, unterscheiden. Die Vielfalt der Hundeformen ist eindrucksvoll, es mag um die 500, nach manchen Quellen 800 Hunderassen geben, auch je nachdem, was man noch als „Rasse“ anerkennen will. Das Geheimnis ihrer Entstehung ist Inzucht, gezielte Selektion und ursprüngliche Verwendung. Durch Paarung ähnlicher Hunde untereinander (oder solcher einer bestimmten guten Gebrauchsfähigkeit als Hüte- oder Jagdhund etc.) und Weiterzucht der den Eltern ähnlichsten beziehungsweise dem Zuchtziel am besten entsprechenden Tiere erhält man im Verlauf von Generationen mit viel Mühe und öfteren Rückschlägen schließlich einen Stamm ähnlicher Tiere, die ihre Eigenschaften rein weitervererben – eine neue Rasse ist geschaffen. Der Vorteil: Man hat so Tiere mit bestimmten Eigenschaften, Aussehen und Leistungsfähigkeit, gewissermaßen mehr oder weniger genormte Hunde. Der Nachteil: Die Tiere sind ingezüchtet, es sind Erbkrankheiten und Schwächung der Lebenskraft (Inzuchtdepression) zu befürchten. Die Gefahr ist umso geringer, je mehr Tiere am Beginn dieser Zucht eingesetzt wurden und je maßvoller die Inzucht dosiert wird, aber desto länger dauert auch die Erreichung des Zuchtzieles. Die Leistungsfähigkeit spezialisierter Hunderassen auf der Jagd, beim Schutz und Hüten von Herden, als Suchhund und in den vielen anderen Berufen ist bewundernswert.

Hier wollen wir nun die einzelnen Gruppen der reingezüchteten Rassehunde nach ihrer anzunehmenden kynologischen Zusammengehörigkeit (es sind dies also nicht die Rassengruppen der FCI, des Internationalen Kynologischen Verbandes!) und ihre wichtigsten Vertreter erwähnen, wobei wir jedoch in diesem Rahmen keine detaillierte Rassenbeschreibung geben können. Wir können folgende Rassegruppen unterscheiden:

Primitivhunde des Südens

(Einige von diesen, so der Basenji, der Canaan Dog und eine Reihe von Windhundrassen werden als Rassehunde rein gezüchtet.)

- Schensis
- Parias
- Windhunde

Nordische Hunderassen und Spitze

- Nordische Spitze
- Mitteleuropäische Spitze
- Asiatische Spitze

Sonstige Rassengruppen

- Pinscher und Terrier
- Hirtenhunde
- Treibhunde
- Doggenartige (Molossoide)
- Schäferhunde
- Laufhunde
- Schweißhunde
- Stöberhunde
- Vorstehhunde
- Apportierhunde
- Zwergformen

Der weltweite Hundezuchtverband, die Fédération Cynologique Internationale (FCI); erkennt derzeit an die 360 Hunderassen an, allmählich werden es immer mehr. Europa hat den höchsten Anteil an anerkannten Hunderassen, und hier liegen wieder England, Deutschland und Frankreich auf den ersten Plätzen. Die Zahl der Anerkennungen von Rassen aus anderen Kontinenten nimmt jedoch zu.

PRIMITIVHUNDE DES SÜDENS

URHUNDE

Sie wurden bereits ausführlich besprochen, erwähnt wurden u. a. der Canaan Dog, ein Pariahund, und der Basenji, ein Schensihund, die beide heute als FCI-anerkannte Rassen gezüchtet werden. Diese interessanten Rassen sind nur dem Spezialisten zu empfehlen, der mit ihren oft sehr ursprünglichen Verhaltensweisen zurechtkommt. Weitere Hunde dieser Gruppe, welche die FCI anerkannt hat, sind die Nackthunde und der Thai Ridgeback.

WINDHUNDE

Schon die ältesten ägyptischen Abbildungen von Hunden im 4. Jahrtausend v. Chr. zeigen einen Windhund in einer anscheinend hochgezüchteten Form, den Tešem, mit wildhundartigen Stehohren, aber eng gedrehter Ringelrute. Den heutigen Basenji, an sich kein Windhund, könnte man nach seiner Behaarung, der Ruten- und Ohrenform fast als einen Zwerg-Tešem deuten. Erst später taucht der „moderne" Windhund mit Säbelrute und kleinem Hängeohr auf. Offenbar sind der Windhund und die spitzartigen Jagdhunde die älteste Jagdhundform, vielleicht ist aber der Windhund älter als die Spitze. Es ist unklar, ob die Domestikation „windiger" Steppenwölfe oder die Selektion schlanker Typen aus pariaartigen Haushunden zur Entstehung der Windhunde geführt hat.

Sie sind bereits höher domestiziert, aber dennoch recht ursprüngliche Hundeformen südlichen Ursprungs, die heute vor allem noch in Steppen und wüstenartigen Gebieten Asiens und Afrikas als schnelle Jagdhunde dienen. Sie sind die schnellsten aller Hunde und hervorragende Jäger. Ursprünglich wurden sie meist einzeln oder zu zweit (als Koppel) zur Jagd auf offenem Gelände eingesetzt. Russische Windhunde wurden in Meuten als Spezialisten für die Wolfsjagd verwendet, ein Großfürst zum Beispiel hielt gar 130 von 365 Jagdhunden insgesamt. Windhunde werden heute auch oft als Sporthunde im Rennsport und bei kommerziellen Windhundrennen eingesetzt. Ihre Abrichtbarkeit ist mäßig, ihr Jagdtrieb sehr ausgeprägt.

Windhunde besitzen einen schlanken, aber muskulösen Körperbau. Der Irish Wolfhound ist die größte Rasse dieser Gruppe. Seine Übergröße bedingt jedoch leider eine sehr kurze Lebenszeit, es sollte daher bei großen Rassen – ganz allgemein – eine Maximalgröße vorgeschrieben werden. Orientalische Rassen sind besonders ausdauernd. Man unterscheidet den orientalischen Typ mit Hängeohr und den westlichen mit Rosenohr. Zum orientalischen gehören der Saluki, der Sloughi, Afghane und der Azawakh (alle vier sind ursprünglich Lokaltypen derselben Landrasse, die arabisch Saluqi genannt wird), zum westlichen zum Beispiel der Greyhound, die kleinen Formen Whippet und Windspiel sowie u. a. der russische Barsoi und der ungarische Agár. Windhunde jagen stumm und waren daher früher auch die Hunde der Wilderer. Der Greyhound, der schnellste Hund überhaupt, ist ein ausgesprochener Rennhund für kurze Strecken auf der Rennbahn, ebenso der kleinere Whippet, während die übrigen Windhunde als Jagdhunde eine besondere Wendigkeit und weit größere Ausdauer besitzen, aber weniger schnell sind.

Den Übergang zu den Bracken bilden, wie erwähnt, die Mittelmeerwindhunde. Sie haben Stehohren und erinnern an die altägyptischen Windhunde (Tešems). Dazu gehören der tešemähnliche Pharaohund, der aber aus Malta stammt, der Cirneco dell'Etna, die spanischen Podencos und portugiesischen Podengos. Sie folgen vorwiegend der Fährte und werden vor allem zur Hasen- und Kaninchenjagd eingesetzt.

NORDISCHE HUNDERASSEN, SPITZE UND ASIATISCHE RASSEN

Auch diese Rassen sind noch sehr ursprünglich und im Aussehen sowie oft auch im Verhalten zum Teil recht wolfsähnlich. Im kalten Klima konnten sich keine Hunderassen mit Haarabweichungen, wie Kurzhaar oder Wollhaar, herausbilden, so blieb das natürliche Stockhaar oder auch Langstockhhaar erhalten, ebenso wie ein kurzes Stehohr und eine buschige Rute, die allerdings, im Gegensatz zum Wolf, meist aufgerollt getragen wird. Der Deutsche Spitz und der Wolfsspitz sind gute Wach-, Hof- und Familienhunde mit wenig oder keinem Jagdtrieb und großer

Haustreue bei guter Abrichtbarkeit. Ihr asiatisches Gegenstück ist der Chow-Chow, der wenig bellfreudig und abrichtbar ist. Aus Wolfsspitz, Chow-Chow und Samojede wurde nach dem Zweiten Weltkrieg eine neue, recht ursprüngliche Rasse, der Eurasier, kreiert. Dabei ließ man sich von Konrad Lorenz inspirieren, der ja Chow-Chow-Schäferhund-Kreuzungen bevorzugte.

Die nordischen Spitzrassen sind Jagd- oder Schlittenhunde (manchmal beides). Bekannt sind die Eskimohunde, die Huskys und der Alaskan Malamute als Schlittenhunde, die Elchhunde, die russischen Laiki („Verbeller", Einzahl Laika, spüren Wild auf, stellen und verbellen es) und der Finnenspitz als Jagdhunde, Letzterer besonders zur Jagd auf den Auerhahn, dessen Standort auf Bäumen er mit Gebell anzeigt.

Zu den asiatischen Spitzen gehören u. a. außer dem Chow-Chow mehrere japanische Arten. Die bekanntesten sind der kleine, etwas dingoähnliche Shiba Inu und der große Akita Inu. Es sind dies recht ursprüngliche Tiere.

Obwohl keine Spitze, wollen wir an dieser Stelle auch weitere asiatische Rassen wie die tibetischen Rassen Tibet „Terrier", Lhasa Apso, Shi Tsu und Tibet Spaniel erwähnen sowie den chinesischen „Faltenhund" Shar Pei und den Japan Chin, die sich alle in der westlichen Welt gut eingeführt haben.

SONSTIGE RASSENGRUPPEN

Pinscher und Terrier

Dies sind vorwiegend kleinere Hunderassen, die ursprünglich zur Bekämpfung von Ratten und Mäusen (die Spezialität der Pinscher und ihrer rauhaarigen Form, der Schnauzer) oder (auch) zur Baujagd (Terrier) auf Fuchs und Dachs eingesetzt wurden. Dazu zählen ferner drei durch Kreuzungen erzielte große Formen (Dobermann„pinscher", Airedale und Russischer Terrier). Bei den Terriern gibt es hochläufige (zum Beispiel Fox Terrier) und niederläufige Formen (zum Beispiel West Highland White Terrier, Schottischer Terrier). Heute sind die meisten ihrer Rassen Gesellschaftshunde.

Eine Gruppe für sich sind die bereits erwähnten Bull-Terrier-Rassen, ursprünglich Bulldog-Terrier-Kreuzungen, für den Hundekampf und Wettbewerbe im Rattentöten gezüchtet. Heute werden sie von seriösen Züchtern vorwiegend auf soziale Verträglichkeit selektiert. Sie sind daher mehrheitlich sehr gute Familienhunde, wenn auch im Kontakt zu anderen Hunden Vorsicht vielfach noch am Platz ist.

Immer noch teilweise als Kampfhund missbraucht wird der Pit Bull Terrier. Weitere Rassen dieser Gruppe sind der ihm nah verwandte American Staffordshire Terrier, der englische Staffordshire Bull Terrier und der Englische Bull Terrier, die aber nicht mehr zu Hundekämpfen verwendet werden. Der Pit Bull Terrier ist seinerzeitigen Bulldoggen- und Bullenbeißertypen, besonders den so genannten Fanghunden aus der Zeit der Tierhetzen auffallend ähnlich. Die Bull-Terrier-Rassen sind im jüngster Zeit vielerorts von behördlichen Haltungs- und Zuchtverboten betroffen, obwohl sie von Natur aus meist gegen Fremde keine Aggression zeigen. Leider aber wurden sie da und dort „mannscharf" gemacht, was manchmal zu schweren, in Einzelfällen tödlichen Unfällen führte.

Hirtenhunde

Sie werden auch Berghunde genannt und sind die ursprünglichen Herdenhunde, die zum Schutz der Herden vor menschlichen Räubern und Raubtieren dienen. Im Gegensatz zu den Schäferhunden sind sie mit den Schafen gut sozialisiert und haben meist wenig oder keinen Jagdtrieb. Es sind dies große, ursprüngliche Hunde, doggenähnlich, selbstständig, oft von weißer Farbe mit ausgeprägtem Schutztrieb. Die ursprünglichste Form ist die Tibetdogge. Aus Polen stammt der Owczarek Podhalansky oder Tatrahund, aus der Slowakei der fast identische Čuvač (Tschuwatsch), aus Ungarn der Kuvasz und der zottige Komondor, aus Italien der Maremmahund, aus Spanien der Mastín de los Pirineos sowie der Mastín Español und aus den französischen Pyrenäen der Pyrenäenberghund. Aus dem Gebiet der ehemaligen Sowjetunion stammen der Kaukasische, der Südrussische und der Zentralasiatische Hirtenhund (Owtscharka), aus der Türkei der Anatolische Hirtenhund. Auch der Bernhardiner sowie noch einige andere wenig bekannte Rassen gehören zu den Berghunden.

Treibhunde

Diese Hunde dienen oder dienten ursprünglich zum Treiben von Rinderherden. Eine sehr gemischte Gruppe: Vorwiegend Doggenartige, aber auch Pinscher- und Schäferhundartige sind hier zu finden. Dazu gehören die Schweizer Sennenhunde, der Rottweiler (der heute nur mehr Wach- und Diensthundarbeit verrichtet und sich darin sehr bewährt), der australische Cattle Dog und der Bouvier des Flandres

(Flämischer Treibhund). Zeitweise aufgetretene Linien sehr aggressiver Tiere bei den Rottweilern haben da und dort zu behördlichen Haltungsbeschränkungen geführt, doch ist die Rasse sonst durchaus zuverlässig. Treibhunde haben bei uns ihre ursprüngliche Rolle verloren, seit Viehherden nicht mehr über Land zu den Märkten getrieben werden, in Übersee (zum Beispiel Australien) sind sie noch von großer Bedeutung.

Doggenartige Hunde

Meist große, massige und imposante Hunde, ursprünglich waren dies Kampfhunde für Stierhetzen, die im Altertum auch in Kriegen verwendet wurden. Vermutlich haben sie sich aus Berghunden entwickelt. Dazu gehören u. a. der Mastiff, der Boxer, die Bordeauxdogge, der Mastino Napoletano, der Fila Brasileiro sowie die (auch windhundblütige) Deutsche Dogge, ein Nachkomme der auf vielen alten Gemälden zu sehenden Hatzrüden. Eine relativ junge Rasse ist der Dogo Argentino (Argentinische Dogge), die in ihrer Heimat vor allem als Jagdhund auf Puma und Wildschwein eingesetzt wird (Schimpf, 1986). Sie alle sind heute meist durchaus friedliche Familienhunde, besonders der Boxer, doch immer mehr von restriktiver Gesetzgebung bedroht.

Schäferhunde

Britische Schäferhunde

Am bekanntesten ist der schottische Langhaar Collie, der vor 100 Jahren auch einer der ersten Dienstgebrauchshunde war, heute aber zu einem Schauhund geworden ist. Er wurde vermutlich mit dem Barsoi gekreuzt und hat dadurch einen langen, schmalen Schädel bekommen. Dagegen ist die Gebrauchsform des Collies, der Border Collie, ein ausgesprochener Arbeitshund im ursprünglichen Typ geblieben, der sich heute als solcher auch auf dem Kontinent immer mehr durchsetzt. Aber auch bei ihm gibt es bereits eine „Schönheitsvariante“. Kleine Formen sind die Corgis, der schwedische Västgötaspets (Westgotenspitz) und der Shetland Sheepdog, die ebenso wie der Old English Sheepdog (Bobtail) als Familienhunde beliebt sind.

Kontinentale Schäferhunde

Der berühmteste unter ihnen, ja die weltweit populärste Hunderasse überhaupt, ist der Deutsche Schäferhund. Aber nur die wenigsten arbeiten noch bei den Herden, weit überwiegend wird der Schäferhund als Familienhund sowie als Dienstgebrauchshund bei Militär, Polizei, Zoll usw. eingesetzt. Leider hat sich heute im Ausstellungsmilieu eine modisch „stilisierte" Form mit abfallendem Rücken und stark gewinkelter Hinterhand durchgesetzt, die von dem ursprünglichen Gebrauchstyp stark abweicht. De facto hat sich auch die Rasse Deutscher Schäferhund in Arbeits- und Schautyp gespalten.

Die Belgischen Schäferhunde sind heute ebenfalls vorwiegend Familienhunde. Die kurzhaarige Variante, der Malinois, hat sich jedoch in vieler Hinsicht zu einem ernstzunehmenden Rivalen des Deutschen Schäferhundes als Dienstgebrauchshund entwickelt. Er gehört neben dem Border Collie heute zu den Spitzenrassen für Agility.

Auch Frankreich besitzt mehrere Schäferhundrassen, erwähnt seien hier der langhaarige Briard, der Beauceron und der kleine Pyrenäenschäferhund.

Die sonstigen europäischen Schäferhunde stellen zum Teil Übergänge zu den Hirtenhunden dar. Pudelähnliche Formen sind der Puli und der Pumi, beide aus Ungarn, sowie der Polnische Niederungshütehund (Polski Owczarek Nizinny, PON).

Laufhunde

Sie wurden ursprünglich in Meuten zur Hetzjagd verwendet, in manchen Ländern, wie Frankreich und England, auch heute noch. Bracken lassen auf der Fährte ein melodisches Bellen („Geläut") ertönen. In Mitteleuropa als Einzeltiere (Solobracken) eingesetzt, so die Tiroler und die Kärntner Bracke sowie die Alpenländische Dachsbracke. Von Bracken stammen ursprünglich alle übrigen hängeohrigen Jagdhunde ab, die sich als Spezialisten aus ihnen herausgebildet haben. Sehr bekannt, weil als Familienhund populär, ist der kleine Beagle. Für die Fuchsjagd wurde in England der Foxhound gezüchtet. Niederläufige Bracken sind die verschiedenen Bassets und die Dachsbracke.

Schweisshunde

Sie stehen den Bracken noch am nächsten, sie verfolgen die Blutspur („Schweiß") des angeschossenen Wildes. Stammen von den Leithunden früherer Jahrhunderte ab, die den Standort des Wildes für die Meuten suchten. Rassen: Hannoverscher Schweißhund und Bayrischer Gebirgsschweißhund. Auch der Englische Bluthund (Bloodhound) ist eigentlich ein Schweißhund.

Dachshunde oder Teckel

Teckel, volkstümlich Dackel genannt, sind eigentlich kurzbeinige Zwergbracken, was sich auch noch in ihrer betonten Unabhängigkeit und Eigenwilligkeit äußert. Sie sind ausgezeichnete Bauhunde für die Jagd unter und auch über der Erde auf Dachs, Fuchs und anderes Wild, eine Zwergform, der Kaninchenteckel, auch auf Kaninchen. Weitaus die meisten sind heute jedoch sehr beliebte, clownhafte Familienhunde, ja, sie gehören zu den populärsten Rassen überhaupt. Wegen des unproportionierten Körperbaus neigen sie zu Bandscheibenproblemen („Dackellähme"), weshalb heute ein Mindestverhältnis von Körperlänge und Laufhöhe gefordert wird.

Stöberhunde und Pudel

Diese Hunde haben die Aufgabe, Wild aus buschiger oder krautiger Vegetation für den Jäger aufzustöbern, aber das Wild dabei nicht weit vom Jäger weg zu verfolgen. Sie jagen je nach den Umständen mit tiefer oder hoher Nase, apportieren das erlegte Wild und geben Spurlaut. Hierzu dienen vor allem die englischen Spaniels und der Deutsche Wachtelhund. Vermutlich, worauf auch der Name „Spaniel" hinweist, stammen sie ursprünglich aus Spanien. Zwei Rassen aus dieser Gruppe sind auch beliebte Heimtiere geworden, der Englische und der aus ihm entstandene Amerikanische Cocker Spaniel. Die Spaniels sind langhaarige, kleine bis mittelgroße Hunde mit langen Ohren (Behängen). Eine besondere Form ist das holländische Kooikerhondje. Seine Aufgabe ist es, Wildenten in reusenartige Fallen zu locken Weitere Formen dieser Gruppe sind die Wasserspaniels sowie der Wachtelhund.

Von wasserspanielähnlichen Hunden stammt vermutlich der Pudel ab, der französische Barbet kann als eine Art „Jagdpudel" bezeichnet werden. Es ist dies heute der Gesellschaftshund par excellence, der aber auch teilweise von wollhaarigen Hirtenhunden, wie dem Pumi, dem Puli und dem Schafpudel, abstammen soll. Der Pudel ist wohl der am meisten an die Gemeinschaft mit Menschen angepasste Hund. Auch heute noch liebt er aber das Wasser und zeigt auch Jagdtrieb, darf aber solchen Interessen leider wegen übertriebener „Haarpflege“ meist nicht nachgehen. Dazu ist der Pudel in allen seinen drei Größenvarianten nach zwei Untersuchungen einer der langlebigsten Hunde, besonders der Großpudel liegt bei den größeren Rassen vorne (Bonnett et al., 1997).

Vorstehhunde

Auch Hühnerhunde genannt, suchen nach Federwild vor dem Jäger und zeigen dieses durch „Vorstehen“ an, eine genetische Eigenheit, die schon im Altertum bekannt war. Das so genannte „bombenfeste Vorstehen“ kann manchmal bis zum fast Neuropathologischen ausgeprägt sein. Vorstehhunde suchen mit erhobener Nase.

Das Vorstehen entspricht dem Belauern der entdeckten Beute beim Wildhund, das beim Vorstehhund durch Züchtung stark intensiviert wurde und selbstständig bei guter Ausbildung meist nicht abgebrochen wird. Erst auf das Kommando des Jägers „springt der Hund ein“, das Federwild (Fasan, Rebhuhn) fliegt auf und der Jäger hat seine Schusschance.

Man unterscheidet britische und kontinentale Vorstehhunde. Erstere sind auf das Vorstehen spezialisiert, Letztere im Gebrauch vielseitiger und werden auch für andere Aufgaben wie Apportieren eingesetzt. Wichtige britische Rassen sind der Pointer und die Setter, bei den kontinentalen sind besonders die Deutschen Vorstehhunde in den Varianten kurz-, lang-, und rauhaarig zu erwähnen.

Apportierhunde

Diese Rassen sind auf das Bringen des erlegten Wildes spezialisiert und von englischer, kanadischer oder amerikanischer Herkunft. Vom Wolf werden Beutestücke oft kilometerweit zur Höhle transportiert, um die Jungen und das Muttertier mit Nahrung zu versehen. Diese Eigenschaft des Beutetragens wurde bei diesen Jagdhunden züchterisch verstärkt. Es gibt fünf Rassen, von denen der mit dem Neufundländer nahe verwandte Labrador und der Golden Retriever die beliebtesten sind. Sie lieben das Wasser und wurden ursprünglich speziell für die Entenjagd gezüchtet. Sie haben in jüngster Zeit auch als Blindenführhunde und als Behindertenhunde, für die Drogensuche, als Rettungshunde usw. neue Betätigungsformen gefunden und sind in den letzten Jahrzehnten auch wegen ihres außerordentlich gutmütigen

Wesens sehr beliebte Familienhunde geworden, die an Popularität den Deutschen Schäferhund bereits konkurrieren. Sie zeichnet eine besondere Apportierfreude und ein „weiches Maul" (sanftes Zubeißen) sowie Schwimmfreudigkeit aus.

Wasserhunde

Wie Grizzlybären, so fangen auch Wölfe ziehende Lachse am Wasser zur Laichzeit. Dementsprechend gibt es auch auf Schwimmen und Bringen aus dem Wasser spezialisierte Hunderassen. Am bekanntesten ist der Neufundländer, der einen besonderen Trieb zur Rettung Ertrinkender aus dem Wasser mitbringt, aber auch Boote heranziehen oder Taue schwimmend heranbringen kann. An Frankreichs Küsten sind die Neufundländerhunde im Wasserrettungsdienst eingesetzt. Sie haben hierbei gegenüber den Labradors, die gleichfalls gute Wasserhunde sind, beträchtliche Vorteile: Ist der Labrador im Wasser eher ein „Sprinter", so ist der Neufundländer kräftiger und ausdauernder, er kann auch mehrere Personen retten, die sich an ihn anhängen, oder ein Boot von einigen Tonnen Gewicht heranschleppen. Auch vermag er stundenlang zu schwimmen, dazu kommen seine Kälteunempfindlichkeit, seine Zähigkeit, sein Arbeitseifer und die sofortige Einsatzfähigkeit auch im Winter. Für die Geretteten sind sein großer Kopf und seine leckende Zunge eine psychologische Stütze. Viel hängt allerdings von der Auswahl des Hundes ab, denn zum Beispiel das erhöhte HD-Risiko sorgt oft für Enttäuschungen.

Auch wollhaarige Hunde aus der Pudelverwandtschaft lieben das Wasser, und so haben sich einige spezielle Rassen gebildet. Zur Jagd am Wasser eignen sich, neben den Retrievern der Irische und der Amerikanische Wasserspaniel. Ein ganz besonderer Wasserspezialist ist jedoch der Portugiesische Wasserhund Cao de Agua, der früher als Helfer der Fischer beim Einholen der Netze und Boote an der Algarve Verwendung fand und sogar ein ausgezeichneter Taucher ist. Er ist die einzige Rasse, bei deren Gebrauchsprüfung Tauchen vorgeschrieben ist! Geprüft wird das Bringen eines Gegenstandes durch Tauchen aus der Tiefe, wobei das Markieren eines versunkenen Gegenstandes an der Oberfläche, die Art der Atmung und des Tauchens, die erreichte Tiefe und das Ergebnis beurteilt werden. Von Wölfen ist nicht bekannt, dass sie tauchen können. Es handelt sich dabei also wahrscheinlich um eine im Hausstand erworbene Fähigkeit, die übrigens auch manche Pudel vollbringen.

Zwergformen

Wir kennen zwei Formen von Verzwergung: den echten, „proportionalen“ Zwerg, der wie eine Miniatur des normalen Rassehundes aussieht, aber dennoch keine maßstäbliche Verkleinerung desselben darstellt, und den chondrodysplastischen Zwerg, der durch Verkürzung der Läufe entsteht, wie den Dachshund. Zwerghunde sind oft Zwergformen der anderen Gruppen, doch ist eine direkte Verwandtschaft häufig nicht gegeben oder zweifelhaft. Trotz unleugbarer Ähnlichkeit ist es sehr gewagt, etwa den Mops als „Zwergdogge“ zu bezeichnen und der Name „Tibet Spaniel“ ist sicher auch nicht zutreffend. Zwerghunde hat es schon im alten Ägypten gegeben und in jüngerer Zeit sind zahlreiche Zwergformen der verschiedensten Rassen entstanden, wie beim Spitz, Schnauzer, Spaniels, Pudel und anderen. Malteser und Bichons sind Zwerghunde weißer Farbe und mit reichlichem Haarwuchs, die nicht als Zwergformen bestimmter großer Rassen, etwa des Pudels, betrachtet werden können. Manche Zwerghunde sind dem „Kindchenschema“ durch eine platte Nase zu sehr nachempfunden. Das ist heute mit Recht als Qualzucht umstritten, wäre jedoch durch einen nur etwas längeren Fang leicht zu korrigieren. Zwerghunde werden auch oft allzu klein gezüchtet, worunter die Gesundheit ebenfalls leidet. Überzarte Knochen, gewölbter Apfelkopf, der im Extremfall papierdünn und am Scheitel nicht zugewachsen sein kann (offene Molera, insbesondere beim mexikanischen Chihuahua), vorgewölbte, verletzungsempfindliche Glotzaugen sind die häufigsten Entartungserscheinungen (Nanismus) der Zwerge. Davon abgesehen zählen Zwerghunde aber zu den langlebigsten Rassen überhaupt. Es müssten jedoch bei allen Rassen Mindestgrößen und Freiheit von Nanismus im Standard vorgesehen werden.

12

DREI VIERTEL ALLER HUNDE SIND RASSELOS

HUNDE IN DER ERSTEN UND DER DRITTEN WELT – VERSUCH EINER BILANZ

Wir haben gehört, dass, grob gesprochen, zwei „Klassen" von Hunden bestehen: die Hunde der Industrieländer und die der Entwicklungsländer. Es soll hier versucht werden, ihre Lebensbedingungen summarisch einander gegenüberzustellen, um sich ein Bild davon machen zu können, was die Vor- und Nachteile für Hunde sein können, in der einen oder anderen Welt geboren zu sein:

ERSTE WELT	DRITTE WELT
oft übertriebene Pflege (auch Kindersatz), vorwiegend Rassehunde und Mischlinge, kaum mehr Landrassen	meist keine Pflege, daher häufig krank und Parasitenbefall, da und dort werden Welpen von Frauen gesäugt, Spielpartner von Kindern. Pariahunde, Landrassen, Mischlinge, wenig Rassehunde
vielfach Vermenschlichung, Partnerschaftsbeziehungen, aber oft auch Geringschätzung und Hass	Vermenschlichung, auch Verehrung oder Geringschätzung, Ächtung oder Duldung
meist Industriefutter, oft überfüttert, hoch entwickelte veterinärmedizinische Betreuung	meist keinerlei Fütterung, oft unterernährt, keinerlei tierärztliche Betreuung
viel Zwang, meist kaum Bewegungsfreiheit (Leine, Maulkorb, Zwinger, Kette)	wenig oder kein Zwang, meist vollkommen frei
meist Eigentum von Einzelpersonen oder Familien	vielfach gemeinsames Eigentum von Stämmen oder herrenlos, manchmal verwildert, auch Einzeleigentum
vielfach Verwendung spezieller Hunderassen	spezielle Verwendung meist weniger ausgeprägt, oft nur „Gesundheitspolizei" durch Abfallbeseitigung und Schädlingsvertilgung

oft kommerziell ausgenützt, Tötung herrenloser Hunde in großer Zahl, Laborhunde, doch Tierschutz wird rigoroser	vielerorts Schlachttier, häufig Verfolgung wegen Tollwut etc., noch wenig Tierschutz, außer bei religiöser oder traditioneller Bindung
schwere Zuchtprobleme infolge kommerzieller Beweggründe oder Missachtung genetischen Grundwissens: Massenzucht, „Qualzucht", Engzucht, falsche „Schönheitsselektion", daher immer mehr schwere Erbkrankheiten und Inzuchtdepression	meist keinerlei Zucht, starke natürliche Selektion, wenig oder keine Inzucht, infolgedessen vorwiegend robust und erbgesund, aber oft unterernährt und parasitenbehaftet
häufig zu wenig arteigener Sozialkontakt durch Einzelhaltung	meist viel Kontakt mit Artgenossen

Die Verhältnisse in der „Zweiten Welt" (früherer Ostblock) nähern sich zunehmend denen der Ersten. Natürlich gibt es dazwischen alle Übergänge, auch in weiterentwickelten Ländern der Dritten Welt werden bereits Rassehunde gehalten, gezüchtet und verwendet, sodass vielfach eine „Hunde-Zweiklassengesellschaft" entstanden ist. Sie hat in Ländern mit Hundeverzehr, wie China, den Philippinen und Korea, zur europäisierten Rassehundhaltung und Züchtung neben dem Hund als Paria und „Schlachtvieh" geführt. In vielen Industrieländern, wie den USA und Italien, gibt es daneben auch die vielen verwilderten und herrenlosen Hunde, über die wir schon berichtet haben.

Zur „Zweiten Welt", also den früheren Ostblockstaaten, ist zu sagen, dass sie infolge bescheidenerer, naturnäherer Lebensbedingungen und weniger ausgeprägter „Schönheitszucht" bei oft intensiver Gebrauchsselektion der entsprechenden Rassen ein Mittelding darstellen. Die dort jahrzehntelang von der übrigen industrialisierten Welt isoliert gezüchteten Rassehunde sind vermutlich, schon umweltbedingt, gesünder und wegen der genetischen Unterschiedlichkeit wären sie ein Jungbrunnen für die Rassehundezucht. Doch werden heute dort neben sorgfältiger Zucht auch Schau- und Massenzuchten mit importierten Westhunden betrieben und damit wohl das vorhandene genetische Kapital vergeudet, dieselben Fehler wiederholt und auch schlimmere Fehler (kommerzielle und auch mafiose Massenzucht!) begangen.

Eine gespaltene Einstellung zum Hund bestand von jeher besonders in China. Schon vor 4.000 Jahren wurden Hunde als Jagdgehilfen, Wächter, Opfertiere und Nahrungsmittel verwendet, vor 2.200 Jahren wurden sie auch schon als Heimtiere gehalten sowie Hunderennen und Hundekämpfe veranstaltet. Bis zu Gründung der Volksrepublik waren Hunde geschätzt und überall verbreitet, wurden von einem kleinen (?) Teil der Bevölkerung aber auch gegessen. Dann erfolgte das Verbot der Hundehaltung, begründet auch mit der Wutgefahr und der Hundehaltung als soziales Symbol. Das änderte sich ab 1980, die Hundehaltung nahm mit dem wirtschaftlichen Aufschwung zu, aber auch Bekämpfungsaktionen wurden immer noch durchgeführt (eine Viertelmillion getötete Hunde allein in Peking innerhalb von vier Jahren). Nun wurde Hundefleisch auch zur Delikatesse und viele Hunde daher gestohlen. Dagegen sind die meisten Minderheiten in China hundefreundlich und betrachten Hundeessen als Tabu (Shu-Xian Zu, 1998). Neuerdings wird berichtet, dass Bernhardiner im Großen als Schlachttiere gezüchtet werden!

Als ein Beispiel für das Leben der Hunde in einem Land der Dritten Welt sei hier eine Studie aus Zimbabwe genannt. Obwohl dort die Hunde die Hauptursache für Todesfälle durch Tollwut darstellen, besteht keine Intoleranz gegen sie, auch nicht in großen Städten. Ihre Hauptfunktion ist der Schutz gegen Fremde sowie gegen Wildtiere wie Elefanten, Löwen, Paviane und Leoparden und sie werden dafür geschätzt. Nur selten hält man sie als Heimtiere oder zum Hüten oder Jagen, es wird auch kaum geplant gezüchtet. Es gibt aber nur wenige herrenlose Hunde. Gefüttert werden sie mit Maismehl, das auch das menschliche Hauptnahrungsmittel ist, gelegentlich bekommen sie Milch oder Knochen. Nur wenige werden angebunden gehalten, die meisten sind völlig frei. Die Sterblichkeit ist hoch, 70 Prozent sterben im ersten Lebensjahr, dennoch nimmt ihre Zahl jährlich um 7 Prozent zu, gegenüber 5 Prozent bei der menschlichen Bevölkerung, daher rät die Studie zu Kontroll-Bekämpfungsmaßnahmen. 62 Prozent der Haushalte besaßen Hunde, und 60,6 Prozent wollten sogar mehr Hunde! Bei Erkrankung taten die Hälfte der Besitzer nichts, 40 Prozent brachten die Tiere zur nächsten Veterinärstation, 13 Prozent behandelten sie mit Volksmedizin (R. A. Butler, 2000).

Man sieht, es ist schwierig zu entscheiden, wo man wohl als Hund lieber leben würde! An vielfältigen Qualen und Leiden für Hunde steht die westliche Welt den Entwicklungsländern in keiner Weise nach, zu Überheblichkeit besteht also keinen Anlass. Das Paradoxe daran ist, dass ein nicht unwesentlicher Anteil an Missständen gerade durch unser Interesse, ja die Zuneigung und Sympathie für den Hund verursacht wird, so Qualzucht und Inzucht aus falsch verstandenem Bestreben, die „Schönheit“ einer Rasse zu verbessern, übertriebene Pflege, Vermenschlichung und Überfütterung, Überforderung von Leistungshunden aus übertriebenem, egoistischem Ehrgeiz u. a.

WARUM WERDEN MISCHLINGE GEHALTEN?

In den industrialisierten Ländern sind, anders als in der Dritten Welt, die meisten rasselosen Hunde „echte“ Mischlinge, also Nachkommen aus meist ungewollten

Paarungen von Hunden verschiedener Rassen oder weitere Nachkommen solcher Mischlinge. Wer heute einen jungen Hund kaufen will, kann ein Tier wählen mit ungewissen Eigenschaften, Unklarheit über die zu erwartende Größe, das Wesen und die Leistungsfähigkeit und einem geringen Image, aber vermutlich guter oder sogar erstaunlicher Intelligenz, Anpassungsfähigkeit, Anspruchslosigkeit und Gesundheit, eben einen Mischling. Oder aber man entschiedet sich für einen Hund einer Schaurasse oder einer Ausstellungslinie einer Gebrauchsrasse mit oft bestechendem Aussehen, eventuell „modischem" Flair und so möglicherweise mit den Voraussetzungen, damit anzugeben, bei einiger Sicherheit über Endgröße, Verhalten, Leistung, Wesen etc., aber, besonders bei reinen Schaulinien, leider manchmal großer Unsicherheit hinsichtlich Gesundheit und im Allgemeinen im Durchschnitt geringerer zu erwartender Widerstandskraft, Anpassungsfähigkeit und Vitalität. Bessere Leistungs-, Gesundheits- und Vitalitätseigenschaften haben allerdings Hunde von Gebrauchsrassen, die auch wirklich noch im Gebrauch stehen.

Der gegenwärtig da und dort merkbare Trend zum Mischling hat mehrere Gründe. Ein Mischling ist zunächst billig oder kostet gar nichts. Dann wird indirekt für den Mischling viel geworben, um für die zahlreichen Asylhunde, die meist Mischlinge sind, eine Unterbringung zu finden. Nicht wenige nehmen sich daher einen Mischling aus Mitleid. Aus Mitleid auch deswegen, weil man sie zu den „Unterprivilegierten" der Hundewelt zählt und für Benachteiligte ein Herz hat, vielleicht dann und wann auch aus ideologischen Beweggründen. Wieder andere wollen lieber einen Mischling, weil sie mit einem Rassehund in Bezug auf Wesen oder Gesundheit Enttäuschungen erlebt haben. Dann gibt es die, die irgendwo gehört haben, Rassehunde seien alle krank oder strohdumm, und nicht zuletzt ist der Mischling in gewisser Beziehung eben gerade „in". Dies ist allerdings eine ebenso vergängliche Beliebtheit wie die „Modewellen" für bestimmte Hunderassen. Manche Menschen betrachten auch das Drumherum um Rassehunde, wie das Getriebe auf Ausstellungen, mit Missvergnügen.

MISCHLING IST NICHT GLEICH MISCHLING – KREUZUNGEN, LANDRASSEN UND PARIAS

Die Frage „Mischling oder Rassehund" ist ein kynologischer Dauerbrenner. Es beginnt damit, dass Mischling nicht gleich Mischling sein kann, denn ein „Pudelspaniel" ist sicher diametral verschieden von einem „Bernhardinerschäfer", und es gibt unerschöpfliche Kombinationsmöglichkeiten. Aber das ist es nicht allein, denn es gibt auch verschiedene Kategorien von Mischlingen. Im Brennpunkt steht die Frage der Gesundheit. Der Mischling müsste aber kein Problem für die Rassehundezucht sein, denn wir wären heute durchaus imstande, Rassehunde zu züchten, die Mischlingen im Durchschnitt an Vitalitätseigenschaften und Gesundheit überlegen wären!

Früher fand man allüberall die so genannten Straßen- und Bauernhunde undefinierbarer Herkunft, aber mit gewissen regionalen oder überregionalen gemeinsamen Merkmalen. Es waren dies eher „Landrassen“ mit hoher genetischer Vielfalt, das Rohmaterial, aus denen vor mehr als 100 Jahren die meisten unserer heutigen Kulturrassen entstanden sind. Noch in der ersten Hälfte des 19. Jahrhunderts hat der prominente österreichische Kynologe Emil Hauck aus solchen rasselosen Landhunden den Österreichischen Glatthaarigen Pinscher geschaffen. Früher noch haben die Schweizer mit viel Geschick ihre viel bewunderten Sennenhunde aus solchen ländlichen Urtypen erzüchtet, auch der Hovawart gehört zu den letzten geretteten Landschlägen und hatte lange Zeit Probleme, als Rassehund anerkannt zu werden. Ohne solche Hunde unbestimmter Rasse hätte es viele unserer heutigen Hunderassen also gar nicht gegeben. Heute stammen die Mischlinge mehrheitlich von Rassehunden ab, sie sind daher vermutlich auch nicht mehr solche „Naturburschen“ zu nennen, wie es die harten Landschläge früherer Zeiten einmal waren, doch sie besitzen den unbestreitbaren Vorteil der Kreuzungsvitalität (Heterosis), jedoch nur, weil grundlegende Prinzipien der Genetik in der Hundezucht einfach nicht beachtet werden. Es ist allerdings zu bemerken, dass sich da und dort bereits ein Wandel anbahnt.

Hier soll die Bezeichnung „Landrasse“ näher erklärt werden. Vor dem Siegeszug der modernen Zuchtbuchrassehundzucht vor etwa 150 Jahren gab es fast nur bestimmte Hundetypen, die äußerlich große Unterschiede aufwiesen, wie etwa die Schäferhunde in Deutschland, bevor Rittmeister von Stephanitz aus ihnen den einheitlichen Deutschen Schäferhund schuf. Mit den deutschen „Urschäferhunden“ fast identische Landrasseschäferhunde gab es auch in Belgien, den Niederlanden und Frankreich. Betrahtet man alte Bilder dieser Rassen, sieht man häufig diese Ähnlichkeit. Nach dem deutschen Beispiel wurden nun auch in diesen Ländern nationale Schäferhundrassen gezüchtet, wobei kleine lokale Nuancen bald züchterisch verstärkt wurden, um die eigene Rasse von den anderen deutlich zu unterscheiden. Seither verstärken sich diese Merkmale immer weiter, nicht zum Vorteil für die Leistungsfähigkeit und Gesundheit dieser Rassen. Nur der belgische Malinois macht bis jetzt noch eine Ausnahme, obwohl es auch von schon ihm Ausstellungs- und Arbeitslinien gibt. Letzte Reste der alten Landrasse sind in Deutschland als „Altdeutscher Schäferhund“ noch erhalten und werden nun in letzter Minute betreut.

Es anderes Beispiel für die oft künstliche rassische „Auseinanderzüchtung“ von Hunden einer Landrasse sind die orientalischen Windhunderassen Sloughi, Saluki, Azawakh, Afghane und Tazi. Sie bevölkern ein riesiges Gebiet von Nordafrika zum Nahen und Mittleren Osten. Es ist aber keineswegs so, dass man etwa in Aghanistan nur Afghanische Windhunde, wie wir sie kennen, findet. Vielmehr gibt es dort alle Übergänge vom uns vertrauten langhaarigen Afghanen (allerdings nicht in der bizarren Übertreibung des modernen Schauafghanen) bis zu glatthaarigen Tieren, die dann kaum von nordafrikanischen Sloughis zu unterscheiden sind. Dementsprechend machen die Araber auch in der Bezeichnung keinen Unterschied zwischen Salukis, Sloughis und Azawakhs, sie alle fallen unter die Bezeichnung Saluqi. Saluqi und Tazi werden auch nicht als verschiedene Rassen wahrgenommen: Kurden sagen „Tazi“, wenn sie Kurdisch sprechen, und „Saluqi“, wenn sie sich des Arabischen bedienen (J. Burchard in E-Mail). Leider sind mit den wirtschaftlichen und kulturellen Änderungen auch dort die Landrassen zunehmend gefährdet.

Besonders krass ist diese „Auseinanderzüchtung“ bei den weißen Hirtenhunden erfolgt, die in ganz ähnlicher Form in den Pyrenäen, dem Apennin, im Balkan und Polen sowie der Türkei zu finden sind. Die kaum zu unterscheidenden Rassen Kuvasz (Ungarn), Čuvač (Slowakei) und Owczarek Podhalansky (Tatrahund) sind nichts anderes als eine einzige Landrasse, die aus nationalem Ehrgeiz züchterisch getrennt wurde, was für ihre genetische Gesundheit nicht förderlich sein kann.

DIE GENETISCHE SITUATION BEI RASSEHUND UND MISCHLING

Dieses wichtige Thema habe ich in meinem Buch „Hundezucht 2000“ ausführlich besprochen. Hier sei nur angemerkt, dass Rassehunde durch unvermeidliche und leider auch unbedachte und unverantwortliche Inzucht viel von ihrer genetischen Vielfalt verloren haben und sich so Erbkrankheiten und Vitalitätsverlust breit machen konnten. Sie entsprechen heute in ihrer genetischen Struktur mehr oder weniger einer gefährdeten Tierart!

Unsere heutigen Mischlinge sind dagegen vorwiegend Rassenmischlinge der ersten Generation. Sie haben gewisse genetische Eigenschaften gemeinsam: Sie sind nicht ingezüchtet, sondern haben von ihren verschiedenartigen rassereinen Eltern je einen Satz Gene erhalten, die sich wesentlich voneinander unterscheiden. Sie erfreuen sich daher einer großen genetischen Vielfalt. Dies nun bedingt die so genannte Kreuzungsvitalität, das heißt, alle physiologischen Funktionen sind besonders leistungsfähig, was man u.a. damit erklärt, dass solche Kreuzungstiere eben über eine besonders große Zahl an sehr effektiven Vitalenzymen verfügen. Das wirkt sich auf alle Bereiche aus: Widerstandsfähigkeit, Ausdauer, Langlebigkeit, Fruchtbarkeit, gute Instinktausstattung, Intelligenz, Anpassungsfähigkeit usw. Scott und Fuller haben die weit bessere „Mütterlichkeit" ihrer Kreuzungshündinnen aus Basenji und American Cocker Spaniel hervorgehoben, die sich in ausgezeichneter Pflege der Welpen und reichlicher Milchproduktion äußerte. Das trug auch, neben ihrer Kreuzungsvitalität, zu einer weit höheren Überlebensrate der Welpen bei. Die zusammengerechnete Sterblichkeit bei Basenji- und Cockerwelpen in den ersten drei Wochen betrug 12,9 Prozent, bis zum Alter von einem Jahr waren 16,3 Prozent verstorben. Bei den Mischlingen dagegen betrugen beide Werte 3,4 Prozent. Diesen Wert sollte man nicht als außergewöhnlich betrachten, sondern als normal. An solche Werte könnten auch genetisch zweckmäßig gezüchtete Rassehunde herankommen, deren Durchschnitt der Welpensterblichkeit Scott und Fuller mit 15 Prozent annehmen. Interessant ist auch, dass in vielen Problemlösungstests die Mischlinge jeweils demjenigen Elterntier gleich oder überlegen waren, das dabei aktiver war oder besser zulernte.

In der Nutztierzucht ist man daher schon lange zu solchen Kreuzungen und so genannten Hybriden übergegangen und konnte damit die Leistungsfähigkeit vor allem bei Hühnern und Schweinen usw. wesentlich steigern, doch dieser Weg ist aus verschiedenen Gesichtspunkten in der Hundezucht nur selten (zum Beispiel beim Alaskan Husky!) beschritten worden. Schon Scott und Fuller machten auf die Möglichkeit aufmerksam, leistungsfähige Gebrauchshunde durch Kreuzung zu erzüchten, wovon manche Blindenhundzuchtstationen bereits Gebrauch machen.

Weit besser ist es allerdings, die höhere Vitalität durch genetische Variabilität (Heterozygotie) beim Rassehund selbst zu erzielen! Die im Durchschnitt deutlich bessere Gesundheit von Mischlingen ist zwar eine genetische Selbstverständlichkeit, wird aber immer noch von vielen Züchtern und Rassehundvereinigungen bestritten. Obwohl es also eines Beweises nach dem Stand der Wissenschaft gar nicht bedürfte, berufen sich diese Kreise oft darauf, dass es diesbezüglich keine aussagekräftigen Untersuchungen der Hundepopulationen gebe.

Inzwischen ist jedoch die Zahl der Studien sehr umfangreich, die in ihrer weit überwiegenden Mehrzahl die zu erwartende längere Lebenserwartung und verringerte Krankheitsanfälligkeit beim Mischling aufzeigen. Um dabei die Mischlinge richtig zu beurteilen, muss man sie in Größenklassen trennen und diese mit den Rassehunden entsprechender Größe vergleichen. Das durchschnittlich erreichbare Lebensalter der Rassehunde schwankt je nach Größe etwa zwischen sieben und 15 Jahren und nimmt mit zunehmender Größe der Rasse stark ab. Die meisten Vergleichsstudien machen hier keinen Unterschied, sondern vergleichen einfach die Mischlinge aller Größen zusammen mit den verschiedenen Rassen. So findet sich dann der Mischling eben unter den langlebigen kleinen Rassen. In einer amerikanischen Arbeit (Patronek et al., 1997) wurde nun eine solche Gewichtsgruppenaufteilung durchgeführt. Sie zeigt einerseits, dass auch große Mischlinge deutlich weniger lang leben als kleinere, aber jede Größengruppe der Mischlinge wird ein bis zwei Jahre älter als Rassehunde entsprechender Größe.

Natürlich leiden auch Mischlinge an Erbkrankheiten wie HD, doch an und für sich ist zu erwarten, dass Mischlinge in dieser Beziehung weniger Last haben. Wenn jedoch der Mischling von zwei Rassen abstammt, in denen bei beiden HD gehäuft vorkommt, dann erhält eben auch er im Erbgang oft nicht die dominanten Gene, welche diesen Defekt verhindern. Die volle Wirkung der Heterosis (Kreuzungsvitalität) ist auch erst von einer Dreiwegkreuzung zu erwarten, also wenn ein Mischling selbst von einem Mischling abstammt, der sich mit einem Hund einer dritten Rasse oder einem anderen, nicht verwandten Mischling gepaart hatte.

Große Mischlingspopulationen müssen sogar die Gene für viele Hunderte Erbkrankheiten aufweisen, doch die meisten von diesen werden eben nur selten auftreten, weil nur vereinzelt jeder von zwei Paarungspartnern das gleiche Defektgen aufweisen wird, das bei rezessiven Defekten jedes der beiden Elterntiere tragen muss, wenn die Krankheit bei der Nachzucht auftritt. Rassehunde mit hohem Inzuchtniveau dagegen haben nur relativ wenige Erbkrankheitsgene, aber leider diese dann in hohen Anteilen, sodass die Krankheit mit entsprechend viel größerer Wahrscheinlichkeit zum Ausbruch kommt. Die Ursache dafür liegt wieder darin, dass jedes Zuchttier, wie auch jeder Mensch, vermutlich die Gene (rezessive Allele) von zwei bis drei Erbkrankheiten aufweist, ohne selbst krank zu sein zu müssen. Ein hohes Niveau an bestimmten Erbkrankheiten in einer Rasse, die so genannte Rassendisposition, verdankt diese eben dem einen oder anderen hochberühmten Deckrüden früherer Generationen, der „seine" Erbkrankheit so in einem beträchtlichen Teil der Population verbreitet hat. Mit anderen Worten, gesunde Rassen (und im Durchschnitt vor allem die Mischlinge) haben viele verschiedene Erbkrankheitsgene, die aber selten zu kranken Tieren führen, kranke Rassen haben wenige solcher Gene in großer Verbreitung, die daher entsprechend häufig zum Krankheitsfall führen.

Es wäre aber dennoch völlig verkehrt, daraufhin generell auf Mischlinge zu setzen! Bei Mischlingen besteht immer ein unvorhersagbares Risiko unerwünschter Eigenschaften, und man kann auch kaum vorhersehen, in welche Richtung sich das Einzeltier wesensmäßig und in den Gebrauchseigenschaften entwickeln wird. Wesensfehler wie Scheu oder Aggression können bei Mischlingen dann auftreten, wenn die Kombination der Gene der reinrassigen Kreuzungspartner zum Wiederauftreten unerwünschter Wildtiereigenschaften (Atavismus) führt. Mischlinge führen auch vielfach die Bissstatistiken an, sie sind jedoch in der Regel eine sehr zahlreiche oder sogar die verbreitetste „Hunderasse", aber Atavismus – neben schlechterer Überwachung und Erziehung – könnte eine Rolle spielen. Mischling ist auch nicht Mischling, höhere Aggressivität könnte da und dort bei Mischlingen von Bull-Rassen und den zahlreichen Mischlingen von Gebrauchs- und Bauhundrassen (Dachshunde, Terrier) neben untadeligen Familienhunden vorkommen. Andererseits gibt es in Übersee Züchter, die mit Erfolg bestimmte Kreuzungen produzieren.

Für die Sache der Rassehunde ist die im Durchschnitt bessere Gesundheit und Langlebigkeit des Mischlings aber eine durchaus positive Nachricht, denn man ersieht daraus, in welchem Umfang Verbesserungen der Gesundheit mit geeigneten Zuchtmaßnahmen zu erzielen wären, wie ich sie in „Hundezucht 2000" beschrieben habe. Durch die Ausnützung des vielfach noch vorhandenen Potenzials an Tieren mit niedrigem Inzuchtniveau einer Rasse könnte man die Widerstandskraft und Langlebigkeit voll an die Werte von Mischlingspopulationen heranführen! Der Deutsche Landseer Club (DLC) e. V., der über ein Jahrzehnt konsequent bemüht war, die Inzuchtbelastung zu senken, konnte so die Wurfgröße erhöhen und Probleme mit deckunlustigen Rüden, unregelmäßigen Läufigkeiten bei Hündinnen und verschiedensten ernsten Gesundheitsstörungen in den Griff bekommen. Ein ähnlich langer Fall mit vergleichbaren positiven Ergebnissen ist mir bisher nur aus Schweden bekannt und international beim Islandhund. Die Verbesserung der Gesundheit der Rassehunde macht die Vermeidung von Inzucht (inklusive Linienzucht wo möglich) und die Verwendung vieler Rüden in der Zucht statt weniger so genannter „Matadore" unerlässlich.

13

DIE LEBENSDAUER IM VERGLEICH ZUM MENSCHEN

Nur allzu bald verlässt uns der Hund und groß ist dann die Trauer um ihn. Man hat ein Lebensjahr des Hundes mit sieben Menschenjahren gleichgesetzt, doch das stimmt keineswegs, vielmehr entsprechen die Jahre beim Hund je nach dem Lebensalter und der Größe einer unterschiedlichen Zahl von Jahren beim Menschen. Der Franzose Lebeau hat daher 1953 eine komplizierte Formel entwickelt, wobei die jüngsten und ältesten Lebensjahre des Hundes einer größeren Zahl von Menschenjahren entsprechen als die mittleren. Dazu ist beim Hund das erreichbare Lebensalter umgekehrt proportional zu seiner Größe. Je größer ein Hund, desto kürzer seine Lebensspanne. Woher kommt das? Ist es doch in der Natur sonst so, dass kleine Tiere weniger lang leben als große. Nun, zunächst gehören Zwerghunde und Riesenrassen zu ein und derselben Tierart, auf die trifft die Regel daher nicht zu. Dennoch ist dieser Unterschied ungeklärt, ja mysteriös. Denn die Hunde der größten Rassen leben oft nur sechs bis sieben Jahre, während die ebenso großen Wölfe der größten Unterarten in Gefangenschaft ihre 15 Jahre erreichen, also ebenso lang wie viele der bekannt langlebigen Zwerghunde leben. Zwergmerkmale (Nanismus) wie Apfelkopf oder dünne Knochen treten nur bei Vertretern der kleinsten Rassen auf, man müsste sie jedoch angesichts der Abstammung vom Wolf schon bei Hunden von Terriergröße erwarten. Ein Hinweis auf die Abstammung von einer kleinen Wolfs- oder anderen (ausgestorbenen) Wildhundform? Auch die streunenden Hunde in der Dritten Welt sind erstaunlicherweise überall nur klein bis mittelgroß. In 400.000 Jahre alten Fundstätten des steinzeitlichen Homo erectus fand man schon, wie erwähnt, die Überreste von Canis lupus variabilis, einer besonders kleinen Wolfsform von etwa Schakalgröße. Möglicherweise hat sich dieser sehr kleine und daher relativ ungefährliche Wolf für das lose Zusammenleben mit dem Menschen und die spätere Domestikation besonders gut geeignet. Später wurden dann vermutlich größere Wölfe eingekreuzt.

Wenn also, wie viele Forscher meinen, Hunde von kleinen „Südwölfen“ oder dem chinesischen Urwolf abstammten, würden große Rassen dazu abnorme Riesenformen darstellen. Diese Argumentation wird auch durch die Tatsache gestützt, dass große Rassen oft an verschiedenen mit der Übergröße verbundenen Problemen (Gigantismus) leiden. Aber auch andere Faktoren können mitspielen. Sehr große

Rassen sind oft relativ selten und kostspielig in der Haltung, daher mehr durch zwangsläufige Inzucht gefährdet, denn diese kann offenbar die Lebenserwartung aus den erwähnten Gründen verkürzen, vielleicht auch durch Beschleunigung der Alterung. Und noch ein anderer Faktor mag mitspielen: Je größer der Hund, desto mehr wird seine natürliche Aktivität heutzutage begrenzt und eingeengt. Wie schon erwähnt, kommt ein Zwerghund in puncto Bewegung auch in einer Kleinwohnung auf seine Rechnung, selbst an der Leine muss er sich im Trab bewegen. Der große Hund ist in einer Wohnung mehr oder weniger zur Untätigkeit gezwungen, an der Leine kann er nur langsam dahinschreiten und dadurch nicht genügend Kreislauftraining absolvieren. Ein ganzes Leben so verbracht, prädestiniert zu vorzeitiger Abnützung, Arthrose und Atherosklerose. Tatsächlich sollen Berner Sennenhunde, als sie früher vor die Milchwagen gespannt wurden, viel länger gelebt haben, wie ja auch überhaupt die Zeit vor der Motorisierung viel „hundewürdiger" war als heute, konnten Hunde sich doch auf öffentlichen Räumen viel mehr bewegen, mit Kutschen mitlaufen und dergleichen mehr. Die weitere Forschung auf diesem Gebiet ist mit Interesse zu erwarten. So wäre es notwendig, das Lebensalter großer Hunde, wo sie sich noch relativ frei bewegen können, wie zum Beispiel asiatische Hirtenhunde, in Vergleich zu Hunden gleicher Art in unserer Zivilisation zu setzen.

Das Sterben eines geliebten Hundes ist ein großer Schmerz, und viele Hundefreunde fragen sich, warum sie nur so wenige Jahre auf der Welt sind. Um diese Frage zu beantworten, müssen wir den Ursachen unserer eigenen Lebensdauer und der anderen Tiere auf den Grund gehen. Nehmen wir zunächst uns selbst als Beispiel. Wenn wir einigermaßen gesund bleiben, können wir gut 70 und 80 Jahre, ja in Einzelfällen sogar 100 und mehr erreichen. Die kleine Maus aber wird nur ein bis zwei Jahre alt, der große Elefant 60 bis 70, die Riesenschildkröte sogar 200. Warum solche Unterschiede?

Eine plausible Erklärung ist, dass die Natur nach dem Nützlichkeitsprinzip vorgeht. In jede Tierart ist gerade so viel an lebenserhaltenden Mechanismen „investiert", um das Weiterleben der Art zu sichern. Der große Elefant braucht lange, bis sein riesenhafter Körper herangewachsen und er fortpflanzungsreif geworden ist. Dann bringt eine Elefantenkuh nur jedes vierte Jahr ein Junges zur Welt. In dieser langen Zeit muss der Elefant „haltbar" sein, das heißt ausreichend resistent gegen gefährliche Parasiten aller Art, Viren und Bakterien sowie gegen Defekte in den molekularen Strukturen, die durch ihre allmähliche Anhäufung vermutlich unseren Alterungsprozess bedingen. Ausreichend, aber nicht mehr, denn zu viel Aufwand würde schon wieder die Art gefährden! Die Riesenschildkröte war erfolgreich durch ihren Panzer und das Leben auf Inseln ohne Raubtiere, die ihr gefährlich werden konnten. So konnte sie sich vermutlich auf die Entwicklung eines leistungsfähigen Immun- und Genreparatursystems beschränken, um seit 150 Millionen Jahren auf unserer Erde zu überleben.

Worin besteht nun diese Investition in Lebensdauer? Wir müssen annehmen, dass dies zunächst Reparatursysteme sind, welche laufend bei der Zellteilung und -erneuerung auftretende Gendefekte in den Zellen erkennen und beseitigen, so genau und so lange, als dies zur Sicherung einer ausreichenden Fortpflanzungsperiode erforderlich ist. Ferner wird ein dem Lebenszyklus entsprechendes Immunsystem benötigt. Beginnen wir mit dem Menschen. Er ist jenes Lebewesen, das als einziges imstande ist, dank seines Intellekts auf der ganzen Welt zu leben und weit besser als irgendein Tier sogar die Umwelt nach seinen Bedürfnissen umzuformen. Dafür wurde das Menschengehirn, eine Art Supercomputer, entwickelt. Es benötigt zum „Betrieb“ enorm viel Energie und eine lange Jugendperiode zur Entwicklung. Es sammelt lebenswichtige Erfahrungen, die nur mittels Sprache an die nächste Generation weitergegeben wurden, solange man die Schrift nicht kannte. Lange lebende, weise alte Leute waren daher enorm wichtig. Daher hat der Mensch eine lange Lebensdauer, um das kostbare Gehirn optimal auszuwerten und die viele Jahre beanspruchende Kinderaufzucht durchführen zu können.

Ganz anders ist die Situation der Maus. Als kleines, wehrloses Tier ist sie enorm gefährdet. Sie hat nicht genügend Zeit, ein Höchstleistungsgehirn zu entwickeln, das ihr auch nicht entscheidend helfen und zu viel Energie verbrauchen würde. Sie braucht daher auch kein Genreparatursystem für 100 Jahre, denn die Maus muss rasend schnell heranwachsen und sich vermehren, um ihre karg bemessene Zeit zu nutzen. Ihre flotte Vermehrung ist die logische Antwort der Maus auf die Anforderungen der Umwelt. Größere Tiere dagegen müssen den Gefährdungen auch durch mehr Intelligenz begegnen, denn sie brauchen mehr Zeit, um den Nachwuchs aufzuziehen, und können sich nicht so rasch vermehren. Daher ist schon die größere Ratte bereits wesentlich intelligenter als die Maus.

Wo steht nun hier der Hund? Offenbar in der Mitte zwischen Maus und Mensch. Stammvater Wolf ist ein mittelgroßes Tier und als Raubtier sehr intelligent. Menschliche Intelligenz wäre aber auch für ihn eine Fehlinvestition, denn es fehlen ihm ja schon die anatomischen Voraussetzungen, zum Beispiel die Hände, um es auszunutzen, und auch hier wären der Energiebedarf des großen Gehirns und seine lange Entwicklungszeit nur eine Belastung. Jungwölfe müssen sich im Vergleich zu Menschenkindern relativ bald selbstständig ernähren und jagen, und auch der Wolf ist relativ fruchtbar. Sein Lebenszyklus entspricht daher einem Kompromiss zwischen dem der überfruchtbaren Maus und dem des Gehirngiganten Mensch.

Interessant ist die Umrechnung von physiologischen Hundejahren in Menschenjahre bei verschiedenen Rassen. Einem Hundealter von zehn Jahren würden demnach, in Menschenalter ausgedrückt, beim Kleinpudel 53,4, bei der Deutschen Dogge aber 76,3 und beim Schnauzer 58,6 Jahre entsprechen! Die Altersforschung beim Menschen macht inzwischen Riesenschritte in der Klärung der Ursachen, man kann daher erwarten, dass in Zukunft auch unsere Hunde von diesen Erkenntnissen profitieren werden.

14

MYSTERIUM HAUSHUND – VON DER GROSSEN EISZEIT INS 19. JAHRHUNDERT

ZUR STELLUNG DES HUNDES IN MYTHOLOGIE UND RELIGION

Die uralte Verbindung von Mensch und Hund hat in Mythologie und Religion des Menschen überall auf der Welt viele Spuren hinterlassen und spiegelt sich darin wider. Hier einige Beispiele aus einer großen Fülle: So stammt bei den Inuit (Eskimos) der Mensch von einem Hund ab, der vom Himmel auf die Erde fiel. Nach anderer Version ist der heutige Mensch aus der Verbindung einer Frau mit einem Hund entstanden. Die Stellung des Hundes in Religion und Mythologie ist menschengleich, oft aber magisch und sogar göttlich, zuweilen auch dämonisch (eine sehr ausführliche und interessante Darstellung des Hundes in der Mythologie findet man bei G. und S. Beckmann, 1994).

Schon aus babylonischer Zeit ist bekannt, dass den höchsten Gott der Babylonier, Marduk, vier Hunde mit Namen Akkulu, Ukkmu, Iksuda und Iltebu begleiteten. Die ägyptischen Gottheiten Isis, Osiris und Toth werden ebenfalls oft in Beziehung zu Hunden abgebildet. Bei vielen antiken Völkern war er Gefährte der Götter oder Mitkämpfer, Götterbote oder Wächter der Unterwelt (Kerberos in der griechischen Mythologie, Garmr in der germanischen). Garmr ist der einzige Hund in der germanischen Mythologie, denn an Stelle von Hunden hatte der oberste Gott Odin zwei Wölfe. Bei den Germanen wurden Hunde sehr geschätzt, wie aus der alten Gesetzgebung (Lex Salica und andere) hervorgeht, die das Entwenden oder Töten von Hunden mit hohen Strafen belegt. In der germanischen Mythologie kann der Hund Geister und Götter sehen.

Alle antiken Götter und Halbgötter des Waldes hatten Hunde, wie Artemis, Herakles und Meleager. Es gab auch heilige Tempelhunde. Den verschiedensten Göttern wurden auch Hunde geopfert. Ferner wurde auch aus ihren Eingeweiden geweissagt. Die Bewertung des Hundes in Mythologie und Religion bei den antiken Völkern war also vorwiegend positiv. Eine Ausnahme macht die Bibel, besonders das Alte Testament, ähnlich wie im Islam galt der Hund als unrein, was mit den Erfahrungen der Juden in der Gefangenschaft in Ägypten zu tun haben mag (Brackert und van Kleffens, 1989). Dort wurden ja die Hunde hoch verehrt, die Juden hingegen lebten in Knechtschaft. Möglicherweise hat jedoch die Betrachtung der Hunde als unrein bei diesen semitischen Völkern ihre ursprüngliche Ursache in der Angst vor Tollwut und Bandwürmern. Auch in den christlichen Religionen gibt es keine besondere Beachtung des Hundes.

Hundemythen und kultische Riten sind dagegen bei Indianern verbreitet. Bei vielen Naturvölkern gelten Hunde als geistersichtig. Dem persischen Zend Avesta nach hat der Hund auch die Aufgabe, die Toten auf dem Weg ins Jenseits zu begleiten und vor Dämonen zu schützen. Bei Zarathustra findet man überhaupt eine ganz besondere Hochschätzung des Hundes. Seine große Bedeutung für den Menschen wird immer wieder hervorgehoben.

EIN BLICK IN DIE URGESCHICHTE DER HOMINIDEN UND CANIDEN

Die Ahnen des Menschen waren zunächst affenartige Geschöpfe, die auf Bäumen lebten. Vor etwa sechs Millionen Jahren, als ihre Umwelt vom Regenwald in die Savanne überging, stiegen sie herab, wurden vorwiegende Bodenbewohner und erwarben den aufrechten Gang. Der Gesichtssinn blieb für sie der beherrschende, auch die eng stehenden, nach vorne blickenden Augen – ungewöhnlich für ein Bodentier – mit dem begrenzten Rundhorizont wurden beibehalten. Die Füße verloren ihre Greiffähigkeit, sie wurden zu Laufflächen, aber die Lauffähigkeit des Menschen blieb im Vergleich zu anderen bodenbewohnenden Tieren, wie den Huftieren, recht beschränkt.

Auch die ältesten Vorfahren der Hunde waren Baumbewohner und Sohlengänger wie der Mensch. Aber diese, die ebenfalls die Bäume verließen, wurden zu Lauf- und Hetzspezialisten und Zehengängern. Sie blieben Geruchsspezialisten, ihre Augenstellung ist ein Mittelding zwischen den seitlich gerichteten Augen der Pflanzenfresser mit dem Rundumblick und den streng nach vorn gerichteten der Affen und des Menschen. So kann der Hund Beutetiere besser fixieren, behält aber dennoch einen recht weiten Sehhorizont. Der heutige Wolf entstand vor etwa 800.000 Jahren, der heutige Mensch (Homo sapiens) ist etwa 200.000 Jahre alt, seine modernste Form, der Homo sapiens sapiens, tauchte erst vor etwa 40.000 Jahren auf.

WOHER KAM DER HAUSHUND?

Der Wolf wurde vermutlich an verschiedenen Orten der Erde domestiziert. Er reagiert sehr schnell auf Domestikation mit Änderungen in der Zahnstellung (schon bei Zoowölfen zu beobachten!) und Zahnzahl (vermindert oder vermehrt). Vermutliche Domestikationszentren nach den fossilen Befunden sind vor allem Europa, dann auch Vorderasien, China und möglicherweise auch Nordamerika. Die Frage „Wann kam der Mensch auf den Hund?“ ist bis heute nicht endgültig entschieden. Da Wölfe selbst sehr variabel sind, ist schwer zu sagen, ein bestimmter Knochen aus einer Fundstelle stamme schon von einem Hund oder noch von einem – vielleicht schon gezähmten und gezüchteten – Wolf. Frühe Haushundknochen, die einwandfrei von denen eines Wolfes zu unterscheiden sind, zeigen vor allem folgende Merkmale: weniger ausgeprägte Knochenleisten am Schädel infolge weniger ausgeprägter Kaumuskeln, kleinere Zähne, Kulissenstellung der Zähne wegen eines kürzeren Fanges und einen leicht gebogenen Unterkiefer. Olsen (1985) hat in einem Computerprogramm eine Anzahl verschiedener Schädelmaße, die für die Wolf-Hund-Unterscheidung von Bedeutung sind, kombiniert. So erhält man eine bessere Entscheidungshilfe dafür, ob Knochenreste einem Wolf oder einem Hund zuzurechnen sind.

Ein weiteres Unterscheidungsmerkmal ist die Abnahme der Hirnmasse (bis 30 Prozent beim heutigen Hund). Daneben ändern sich die Körperproportionen je nach Rasse oder Schlag und der Schwanz wird häufig im Bogen zurückgeschlagen oder ringelt sich. Haushunde haben außerdem meist den erwähnten etwas gewölbten Stirnschädel, während er beim Wolf flach ist. Dies gibt dem Haushund einen sympathischeren, „freundlicheren“ Ausdruck, sodass auch schon spekuliert wurde, diese Wölbung sei vom Menschen bewusst selektiert worden. Das erscheint nicht ganz aus der Luft gegriffen, denn zum Beispiel sollen Golden Retriever mit gut gewölbtem Oberkopf größere Chancen auf Championtitel haben als flachköpfigere.

Schwer zu bestimmen ist oft auch das Alter der Funde. Die Methode mit dem radioaktiven Kohlenstoffisotop C14 ist manchmal ungenau, und die Zugehörigkeit einer Fundstelle zu einer bestimmten Formation nicht selten schwer zu eruieren. Bei manchen wichtigen Funden handelt es sich nur um einen Teil eines Unterkiefers oder das Bruchstück eines Schädels. Deutliche Domestikationsmerkmale gibt es erst bei Funden, die etwa 12.000 Jahre alt sind, älteste, umstrittene Funde „domestizierter Wölfe“ sind zwischen 20.000 und 40.000 Jahre alt und stammen aus der Tschechei, Russland und Sibirien. So fand man in der Mammutjägerhöhle von Mezin in der Ukraine 20.000 Jahre alte Reste, die man diesen „domestizierten Wölfen“ zusprach. Sie fallen durch die erwähnten haushundspezifischen Zahnveränderungen auf. Ebenfalls noch nicht eindeutig geklärt sind die Funde aus der

Jaguar Cave in Idaho, USA, im Alter vom zirka 10.400 Jahren. In China gibt es Funde aus der Zeit von zirka 7.500 vor Christus, doch Wolfsreste, wohl von erbeuteten Tieren, sind auch bereits in 400.000 Jahre alten Funden zusammen mit solchen von Frühmenschen (Homo erectus) gefunden worden. Sehr alte europäische Funde (Star Carr in England und Senckenberg) datieren um 9.500 vor Christus, ebenso in Krasnojarsk am Jenissei in Sibirien. Der Hund war vor 10.000 Jahren offenbar schon weit verbreitet.

Noch Herre kannte keine für ihn eindeutigen Funde, die älter waren als zirka 9.500 Jahre, demnach wäre nicht der Hund das älteste Haustier, sondern die Nutztiere Schaf und Ziege. Aber ein 14.000 Jahre alter Unterkiefer aus einem Doppelgrab von Oberkassel stammt fast sicher von einem Hund, denn er zeigt eine typische Verkürzung des Kiefers, die zur „Kulissenstellung" der Zähne führt. Sein Reißzahn ist kleiner als bei Wölfen und es fehlen ihm zwei Prämolaren, was ja bei Haushunden so häufig vorkommt. Auch wurde das mittelgroße Tier zusammen mit einem Mann und einer Frau beerdigt, was auf eine besondere Wertschätzung hinweisen könnte. Ein weiterer interessanter zirka 10.000 Jahre alter Fund von Ein Mahalla in Israel betrifft einen Welpen, der mit einem alten Menschen zusammen bestattet wurde, der eine Hand auf den Körper des Tieres legt. Zwar ist unsicher, ob es sich bei dem Welpen um einen Hund oder einen Wolf handelt, aber es ist dies möglicherweise ein Zeugnis für vorgeschichtliche Tierliebe, die als ein Motiv für die Domestikation in Frage kommt.

Dergleichen Anzeichen für emotionale Beziehungen finden sich auch anderswo. So hat man in Almeö in Västergötland, Schweden, ein zirka 10.000 Jahre altes Steingrab gefunden, in dem ein Hund sehr sorgfältig bestattet wurde. Er wurde in Schlafstellung begraben, also auf der Seite liegend mit vorgezogenen Läufen. Der Körper war mit rotem Ocker bestreut oder eingerieben. Das sollte vermutlich Blut und Leben bedeuten und wurde oft in späten altsteinzeitlichen Gräbern angewendet. In einem 2.000 oder 3.000 Jahre jüngeren Grab fand man einen Hund, der hoch angesehen gewesen sein muss, denn er wurde mit reichen Grabbeigaben bestattet und auch hier war wieder die rote Ockerfarbe verwendet worden. In schwedischen Gräbern aus der Eisenzeit schließlich findet man Hunde häufig, darunter allerdings auch geköpfte und zerteilte, wohl eine Wegzehrung für den Toten. So waren bei einer Grabstelle in jedem Menschengrab einschließlich denen von Kindern ab etwa sieben Jahren Hunde zu finden, nicht jedoch bei jüngeren. Es wird vermutet, dass es sich um Hütehunde handelt und die etwas größeren Kinder, die schon das Vieh hüteten, auch ihren Hund ins Grab mitbekamen (Öjner, 1997). Einzelbestattungen sind aus der Steinzeit selten bekannt geworden, ein Beispiel ist eine Doppelbestattung von zwei Hunden in Lobositz aus der Spätsteinzeit. – So weit also einige der vorliegenden archäologischen Befunde.

MOLEKULARGENETISCHE ZEUGNISSE ZUM RÄTSEL DES URSPRUNGS DES HUNDES

Im Juni 1997 ging eine sensationelle Nachricht ging durch die Medien: Der Haushund sollte nach neuesten Gentests nicht weniger als 100.000 Jahre alt sein. Dies basierte auf einer groß angelegten internationalen Studie mit Wölfen und Hunderassen, die in der Zeitschrift „Science" vom 13. 6. 1997 veröffentlicht worden war. Der amerikanische Molekulargenetiker Robert Wayne und zahlreiche Forscher aus der ganzen Welt verglichen Teilstücke der DNS (der Erbsubstanz) von Mitochondrien von 140 Hunden aus 67 Rassen und 162 Wölfen aus 27 geographischen Herkünften der Alten und Neuen Welt (Vilá et al., 1997). Was aber sind Mitochondrien? Es sind dies kleine Strukturen in den Zellen, die eine lebenswichtige Aufgabe erfüllen: Sie wandeln Nährstoffe in Energie um, sind also die „Kraftwerke" der Zellen. Jede Zelle besitzt davon Hunderte bis Tausende. Sie stammen vermutlich von Urbakterien ab, die sich vor etwa einer Million Jahren mit den höheren Lebewesen zusammengetan haben. Sie enthalten ihre eigene DNS, aber nur das Muttertier kann sie weitervererben, denn sie befinden sich im Zellsaft (Plasma) und nicht, wie die übrige DNS, im Zellkern. Bei ihnen gibt es daher keine Befruchtung, aber sie verändern sich allmählich im Lauf der Evolution. Daher kann man durch sie die Abstammung nach der mütterlichen Linie zurückführen und Verwandtschaftsgrade und Abstammungsfragen untersuchen.

Mit dieser Studie hat sich die Abstammung des Hundes vom Wolf erneut bestätigt. Die Forscher fanden 27 verschiedene Genotypen von mtDNS (Mitochondrien-DNS) bei Wölfen und 26 bei Hunden. Lediglich ein einziger Typ war bestimmten Wölfen und Hunden gemeinsam, was auf kürzliche Wolfseinkreuzung oder Neudomestikation schließen lässt („kürzlich" ist freilich relativ, es kann eben erst erfolgt sein, aber auch Tausende Jahre zurückliegen!). Das Wesentliche: Bei keinem Hund wurden Typen gefunden, die von anderen hundeartigen Tieren als dem Wolf herstammen konnten. Das müsste aber der Fall sein, falls doch einmal irgendwo Goldschakal- oder Kojotenfähen eingekreuzt wurden und die Nachkommen nicht ausgestorben sind. Hat Wayne doch beispielsweise schon nordamerikanische Wölfe gefunden, die Kojoten-Mitochondrien aufwiesen. Offenbar sind in jüngster Zeit Kreuzungen vorgekommen. Allerdings, eine eventuelle Einkreuzung von Schakal- oder Kojotenrüden würde diese Methode nicht anzeigen, da nur die Weibchen Mitochondrien vererben. Auch würde man sicher noch weitere mtDNS-Typen entdecken, wenn – was wohl bald der Fall sein wird – noch viele andere Hunde dieser und anderer Rassen und Wölfe untersucht würden. Denn jeder Fehltritt einer vielleicht gezähmten Schakalin oder Kojotin mit einem Hund mit Langzeitfolgen für die Haushundpopulation würde unfehlbar aufgedeckt werden.

Darüber hinaus schätzt Wayne aufgrund seiner Daten, dass der Haushund genetisch ein Alter bis maximal 135.000 Jahre haben könnte, jedenfalls aber wesentlich älter als die bisher angenommenen 14.000 Jahre sein muss. Doch diese Angaben sind höchst umstritten. Dem steht ja entgegen, dass vor diesen archäologischen Funden an den Skeletten keine wirklich eindeutigen Haushundmerkmale nachzuweisen sind. Auch ist zu bedenken, dass die Menschen der Altsteinzeit keine Hunde abbildeten. Ein weiteres Gegenargument ist auch der Umstand, dass man in Ausgrabungen aus der Zeit vor etwa 12.000 Jahren an Knochen von Speiseresten des Steinzeitmenschen bisher keine Nagespuren von Hundezähnen gefunden hat, die in später datierenden Funden häufig vorkommen.

Gemeinsame Mitochondrientypen bei verschiedenen Rassen sagen übrigens bezüglich der Rassenverwandtschaft so gut wie nichts aus, der Wolfgenotyp bei einem Hund deutet nur an, dass irgendwann einmal in der Ahnenreihe dieses Hundes eine Wölfin vorkam. Nur wenn ein solcher Ahne in den nächstzurückliegenden Generationen aufgetreten ist, bedeutet das auch eine nennenswerte Genbeimischung von dieser Seite, also dann, wenn die Wölfin zum Beispiel die Mutter oder eine Großmutter war. Wohl aber zeigt die bunte Mischung von Mitochondrien verschiedenster Herkunft in manchen Rassen sehr gut den vielfältigen Ursprung auch sehr alter Haushundrassen an.

Gefunden wurden vier Mitochondrienkladen (Kladen sind Gruppen ähnlicher, verwandter Genotypen), von denen eine besonders mächtig ist und die Mehrzahl der Typen (19 von insgesamt 26) und damit auch der Hunderassen umfasst. Der Aufbau dieser Kladen weist auf eine lange Entwicklungszeit hin, wozu eben nach Wayne und den Mitautoren 14.000 Jahre bei weitem zu kurz wären. Auch aus einer japanischen Arbeit von Okumura et al. (1996) geht hervor, dass die gefundenen mtDNS-Varianten japanischer und nichtjapanischer Hunderassen auf eine Ausgangsform vor zirka 100.000 Jahren zurückgehen.

Allerdings haben andere japanische Forscher (Kaoru Tsuda et al., 1997) asiatische Urhunde, drei Wolfsunterarten sowie europäische und japanische Rassehunde untersucht und dabei Ergebnisse erzielt, die der Arbeit von Wayne und Kollegen zu widersprechen scheinen. Zwar wurde auch hier die Wolfsabstammung klar bestätigt. Die Hunde bildeten bei ihnen jedoch keine eigenen Kladen, vielmehr fanden die Forscher zwei Kladen für sowohl Wölfe wie Hunde. Demnach hätten die Hundemitochondrien bisher nicht genügend Zeit gehabt, sich von denen der Wölfe zu differenzieren, was also die fossilen Erstfunde annähernd bestätigt. Es gibt auch mehr Hinweise auf spätere Wolfseinkreuzungen oder auch Domestikationsvorgänge als bei Wayne. Diese Diskrepanzen zeigen wohl, dass die „Mitochondrienuhr" noch keinen sehr verlässlicher Chronometer darstellen dürfte und es noch vieler weiterer Forschungen bedarf.

Wie auch immer, alles weist jedenfalls darauf hin, dass der Hund eine sehr lange „Praxis“ sowohl des Umgangs mit als auch der Anpassung an den Menschen hinter sich hat, deren Ergebnis uns im täglichen Umgang mit ihm immer wieder in Erstaunen versetzt. Die widersprüchlichen Ergebnisse sollten nun durch Untersuchung der Mitochondrien-DNS sehr alter Canidenknochen überprüft werden, die zusammen mit solchen von Menschen gefunden wurden. Sie müssten ja ab einem bestimmten Zeitpunkt bereits die gefundenen Hundemitochondrien-Genotypen, entweder nach Wayne oder Kaoro Tsuda, aufweisen.

Tatsächlich ist es manchmal möglich, aus sehr alten Knochen noch Mitochondrien-DNS zu isolieren. Erst kürzlich hat man solche aus 40.000 Jahre alten Neandertalerknochen untersucht und dabei gefunden, dass wir nicht von diesem Urmenschen abstammen. Solch „fossile Mitochondrien-DNS“ aus fossilen Knochen könnte daher weitere Aufschlüsse bringen. Jedenfalls muss man wohl die weitere Entwicklung in dieser Richtung abwarten. Die Molekulargenetik scheint auf diesem Gebiet noch nicht voll „ausgereift“ zu sein. Dennoch ist damit ein weites Tor in die Geschichte des Zusammenlebens von Mensch und Hund und seiner Erforschung aufgetan worden. Wir können auch erwarten, dass in absehbarer Zeit der Rassennachweis eines Hundes aufgrund von DNS-Tests möglich sein wird, was auf Teilgebieten schon gelungen ist. So kann man zum Beispiel heute schon Hunde haltende Kriminelle durch Hundehaare am Tatort überführen (Murderer trapped by dog's DNA, Our Dogs, 23/11/01).

IN TIBET UND WALES HEISST DER HUND „KI“ – EIN WENIG KYNOLOGISCHE LINGUISTIK

Es ist nicht verwunderlich, dass ein so altes Haustier auch uralte Bezeichnungen bei den eurasischen Völkern hat, also in jener Weltregion, wo der Wolf domestiziert wurde. Ist es da reiner Zufall, wenn der Hund auf Walisisch und Tibetisch gleichermaßen „ki“ heißt? Nein, wenn man einer älteren „Wellentheorie“ glauben will, nach der Wörter aus ihrem Entstehungszentrum kaum verändert „abgetrieben“ werden und in den Gebieten dazwischen dann Abänderungen durchmachen. Nun, es scheint ein Urwort gegeben zu haben, das aus k plus einem Vokal bestand und vielleicht die Lautgebung des Hundes nachahmte. So heißt der Hund auf Irisch „cu“, Chinesisch „gou“, Mongolisch „ko“, Koreanisch „kä“ und Katalanisch „ca“ (was allerdings aus lateinisch „canis“ entstanden sein wird). Ganz im Westen und ganz im Osten des eurasischen Kontinents also ganz ähnliche, einsilbige Bezeichnungen! Das Entstehungszentrum war dann geographisch gesehen vielleicht Vorderasien, das ja auch als (ein?) ursprünglicher Domestikationsherd aus kleinwüchsigen südlichen Wölfen angenommen wird.

In weiterer Folge wird, dieser Theorie zufolge, das Urwort in den zentralen Gebieten mit n, s, r oder t erweitert, k wird da und dort zu h aspiriert oder zu einem Zischlaut (s, tsch oder sch) erweicht. So entstünde zum Beispiel lateinisch canis (daraus italienisch „cane" und portugiesisch „câo") und griechisch „kyon" (Stamm „kyn", daher „Kynologie"). Bei den Germanen wird nun k zu h (daraus mittelenglisch „houne") und, wie bei deutsch „Mond" (vgl. englisch „moon"), ein d angehängt, daher deutsch und skandinavisch „hund", holländisch „hond", neuenglisch „hound" (Jagdhund). Ähnliche Erscheinungen finden wir wieder in Ostasien (zum Beispiel kantonesisch „hün", japanisch „ken"). Andere Varianten des Urwortes wären nach dieser Theorie ungarisch „kutya", finnisch „koira", Pandschabi (eine indische Sprache) „kutta", vielleicht auch arabisch „kelb", hebräisch „keleb" und viele andere. Anscheinend ist später die „kat"-Reihe teilweise auf die Katze übergegangen. Daneben hat sich auch eine „h-r-t – ch-r-t"-Reihe gebildet, so angelsächsisch „hrydha", deutsch, unter Verlust des h, „Rüde" (heißt ja nicht nur „männlicher Hund", sondern auch „großer Jagdhund"), polnisch „chart" (Windhund) u. a. Zischlaute findet man zum Beispiel bei französisch „chien" und Sanskrit „sva".

Daneben sind freilich auch Bezeichnungen anderer oder unbekannter Herkunft in Eurasien entstanden, wie englisch „dog", spanisch „perro", slawisch „pes" (aber altslawisch „kutshika"!), russisch „sobaka" u. a. (Lexikon der Hundefreunde, 1933).

DAS HUNDEWESEN VON DER JUNGSTEINZEIT BIS ZUR NEUZEIT

Vor etwa 10.000 Jahren endete die letzte Eiszeit und der Wald begann wieder nach Norden vorzurücken. Die Steinzeitjäger verloren dadurch die großen Herden von Rentieren, Mammuts, Wildpferden usw. In den Wäldern war nun Wild viel seltener und schwierig auszumachen. In dieser Not dürfte der Hund, bisher vielleicht nur geduldeter Reste- und Unratverzehrer an den Lagern der Steinzeitjäger, nun als unentbehrlicher Jagdgefährte zu einer entscheidenden Hilfe geworden sein, vielleicht verdanken wir ihm daher sogar unser Überleben.

Mit der Sesshaftwerdung des Menschen und dem Ackerbau war die Domestikation in ein neues Stadium getreten, es entstanden nun unterschiedliche Typen von Haushunden. Sie halfen Haus und Hof sowie die Ackerkulturen und Nutztiere vor

Raubtieren und Wildschäden sowie Dieben und Räubern zu schützen. Der Hund brachte so ein großes Maß an Sicherheit, das der Kulturentwicklung nützlich war, sie vielleicht auch erst ermöglichte.

Aus der frühen Jungsteinzeit stammen bereits Funde von verschiedenen Haushunden, die man lange Zeit den modernen Rassenformen zuordnen wollte und mit verschiedenen Namen bezeichnete. So fand man in Schweizer Pfahlbauten den Torfhund oder Torfspitz, Canis familiaris palustris, von dem man annahm, dass die Spitze, Pinscher und Terrier von ihm abstammten. Andere Formen galten als Ahnherren von Schäferhunden, Doggen und Jagdhunden. Von diesen Annahmen ist man heute abgegangen, da die Variabilität des Haushundes diese Zuordnungen nicht rechtfertigt, es waren dies wohl nur lokale oder individuelle Variationen und keine direkten Vorläufer der modernen Rassen.

In Höhlenzeichnungen aus dem 8. bis 7. Jahrtausend vor Christus findet man die ersten Darstellungen von Hunden als Jagdgehilfen. Der sichere Nachweis der ersten Hunderassen kommt aus dem alten Ägypten. Dort sind auf 5.000 Jahre alten Abbildungen der Negadekultur I Ägyptens bereits deutlich ringelschwänzige, stehohrige Windhunde erkennbar, die unverkennbar schon der später viel abgebildeten Tešem-Rasse angehören. Später tauchen auch Bracken sowie kipp- und hängeohrige Windhunde auf, die allmählich die Tešems ablösen, auch niederläufige Hunde und Zwerghunde. So wurden von E. Hauck Schädel aus Abydos beschrieben, die in der Größe denen der heutigen Bologneser entsprechen. Aus dem alten Assyrien stammen Abbildungen schwerer, typisch doggenartiger Kampfhunde, die vermutlich auch nach Ägypten exportiert wurden.

In der altgriechischen Literatur, zum Beispiel bei Aristoteles, findet man eine Anzahl von Rassenamen, doch gibt es dazu keine Beschreibungen. Die meisten abgebildeten Hunde sind spitz- oder pariaartig. Im alten Rom findet man dann bereits die ganze Skala der Hundetypen: Doggen, Hirten- und Schäferhunde, Windhunde, Spitze, Bracken und Zwerghunde. Aus diesen Grundformen und halbwilden Parias kann man alle unsere heutigen Hunderassen ableiten. Auch kommt der Name „molossus" vor, doch ist unklar, ob es sich dabei um Hunde nach Art der heutigen Doggen handelt (die es jedoch bereits seit den Assyrern gegeben hat).

Nach dem Niedergang und den Wirren der Völkerwanderung erfuhr die Hundezucht im Mittelalter eine neue Blüte. Alle uns bereits aus der Antike bekannten Rassengruppen, insbesondere die Windhunde und die Bracken, finden sich wieder, neu dazu kommt der kurzbeinige Dachshund (Biberhund) und der Vogelhund für die Jagd mit dem Falken oder dem Zugnetz, aus dem später die Vorstehhunde und Spaniels hervorgingen. Eine kontrollierte Reinzucht in unserem Sinne aber gab es noch nicht, die genetische Variabilität war daher nicht in Gefahr.

Geschätzt wurde damals und in der beginnenden Neuzeit von allen Hunden nur der „edle“ Jagdhund. Auf den Gemälden der Renaissance bis zum Rokoko findet man vor allem spaniel-, bracken- und windhundähnliche Tiere sowie die so genannten Hatzrüden, Vorläufer der Deutschen Dogge und des Irischen Wolfshundes, abgebildet, also Jagdhunde, daneben auch oft Schoßhunde, meistens vom Typ des heutigen Phalène, des hängeohrigen kontinentalen Zwergspaniels. Ein solcher Hund, der Maria Theresia gehörte, ist heute als Stopfpräparat im Wiener Naturhistorischen Museum zu bewundern. Er gleicht den modernen Phalènes fast aufs Haar.

Alle anderen Hunde, mochten sie auch für ihre Besitzer aus den niederen Ständen wertvoll sein, galten zum Beispiel im Wien des 18. Jahrhunderts als „unnütz“, „schmutzig“ und „unrein“, ähnlich wie noch heute in der islamischen Welt. Im Mittelalter wurden an manchen Orten Strafen durch die Einbeziehung von Hunden verschärft, denn das Tragen von Hunden oder das Hängen am Galgen neben Hunden galt als besonders schandbar und unehrenhaft. Vor allem die vielen frei laufenden Streuner, die man vielleicht als pariaartige, sich teilweise „natürlich“ selbst fortpflanzende Population betrachten darf, machten der Obrigkeit zu schaffen. Hier seien als Beispiel zeitgenössische Berichte aus dem alten Wien wiedergegeben (Laichmann, 1998).

Besonders die Hunde „schädlicher“ und „verdächtiger“ Personen waren dort das Ziel restriktiver Maßnahmen. Zu diesem Personenkreis zählten Bettler, Dienstboten, Knechte, Studenten und andere, die Hunde hielten, sie aber streunen ließen, weil sie nicht in der Lage oder gewillt waren, sie zu füttern. Aber schon sehr früh wurden streunende Hunde gefangen und getötet, so bereits 1444 886 Stück, 1812 bis 1822 sogar 30.000! Im 18. Jahrhundert verwendeten die Hundeschläger, wie sie auch genannt wurden, einen Wurfknüppel, das so genannte „Truml“. Es wurde erst verboten, als auch Passanten getroffen wurden und verletzte, wütend gemachte Hunde unbeteiligte Personen anfielen.

Da streunende Hunde auch in den kaiserliche Revieren wilderten, wurde im 16. Jahrhundert verfügt, dass Hundebesitzer ihre Tiere an die Kette legen oder auch sie „prügeln“ (einen Prügel um den Hals hängen) oder „lähmen“ (eine Pfote abschlagen oder einen Lauf brechen) mussten. Windhunde waren dem einfachen Volk verboten, da man mit ihnen leicht wildern konnte, sie jagen ja ohne Lautgebung.

Die Jagdhunde des Adels hingegen genossen bessere Lebensbedingungen. Der Hof hatte in Wien große Zwingeranlagen, ein so genanntes „Rüdenhaus“ mit eigener Bäckerei, denn die Hunde wurden vorwiegend vegetarisch mit Brot aus Abfall- und Hafermehl ernährt. Nur die wertvolleren Jagdhunde erhielten auch Wildabfälle. Fleischsuppe und Fleisch gab es nur ausnahmsweise für kranke Hunde. 1637 wurden 23 „englische“ Hunde, acht Leithunde und 56 Koppelhunde (Jagdhunde, die als Koppel, also zu zweit oder auch zu dritt, eingesetzt wurden) gehalten. 56 „Bauernrüden" wurden zeitweise für die Wildschweinjagd im Winter herangezogen. Windhunde wurden an anderer Stelle untergebracht. Nur die wertvollsten Hunde blieben das ganze Jahr bei einem Rüdenmeister, die anderen wurden bestimmten Untertanen, insbesondere Fleischern, zur unentgeltlichen Haltung und Fütterung auferlegt, was zu allerlei Missständen führte (dies wurde „Hundelege" genannt und war auch in Deutschland üblich). Die Fleischer mussten außerdem bei Bedarf Schlachtvieh zum „Einhetzen" der Hunde, also als „Übungsmaterial", zur Verfügung stellen, 1769 waren das zum Beispiel 106 Schweine.

ENGLAND BRINGT DIE GROSSE WENDE – DIE GESCHICHTE DER MODERNEN RASSEHUNDEZUCHT BEGINNT

Was hat Queen Victoria mit dem heutigen Rassehund zu tun? Sie regierte Großbritannien von 1837 bis zu ihrem Tode 1901 und war eine große Hundefreundin. Ihre Zeit sollte zum Wendepunkt in der Geschichte des Rassehundes und der gesamten Haustierzucht werden, charakterisiert durch zwei epochemachende Neueinführungen: die Registrierung der Tiere nach ihrer Rasse in Stammbüchern, auch Zuchtbücher oder Herdbücher genannt, und ihre Bewertung auf Ausstellungen. Wohl gab es schon etwa seit dem ausgehenden 18. Jahrhundert eine Zucht nach Stammbäumen, aber vorwiegend nur durch Einzelpersonen und nicht systematisch und kontinuierlich kontrolliert. Die Rassehundezucht war noch ein einigermaßen offenes System, bei dem in den einzelnen Rassen immer wieder Einkreuzungen vorkamen und geeignete Mischlinge gelegentlich, absichtlich oder zufällig, in die Population der Rasse aufgenommen wurden. So blieb eine breite genetische Basis im Allgemeinen erhalten. Doch Anfang des 19. Jahrhunderts begann man in England, Haustiere systematisch mit Hilfe von Inzucht und Selektion als Rassen zu „standardisieren".

Etwa ab 1850 war die planmäßige Züchtung gut etabliert, Zuchtbücher wurden geschaffen. Dieses umwälzend neue „victorianische" System orientierte sich im Grunde an den genealogischen Gegebenheiten der britischen Aristokratie, in der ja nur Angehörige dieser Klasse untereinander heiraten durften. So galt es nun auch, die absolute „Reinheit" der Rassehunde und ihre Einheitlichkeit zu bewahren und eindeutig zu gewährleisten sowie deren Exterieur beziehungsweise Leistungen durch Bewertung im Wettbewerb und darauf basierende Selektion fortlaufend zu verbessern. Aber während die Leistungen der Nutztiere durch dieses System seither enorm gesteigert wurden, gibt es keine eindeutigen Nachweise, dass sich die Leistungen der Gebrauchshunde verbessert haben, eher im Gegenteil. Wurden doch vor dem neuen Zuchtsystem Hunde nur nach ihrer Leistung, also ihrem Gebrauchswert, gezüchtet, die Zucht auf Einheitlichkeit und „Schönheit" und auch die Inzucht mindert jedoch die Möglichkeiten der Zucht auf Leistungssteigerung. Wohl aber hat sich seither das Aussehen der Rassehunde vielfach verbessert, doch die letzten Jahrzehnte haben immer mehr zu einer schädlichen „Übertypisierung" geführt.

Die Stammbäume des Adels waren das Vorbild für die Pedigrees der Rassehunde. Das neue System schuf sozusagen einen Hundeadel als Gegensatz zu den Mischlingen und Straßenhunden und auch zu den (noch) nicht systematisch reingezüchteten Landrassen und Schlägen. Pedigree ist ein englischer Ausdruck für Ahnentafel (Stammbaum) und stammt aus dem Französischen: „Pied de gru" heißt „Kranichfuß", nach der Form des Stammbaums.

Dieses System bewirkte zunächst einen gewaltigen Fortschritt in der gesamten Tierzucht – sei es, dass die Ertragsleistung der Nutztiere entscheidend verbessert und vereinheitlicht werden konnte, sei es, wie im Fall der Hunde, deren Aussehen. Und genau wie bei den Dynastien der Monarchen, bei denen im Interesse der Bewahrung des Vermögens in einer Hand Verwandtenehen, ja Inzest (zum Beispiel bei den Pharaonen) häufig waren, wurde Inzest- und Linienzucht in diesem neuen Tierzuchtsystem intensiv angewandt. Hier allerdings als wirksame Methode, um günstige Eigenschaften zu fixieren und in der Rasse schnell zu verbreiten. Besonders bei Leistungsrassen blieb jedoch nicht selten ein tiefes, instinktives Misstrauen der Züchter gegenüber dem neuen System bestehen, da sie oft unter den so gezüchteten Rassehunden sehr schnell einen degenerativen Niedergang in Gesundheit und Leistung beobachten konnten. Nirgendwo anders aber wurden so viele, vielseitige und interessante Hunderassen geschaffen. So entsprechen etwa den deutschen Schnauzern und Pinschern, also zwei Rassen mit verschiedenen Schlägen, in England vierzehn verschiedene Terrierrassen, dem allerdings berühmtesten Rassehund, dem Deutschen Schäferhund, gleich sieben anerkannte Schäferhundrassen usw. Auch eine Anzahl außereuropäischer Hunde wurde erst in Großbritannien zur Hochzucht und zu beträchtlichem Erfolg gebracht, so der Chow-Chow, der Afghane und der Tibet Terrier. Dies führte zu einem unglaublichen Aufstieg der Hundewesens. Die erste Hundeausstellung überhaupt fand 1859 in England statt, aber schon 1863 wurde die erste deutsche Veranstaltung dieser Art in Hamburg abgehalten. Seither hat das „victorianische" Zucht- und Ausstellungssystem die ganze Welt erobert. Drei mächtige Zuchtorganisationen, der englische Kennel Club, die FCI und der American Kennel Club, sind entstanden. Sie beeinflussen heute maßgeblich, aber nicht gerade glücklich die weltweite Zucht von Rassehunden. Die Entdeckung der mendelschen Erbgesetze im 19. Jahrhundert hat ebenfalls die Entwicklung der Hundezucht stark gefördert, denn sie ermöglichte es, viele Eigenschaften der Nachkommen durch richtige Paarungszusammenstellung der Zuchttiere vorauszubestimmen. Die „victorianische" Tierzuchtmethode schien so für alle Zeiten die einzig richtige zu sein.

Erst ab den zwanziger Jahren des 20. Jahrhunderts wurden allmählich jene Gesetze der Vererbung erforscht, die nicht den mendelschen Regeln unterlagen. Es ist dies die quantitative beziehungsweise die Populationsgenetik. Sie bewies, dass in abgeschlossenen Zuchtbeständen, wie sie Haustierrassen darstellen, laufend genetische Veränderungen eintreten, die nachteilig sind. Hat es sich doch gezeigt, dass ohne periodische Zufuhr von Erbmaterial von außerhalb solcher begrenzter Tiergruppen eine langsame genetische Verarmung eintritt, die sich ebenso schädlich auswirken kann wie eigentliche Inzucht. Dies führte allmählich zum Überhandnehmen vieler schwerer Erbkrankheiten. Die Mehrzahl davon hat es zwar wohl immer gegeben, aber sie wurden nun durch diese Zuchtmethoden enorm gefördert, da bei genetisch verarmten Tieren viele rezessive Defektgene die Krankheitserscheinungen in der Nachzucht auslösen. Einige andere Entwicklungen haben dazu noch beigetragen: Der Fortschritt der Veterinärmedizin ermöglichte die erfolgreiche Aufzucht von Hunden mit geringer Widerstandskraft und deren spätere Zuchtverwendung, vor allem bei reinen Schaurassen. Die frühere Praxis, schwächliche oder sonst nicht entsprechende Welpen zu töten, ist heute aus Tierschutzgründen untersagt. Diese an und für sich zu begrüßende Entwicklung ist natürlich rassenhygienisch höchst gefährlich, wenn solche Tiere nicht, am besten durch Sterilisierung, von der Weiterzucht ausgeschlossen werden. Wird dies missachtet, kann das leicht von der Tierquälerei des Welpentötens zur Qualzucht der Erzeugung erbkranken Nachwuchses führen. Nur rigorose Gegenmaßnahmen bei der Zuchtselektion können verhindern, dass man so ein Übel durch ein schwerwiegendes anderes ersetzt!

Das lange Zeit so erfolgreiche „victorianische" System (Ott, 1996) ist nunmehr nach 150 Jahren offensichtlich reif, von moderneren, auf wissenschaftlichen Erkenntnissen basierenden Methoden abgelöst zu werden. Genetik darf nicht bei Mendel enden! Dass eine Zucht, die erbkranke Hunde in erhöhtem Maß hervorbringt, eben auch eine Form der Tierquälerei ist, diese Auffassung beginnt sich langsam durchzusetzen.

In diesem Zusammenhang ist es interessant, einen Blick auf die Verhältnisse beim Menschen zu werfen, wenn Verwandtenehen die Regel sind. Der Pathologe Professor Dr. Hans Bankl hat dies in seinem Buch „Die kranken Habsburger" (1998) so beschrieben: „... in ihrem Aussehen aber waren sie einander fast alle ähnlich ... Das Vorstehen der zu großen Kinnpartie führte zu einem Überbiss der unteren

Schneidezähne. In der medizinischen Fachsprache nennt man so etwas Progenie. Bulldogen und Boxer-Hunde haben dies nicht selten ... Die sexuelle Fortpflanzung von miteinander nah verwandten Individuen nennt man Inzucht. Es führt dies nicht nur zu einer Abnahme der genetischen Vielfalt, sondern steigert auch die Wahrscheinlichkeit, dass krankheitsauslösende Erbfaktoren zur Wirkung kommen. In der Tierzucht ist dieses Phänomen gut bekannt und heißt schlicht Degeneration."

Die Habsburger wurden also durch ihre sehr erfolgreiche Heiratspolitik („Bella gerant alii, tu, felix Austria, nube!" – Kriegführen lasse die anderen, du, glückliches Österreich, heirate!), die einer Linienzucht beim Hund vergleichbar ist, zu einer Art „Rasse". Dazu Bankl: „Verwandtenehen waren die Regel, Ahnenverlust die Folge, und daraus resultierende ungünstige Konstellationen der Erbmasse führten zu zahlreichen auffälligen Persönlichkeiten. Günstigstenfalls waren sie nur extravagante Sonderlinge, schlimmstenfalls eindeutige Irre. Auch die vielen Fehlgeburten finden hier eine Erklärung." Ferner: „Das Motto lautete anscheinend: ‚Adel ist wichtig und gut, wenn ein wichtiger Adeliger als doppelter Ahne auftritt, ist es besser.'" Solche Zustände traten nicht nur bei den Habsburgern auf. So gab es zum Beispiel in europäischen und russischen Fürstenhäusern viele Bluter.

Die Parallelen zur derzeitigen Hundezuchtpraxis sind wohl unübersehbar! Den bisherigen Vorstellungen von bestimmten uralten „reinen Rassen", die seit Jahrhunderten unverfälscht und unverändert bestünden, wie zum Beispiel Pekingese und Mops, bereiten die Entdeckungen Waynes übrigens eine kalte Dusche: Zwar weiß man seit langem, dass viele, ja die meisten Rassen aus Kreuzungen entstanden sind. Wenn man aber liest, dass zum Beispiel eine so alte Form wie der Dingo bestimmte mtDNS-Sequenzen mit dem Siberian Husky teilt, andere wieder so verschiedenen Rassen wie dem Boxer, Kuvasz, Norfolk Terrier, dem Samojeden und dem Neufundländer gemeinsam sind oder beim Deutschen Schäferhund unter nur acht untersuchten Tieren gleich sechs verschiedene mtDNS-Genotypen gefunden wurden, dann bekommt man erst eine Ahnung, was für ein umfassender, zum Teil weltweiter Genaustausch unter Haushunden im Laufe der Jahrtausende stattgefunden haben muss. Dabei kann man ja so nur jene Mischungen erkunden, die auf der Mutterlinie stattgefunden haben.

Es ist ein merkwürdiger, aber möglicherweise symbolträchtiger Zufall, dass das faktische Ende des victorianischen britischen Kolonialreiches durch den Verlust der letzten bedeutenden Kolonie Hongkong zeitlich mit einer bemerkenswerten Änderung im britischen Hundewesen zusammenfällt. Das englische System ist ja heute noch für die Rassehundezucht der ganzen Welt maßgebend: Sozusagen „in aller Stille" hat der englische Kennel Club 1996 ein Signal gesetzt, dessen Bedeutung gar nicht überschätzt werden kann: Es wurde ohne viel Publizität die wesentliche

Registriervorschrift B2 insofern abgeändert, als nunmehr nicht wie bisher nur Hunde, deren beide Eltern registriert sind, eingetragen werden dürfen, sondern auch Hunde unbekannter und sogar „unreiner" Herkunft, wenn eine Bewilligung vorliegt. Zwar gibt es ähnliche Ausnahmebestimmungen auch anderswo in den Zuchtbüchern. Wenn dies aber in England erfolgt, woher unser striktes Zuchtsystem ursprünglich stammt, ist dies wohl – hoffentlich – als ein Markstein für eine sich anbahnende grundlegende Wende in der Hundezucht nach einer Periode genetischer Isolierung der Rassen im „goldenen Käfig" der Zuchtbuchregistrierung zu sehen.

Freilich, in der Nutztierzucht werden heute auch wieder Kreuzungen und Hybridzüchtungen in großem Umfang verwendet, da nur genetisch variable Tiere zu höchsten Leistungen befähigt sind. Immerhin, wenn auch erst nach mehr als 100 Jahren der Herdbuchzucht, konnte ein Mischlingsbulle bei einer internationalen Zuchtviehausstellung 1969 „Grand Champion" werden. In der Hundezucht ist das heute noch undenkbar und auch nicht wünschenswert. Es ist vermutlich auch nicht zu erwarten, aber die so verheerende absolute genetische Abschottung wird hoffentlich bald vorbei sein. Neben „artgemäßer" Haltung, Erziehung etc. bedarf der Haushund, also auch der Rassehund, genauso der artgerechten Zucht. Wohl kann man auf die Selektion bestimmter Eigenschaften für Leistung und auch Schönheit nicht verzichten, doch dürfte das nicht länger zum Einsatz der tierschutzwidrigen Engzucht führen. Der übertriebene „Rassenfetischismus" in der Hundezucht ist auch eine, wie sich zeigt, kontraproduktive Verirrung. Um mich nicht misszuverstehen, die Hunderassen müssen erhalten werden, aber das ist eben nur möglich, wenn fallweise für eine gewisse Genzufuhr gesorgt wird, die natürlich richtig geplant und dosiert werden muss, sofern die genetische Variabilität in der Rasse nicht mehr ausreicht.

15

DIE HUNDEZUCHT UND IHRE PROBLEME

Überaus schlimm wird jedoch die Sachlage, wenn die allmächtige Tyrannin Mode, dümmste aller dummen Weiber, sich anmaßt, dem armen Hunde vorzuschreiben, wie er auszusehen hat

Konrad Lorenz, So kam der Mensch auf den Hund, 1963

ABER ES WÄRE DOCH VIELLEICHT MANCHMAL SO EINFACH …

Und doch – es wäre vielfach gar nicht gar so schwierig, den Gesundheitszustand unserer Rassehunde zu normalisieren beziehungsweise weitere Erbdefekte zu verhindern, man müsste nur mit allen Mitteln – auch dosierter Einkreuzung – die genetische Variabilität normalisieren.

Daraus ergibt sich zweierlei: Will man einen Hund kaufen, achte man nicht nur – aber ganz besonders – auf einen niedrigen Inzuchtkoeffizienten aus möglichst zehn Generationen (über fünf wird man aber normalerweise nicht kommen, außer man führt spezielle Recherchen durch). Für Züchter aber wäre es doch ein Renner, den ultimativen „Wunder-Rassehund" mit bei Pudeln zum Beispiel 14-jähriger Erlebensgarantie anzubieten. Ja, dies vielleicht sogar mit Rückzahlung von defekt- oder infektbedingten Tierarztkosten, die zum Beispiel einen bestimmten Prozentsatz des Rassemittels in den ersten sechs Jahren übersteigen (in Schweden führen die Versicherungen über die Tierarztkosten der einzelnen Rassen Buch).

Das gibt eine gewisse Hoffnung: Achtet man auf niedriges Inzuchtniveau, erwirbt beziehungsweise erzüchtet man vermutlich erstaunlich gesunde Hunde, und zwar ohne große Kosten!

DIE „QUALZUCHT“ – FALSCHE „RASSENVEREDELUNG“ WIRD ZUR TIERQUÄLEREI

Die hundeartigen Raubtiere sind psychisch und physisch von der Natur optimal ausgestattet. Es sind blitzschnelle, gewandte Läufer mit hoch entwickelten sozialen Eigenschaften. Diese hat sich der Mensch durch die Domestikation des Hundes zunutze gemacht, aber er hat sich mit dem vorgegebenen Typ des Wolfes nicht zufrieden gegeben. Größe und Farbe der Hunde, aber auch die Körperproportionen wurden verändert. Dabei ging man nicht zimperlich vor. Die Lauffähigkeit wurde bei verschiedenen Rassen durch starke Verkürzung der Läufe reduziert, ja, dem Nasentier Hund wurde sein wichtigstes Sinnesorgan, die Nase, manchmal, wie bei der Bulldogge, extrem verkürzt. Als hängeohrige Welpen – an sich eine Abartung – in einem Wurf auftraten, hat man diese zur Weiterzucht ausgewählt, obwohl dadurch ihr Hörvermögen etwas behindert ist, Ohrentzündungen verstärkt vorkommen und das Ohr in dieser Form nicht mehr als Kommunikationsmittel verwendet werden kann. Die oft sehr langen Lappen wurden dann aber vielfach wieder beschnitten, so um sekundär erneut ein Stehohr hervorzubringen! Ruten wurden ebenfalls kupiert oder von Geburt schwanzlose Tiere weitergezüchtet. Diese Hunde sind also des wichtigsten Kommunikationsmittels beraubt und können nicht einmal mehr wedeln. Allerdings spielt dies im Hausstand nicht mehr jene Rolle wie beim Wildhund, die Veränderung der Rute und ihre im Vergleich zum Wolf deutlich verringerte Beweglichkeit setzen die Möglichkeiten ohnehin herab (der Wolf kann zum Beispiel die Spitze bei eingezogener Rute wegspreizen).

Bis heute werden in vielen Ländern Hunde bestimmter Rassen an Ohren und Schwänzen „zurechtgeschnitten“. Früher, teilweise noch heute, hatte das einen Sinn, so, wenn sich Jagdhunde ihre Ruten in der Vegetation wund schlugen oder Hirten- und Kampfhunde an den Schlappohren durch Kämpfe mit Raubtieren oder anderen Hunden verletzt wurden. Aber bereits vor 100 Jahren wurde in England das Ohrkupieren (cropping) verboten, das Kupieren der Ruten blieb jedoch erlaubt. In den letzten Jahren wurde dann in Skandinavien zuerst das Ohrkupieren und dann auch das Rutenkupieren verboten und allmählich breiten sich die Verbote zunehmend auf dem Kontinent aus. Doch gibt es noch große Widerstände, gegen das Rutenkupieren paradoxerweise gerade in England mit seinem Kupierverbot für Ohren. Manche Rassen sind allerdings durch ein solches Verbot genetisch gefährdet: Wenn dadurch die Nachfrage nach Welpen solcher Rassen stark zurückgeht und so der Genpool gefährlich schrumpft, können verstärkt Erbkrankheiten auftreten. Es ist bedauerlich, dass die Kupierverbote nicht mit einer Übergangsregelung verbunden wurden, während der man eine „kosmetisch entsprechende" Rutenform züchten könnte. Übrigens ist das Kupieren bei Hunden verboten, bei Schweinen aber noch erlaubt.

Wenig empfehlenswert wäre es allerdings, die bisher kupierten Rassen nun eben stummelrutig zu züchten. Dieser Weg wurde in Skandinavien erwogen und aus veterinärmedizinischen Gründen verworfen. Stummelrutige Rassen weisen gelegentlich auch an anderen Wirbeln Missbildungen auf, die zu gesundheitlichen Problemen führen können. Es wäre paradox: Um den Welpen einen kurzen Schmerz zu ersparen, tauscht man dies gegen einen Defekt für die Rasse ein, der bei einzelnen Hunden lebenslange schwerwiegende Folgen haben könnte. Doch der englische Genetiker Dr. Cattanach hat diesen Weg beschritten und innerhalb von nur vier Generationen aus der Kreuzung mit dem so grundverschiedenen stummelrutigen Pembroke Welsh Corgi einen Boxer mit Stummelrute erzüchtet! Sogar der bisher so konservative englische Kennel Club erkennt nun diese „Mischlinge" an, wenn sie auch noch nicht mit Tieren der allgemeinen Boxerpopulation verpaart werden. Dies beweist wieder zweierlei: Hunderassen unterscheiden sich nur in recht wenigen Genen. Daher bringt eine Einkreuzung gefolgt von Rückkreuzung relativ rasch die Rassenmerkmale der Rasse hervor, in die eingekreuzt wurde. Im englischen Kennel Club scheint aber offenbar in Bezug auf die Möglichkeit der Einkreuzung ein sehr erfreulicher neuer Wind zu wehen, der hoffentlich auch bei FCI und dem American Kennel Club nicht ausbleiben wird.

Die Qualzucht stellt jedoch keineswegs eine Erfindung der Neuzeit dar. Hier ist wieder Gesner unser Gewährsmann, wenn er schon 1669 über die Zwerghunde schreibt: „Ihre Gestalt anbelangend / sind sie so klein und zart / dass man sie in beyden Händen verbergen kann ... Damit sie aber recht klein bleiben / werden sie in enge Körbe eingeschlossen / und mit zarten Speisen uffgezogen / dann etliche nichts als Zuckerbrod und dergleichen vertragen können. Wann sie mehr als ein Junges tragen / müssen sie sterben." Die natürliche Selektion hat also damals noch gewisse Grenzen gezogen. Heute gibt es in solchen Fällen eben den Kaiserschnitt, gegenwärtig leider fast die „Standardentbindung" bei manchen Rassen.

Am 10. März 1995 hat nun der Europarat in Straßburg die „Multilaterale Konvention zum Schutz von Heimtieren" in zwei Entschließungen verabschiedet, um solchen verhängnisvollen Entwicklungen entgegenzusteuern. Die erste betrifft das Verbot kosmetischer chirurgischer Operationen bei Heimtieren wie Kupieren von Ruten und Ohren und deren Streichung in Rassenstandards. In der zweiten Entschließung geht es um das Wohlbefinden der Heimtiere: Rassenstandards, die zu seiner Beeinträchtigung führen können, sollen überarbeitet werden. Bei der Zucht sollen, außer ästhetischen Kriterien, Verhaltensmerkmale und Fähigkeiten berücksichtigt werden. Durch Aufklärung von Züchtern und Richtern wären künftig Standards so zu interpretieren, dass der Entwicklung extremer Merkmale, die das

Wohlbefinden des Tieres beeinträchtigen können, entgegengewirkt wird. Ferner soll die Öffentlichkeit über Probleme aufgeklärt werden, die mit psychischen und physischen Merkmalen zusammenhängen. Wenn das nicht ausreicht, wäre ein Verbot der Zucht bestimmter Rassen und das Auslaufen des Verkaufs und der Ausstellung von Tieren mit schädlichen Defekten zu erwägen.

Der Anhang gibt Richtlinien über eine Revision der Zuchtpraktiken und empfiehlt u. a.:

- Höchst- und Mindestgewichte für sehr große und sehr kleine Hunde, um Skelettprobleme zu vermeiden
- Maximalwerte für das Längen-Höhen-Verhältnis kurzläufiger Hunde gegen Wirbelsäulenschäden (betrifft u. a. den Dachshund)
- Minima für die Schädellänge zur Vermeidung von Atmungsproblemen und Geburtshindernissen, wie man sie bei kurzköpfigen (brachyzephalen) Rassen findet, wie Mops, Bulldogge und Pekingese
- Vermeidung der Zucht von Tieren mit Fontanellen, abnormen Stellungen von Zähnen und Gliedmaßen, abnormen Größen und Formen von Augen und Lidern, zu langen Ohren und starker Faltenbildung. (Offene Fontanellen findet man vor allem bei Chihuahuas, besonders lange Ohren sieht man zum Beispiel bei Spaniels, starke Falten beim Shar Pei, Liddefekte bei zahlreichen Rassen)
- Vermeidung schwerer Defekte, keine Zucht von Tieren mit semiletalen (die Sterblichkeit erhöhenden) Genfaktoren (zum Beispiel Entlebucher Sennenhund), rezessiven Defektgenen (zum Beispiel Hunde mit Merlefaktor, besonders Paarung Merle x Merle)

Zu den zu vermeidenden Defekten wird auch zu steile Winkelung gezählt, so bei den Spitzrassen Chow-Chow, Buhund, Schwedischen Lapphunden und Finnenspitz. Dazu rechnen müsste man auch zu starke Überwinkelung wie beim modernen Deutschen (Schau-)Schäferhund.

Diese Liste wird vielfach in Zweifel gezogen, es ist vor allem schwierig zu bestimmen, ab welchem Grad der Ausprägung eines inkriminierten Merkmals man von Qualzucht sprechen muss. Es ist aber zweifellos zu begrüßen, wenn gegen die weitere unbegrenzte Übertreibung von Merkmalen ein Limit gesetzt wird. Bei Merle und Stummelschwänzigkeit ist die Gesundheit der Tiere, die nur eines dieser Defektallele aufweisen, nach bisheriger Kenntnis wenig oder kaum beeinträchtigt.

Gegen die züchterischen Sünden haben viele prominente Wissenschaftler und Kynologen von jeher Stellung bezogen – mit wenig Erfolg. So sagt Konrad Lorenz (1963, 3): „Sogar solche Züchter, die durchaus anständig sind und eher stürben, als dass sie die Einkreuzung eines nicht bis ins hundertste Glied reinrassigen Tieres zuließen oder verschwiegen, finden es keineswegs unethisch, mit körperlich sehr schönen, seelisch aber defekten Tieren zu züchten." Leider muss man dazu sagen, dass gerade eine übertriebene, „bis ins hundertste Glied" geforderte Reinrassigkeit oft an der Wurzel der Probleme liegt. Reinrassigkeit ist eigentlich nur dann ohne Wenn und Aber zu verantworten, wenn die Rasse nicht ausgesprochen selten und genetisch genügend variabel ist. Das ist aber wohl bei keiner einzigen modernen Hunderasse mehr der Fall. Reinrassigkeit ja, aber es ist hier eine „relative" Rassenreinheit vorzuziehen, das heißt eine periodische, geplante Zufuhr von Fremdblut einer verwandten Rasse, natürlich unter Selektion zur Bewahrung der Übereinstimmung mit dem Rassestandard.

Der Streit über die Winkelungen der Gliedmaßen und die Brust ist so alt wie die moderne Kynologie. Was da nahe liegend scheint und in guter Absicht gefordert wird, ist oft völlig verfehlt. Über die übertriebene Winkelung des Sprunggelenks beim Deutschen Schäferhund und Chow-Chow haben wir schon gesprochen. Ein anderes Kapitel ist die Brustbreite und -tiefe, die angeblich unbedingt erforderlich ist, um Raum für eine leistungsfähige Lunge und das Herz zu schaffen. Ein Blick auf den Wolf genügt, um zu sehen, dass er weder eine breite noch eine tiefe Brust braucht, und seine Winkelung ist nach der gängigen kynologischen Dogmatik eher steil, obwohl er vorwiegend trabt. Darauf hat schon Eberhard Trumler hingewiesen. Dennoch ist der Wolf weit leistungsfähiger als der Haushund, was Ausdauer und Schnelligkeit – abgesehen von Spezialisten wie Schlittenhunden bei Ersterer und Windhunden bei Letzterer – und vieles andere betrifft.

Es ist schon so, dass Hunde einem vom Menschen geprägten Schönheitsideal nahe kommen müssen, heute auch bei vielen Gebrauchsrassen, zu dem eben eine breite und tiefe Brust, beim Fox Terrier zum Beispiel eine quadratische statt einer rechteckigen Form gehört. Wie gesagt, ohne gewisse Konzessionen an den menschlichen Geschmack werden wir gewiss nicht auskommen. Doch man sollte dann so ehrlich sein zuzugeben, dass das mit Gebrauchsfähigkeit wenig oder nichts zu tun hat. Und die Hunde dürften wenigstens nicht weiter an maßlosen Übertreibungen leiden müssen, Anzeichen für eine Wende sind schon da.

Eine haarige Geschichte

Das Haarkleid des Wolfes besteht aus vier Haarformen: Wollhaar, Grannenwollhaar (den Grannen zugeordnete Wollhaare), Grannenhaare und Leithaare. Die letzten beiden sind lang und steif und stehen in Gruppen von einem Leithaar und zwei Grannenhaaren sowie Grannenwollhaaren zusammen.

Bei den Haushunden gibt es die verschiedensten Haarformen durch Ausfall und/oder Veränderung der einzelnen Haarkomponenten. Beim Kurzhaar treten die Wollhaarformen zurück oder fehlen ganz, die Grannen- und Leithaare sind kurz. Pudel und andere Hunde mit gekraustem Wollhaar haben dagegen nur Woll- und Grannenwollhaare, die unbegrenzt nachwachsen und so zu Verfilzung beziehungsweise Schnürenbildung neigen (Letzteres mit menschlicher Nachhilfe wie beim Puli und früher beim Schnürenpudel). Wollhaare können aber auch nur verlängert und gewellt sein, die Grannenhaare können ebenfalls fehlen wie beim Wellhaar des Barsois. Dem Haarkleid des Wolfes entspricht noch das Stockhaar, zum Beispiel des Deutschen Schäferhundes. Das natürliche Haarkleid sieht auch „Fenster“ für die Abkühlung vor, das heißt Bauch, Brust und die Innenseite der Oberschenkel sind sehr schütter behaart. Wenn es heiß ist, scharren die Hunde daher den Boden auf und legen sich dann darauf, um sich an diesen Flächen abzukühlen.

Die Grannenhaare liegen natürlicherweise dicht an und schützen so vor Nässe, beim Spitz sind sie abstehend. Bei sehr langen Deckhaaren haben wir das Langhaar (je nach Rasse mit oder ohne Unterwolle). Nicht anliegendes, hartes Haar ergibt das Rauhaar. Wenige oder fast keine Haare haben die Nackthundrassen.

Bei der Besprechung der Sinnesorgane wurde bereits auf die Schnurrbart- beziehungsweise Tast- oder Sinushaare des Hundes hingewiesen, denen eine wichtige Rolle bei der Aufnahme von taktilen Umweltreizen zukommt.

Beim Wolf wird das Haarkleid zweimal jährlich gewechselt: Im Herbst entsteht das dichte Winterkleid, im Frühjahr das dünne Sommerhaar. Dies findet man auch noch, wenn auch meist weniger ausgeprägt, bei verschiedenen Rassen. Wollhaarige (Pudel) und auch manche rauhaarige Rassen wie Terrier stoßen das Haar nicht ab, es wächst weiter und muss dann zeitweise geschoren werden oder wird „reif“ (das heißt dünn), fällt aber nicht aus und wird getrimmt (ausgerupft).

Alle verschiedenen Haarformen erfordern also eine andere Art der Pflege, am wenigsten das Kurz- und das Stockhaar. Bei Rassen mit Haarwechsel ist dieser auch oft nicht mehr so stark jahreszeitlich geprägt, viele verlieren ständig Haare, besonders wenn sie im Haus, also bei gleich bleibender Temperatur gehalten werden. Hunde sind, da sie sich nicht durch Schwitzen auf nackter Haut abkühlen können, empfindlicher gegen Hitze als der Mensch. Sie schwitzen nur an den Pfoten und kühlen sich durch Hecheln. Dies kühlt allerdings den Kopf und das hitzeempfindliche Gehirn besonders gut. Das Schwitzen an den Pfoten kann im Winter bei starker Bewegung bei manchen Hunden zu Schneeklumpen zwischen den Zehen führen.

Schwitzen führt zu Verlusten an Mineralstoffen, ist aber ein wirksames Mittel zu Abkühlung, wenn es zur Durchnässung führt. In trockenen Gebieten können die Mineralstoffe durch Trinken leichter ersetzt werden als in Zonen mit viel Niederschlag. Vielleicht sind Hunde also in Feuchtgebieten entstanden. In der Kälte hat Schwitzen aber einen Nachteil: Wenn das Tier durch rasches Laufen erhitzt wird, kühlt es bei Inaktivität stark ab, was zu Erkältungen und sogar zum Erfrieren führen könnte.

Die Haare sind auch ein Beispiel für die Probleme, die der „Schönheitssinn" des Menschen für die Hunde im Gefolge haben kann. Nur die Stockhaarvarianten mit noch intaktem Haarwechsel entsprechen voll den Bedürfnissen des Hundes: Schutz vor Nässe und Kälte, im Sommer vor zu rascher Überhitzung und Sonnenbestrahlung der Haut, Möglichkeit der Körperpflege und des „Flöhens" (Durchknabbern der Haare).

Fehlt die Unterwolle oder ist sie verringert wie beim Kurzhaar, ist der Kälteschutz gering. Solche Hunde eignen sich in unseren Breiten nicht zur Haltung im Freien. Bei zu langem, dichtem Haar und ungeschorenem Wollhaar können sich die Hunde im Sommer weniger gut abkühlen. Ja, beim Puli und Komondor zum Beispiel lässt man zu Ausstellungszwecken ein überlanges Haarkleid heranwachsen, wobei behauptet wird, dies sei im Sommer sogar der beste Hitzeschutz, ähnlich wie die dichten, mehrfachen Burnusse der Beduinen in der Hitze der Sahara. Doch es verhält sich anders: Wohl verhindert eine dichte Wolle einerseits eine rasche Aufheizung in der Sonne, andererseits aber auch eine ausreichende Abstrahlung der entstehenden Körperwärme bei schneller Bewegung. Arbeitende Pulis in der Puszta werden daher, wie auch andere stark zottig behaarte Hirtenhundrassen, im Frühjahr von den Hirten gemeinsam mit den Schafen geschoren. Dies ersetzt den bei diesen Hunden nicht vorhandenen Haarwechsel. Ein australischer Züchter berichtet, dass in seinem sehr heißen Gebiet immer wieder lang- oder zotthaarige Hunde angeschafft werden. Deren Züchter behaupten, gerade diese seien besonders hitzeresistent. In der Praxis müssen aber dann alle diese Hunde raschest geschoren werden, wenn sie überleben sollen.

Die Beduinen bedecken sich aus anderen Gründen, vermutlich ist dies wegen der starken UV-Strahlung notwendig. Sie sind im Vergleich zu Schwarzafrikanern relativ hellhäutig und daher UV-gefährdet. Die stark pigmentierten Schwarzafrikaner dagegen brauchen das interessanterweise nicht (obwohl es die Moslems unter ihnen teilweise von den Arabern übernommen haben), sie blieben früher zum Teil einfach nackt und konnten so den Schweiß physikalisch optimal frei verdunsten lassen. Wir alle kommen bekanntlich aus Afrika und waren vermutlich einmal schwarz als UV-Schutz. Als die Vorfahren der heutigen Weißen dann den Norden besiedelten, mussten sie „ausbleichen". Denn im Gegensatz zu den Hunden brauchen wir Menschen doch etwas UV-Bestrahlung gegen Rachitis, da so Vitamin D in der Haut entsteht, aber eben nicht zu viel. Später kamen „weiße" Volksstämme wieder in die Wüstenzonen Afrikas und Südwestasiens, sie wurden zwar wieder dunkler, doch offenbar nicht ausreichend. So mussten sie sich dennoch zum Schutz dicht umhüllen (bekanntlich schützen viele Textilien in einfacher Lage nicht ausreichend vor UV-Strahlung). Jetzt geht es ihnen wie den Pulis, sie müssen auf optimale Abstrahlung an der Luft einfach verzichten, sind jedoch bei geringer Bewegung in der Sonne vor zu rascher Überhitzung geschützt. Es gibt kein Tier in der Natur, das nicht in der Wärme seine Temperatur abzustrahlen trachtet, oft durch große Ohren, Wammen und dergleichen. Schwer einhüllen müssen sie sich ja nicht, denn UV ist für sie nicht gefährlich, da sie behaart und außerdem gut pigmentiert sind. Ein wolliges Wüstentier im Sommer gibt es nicht, die im Winter dicht behaarten Kamele zum Beispiel sind im Sommer fast nackt zu nennen.

Im Interesse des Tierschutzes sollte daher beim Puli und anderen wollhaarigen Rassen auf ein dickes Haarkleid im Sommer verzichtet werden. Immerhin ist das Wollkleid einer der wenigen genetischen Defekte, der leicht (durch Scheren im Frühjahr) korrigiert werden kann. Allerdings darf man die Tiere nicht zu kurz oder gar kahl scheren.

Bei lang- und zotthaarigen Rassen sind auch oft die Augen überdeckt. Hier wird behauptet, der Puli (oder Hunde anderer Rassen, bei denen die Haare über die Augen hängen) sähe trotzdem gut. Das ist natürlich nicht der Fall. Aus zwei Gründen kommen solche Hunde dennoch gut zurecht: Einerseits weil sie, wie ja auch die blinden Hunde, dies wesentlich besser können als blinde Menschen, andererseits wohl wegen des besonders guten Dunkelheitssehens. Auch die Tasthaare mögen eine noch unerforschte Rolle spielen. Dennoch hat man zum Beispiel in den USA in Tierheimen die Erfahrung gemacht, dass Bobtails (Altenglische Schäferhunde) viel friedlicher miteinander lebten, als man die Haare vor ihren Augen abschor. Sie merkten die Annäherung eines Artgenossen vorher offenbar vielfach erst im letzten Moment und reagierten dann aus Schreck und Unsicherheit aggressiv. Die Haarbedeckung der Augen bei solchen Rassen ist häufig erst ein Ergebnis der gezielten Zucht in den letzten Jahrzehnten auf übertrieben dichtes, langes Haar. Bilder von früher und von bei der Herde arbeitenden Tieren zeigen oft viel freier blickende Hunde mit nur mäßigem Zotthaar. Daher sollte man ihnen die Augen frei scheren, allerdings nur allmählich, da sonst Schäden eintreten könnten, wenn sie plötzlich grelles Licht ertragen müssten. Freilich ist nicht auszuschließen, dass ihre Augen durch den Lichtmangel und die einseitige Fokussierung möglicherweise manchmal bereits Entartungen aufweisen, welche das Scheren nicht mehr ratsam erscheinen lassen.

WELCHE ZUCHTZIELE SIND ANZUSTREBEN?

Die Standards der vielen von der FCI anerkannten Rassen definieren das Aussehen, die Fähigkeiten und das Wesen der einzelnen Rassen. Meist richtet man sich dabei nach der ursprünglichen Verwendung der Rasse, die aber oft nicht mehr besteht. Die meisten Rassen sind einfach Heimtiere geworden, die ursprünglichen Wesenseigenschaften wie Jagd- oder Hüte- oder gar Kampftrieb daher unerwünscht. Das ursprüngliche Wesen und die Fähigkeiten einer solchen Rasse zu erhalten ist dann kaum mehr möglich. Auch die mächtigen Molosser haben heute friedlich und „gesellschaftsverträglich" zu sein und sind das meistens auch.

Ursprüngliche Hunde, wie zum Beispiel Basenjis oder Sibirische Huskys, so zu erhalten, wie sie in ihren Herkunftsländern waren, ist gar nicht möglich. Es fehlt die dazu nötige Umwelt des afrikanischen Dschungels beziehungsweise der eisigen freien Tundra und sie werden bei uns nicht mehr von den sie ursprünglich beherbergenden Volksstämmen, den afrikanischen Pygmäen beziehungsweise den Tschuktschen Kamtschatkas, gehalten und verwendet. Huskys werden zwar bei uns auch zum Teil zu Schlittenrennen verwendet, aber unter ganz anderen Bedingungen. Daher wirken auf diese ursprünglichen Hunderassen in jeder Generation durch die neue Umwelt wie durch die Menschen, die sie aufgenommen haben, völlig andere Selektionsfaktoren ein. Die Erhaltung der Ursprünglichkeit kann sich ja nicht nur auf Äußerlichkeiten beschränken, und die verändern sich ja im modernen Schauwesen ebenfalls beträchtlich. Also entstehen Heimtiere, die gegenüber ihren Ahnen schon weitgehend verändert sind. Beim Basenji zum Beispiel versucht man zum Teil, ihn auch bewusst züchterisch im Wesen den Erfordernissen der Heimtierhaltung anzupassen. Mit der Erhaltung gefährdeter Arten (die übrigens aus ähnlichen Gründen auch sehr schwierig ist) hat dies nichts zu tun. Bereits durch Generationen bei uns gezüchtete Basenjis unterschieden sich von neu aus Afrika eingeführten daher im Wesen und Aussehen schon deutlich – und Letztere fallen bereits durch unverwüstliche Gesundheit und weniger Last durch Erbkrankheiten auf.

Wichtigstes Zuchtziel ist aber auf jeden Fall eine gesunde Rasse. Diese haben wir uns wie folgt vorzustellen:

- Sie ist genetisch variabel, kein Defektgen ist überrepräsentiert, daher gibt es kaum Erbkranke in der Nachzucht
- Sie ist fruchtbar in beiden Geschlechtern
- Bei den Hündinnen ist die Läufigkeit regelmäßig und gut ausgeprägt, sie werfen problemlos, sind ausgezeichnete Mütter und haben viel Milch

- Die Welpen sind unempfindlich und widerstandsfähig, sie müssen in ihrer freien Bewegung nicht wegen HD-Rsiko etc. eingeschränkt werden und wachsen problemlos heran
- Die Rasse ist anspruchslos in Pflege und Fütterung, widerstandsfähig, Allergien und Autoimmunerkrankungen sind kein Thema
- Im Wesen ist sie robust, anpassungsfähig, intelligent und leistungsfähig
- Der Tierarzt wird durch sie nicht reich

Wo gibt es heute noch so eine Rasse? Vielleicht noch in der Arktis bei den Inuit oder in Afrika.

KYNOLOGISCHE INSTITUTIONEN UND DIE GEMEINSCHAFTLICHE VERWALTUNG EINES KULTURGUTES

Hunderassen sind jedoch ein Kulturerbe, eine Ressource, welche die Züchter nützen. Sie sind daher zu erhalten, das heißt, ihr genetisches Potenzial darf nicht verloren gehen, weil sonst Raubbau betrieben und ihre Zukunft gefährdet würde. Hunderassen sind somit anderen durch den Menschen genutzten Ressourcen zu vergleichen, die nicht durch den Egoismus Einzelner zerstört werden dürfen, sondern deren Nutzung nachhaltig durch Beschränkung der Ausbeutung geschehen muss. Hundezucht ist in dieser Beziehung der schonenden kooperativen Nutzung von Almweiden oder Trinkwasserquellen vergleichbar. Almen zum Beispiel würden zerstört, würde jeder Bauer unbeschränkt viel Vieh auftreiben. Im gemeinschaftlichen langzeitigen, nachhaltigen Interesse wird daher sein Nutzungsrecht begrenzt (M. McIntyre, 2001, E. Ostrom, 1990).

In der Hundezucht ist es nicht anders. Wenn nicht genügende Selektion auf Gesundheit durchgeführt wird, vermindert sich der Nutzungswert der Rasse in den folgenden Generationen. Wenn einzelne Züchter ihre Spitzenrüden unbegrenzt einsetzen dürfen, verseuchen sie mit deren Defektgenen große Anteile der Population, erhöhen deren Inzuchtpegel und legen so den Keim zum Ausbruch schwerer Erbkrankheiten, wie es bei immer mehr Rassen der Fall ist. Ähnliche Schäden entstehen durch Inzest- und Linienzucht, also bei allen inzuchterhöhenden Zuchtpraktiken.

Dazu kommt, dass Erbdefekte nur bekämpft werden können, wenn alle Züchter auftretende Fälle rückhaltslos deklarieren. Damit schaden sie sich meist jedoch selbst schwer, da sie und ihre Zuchtprodukte eine Rufschädigung erleiden. Dies ist heute noch ein schwerwiegendes Problem in der Hundezucht. Ich meine, dem könnte nur dann wirksam begegnet werden, wenn alle Züchter sich dagegen versichern lassen könnten und müssten, doch ist möglicherweise den Versicherungen das Risiko zu groß. Nicht nur die Ausbeutung der Ressource Hunderasse durch den einzelnen Züchter muss sinnvoll begrenzt werden, sondern natürlich auch dessen Risiko, wenn er im Interesse der Rasse verantwortungsvoll handelt. Auch der beste Züchter ist ja vor dem Auftauchen von Erbkrankheiten nicht gefeit. Es wäre daher die Pflicht der kynologischen Institutionen, die Voraussetzungen für die notwendige Risikostreuung zu schaffen, im Interesse der Rassen und kommender Züchtergenerationen. Züchter sind also als verantwortliche Hüter der Hunderassen berufen und damit zu gemeinschaftlichem Handeln und Zurückhaltung bei der Nutzung.

SO ZÜCHTET DIE NATUR: JEDER WOLF EIN CHAMPION? – DAMENWAHL

Mutter Natur, die Meisterzüchterin par excellence, hat es geschafft, im Wesentlichen ohne Inzucht, ja vielmehr unter deren möglichster Vermeidung, Wildtiere zu züchten, von denen jedes einzelne Exemplar „typvoll" in Bezug auf seine Art wie ein Superchampion auf unseren Ausstellungen. Fast jeder Fuchs oder Wolf würde einen Siegertitel verdienen, gäbe es einen „Fuchs"- oder „Wolfsstandard" – obwohl diese Tiere durchaus variabel sind. In der Natur entsprechen erstaunlicherweise die weitaus meisten Wölfe und Füchse dem „Artstandard", dennoch sind diese Tiere genetisch viel variabler als Rassehunde. Zweifellos züchtet auch die Natur nach dem Exterieur (Wölfe oder Füchse sind offenbar nach dem „Artstandard der Natur" gezüchtet), aber bei weitem intensiver nach dem biologischem Wert eines Tieres, also genetischer Vielfalt, Gesundheit, Widerstandskraft, körperlicher und mentaler Leistungsfähigkeit usw.

Das Geheimnis ist harte Selektion unter Tausenden von Individuen einer Art. Da das in der Hundezucht kaum vorstellbar ist, werden unsere Zuchtbemühungen der Natur gegenüber im Verhältnis immer Stümperei bleiben. Dennoch hätten wir heute das Rüstzeug, um Rassehunde zu züchten, die wieder eine akzeptable genetische Ausstattung aufweisen und dennoch unseren (vernünftigen) Vorstellungen von Schönheit, Wesen, Gesundheit und Leistungsfähigkeit entsprechen.

Schwächliche Individuen sterben in der Natur schon als Jungtiere. Die weitere Auswahl der geeignetsten männlichen Tiere zur Fortpflanzung ist bei vielen Arten, wie man immer mehr erkennt, von der Natur den Weibchen „anvertraut" worden. Für diese ist ja die Fortpflanzung eine riskante, aufwendige Angelegenheit, man denke an die Behinderung und Gefährdung durch Trächtigkeit, Geburt und Jungenaufzucht. Kein Wunder, dass weibliche Tiere allen Grund haben, den männlichen Partner sorgsam auszuwählen, denn ein in irgendeiner Beziehung nicht entsprechendes Vatertier würde durch Vererbung seines genetischen Defizits den Fortpflanzungserfolg des Weibchens in Frage stellen.

Bei den männlichen Tieren liegt die Sachlage meist ganz anders, denn diese können bei Promiskuität oder Polygynie (Haremhaltung) viel mehr Nachkommen in die Welt setzen und so das genetische Risiko auf eine größere Anzahl Partnerinnen verteilen. Es kommt bei ihnen also auf die Maximierung der Nachkommen und weniger auf eine möglichst hohe Qualität an. Die Weibchen müssen jedoch die Qualität der Männchen in irgendeiner Weise beurteilen können. Nach der „Vorselektion" durch die Natur beim Heranwachsen selektieren die Männchen sich wohl auch selbst durch ihre Rivalität und rituelle oder ernste Kämpfe. Die letzte Auswahl treffen aber nun die Weibchen, wozu ihnen bestimmte Anhaltspunkte dienen müssen. Das ist zum Beispiel bei manchen Tieren die Symmetrie des Körperbaus, die Ausformung eines besonderen Körperschmucks, wie das Hirschgeweih oder der glänzende Federschmuck des Pfaus. Erst kürzlich aber hat man entdeckt, dass auch der Körpergeruch bei manchen Arten eine Rolle spielen kann (W. K. Potts, 1997). Dies wurde zum Beispiel bei Mäusen und möglicherweise auch Menschen festgestellt. Der Körpergeruch wird nämlich durch Gene des so genannten Major Histocompatibility Antigene Complex (MHC) bestimmt, der bisher nur für das Immunsystem als zuständig galt.

Die große Gefahr, die von Bakterien und Viren ausgeht, ist die Ursache, dass der MHC äußerst variantenreich ist. Beim Hund heißen die produzierten Antigene DLA (dog leucozyte antigens – Leukozytenantigene des Hundes). Man hat sechs verschiedene Gene mit jeweils mehr als 20 Varianten (Allelen) festgestellt, damit also eine enorme Zahl möglicher Kombinationen, die ein „Waffenarsenal" der Tierart Hund im Kampf gegen die Parasiten darstellt. Dieser Kampf ist uralt, bestimmte MHC-Allele eines Menschen sind daher mit solchen eines Schimpansen manchmal näher verwandt als mit solchen von anderen Menschen!

Man hat nun herausgefunden, dass zwischen den Tieren einer Art und den Parasiten, wozu auch die krank machenden Bakterien und Viren zu rechnen sind, im Lauf der Generationen ein nie endender Kampf mit immer neuen „Waffen" des Angriffs und der Verteidigung wogt. Infektionen schwerwiegender Art können nur Tiere widerstehen, deren Immunsystem imstande ist, die eingedrungenen Keime unschädlich zu machen. Es ist dies die genetisch bedingte Möglichkeit, eingedrungene Keime als körperfremd zu erkennen und bekämpfen zu können. Auf diese Fähigkeiten wurde man aufmerksam, als die Medizin begann, Transplantationen durchzuführen. Das MHC-gesteuerte Immunsystem „erkennt“ an den Transplantaten, sofern sie nicht von sehr nahen Verwandten stammen, dass sie körperfremd sind. Dann kommt es zur Abstoßung, doch mit verschiedenen Tricks und Medikamenten gelingt es heute den Ärzten, dieses Abwehrsystem zu überrumpeln.

Ähnlich ist auch die Strategie der Bakterien und sonstiger Parasiten. Nicht selten kommt es bei ihnen zu Mutationen, die der MHC nicht als fremd erkennt. In solchen Fällen kann es zu schweren Infektionen mit Todesfolge kommen. Die Pestzüge des Mittelalters waren ein Beispiel, sie führten fast zur Ausrottung der europäischen Bevölkerung. Dennoch kam es nicht dazu, denn in jeder natürlichen Population – und die Bevölkerung eines Landes ist eine solche – gibt es auch seltene Varianten des MHC. Darunter können sich solche befinden, die mit einer neuen Art von Infektion, wie es die Pest war, zurechtkommen. Vermutlich deshalb hat ein Teil unserer Vorfahren das Mittelalter überlebt. Deren Nachkommen konnten ebenfalls gegen die Pestilenz die ererbte Immunität entwickeln und sich so wieder vermehren. Die Immunzellen unseres Körpers können Tausende von Bakterienvarianten, Viren, Parasiten und Krebszellenarten erkennen und vernichten, wenn sie dazu genügend genetische Varianten an der Hand haben. Wird ein Tier ingezüchtet, geht je nach dem Grad der Inzucht ein mehr oder weniger großer Anteil an Erkennungsmöglichkeit verloren, das heißt, dieses Tier ist einer enormen Zahl von Krankheitsursachen ausgesetzt!

Herkömmliche Rassehundzucht schädigt also genetisch dreifach:

1. Das Immunsystem kann Antikörper gegen Tausende von Bakterien, Viren, Parasiten und Krebsformen synthetisieren! Inzucht reduziert dieses Vermögen massiv, je nach dem Höhe des Inzuchtkoeffizienten.
2. Hunderassen beherbergen nur wenige Defektgenarten, jedoch in hohen Anteilen. Bei den Paarungen treffen sie dann sie oft zusammen und führen zu einem kranken Welpen.
3. Vielfältige Gene erzeugen besonders wirksame Enzyme durch Überdominanz. Bei Mangel an Vielfalt vermindert sich diese Vitalität.

Diese Situation stellt Tiere, die sich fortpflanzen sollen, vor ein Dilemma. Die Evolution hat bewirkt, dass bei der Fortpflanzung Vorsorge zu treffen ist, damit die zu erwartende Nachzucht möglichst lebens- und wettbewerbsfähig ist. Da Kombinationen verschiedener Gene dies in erhöhtem Maße bewirken (die erwähnte Kreuzungsvitalität), müssen Paarungen nahe verwandter Tiere möglichst vermieden werden. Doch das ist anscheinend nicht genug, auch nicht verwandte Tiere können MHC-Varianten aufweisen, die den Anforderungen an Resistenz nicht genügen, es sollten daher am besten bestimmte Paarungskombinationen erfolgen.

Wie schon erwähnt, dürfte die Aufgabe der entsprechenden Partnerwahl bei den meisten Tierarten den Weibchen zukommen. Also müsste man erwarten, dass Weibchen dabei sehr wählerisch sind. Studien zeigen, dass das oft der Fall ist, wenn auch den Umständen entsprechend, denn allzu wählerisch sein kann ja je nach der Situation bedeuten, gar keinen Partner zu finden. Die Wahl erfolgt zum Beispiel dadurch, indem das Weibchen geruchlich feststellt, dass ein potenzieller Partner erstens nicht mit ihm verwandt ist und zweitens womöglich mit ihm eine besonders passende Immungenkombination bildet. Da sich das Immunsystem im Körpergeruch sozusagen selbst deklariert, ermöglicht es so diese so notwendige „Damenwahl".

VIELVERSPRECHENDE FORSCHUNGEN SOLLEN ZÜCHTERN HELFEN

Aber da kommt uns in Kürze wohl wieder die Molekulargenetik zu Hilfe! Die erwähnten Forschungen in den USA, University of California Davis (www.vgl.ucdavis.edu/ccah/details.htm) betreffen eben den MHC bei verschiedenen Hunderassen und dessen vielseitige Zusammensetzung. So will man Marker für die wichtigsten Autoimmunerkrankungen, wie Polyarthritis, Lupus erythemathodes u. a., bei verschiedenen Rassen finden. Auf längere Sicht könnte aber der Forscher die läufige Hündin in der Partnerwahl ersetzen, indem er aus den DLA von Hündinnen und Rüden die gesundheitlich gesehen optimalen Paarungskombinationen feststellen kann. Wenn diese dann auch von Standard und Leistung her akzeptabel sind, wäre ein schwieriges Problem gelöst. In der Zwischenzeit muss man aber trachten, durch möglichstes Vermeiden von Verwandtenpaarungen und entsprechendes genetisches Management die Heterozygotie zu verbessern und so die Probleme zu vermindern oder deren Entstehen zu vermeiden suchen.

Würden wir es nun den Hündinnen überlassen, ihrem natürlichen Trieb – sofern er noch vorhanden ist – wie ein Wildtier zu folgen und sich den Partner selbst auszuwählen, würden sie vermutlich andersartige oder Mischlinge wählen, weil sie oft nur bei diesen keine Verwandten beziehungsweise den richtigen komplementären MHC-Typ erschnüffeln würden. Allerdings ist kaum zu erwarten, dass unsere Haushunde noch diese Auswahlfähigkeit haben (sie ist ja auch beim Wolf nicht erwiesen, jedoch bei diesem Nasentier höchst wahrscheinlich). Es wird jedoch bald möglich sein, die MHC-Typen der Hunde zu bestimmen und die besten Kombinationen zu ermitteln, so gut wir dazu eben imstande sind. Dies könnte eine echte Chance darstellen, in Zukunft Rassehunde zu züchten, die Mischlinge im Durchschnitt an Gesundheit übertreffen.

Nun ist man aber neuerdings auf weitere Probleme aufmerksam geworden. In der englischen Zeitschrift „Dog World“ wogte kürzlich ein Disput zwischen Tiermedizin und Anhängern alternativer Heilmethoden, die häufige Erkrankungen, ja Todesfälle nach Impfungen nachgewiesen haben wollen. Zwar kann an dem Segen der Impfungen gegen Seuchen aller Art kein Zweifel bestehen, man denke nur an die faktische Besiegung der Staupe beim Hund oder der Pocken beim Menschen. Allerdings, Impfzwischenfälle gibt es immer wieder, sie sind aber im Allgemeinen eher selten. Nun will man in den USA den Gründen für ein verstärktes Auftreten von Autoimmunproblemen nach Impfungen, besonders mit Mehrfachvakzinen, auf genetisch diesbezüglich anfällige Individuen bei manchen Rassen nachgehen, inklusive einer eventuellen Beteiligung der Systembelastung bei bestimmten genetischen Defekten.

HUNDEZUCHT DER ZUKUNFT – FORTSCHRITT ODER HORRORVISION?

Also sprach Eberhard Trumler bereits 1974: „Vielleicht wird es einmal in einem Konversationslexikon unter dem Stichwort ‚Rassehund‘ heißen: Rassehunde waren der misslungene Versuch, körperbaulich und wesensmäßig unterschiedliche Domestikationsformen des Wolfes mit Hilfe so genannter ‚Standards‘ und Schönheitswettbewerben oder einseitiger Leistungsprüfungen über längere Zeit am Leben zu erhalten.“ Dabei war ihm die Inzuchtproblematik noch gar nicht bewusst!

Die Hunde, die heute mit uns leben, sind ein unverdientes Geschenk, wenn man die groben Versäumnisse, Verirrungen und Fehler bei der Zucht und Haltung bedenkt. Immer noch sind wir die Nehmer und tief in ihrer Schuld. Jedenfalls haben wir durch unsere Unzulänglichkeiten bei weitem nicht die Hunde, die wir haben könnten, denn wir verstehen es in neuerer Zeit nicht mehr richtig, das Potenzial der Gattung Haushund richtig auszuwerten.

Es wird schon eine große, mühevolle Aufgabe sein, den Haushund wieder zu dem zu machen, was er einmal war, eine Population urgesunder Tiere. Doch mit unserem heutigen Wissen könnten wir zu noch besseren Ergebnissen kommen, als sie je erreicht wurden. Ob dies gelingt, ja, überhaupt je richtig angepackt wird, ist allerings zu bezweifeln, denn der zivilisierte Mensch entfremdet sich der Natur immer mehr, und damit nimmt seine Fähigkeit, naturnah zu züchten, vermutlich ebenfalls immer mehr ab. Doch andererseits gäbe es ja heute jenes Instrumentarium, das man für diese Aufgabe braucht, eben in der vielfach erwähnten Molekulargenetik. DNS-Tests können aufzeigen, wie viel genetische Vielfalt in einer Rasse und den auszuwählenden Zuchttieren vorhanden ist und welche Tiere gepaart werden müssen, um die genetische Vielfalt zu verbessern und die Inzuchtschäden zu beheben. Die Richter müssten wieder auf den Urtyp der Rassen hinarbeiten, denn der war anfangs in Wirklichkeit viel typischer als viele der heutigen, oft hemmungslos karikierten Formen – die auch oft aus Tierschutzerwägungen nicht länger aufrechterhalten werden können. Neuerdings sind auch erste Erfolge in dem Bestreben erzielt worden, die Zugehörigkeit zu einer Rasse bei Rindern und anderen Tieren molekulargenetisch nachzuweisen. Ferner ist die Möglichkeit in Aussicht, die Entstehungsgeschichte der Rassen und unter Umständen auch ihr Ursprung aus Rassenkreuzungen nachzuweisen. Dies beruht auf der Erforschung des Y-Chromosoms, das sich nur in Rüden findet und ihr Geschlecht bestimmt. Sie haben je ein Y- und ein X-Chromosom im Zellkern, während Hündinnen zwei X-Chromosomen aufweisen. Da das Y-Chromosom unverändert (abgesehen von etwa auftretenden Mutationen) vom Vaterrüden weitergegeben wird, ist es möglich, die Vaterlinie mittels molekulargenetischer Tests zurückzuverfolgen und auch den genetischen Anteil im Erbgut vorherrschender Rüden in einer Rasse oder Linie zu bestimmen.

Auch die Erforschung der genetischen Grundlagen der Fähigkeiten von Gebrauchshunden steht bevor. So wurde schon versucht, die Gene für den Wasserrettungstrieb der Neufundländer und den Hütetreib der Border Collies zu erforschen.

Auch das Klonen des Hundes steht bevor ... Mit Schaf Dolly ist es gelungen, ein gentechnisch geklontes Tier herzustellen, das statt aus Hoden und Eierstöcken ohne jede Befruchtung aus einer ganz normalen Körperzelle entstanden ist. Dolly hätte auch ein Hund sein können: ein Klon eines Superior Champion of Champions zum Beispiel. Oder etwa von „Kommissar Rex", von dem sich ohnehin so viele Zeitgenossen um jeden Preis einen Nachkommen wünschen würden. Natürlich auch vom geliebten eigenen Hund bei dessen Ableben oder auch schon vorher.

Das gentechnische Verfahren ist grundsätzlich das gleiche, ob es sich um geklonte Schafe, Hunde oder Menschen handelt, allerdings sind dafür die verfahrenstechnischen Voraussetzungen noch zu erarbeiten und könnten sich beim Hund auch zunächst als schwieriger erweisen. Da Champions und Rex Billionen Körperzellen haben, die den gesamten Erbcode enthalten, wird es diesbezüglich keinen Engpass für eine etwaige „Serienproduktion" geben, wenn man den DNS-Spender tiefgefriert, theoretisch auf Jahrhunderte nicht! Vielleicht würde auch eine Zellkultur von ihnen genügen, um eine „Serienproduktion" aufzubauen. Als „Eimütter" (die Lieferantinnen der entkernten Eizellen) und „Leihmütter" (welche die Embryonen austragen) hätte man ja auch genügend billige Mischlingshündinnen zur Verfügung. Konsequent zu Ende gedacht, könnte so eine industrielle Produktion eines oder weniger Typen jeder Rasse die bisherige individuelle Hundezucht völlig ersetzen, die Hobbyzüchter würden verschwinden, die Vermehrer – wie heute bei der Hühner- und Schweinezucht – an ihre Stelle treten. Im Ergebnis könnte man jede Menge Hunde mit genau normierten Eigenschaften, natürlich erbkrankheitsfrei und mit Formwert- und Wesensgarantie für jede Gebrauchsform und Verwendung, erzeugen. Allerdings, nach neueren Erkenntnissen dürften diese Klone eine verminderte Lebenserwartung haben, da der Spender des Erbgutes entsprechend seinem Alter zur Zeit der Entnahme weniger Lebenszeit übertrug, das heißt, je jünger dieser ist, desto länger kann sein Klon leben. Klonforscher meinen jedoch, die Auswirkungen würden übertrieben dargestellt. Zwar hat die Klonforschung nach neuesten Berichten einen Rückschlag erlitten, die geklonten Schafe sind bei der Geburt wesentlich schwerer als natürlich entstandene und ihre Lebensdauer soll kurz sein. Aber schließlich hat es solche „Kinderkrankheiten" noch bei jeder bahnbrechenden Entdeckung oder Erfindung gegeben. Auch ist das Klonen bei Schafen, wird berichtet, bedeutend einfacher als bei anderen Tiergattungen. Es mag also noch einige Zeit dauern, utopisch ist so ein Horrorszenario jedoch keinesfalls (derzeit versucht schon ein amerikanisches Ehepaar mit enormen Geldaufwand, ihre Mischlingshündin Missy auf diese Weise zu „verewigen"!).

Die Weiterentwicklung der Rassen aber würde dann speziellen gentechnischen Labors vorbehalten bleiben, die auch jede Form abartiger Typen für den „besonderen Geschmack" herzustellen in der Lage wären. Für den privaten Hundezüchter wäre offenbar bei diesem „fortschrittlichen" System kein Platz mehr vorgesehen, die Hundezucht oder besser -produktion wird industrialisiert. Die normale „biologische" Hundezucht ist ja bereits immer mehr in Gefahr, übertechnisiert zu werden. Schon heute trifft der Gegensatz „biologisch" gegenüber „Hightech" immer mehr auch auf die Hundezucht zu: Künstliche Besamung, Kaiserschnitt, exakte biochemische Bestimmung des Zeitpunkts der Befruchtungsfähigkeit, jede Menge ultramoderner medizinischer Vorsorge beim Decken, in der Trächtigkeit, bei der Welpenaufzucht, molekulargenetische Feststellung der Erbkrankheitsträger und immer neue andere Techniken werden zunehmend zu unentbehrlichen Hilfsmitteln in der Hundezucht, teils mit segensreichen, vielfach aber mit gefährlichen Auswirkungen. Richtig angewendete künstliche Besamung zum Beispiel kann sehr wertvoll sein, um bei kleinem Genpool durch neues Blut von anderswo die genetische Breite zu sanieren. Bei Hunden angewendet, die selbst nicht mehr zu einer normalen Paarung befähigt sind, führt eine solche Technik jedoch zur Weiterverbreitung eines solchen verderblichen Unvermögens in der Rasse, sodass sie schließlich ohne diese gar nicht mehr gezüchtet werden kann. Solche Probleme erhöhen einerseits die Gefahr der schließlich totalen „Gentechnisierung" auch der Hundezucht, andererseits das Risiko der legislativen Beschränkungen – siehe die Empfehlungen des Europarates zur Heimtierzucht.

Doch inzwischen steht ja, wenn man den Pressemeldungen glauben darf, sogar das Klonen von Menschen bevor, mit Klonversuchen bei Rassehunden hat man ja schon begonnen (bisher noch ohne Erfolg). Wenn Letzteres gelingt, stünde der industrialisierten Rassehundezucht nichts mehr im Wege. Das könnte dann vermutlich das Ende der Hobbyzucht und auch das Ende der Rassehunde mit Populationen sein, es genügen ja dazu im Grunde ganz wenige ausgesuchte Einzeltiere, ja, sogar nur eines pro Rasse könnte praktisch unbegrenzt die Zellen für eine zeitlich kaum begrenzte Massenproduktion liefern. Neuzüchtungen würden dann auch die industriellen Züchtereien vornehmen. Nach dem Hundefutter wäre dann also auch die Hundezucht selbst eine Domäne der Biotechindustrie. Ob dann eine „biologische" Hundezucht daneben existieren könnte, ist fraglich, weil sie eben mit dem Preis und wohl auch der normierten „Qualität" der Klone nicht mitzuhalten in der Lage wäre. Der moderne Mensch spaltet das Atom, fliegt zum Mars und will nun Gottes Schöpfung gar durch Klonen ins Handwerk pfuschen – was für ein Schicksal kann der Haushund in den Händen dieses schrecklichen Wesens erwarten?

Es wäre aber zu hoffen, dass, wie in der Landwirtschaft, doch eine starke alternative Strömung bestehen bleibt, die einen in der Familie auf natürliche Weise gezüchteten und aufgezogenen Hund bevorzugt. Erste Zeichen einer Wende gibt es. Nur die wissenschaftliche Unterstützung der Züchter und der Vereine kann in Zukunft die private Hundezucht auf eine gesündere Basis stellen. Würde man heute Hunde nach den Erkenntnissen der Ethologie und Populationsgenetik richtig züchten, könnte man ein ungeahntes genetisches Potenzial an Gesundheit, Leistungs- und Anpassungsfähigkeit realisieren. Unser treuer Begleiter seit, wer weiß, vielleicht 100.000 Jahren, er hätte es verdient!

Das Ziel der Zukunft muss der „Rassehund mit der Kreuzungsvitalität sein!

DIE UMWELT ZÜCHTET IMMER MIT

Wir haben heute in der Hundezucht die natürliche Selektion zum Großteil ausgeschaltet, in vieler Hinsicht zum Schaden des Hundes. Nicht die gesündesten, lebenskräftigsten Tiere kommen in aller Regel zur Fortpflanzung. Der Züchter richtet sich vor allem nach dem Rassestandard, und Tiere, welche diesem am besten entsprechen, müssen nicht unbedingt die gesündesten sein, obwohl natürlich bei verantwortlicher Zucht auch auf Gesundheit geachtet wird. Wenngleich also der Natur viele Wege, für gesunde Hundenachzucht zu sorgen, durch die modernen Zuchtmethoden verbaut wurden, findet sie immer noch Möglichkeiten der Einflussnahme, denn viele defekte Embryonen sterben schon im Mutterleib und die Welpensterblichkeit ist hoch. Daneben wird heute bewusst und unbewusst auf „Sozialverträglichkeit“, also gegen Schutz- und Eigentumstrieb und Misstrauen gegen Fremde selektiert, auch bei Rassen, bei denen dies bisher „rassentypisch“ war und sogar in den Standards gefordert wurde.

DER „MÜNDIGE HUNDEFREUND“

Wie ich aus einstiger böser Erfahrung weiß, ist der durchschnittliche Neuling in der Hundekunde schlimm daran. Wer sagt ihm schon eindeutig, was die wirklichen Vor- oder Nachteile bei dem oder dem Rassehund oder einem Mischling sind? Wohl kann man einschlägige Bücher studieren und Fachleute, Vereine und Züchter fragen. Aber während jedes Automodell und jeder Kochtopf getestet und geprüft wird und man die Bewertungen in den Konsumentenzeitschriften lesen kann, sind die Auskünfte, die man über Hunderassen bekommt, so gut wie immer lückenhaft, übertrieben positiv oder (seltener) negativ, oft widersprüchlich und nicht selten schlichtweg falsch. So kann man zum Beispiel über den Bernhardiner lesen, er sei als Lebensretter Verirrter in Schnee und Eis berühmt geworden. Das stimmt auch, doch meist wird nicht hinzugefügt, dass das Vergangenheit ist. Der heutige Bernhardiner ist so übertrieben schwer gezüchtet, dass er als Lawinenhund nicht mehr in Frage kommt. Bei vielen Rassen wird behauptet, dass sie hervorragende Jagd- oder Hütehunde etc. sind, aber das stimmt vorwiegend nur dann, wenn sie aus Linien stammen, die noch entsprechend verwendet werden. Allerdings ist für jemanden, der nur einen Familienhund will, ein solcher Hund gar nicht so empfehlenswert, da er ja seinen Trieb nicht ausleben kann und dann mit zu großer Aktivität, Jagdlust etc. eventuell problematisch wird. Das schließt freilich nicht aus, dass auch unter lange als Gesellschaftshunde gezüchteten Jagdhunden durchaus noch zur Jagd gut geeignete Tiere zu finden sind. Andererseits können sich Hunde aus jagdlich geführten Linien ebenfalls als Familienhunde bewähren.

Bei nicht wenigen Rassen haben sich auch bereits sowohl Leistungs- als auch Schauvarianten gebildet. Erstere können oft die angeführten Nachteile als Familienhunde aufweisen, Letztere haben meist an Leistungsfähigkeit verloren und sind darüber hinaus wegen des fehlenden Gesundheitskorrektivs „Leistungsselektion“ im Durchschnitt von Erbkrankheiten und diversen Schwächen stärker betroffen.

Vor allem aber wird immer noch das wahre Ausmaß der Erbkrankheiten verharmlost oder gar verschwiegen. Meist heißt es, die Hunde seien robust und gesund, diese und jene Krankheit komme zwar vor, werde aber bekämpft und so weiter. Schließlich habe jede Rasse bestimmte Erbkrankheitsrisiken, und der Mensch habe ja davon viel mehr. Mit welchem prozentualen Risiko man rechnen muss, wenn man einen Hund einer bestimmten Rasse kaufen will, darüber erhält man meist keine eindeutige Auskunft. In Wirklichkeit sind viele Rassen in weit größerem Ausmaß als der selten inzüchtende Mensch betroffen, und dementsprechend, wenn auch viel geringer, auch der von ihnen abstammende Mischling. Nur selten kann man etwas über das Inzuchtniveau der Rasse erfahren, das bei der Beurteilung der Lebenskraft und des Erbkrankheitsrisikos von Bedeutung ist. Im Gegensatz zu sonstigen „Waren" werden Hunderassen ja nicht von Verbraucherorganisationen geprüft.

Will man also einen Hund von hohem Leistungsniveau, muss man einen solchen unter den Leistungszuchten suchen, doch sind solche Hunde oft als reine Heimtiere wegen ihres Betätigungstriebes wenig geeignet. Braucht man aber einen Familienhund, ist ein Hund aus einer Schaulinie vorzuziehen. Doch dann muss man vermehrt auf das Krankheitsrisiko achten, und vor allem auf einen möglichst niedrigen Inzuchtkoeffizienten (am besten unter 6 Prozent aus zehn Generationen!). Der Hundkäufer muss mündig werden!

16

DER HAUSHUND – EINE GEFÄHRDETE SPEZIES?

Aus verschiedenen Gründen gab es für den Haushund schon von jeher Gefahren, die vom Menschen ausgingen und zum Teil heute sogar seine Zukunft in Frage stellen, die wir hier behandeln wollen.

DER HUND, EIN „UNGEHEUER"? – DIE FEINDSCHAFT GEGEN DEN HUND

Solange der Mensch mit Haushunden lebt, hat es auch ein Hundeproblem in der Gesellschaft gegeben. Im Laufe der Geschichte gab es Verbote, Hunde zu halten, Hunde als Privileg bevorrechteter Klassen und Hundepogrome. Die Situation scheint sich in der gegenwärtigen Periode aus verschiedenen Gründen wieder zu verschärfen. Symptomatisch für die Einstellung gewisser hundefeindlicher Kreise ist die Aussage eines „Experten": „Die Behauptung, man könne aus einem Hund kein Ungeheuer machen, ist falsch. Er ist schon eines" (zitiert in Harmann, 1990).

Mit der Hundehaltung verbundene Probleme sind die Lärmbelästigung durch Bellen, die Gefährdung durch Biss, die Verunreinigung durch Kot und Harn und gesundheitliche Risiken für den Menschen, wie Tollwut, Parasiten und Zoonosen. Bei der privaten Haltung können auch andere Probleme auftreten, wie überstarker Sexualtrieb und Aggressivität bei Rüden, Unannehmlichkeiten bei der Läufigkeit der Hündin, Zerstörungstrieb, mangelhafte Stubenreinheit, Rauflust usw. Sowohl Rüden wie Hündinnen werden heute oft kastriert beziehungsweise sterilisiert. Bei Rüden wird dadurch in vielen Fällen das Problem der Aggressivität und Hypersexualität behoben, sie werden meist ruhiger und leichter zu behandeln. Die Unterbindung der Testosteronbildung bei kastrierten Rüden kann jedoch dazu führen, dass sie von anderen Rüden für Hündinnen gehalten und belästigt werden, was Auseinandersetzungen auslösen kann. Hündinnen wieder werden bei Kastration, wenn sie von Natur aggressiv sind, manchmal noch aggressiver. Im Alter sind sie durch die Operation weniger durch Gebärmutterkrebs und Pyometra gefährdet. Solche Eingriffe sind freilich auch eine ethische Frage. Wenn Tiere nicht mehr durch

Kupieren etc. verstümmelt werden sollen, ist die Berechtigung zu solchen Eingriffen zur eigenen Bequemlichkeit auch zweifelhaft. In Schweden sind (oder waren) sie bei Hunden verboten. Andererseits gibt es kaum eine humanere Methode, die übermäßige Vermehrung herrenloser Hunde in östlichen und südlichen Gebieten mit all ihren Folgen zu unterbinden. Auch ungewollte Trächtigkeiten der eigenen Hündin werden so verhindert.

HASS AUF HUNDE UND RESTRIKTIVE MASSNAHMEN

Der Hass mancher Menschen auf Hunde ist oft die Schuld unverantwortlicher Hundehalter. Aber Hunde zählen auch zu den Opfern sadistischer Zeitgenossen. Immer wieder liest man von vergifteten Hunden. Daneben gibt es Hundebesitzer, die ihre Hunde vernachlässigen oder misshandeln. Unter den wegen Tierquälerei verurteilten Personen findet sich nach amerikanischen Untersuchungen ein hoher Prozentsatz solcher, die auch sonst kriminell auffällig geworden sind. So hatten nach einer Untersuchung 70 Prozent mindestens ein Verbrechen begangen, bei 38 Prozent waren es Gewaltverbrechen und bei ebenfalls einem höheren Prozentsatz Drogenvergehen und ordnungswidriges Verhalten.

In den so genannten zivilisierten Ländern sind die freie Bewegung des Hundes und die Möglichkeit seiner Mitnahme stark eingeschränkt, Tendenz steigend. Leinen- und Maulkorbzwang, Hundeverbote in öffentlichen Gebäuden, Gaststätten, Verkehrsmitteln, Parkanlagen usw. nehmen immer mehr zu. Nur für den Hund, nicht aber für andere Haustiere, muss man in manchen Ländern eine Steuer, eben die Hundesteuer, entrichten, die mancherorts bei so genannten „Kampfhundrassen" neuerdings prohibitiv erhöht wird. In vielen Wohngebieten ist es wegen der vielfachen Beschränkungen oft kaum mehr zu verantworten, einen Hund zu halten.

Seit dem Jahr 2000 werden in Europa immer mehr restriktive Maßnahmen gegen immer mehr Rassen ergriffen. Die Gefahr der behördlichen Rassendiskrimination nimmt zu, ja, sie scheint geradezu zu einer „Modeerscheinung" zu werden. Jeder schwere Aggressionsfall mit einem Rassehund kann potenziell zu einem Verbot dieser Rasse führen, besonders wenn diese keine große Lobby hat. Da große, kräftige Rassen teilweise kriminelle oder unverantwortliche Kreise als Interessenten anziehen, kann noch so manche Rasse ein Opfer menschlicher Verfehlungen werden. Das einzig Richtige wäre es, die verantwortlichen Besitzer statt bestimmter Hunderassen zur Verantwortung zu ziehen.

HUNDE IM WALD LEBEN GEFÄHRLICH

Schon gar nicht darf sich der Hund bei uns in der freien Natur ungebunden bewegen, denn er läuft Gefahr, vom Jäger erschossen zu werden. Es ist erstaunlich, dass meines Wissens noch niemand die entsprechenden Paragraphen der Jagdgesetze angefochten hat, denn es besteht da oft eine eklatante Ungleichheit vor dem Gesetz. Als Gartenbesitzer etwa darf ich eine Katze, die meine Küken gefressen hat, keinesfalls erschießen, ich kann nur versuchen, sie zu fangen, muss sie dann entsprechend versorgen und kann mich lediglich am Besitzer schadlos halten. Anders der Jäger. Er kann je nach dem geltenden Jagdgesetz von seinem Gewehr Gebrauch machen, wenn ein Hund wildert oder sich auch nur aus der unmittelbaren Einwirkung des Besitzers entfernt hat. Nach dem niederösterreichischen Jagdgesetz beispielsweise muss der Jäger den wildernden Hund erschießen. Obwohl sich in den letzten Jahren vieles gebessert hat, sind diese Verfügungen doch ein mittelalterlich-feudales Relikt, und, da von Jägern für Jäger gemacht, zutiefst undemokratisch.

Ein möglicherweise eintretender oder tatsächlicher Schaden wird so mit unverhältnismäßigen Mitteln beantwortet. Der Hund ist oft weit wertvoller als ein eventuell gerissenes Reh, die Folgen des Verlustes für die Besitzer, vielleicht für ein Kind oder einen alten Menschen, dessen bester oder einziger Freund der Hund gewesen ist, einfach nicht zu verantworten. Freilich, manche wildernden Hunde können schwere Schäden in der Natur verursachen, keineswegs soll daher hier dem Jäger der Schutz seines Wildes abgesprochen werden. Bloß, so leicht sollte man es sich heutzutage nicht mehr machen können. Nur ein geringer Anteil der heutigen Hunde ist überhaupt noch imstande, Wild zu reißen. Die meisten jagen nur mehr spielerisch und sind körperlich und/oder anatomisch nicht mehr in der Lage, das Wild ernstlich zu gefährden. Darüber hinaus sind sie in der heutigen Wildflur die einzigen Raubtiere, die das immer mehr zu Haustieren werdende Wild flüchtig halten. Allerdings kann unter den beengten Verhältnissen Mitteleuropas die Beunruhigung des Wildes durch Waldbesucher, Radfahrer etc. und dann noch wildernde Hunde einfach zu groß werden. Hunde, die eine wirkliche Gefahr für das Wild bedeuten, sind meist streunende Landhunde, deren Besitzer der Jäger oft kennt und verwarnen könnte. Andernfalls kann er wildernde Hunde anzulocken suchen, Fallen aufstellen oder Narkosegewehre verwenden. All dies ist zwar mühsamer, aber es sind Mittel, die dem grundlegenden Rechtsprinzip der Verhältnismäßigkeit besser entsprechen. Die Strafen für den Besitzer des wildernden Hundes sollten dann zur Abschreckung saftig ausfallen, entsprechend dem Grundsatz, den verantwortlichen Menschen und nicht das Tier zur Verantwortung zu ziehen. Erstaunlich ist, dass gerade die Jäger, den Pionieren des Aufschwungs der modernen Kynologie, deren unverzichtbarer Jagdkamerad auch heute noch der Hund ist, immer noch nicht auf das Erlegen von Hunden verzichten zu können glauben.

DER HAUSWOLF MUSS KREIDE FRESSEN

Die Wandlung unserer Einstellung zu jeder Form der Selbstverteidigung ist für das „Hausraubtier" Hund zu einem bedrohlichen Problem geworden. Vielfach darf der Hund seinen menschlichen Partner nicht mehr schützen, ohne dass dieser im Ernstfall mit dem Gesetz in Konflikt kommt. Natürlich dürfen Hunde auch kein Wild, keine Katzen, Hühner usw. jagen. Hunde lernen aus ererbtem Instinkt heraus leicht, die „eigenen" Hühner und Katzen am Hof zu respektieren, erkennen aber sehr gut die fremden. Katzen können sich allerdings gegen Hunde oft sehr wirkungsvoll verteidigen. Ja, ich habe erlebt, dass ein großer, wilder Kater, der mit meinem Fox Terrier an einem Zaun in Konflikt kam und keineswegs an Flucht dachte, nach unserem Weggehen plötzlich blitzschnell neben uns auf der Straße auftauchte, um den Hund zu attackieren. Gegen große „raubzeugscharfe" Jagdhunde zum Beispiel haben Katzen allerdings keine Chance.

Tiere jagen durfte ein Hund zwar grundsätzlich auch früher nicht, doch galt dies lediglich als Verstoß gegen das Eigentumsrecht. Heute aber besteht in den entwickelten Ländern die Tendenz, dies auch als Tierquälerei zu betrachten, und das kann die Strafandrohung wesentlich verschärfen. Dadurch laufen Hundebesitzer, denen ihr Hund auskommt und eine Katze jagt, Gefahr, mit dem Gesetz unangenehme Bekanntschaft zu machen. In Amerika hat man kürzlich gar einen Hund, der einen Hahn abwürgte, wie im Mittelalter „zum Tode" verurteilt und diesen Spruch erst nach Protesten auf „Verbannung" gemildert. Jagdmethoden, bei denen es auch nur ansatzweise zu einem Hetzen oder Verfolgen von Wild kommt, wie das Brackieren, sind immer wieder im Kreuzfeuer der Medienkritik. Auch in England scheint nun das Zeitalter der ursprünglichsten Jagd mit dem Hund, die Meuten- beziehungsweise Parforcejagd auf Fuchs und Hirsch zu Ende zu gehen, wodurch die spezialisierten Laufhundrassen wie die Foxhounds in Bedrängnis geraten könnten.

Kurz gesagt, die Toleranz und das Verständnis für den Hund, seine angeborenen Triebe ausleben zu können, sei es Markieren, andere Tiere verfolgen, Graben, ja selbst das Melden und Bewachen, nehmen rasant ab, die psychischen und Verhaltensprobleme der Hunde ebenso zu (die Ethologie spricht heute zwar nicht mehr von Trieben, aus praktischen Gründen bleiben wir hier aber bei dieser Terminologie).

DER HUND ALS SCHLACHTTIER UND FELLLIEFERANT

Da und dort sind Hunde zu allen Zeiten, schon in der Steinzeit, auch gegessen worden. Dies ist heute noch in Ostasien, Afrika und Südamerika weit verbreitet. Vielfach war der Hund auch rituelles Opfertier. Aber sogar in Europa gibt es noch Hundeesser. In der Schweiz wurden bei der Erzüchtung des Berner Sennenhundes die dem Standard nicht entsprechenden Tiere geschlachtet und geräuchert. Andererseits schreibt Gesner bereits 1669: „Die jungen fetten Hunde / vornemblich die / welcher verschnitten worden / werden von etlichen Völckern zur Speiß genommen: Wiewol in unseren landen jedermann ein Abscheuen vor solchem Fleisch hat." Also gab es auch früher schon Länder, wo Hunde als Nahrungsmittel tabu waren. Da wir andererseits meist keine Bedenken haben, Rinder, Schweine, Geflügel und andere Nutztiere massenweise zu schlachten und zu essen, machen wir offenbar unter verschiedenen Kategorien von Tieren Unterschiede, die für Menschen aus Kulturen, wo Hunde gegessen werden, nicht recht verständlich sind. Viele dieser Menschen leben allerdings in enger Gemeinschaft nicht nur mit dem Hund, sondern auch mit ihren anderen Nutztieren, während wir meist nur mit dem Hund ein Zusammenleben eingehen und zu den anderen Tieren mehr Distanz gewöhnt sind. Andererseits wird auch das uns emotional stark berührende Pferd und das als Heimtier beliebte Kaninchen bei uns ebenfalls als Nahrungsmittel betrachtet.

Der Hundepelz wurde und wird ebenfalls verwertet, sogar bei uns: Unter verschleiernden Phantasiebezeichnungen wie „Gaewolf", oder „Sobaki" (wer Russisch versteht, weiß allerdings, dass „sobaka" „Hund" bedeutet) werden Hundefelle auf den Markt geschleust. Tierschützerisch unbedenklich ist dagegen natürlich die Verwertung der Hundewolle, besonders vom Pudel, aber auch von anderen dichthaarigen Hunden, zu Textilien aller Art, wozu zum Beispiel der eigene Familienhund herangezogen werden kann.

17

DER MISSBRAUCH DES HUNDES

LABORHUNDE

Die Versuchstierverwendung ist neben den Hundekämpfen und der Qualzucht der dritte institutionelle Missbrauch des Hundes. Laborhund par excellence ist der Beagle, der in großen Kolonien gezüchtet wird, weil er handlich, nicht aggressiv und als Meutehund zu seinen Artgenossen sehr verträglich ist, sodass er in großer Anzahl gehalten werden kann. In der früheren Tschechoslowakei wurde sogar ein eigene „Laborhundrasse" geschaffen, die jetzt Cesky Strakaty Pes (Tschechischer Scheckhund) heißt. Es ist zu hoffen, dass Fortschritte im Versuchswesen bald zu einer wesentlichen Einschränkung oder zum Wegfall dieser Torturen an Hunden führen werden. Leider ist nicht aber abzusehen, wann man auf Hunde als Versuchstiere gänzlich verzichten kann. Die Gentechnik wird den Bedarf eher noch steigern. Da und dort führt die große Nachfrage sogar zu organisiertem Hundediebstahl.

DER HUNDEKAMPF UND DIE TIERHETZEN

Hunde können auch zu Hundekämpfen und Tierhetzen missbraucht werden. Früher beliebte „Sportarten" waren Kämpfe von Hunden doggenartiger Rassen (Bulldoggen, Bullenbeißer, Bull Terrier) gegen Raubtiere, Stiere und gegeneinander. Hundekämpfe sind leider bis heute nicht ausgestorben, sie werden in den USA und England, in Japan, aber auch in Kontinentaleuropa und anderen Ländern vor allem unter Beteiligung der Halb- und Unterwelt, teilweise im Untergrund, veranstaltet. Obwohl in vielen Ländern verboten, ist die Tendenz im Zusammenhang mit der allgemein zunehmenden Kriminalität anscheinend sogar steigend. Da hierbei besonders die Halbwelt beteiligt ist, welche diese Hunde auch als Schutzhunde für sich und ihre Etablissements verwendet (obwohl die so genannten Kampfhundrassen dafür, wie erwähnt, an sich gar nicht besonders geeignet sind), hat diese Entwicklung zu einer für das gesamte Hundewesen bedenklichen Tendenz geführt. Durch gezielte Zucht ist es beim Hund relativ gesehen nicht sehr schwer, schmerzunempfindliche „Kampfmaschinen" hervorzubringen, allerdings, die ultimative

„Höllenhundrasse“ kann man nicht züchten, dem steht gottlob der umfangreiche „Sozialkomplex“ im Hundegenom entgegen und daher ist ja auch der umgekehrte Vorgang nicht allzu schwierig, das heißt, eine hohe Aggressivität züchterisch wieder zu normalisieren. Nicht zu vergessen, dass sich auch kämpferisch veranlagte Hunde daher durch entsprechende intensive Erziehung und Sozialisierung vom Welpen auf meist zu guten Gesellschaftshunden ausbilden lassen (die hohen Erfolgsraten bei den deutschen amtlichen Verhaltenstests sprechen Bände).

Für die heutigen Hundekämpfe werden vor allem Pit Bull Terrier und Ban Dogs verwendet, das sind Kreuzungen zwischen der Neapolitanerdogge Mastino Napolitano und Pit Bull Terrier oder mit diesem und dem Mastiff. Diese Hunderassen waren bisher kaum bekannt, ihre Zahl nimmt in vielen Ländern, wo sie noch nicht verboten sind, jedoch stark zu, so Pit Bulls in Frankreich von nur wenigen im Jahr 1985, 1995 dann bereits 500 und 1997 20.000 bis 40.000 (Digard, 1999)! Das „soziale Potenzial“ (wir können auch „Verträglichkeit“ sagen) dieser Rassen zu anderen Hunden ist oft verringert (manchmal beißen schon Welpen ihre Mütter und umgekehrt), aber zu Menschen, wenn normal sozialisiert, meist durchaus sehr gut bis ausgezeichnet.

Die von den Betreibern des Hundekampfes gesuchte Eigenschaft ist „Gameness“, worunter die bereits erwähnte extreme, unbeugsame Kampfeswut bis zum Ende zu verstehen ist. Das Eigenschaftswort dazu ist „game“. „Deep game“ ist ein Hund mit großer Kampfentschlossenheit, „dead game“ ist er, wenn er lieber stirbt als aufzugeben. Es soll sich hierbei um eine Kombination rezessiver Gene handeln, sodass selbst ausgesuchte Elterntiere, welche diese abnorme Eigenschaft aufweisen, nur zum Teil Nachkommen mit Gameness erbringen. Auch ihre Zucht ist, wie bereits erwähnt, wegen innerartlicher Aggression, die manchmal auch das Sexual- und Welpenpflegeverhalten beeinträchtigt, nicht immer ganz einfach (Fleig, 1987).

Bei einer Ausstellung von Pit Bull Terriern und American Bulldogs sowie Ban Dogs ist mir aufgefallen, dass viele dieser Tiere sich zwar wütend anfeindeten, aber sich nähernde Besucher der Ausstellung in keiner Weise bedrohten. Sie ließen sich von diesen, selbst von Kindern, ohne weiteres anfassen, ja, sie warfen sich vor ihnen sogar auf den Rücken. Der einzige Hund, der dort fremde Menschen anbellte, war ein zufällig anwesender Schäferhund. Dies zeigt deutlich das Ergebnis einer bewussten oder unbewussten Selektion auf Friedfertigkeit gegenüber Menschen (die freilich in unverantwortlicher Weise durch entsprechende Dressur unter Umständen ins Gegenteil verkehrt werden kann!). Kampfhunde, die ihre Aggression gegen die Zuschauer eines Hundekampfes oder gar gegen ihren Besitzer richteten, waren ja für diesen „Sport“ nicht geeignet, weil viel zu gefährlich im Umgang. So aber lassen sich diese Hunde meist mitten im Kampf von ihren Besitzern wegziehen, ohne nach ihnen zu schnappen. Amerikanische und ungarische Pit-Bull-Züchter, denen immer wieder ihre Hunde gestohlen (!) wurden, mussten sich Herdenschutzhunde, wie Kuvaszok, anschaffen, womit das Problem gelöst war! Pit Bull Terrier sind also an sich zum Großteil sehr umgängliche Hunde geblieben wie andere auch, deren Sozialverhalten ihren eigenen Artgenossen gegenüber jedoch teilweise züchterisch pervertiert wurde. Bei geeigneter, strenger Zuchtwahl auf Wesen könnte jedoch auch diese Charakterseite in wenigen Generationen normalisiert bzw. verbessert werden, sodass man einen athletischen, in der Größe handlichen Gebrauchshund erhielte, der nicht gefährlicher wäre als etwa ein Boxer, Bernhardiner oder Neufundländer. Bei den anderen Bull-Terrier-Rassen hat man dies ja zum Teil bereits erreicht.

Nun ist es aber leider möglich, diese Hunde wie viele andere trotz ihrer anders gearteten Veranlagung „mannscharf" zu machen. Dazu ist zu sagen, dass dies im Gegensatz zu anders lautenden Behauptungen nicht bei jedem dieser Hunde und schon gar nicht bei jedem aus „friedlichen" Rassen gelingen mag. Manche haben eben Menschen gegenüber, aber möglicherweise auch ganz allgemein ein so geringes Aggressionspotenzial, dass sie solche Bemühungen rein spielerisch auffassen oder sich dabei überhaupt völlig lustlos zeigen. Wie gesagt, Bull Terrier aller Rassen haben im Allgemeinen wenig oder keinen Wach- und Schutztrieb, sind keine ausgesprochenen Wach- und Schutzhunde und zeigen ohne entsprechende Dressur meist keine Fremdenfeindlichkeit.

Ursprüngliche Kampfhunde der Engländer, die zu Kämpfen mit Bären, Stieren usw. verwendet wurden, waren auch der Mastiff und die Altenglische Bulldogge, der auf dem Kontinent u.a. der Bullenbeißer und die Bordeauxdogge entsprachen. Möglicherweise stammen diese Hunde aus phönizischen Importen, die über Spanien auf die Britischen Inseln gelangten. Im Fall der Bulldogge brachten vielleicht spätere spanische Importe solche Hunde (spanisch „Alanos") unter dem Namen „Alaunts" nach England. Der Old English Bulldog wog auch 50 bis 70 Kilogramm, war also viel größer, aber nicht so karikaturhaft abnorm wie die heutige Englische Bulldogge. Es gab aber auch leichtere Typen. Bei den Stierkämpfen wurden die Bulldoggen der Reihe nach losgelassen, bis es einer gelang, den Stier an der Nase niederzuziehen. Eine andere Kampfform bestand darin, zwei Hunde loszulassen, die den Stier von vorn und hinten angriffen und zu Fall zu bringen hatten. Als 1835 diese bull baiting genannten Kämpfe untersagt wurden, starben die Altenglischen Bulldoggen aus beziehungsweise gingen in der modernen Englischen Bulldogge auf, bei deren Entstehung angeblich auch Kreuzungen mit Möpsen mitspielten. Sie wurde jedenfalls viel kleiner. In Amerika leben die alten Bulldoggen im American Bulldog und einigen anderen Zuchten fort.

Tierhetzen gab es natürlich auch in Mitteleuropa. So bestand in Wien zwischen 1735 und 1796 ein richtiges „Hetztheater" in der heute noch so genannten Hetzgasse. Es brannte ab und im selben Jahr verbot Kaiser Franz I. die Hetzspektakel. Bei den Vorführungen wurden Hunde auf Stiere, Bären, Hirsche und andere wilde Tiere gehetzt, die Zuschauer konnten auch die eigenen Hunde daran teilnehmen lassen (Laichmann, 1998). Die Abbildungen aus dieser Zeit zeigen einen Hundetyp, der heutigen Pit Bulls oder Amstaffs verblüffend ähnelt, bis hin zu den kupierten Ohren. Die Beliebtheit der damaligen Veranstaltungen ist daraus ersichtlich, dass noch heute im Wienerischen ein richtiger Spaß „eine Hetz'" genannt wird.

An Stelle dieser Kämpfe zwischen großen Hunden und Tieren traten in England nun diejenigen von Hunden gegen Ratten oder Dachse und Hunden gegen Hunde. Hierzu wurden Bulldoggen mit verschiedenen Terriern gekreuzt, und zwar mit dem alten Black and Tan Terrier, dem English White Terrier und dem alten Fox Terrier, alles Rassen, die heute ausgestorben sind. Sie alle besaßen jedoch anscheinend „Gameness" infolge ihrer „Raubzeugschärfe" und brachten handlichere Größe und mehr Beweglichkeit. Nach anderen sind die kleineren Hunde durch entsprechende Zuchtwahl entstanden. Diese Hunde wurden nach der Bezeichnung der Kampfarena, dem „pit" (= Grube), pit dogs oder pit bull terriers genannt. Daraus wurde schon bald eine Ausstellungsrasse mit untypischem langem Fang, der heutige Englische Bull Terrier, erzüchtet.

Die eigentlichen Kampfhunde, eben die Pit Bull Terrier, waren (und sind) in der Größe sehr ungleich (zwischen zirka 10 und 40 Kilogramm Gewicht), sie kamen nach dem Bürgerkrieg in die USA. In England wurden sie im Jahre 1935 als Staffordshire Bull Terrier „standardisiert" und anerkannt, in den USA erfolgte 1936 die Anerkennung unter dem Namen (American) Staffordshire Terrier durch den American Kennel Club (die englische Rasse ist kleiner als die amerikanische). Diese Rassen durften fortan nicht mehr zu Hundekämpfen verwendet werden, was auch bald ihre Aggressivität im Durchschnitt reduzierte (daneben aber gibt es in den USA weiter den eigentlichen Pit Bull Terrier, der vom United Kennel Club anerkannt wird. Bei Verdacht auf Verwendung im Hundekampf wird aber heute von diesem die Registrierung verweigert).

Ähnlich wie bei der modernen Bulldogge erfolgte nun auch bei diesen Schaurassen eine Zucht auf schweren, ja beim Staffordshire Bull Terrier sogar überschweren Typ. Dadurch sind diese Tiere für Hundekämpfe auch nicht mehr besonders geeignet, da stark muskelbepackte Tiere im Kampf zwar zunächst sehr stark sind, sich jedoch wie ein Schwergewichtler beim Lauf im Vergleich zu einem Marathonläufer verhältnismäßig rasch erschöpfen. Auch ist der Anteil von Tieren mit Gameness wegen des Aufhörens der Selektion auf diese Eigenschaft ohnehin bereits stark abgesunken.

Der Pit Bull Terrier jedoch ähnelt im Körperbau dem Englischen Windhund (Greyhound), hat aber einen wesentlich schwereren, mäßig kurzfängigen Kopf. „Professionelle" Kampfhundezüchter paaren Siegerrüden aus Hundekämpfen mit Siegerhündinnen. Wegen des bereits erwähnten komplizierten Erbganges der Gameness fallen unter der Nachzucht jedoch nur teilweise Welpen mit dieser gesuchten Eigenschaft an. Die American Dog Breeders Association führt Wettbewerbe im Lastenziehen für Pit Bull Terrier durch und will die Rasse in ihrer ursprünglichen Form bewahren. Tatsächlich hat ein Pit Bull Terrier im Weight Pulling, den bereits erwähnten amerikanischen Lastenzugwettbewerben, den Weltrekord inne.

Bull-Terrier-Rassen, besonders seit jeher als Gesellschaftshund gezüchtete Englische Bull Terrier, sind wegen ihres meist ausgesprochen menschenfreundlichen Wesens bei seriösen Besitzern heute außerordentlich beliebt. Allerdings kann es beim Zusammentreffen mit anderen Hunden bei manchen zu Problemen kommen. Das Trainieren der Hunde vor Kämpfen erfolgt nach sehr verschiedenen Methoden, es dauert meist einen Monat und man verwendet Laufbänder, Fahrräder, Laufräder und dergleichen. Die Kampfregeln sind meist die so genannten Cajun Rules (genannt nach den französischsprachigen Einwohnern von New Orleans, den „Cajuns"), hierbei soll Gameness eine größere Rolle als brutale Kraft spielen. Zu Todesfällen soll es angeblich selten kommen.

Solche Kämpfe sollen nur wenige Minuten dauern, doch sich auch unter Umständen zwei Stunden und darüber hinziehen. Diese Form der Kämpfe wird mehr oder weniger überall befolgt, wo es Hundekämpfe gibt. In Japan legt man Wert auf einen absolut „stillen" Kampf bei der dort verwendeten Kampfhundrasse Tosa Inu – einem Kreuzungsprodukt einheimischer Spitzrassen mit europäischen Doggen. Ein Hund der bellt, knurrt oder gar winselt, wird in Japan disqualifiziert.

Die Schweigsamkeit der Kämpfer ist charakteristisch. Im Kampf um die Leitwolfstellung im Rudel geht es ebenfalls lautlos zu. Ausgesprochene Kampfhunde kämpfen also immer einen gnadenlosen Ernstkampf, sie kennen meist nur diese Art des Kämpfens. Sie beachten keine Unterwerfungsgesten des Gegners, sind schmerzunempfindlich und kämpfen oft bis zum bitteren Ende. Kennzeichnend ist die Geschichte von dem Engländer, der zur Zeit, als die Hundekämpfe noch nicht verboten waren, seine Mutterhündin mit einem Korb Welpen zur Kampfarena mitbrachte. Als sie sich kämpfend verbissen hatte, begann er, ihr die Hinterschenkel mit einem Messer abzuschneiden, ohne dass sie losließ, bis sie verblutet war. Darauf erzielte er hohe Summen beim Verkauf der Welpen. Knurren, Bellen, wie es sonst bei raufenden Hunden fast immer zu hören ist, bedeutet ein eher rituelles Kräftemessen, das es bei den sozial abnormen Kampfhunden mit Gameness einfach nicht gibt. In den USA sollen diesem tierquälerischen Vergnügen zirka 1.100 Hunde jährlich zum Opfer fallen.

Die den Kampfhunden angezüchtete Eigenschaft der Gameness ist eine psychologische und ethologische Abnormität, die daher mit Recht unter den Begriff der Qualzucht fällt. Es liegt hier eine „psychische Verkrüppelung" dieser Rassen vor, durchaus vergleichbar mit der physischen Karikierung etwa bei Bulldogge und Mops.

18

ETHIKMANIFEST FÜR RASSEHUNDE

Der Tierschutz hat in vielen westlichen Ländern eine bemerkenswerte Entwicklung erfahren. Bisher lautete der Ethikgrundsatz im Tierschutz: „Sei gut zum Tier!" Heute wird dies ergänzt durch: „Und sorge in der Zucht für Tiere, die sich wohl fühlen können!", womit auch in die private Zuchtplanung eingegriffen wird. Allmählich wird das Tier in der öffentlichen Meinung wie im Recht von einer Sache zum beseelten Mitgeschöpf. Das gilt auch für den Hund, jedoch sind Haltung, Behandlung, Zucht und Gesetzgebung noch vielfach in veralteten Betrachtungsweisen befangen, die zu viel Leid und schwerer Beeinträchtigung der Lebensqualität führen. In der Folge seien nun „zehn Gebote" für den ethischen Umgang mit dem Hund aufgestellt. Sie sind auch wichtig, weil anders das Recht der privaten Hundehaltung an sich gefährdet erscheint.

1. Das Wohlbefinden von Tieren, die von uns abhängig sind, wird erfreulicherweise trotz aller Rückschläge immer mehr zu einer gesellschaftlichen Forderung. Damit muss die unbegrenzte Willkür, mit der Hunde bisher gehalten, behandelt und gezüchtet werden konnten, als nicht mehr zeitentsprechend zu Ende gehen, so wie einst die Sklaverei und die Leibeigenschaft.
2. Der Hund hat ein Recht auf artgerechte Pflege, Unterbringung und Ernährung sowie Behandlung im Krankheitsfall. Wir sind nicht nur Besitzer, sondern vor allem Hüter des Hundes.
3. International sollten Maßnahmen gegen die inhumane Tötung von Straßenhunden und die Verwendung von Hunden als Schlachttiere ergriffen werden.
4. Der Hund hat Anspruch auf soziale Kontakte mit Menschen und anderen Hunden. Hunde, denen dies verwehrt wird, leiden und können aggressiv oder sonst psychisch gestört werden.
5. Der Hund hat Anspruch auf Ausbildung und Erziehung. Das Zusammenleben in unserer Zivilisation ist zunehmend nur mit gut erzogenen Hunden möglich. Sind sie das nicht, laufen sie Gefahr, Unfälle zu erleiden oder zu verursachen, schlecht behandelt und/oder schließlich in Tierasylen zu landen beziehungsweise euthanasiert zu werden, und es werden immer mehr rassenspezifische Verbote erlassen.

6. Der Hund hat einen Anspruch auf ausreichende Bewegung. Als Lauftier brauchen die meisten Rassen täglichen Auslauf, möglichst aber auch ein Ausdauertraining beim Joggen, Radfahren oder auch auf einem Laufband. Trainierte Hunde sind gesünder, zufriedener und ausgeglichener, wodurch viele Risiken und Probleme vermeidbar werden.
7. In der Zucht von Hunden muss die Gesundheit der Zuchtprodukte Vorrang haben. Das bedeutet, dass Praktiken, welche die Gesundheit und das Wohlbefinden der Nachzucht gefährden, nicht mehr anzuwenden sind. Dazu gehören exzessive anatomische Übertreibungen und der Gesamtkomplex der Engzucht. Anatomische Übertreibungen deswegen, weil sie häufig zu gesundheitlichen Probleme führen (zum Beispiel Schwierigkeiten bei der Atmung und Wärmeregulation bei zu kurzen Fängen, Bandscheibenschäden und Lähmungen bei zu langem Rücken bei kurzen Läufen, behindernde exzessiv lange Behaarung, Sehbehinderung, weil Haare über den Augen aus kosmetischen Gründen bei manchen Rassen, wie Puli, nicht weggeschnitten werden), Engzucht jeder Art, weil sie zu Anhäufungen genetischer Defekte und oft zu Inzuchtdepression führen, wobei auch die Zukunft der Rasse wegen Spätfolgen (Verlust der genetischen Variabilität) nicht außer Acht gelassen werden darf. Dazu gehören Championzucht (zu wenige Rüden, einzelne übermäßig), Inzestzucht, Linienzucht und übertriebene Elitezucht.
8. Zuchttiere dürfen nicht überfordert werden. Das gilt ganz besonders für die Hündinnen, bei denen die Zahl der Würfe je Zeitabschnitt und Lebenszeit zu begrenzen ist. Der Einsatz der einzelnen Rüden ist vor allem zur Erhaltung der genetischen Variabilität zu beschränken.
9. Bei der Aufzucht der Welpen – wie auch bei jeder Hundehaltung – ist auf die physischen und psychischen Bedürfnisse Rücksicht zu nehmen. Das bedeutet einwandfreie Ernährung, Pflege und Unterbringung, aber auch ausreichende Sozialisierung durch Kontakt mit Hunden und Menschen. Zur physisch-psychischen Entwicklung ist auch frühe Gewöhnung an verschiedene Umweltbedingungen notwendig, wie sie der heranwachsende Hund später erleben wird. Die gewerbliche Massenzucht von Hunden und der Verkauf in Tierhandlungen soll unterbunden werden.
10. Der Hund hat Anspruch auf körperliche Integrität. Althergebrachte Praktiken wie das Beschneiden der Ohren und Schwänze aus kosmetischen Gründen sind nicht mehr akzeptabel. Das Gleiche gilt grundsätzlich auch für Kastration und Sterilisation: Aus Gründen der menschlichen Bequemlichkeit angewandt, sind sie nicht gerechtfertigt. Ausreichende Gründe dafür sind nur medizinische und humane, etwa um die Vermehrung von Streunerpopulationen zu verhindern und wo die Alternative bei aggressiven Hunden die Euthanasie wäre.

19

AUSBLICK UND SCHLUSSBETRACHTUNG

Mit welchen Bedingungen hat die Hundehaltung künftig zu rechnen? Die Renaissance der Hundekämpfe ist leider zum Katalysator für das Entstehen der für das moderne Hundewesen so gefährlichen Entwicklung der Hundefeindlichkeit geworden. Nach Todesfällen durch solche Hunde wollte die britische Regierung gar sämtliche Pit Bull Terrier in Großbritannien (zirka 10.000) einschläfern lassen. Dazu kam es dann zwar nicht, doch wurde ein Einfuhrverbot für so genannte Kampfhundrassen verfügt und die vorhandenen mussten sterilisiert werden und unterliegen dem Maulkorb- und Leinenzwang. Es gilt ein Zuchtverbot für diese Rassen, die Besitzer erhalten auch eine Einschläferungsprämie.

Die parallel entfesselte Medienkampagne provoziert eine Gehässigkeit gegen Besitzer der betreffenden, aber auch ähnlicher oder anderer Hunderassen überhaupt. Nach der Tötung eines Kindes in Hamburg durch zwei Hunde (Amstaff und Pit Bull) im Jahr 2000 wurden Hunderassenverbote in Deutschland und weiteren Ländern erlassen. Nur in wenigen Fällen konnte regional da und dort erreicht werden, dass solche gesetzlichen Maßnahmen auf den konkreten Fall abzielen und von „rassendiskriminatorischen" Verordnungen abgesehen wurde. So wichtig die Hundehaltung in der menschlichen Gesellschaft ist, so gering ist leider die Solidarität der Hundehalter untereinander und leider oft auch ihr Verständnis für und ihre Rücksichtnahme auf die große Mehrheit der Nichthundehalter.

Wir haben über jene erstaunliche Erscheinung im eurasischen Raum gesprochen, dass an dessen östlichen und westlichen Rändern in den Sprachen der Völker einsilbige Benennungen für den Hund zu finden sind und möglicherweise gemeinsamen Urworten entsprechen. Aber an den westöstlichen Rändern des Großkontinents ist auch der Schwerpunkt der Mensch-Hund-Problematik: In China befindet sich der Hund etwa in der Rolle des Kaninchens bei uns, als Schlachttier und Heimtier in einem verkörpert. Hier liegen kulturelle Unterschiede vor, wir ließen uns auch kaum die Schlachtung von Kaninchen verbieten. Auch bei uns liegen ja die Zeiten, da Hunde verzehrt wurden, gar nicht allzu lange zurück. In China steigt auch die Nachfrage nach Hunden in beiden Rollen: als Delikatesse und als Statussymbol beziehungsweise modischer (Wegwerf-)Artikel wie im Westen. Es gibt Restaurants, die auf Hunde spezialisiert sind, und manche reichen Chinesen sollen auch mal den Familienhund alle sechs Monate wechseln, um sich die nunmehr moderne Rasse zuzulegen. Schon im Hinblick auf das Kaninchen ist es etwas heuchlerisch, sich darüber zu empören, vollends jedoch dann, wenn verfehlte, aber bei uns weit verbreitete Zuchtpraktiken in großem Ausmaß Leid und frühen Tod von Hunden verursachen. Eine englische Hundefreundin, die Pekingesen züchtet und oft zur Feder greift, rief vor zwei Jahren die englischen Züchter auf, sich zusammenzuschließen, um der „kontinentalen Bedrohung" entschlossen entgegenzutreten: etwa dass, wie in den Niederlanden diskutiert, die Linienzucht verboten oder nicht nach Lust und Liebe der gewünschte Deckrüde verwendet werden kann. Dieselbe Autorin geißelte, belegt mit schrecklichen Bildern, das Los der Speisehunde und der in Massen importierten Welpen in China. Ich machte sie in einem Brief sehr höflich darauf aufmerksam, dass man kaum China kritisieren könne, wenn man selbst nicht bereit ist, risikoreiche oder schlicht tierquälerische Zuchtpraktiken aufzugeben. Eine Antwort bekam ich nicht, aber das bestätigte mir, dass sowohl in Eurasiens Westen (England) als auch im Osten (China) die Einstellung zum Hund, hier als willkürliches Zuchtobjekt, dort als Heim- und Schlachttier, beklagenswert zu nennen ist.

Hoffen wir, dass sich endlich ideal gesinnte Menschen durchsetzen, um das Ausstellungs- und Zuchtwesen zu revolutionieren. Das bedeutet unter anderem, dass bei sonst gleichwertigen Hunden der weniger ingezüchtete vorgezogen wird. Das alles wird nur möglich sein, wenn die potenziellen Käuferschichten so weit aufgeklärt werden können, dass sie den ausgezüchteten Hund dem hochgradig ingezüchteten vorziehen, und wenn sie Abnormitäten ablehnen, statt sie hoch zu bezahlen. Wenn sie, mit einem Wort, nicht nur Eier von glücklichen Hühnern kaufen, sondern auch Welpen von Rassen und Züchtern, wo ein entsprechendes genetisches Management ausgeübt wird. Nicht einwandfreie Züchtung von Tieren, wozu auch die Inzuchtanwendung gehört, muss endlich als fahrlässige Tierquälerei erkannt werden. In den Niederlanden und Schweden zeichnet sich in jünster Zeit ein Wandel ab. Dort versucht man nun über die Kynologenverbände neue Zuchtstrategien einzuführen, um die enge Inzucht und zu häufige Verwendung von einzelnen Rüden abzuschaffen. Nicht nur der einzelne Hund muss geschützt werden, sondern auch die Rasse als solche vor schädlichen Zuchtpraktiken! Hier sind die kynologischen Institutionen gefordert.

Im Spannungsfeld Rassehund–Mischling gilt es vor allem die Konkurrenzsituation des Rassehundes zu verbessern, um dem häufigen Vorwurf, Mischlinge seien schon aus Tierschutzgründen (bessere Gesundheit und größere Lebensdauer) zu bevorzugen, die Grundlage zu nehmen. Hebt man das Gesundheitsniveau des Rassehundes durch populationsgenetische Maßnahmen entsprechend an, sinkt die

Attraktivität des Mischlings und somit reduziert sich das mit der Zucht und Haltung von Mischlingen zusammenhängende Tierschutzproblem. Diesbezüglich wird noch viel zu wenig und das zu sporadisch unternommen. Es ist ein unhaltbarer Zustand, wenn noch immer in den meisten Büchern über Hundezucht oder einzelne Rassen kein Wort über Populationsgenetik und genetisches Management zu lesen ist!

Andererseits aber könnte richtige, zeitgemäße Züchtung nach dem Stand der Wissenschaft zu bisher nicht vorstellbaren Erfolgen in der Hundezucht führen. Dann, und nur dann, wird unser „Bruder Hund" eine gute Zukunft haben, denn auch unter unseren immer beengteren Verhältnissen hat er gute Anpassungsfähigkeit bewiesen. An ihm wird es also nicht liegen, uns weiter zu begleiten wie seit Tausenden von Jahren, sondern nur an uns.

Wir haben gesehen, welche enormen Fortschritte wir in unserer Kenntnis des Hundes gemacht haben, sei es in Ethologie, Veterinärmedizin, Erziehung, Genetik oder Hundesport usw. Wir können heute den Hund besser verstehen, vielseitiger verwenden, besser pflegen und ernähren. Wir könnten ihn auch viel besser züchten, dann könnten Hunde uns Menschen noch besser helfen und uns mehr psychohygienische Vorteile bringen als je zuvor.

Die ethische Fortentwicklung ist dennoch erfreulich: Nach Bürgern, Sklaven, leibeigenen Bauern, Frauen, Kindern, Minderheiten beginnen wir auch Tiere zu „emanzipieren" und als Mitgeschöpfe zu achten (Nutztiere leider vielfach ausgenommen!). Schon werden sogar „Menschenrechte" für Menschenaffen gefordert. Geht es der Übertreibung des „Speziesismus" des Menschen nun an den Kragen? Auch in der Ethik sind jedenfalls Fortschritte zu verzeichnen, der Hund ist nicht mehr nur Sache, die Forderung, bei der Hundehaltung auch Hundeinteressen zu berücksichtigen und in dem Hund ein beseeltes Wesen zu erblicken, ist unüberhörbar geworden. In diesem Sinne ist auch dieses Buch geschrieben.

LITERATURHINWEISE

- Adlercreutz, J.: Hunden en naturlig läkare? Hundsport, 3/1999.
- Advances in Ethology, Supplements to Ethology, XXV International Ethological Conference, Editors: Michael und Barbara Taborsky. Blackwell Science, 1997.
- Allen, K.: The healthy pleasure of their company: Roles of animals in enhancing human health and quality of life. 8th International Conference on Human-Animal Interactions. Prag, 1998.
- Anonym: Sans laisse, 12/98, S. 10.
- Bankl, H.: Die kranken Habsburger. Wien: K&S, 1998, S. 11–14, 35, 36.
- Beck, A. M.: The ecology of ‚feral' and free-roving dogs in Baltimore: In the Wild. Canids, ed. M. W. Fox, S. 380–390. New York: Van Rostrand Reinhold, 1975.
- Bekhoff, M., M.: Mammalian dispersal and the ontogeny of individual behavioural phenotypes. American Naturalist, 11, 715–32
- Beckmann, G. und S.: Vom aufrechten Menschen zum Hundehalter. Gießen: T. G. Verlag U. Beuing, 1994.
- Bergler, R.: Mensch und Hund. Edition Agrippa, 1986.
- Berthelet, M. A.: Contribution à l'étude de la dysplasie coxo-fémorale chez le chien. Thèse de Doctorat vétérinaire, 1982.
- Bloch, G.: Hunderevue, 3/99, S. 33–35
- Boitani, L./Francisci, F./Ciucci, C./Andreoli, G.: Population biology of feral dogs in central Italy. The domestic dog. Cambridge University Press, 1995, S. 230.
- Bonnett, B. N./Eigenvall, A./Olson, P./Hedhammar, Å.: Mortality in Swedish dogs: rates and causes of death in various breeds. The Veterinary Record, 12/7/1997, S. 40–44.
- Brackert, H./Kleffens, C. van: Von Hunden und Menschen. München: C. H. Beck, 1989, S. 47–58.
- Bradshaw, J. W. S./Nott, H. M. R.: Social and communication behaviour of companion dogs in The domestic dog, ed. J. Serpell. Cambridge University Press, 1995, S. 123-125
- Brehm, A. E.: Brehms Tierleben. 1893, S. 97
- Brisbin Jr, I. L.: Some Miscellaneous Thoughts on Canine Behaviour, Off-Lead. Mai 1991.
- Brisbin Jr., I. L./et al.: The New Guinea Singing Dog: Taxonomic History, Captive Studies and Conservation Priorities for Wild Populations. The University of Georgia, Savannah River Ecology Laboratory, 1989.
- Brostam, K.: Skjut inte på genetiken! Hundsport, 12/91.
- Brunner, F.: Unsere Hunde. 5/1971
- Brunner, F.: Der unverstandene Hund. Neumann-Neudamm, Melsungen, 1975

- Bunker, A.: Canis simensis, Simien jackal, Simien fox, or Abyssinian wolf. University of Michigan, Animal Diversity Web, 1997.
- Butler, R. A./et al.: Demography and dog-human relationship of the dog population in Zimbawean communal lands. Vet. Rec., 14. 10. 2000, S. 442 ff.
- Cattanach, B.: Genetics can be fun. Dog World (UK), 2/8/1996.
- Coile, D. C.: A Dogs' Sense of Hearing. Dog World Magazine, 9/98.
- Coile, D. C.: Bringing Dog Vision Into Focus. Dog World Magazine, 3/98.
- Coile, D. C.: Dog Senses Are Led By The Nose. Dog World Magazine, 6/98.
- Coile, D. C.: Happy, Happy Trails. Dog World Magazine, 4/98.
- Coile, D. C.: How Vision Loss Vexes Canines. Dog World Magazine, 5/98.
- Coile, D. C.: Making Sense Of Dog Senses. Dog World Magazine, 8/97.
- Coile, D. C.: Science Sheds Light On Canine Color Vision. Dog World Magazine, 4/98.
- Coile, D. C.: Sense and Sensibility of the Canine Kind. Dog World Magazine, 2/98.
- Coppinger, R./Schneider, R.: Evolution of working dogs, in: J. Serpell, The domestic dog. Cambridge University Press, 1995, 1: S. 36, 2: S. 25.
- Coren, St.: The Intelligence of Dogs. New York: The Free Press, 1994, S. 182, 183.
- Cuijpers, A.: Een archeologische kijk op de domesticatie van de hond. De hondenwereld, August 1992.
- Daniels, T. J., T. J. (1983): The social organisation of free-ranging urban dogs. Appl. Anim. Ethology, 10, 341–63 und 365–73
- Daniels, T. J./Bekoff, M.: Population and social biology of free-ranging dogs, Canis familiaris. Journal of Mammology, 70, 1989, S. 745–762.
- Demeter, A./Spassow, N.: in: Handbuch der Säugetiere Europas. Wiesbaden: Aula, 1993, S. 108, 133.
- Denis, B.: Génétique et sélection chez le chien. PMCAC, SSNOF, Nantes, 1997, S. 137.
- Digard, J.-P.: Ni diabolisation ni confusion. Sans Laisse, 3/1999.
- Eichelberg H./Seine, R.: Lebenserwartung und Todesursachen bei Hunden I. Zur Situation bei Mischlingen und verschiedenen Rassehunden. Berl. Münch. Tierärztl. Wschr. 109, 1995, S. 292–303.
- Falconer, D. S.: Einführung in die Quantitative Genetik. Stuttgart: Eugen Ulmer, 1984.
- Falkeland, R.: I nosen på en hund. Hundsport, 3/1999.
- Feddersen-Petersen, D. U. (1): Vocalizations as indication of emotion in various dog breeds. 8th International Conference on Human-Animal Interactions. Abstract Book. Prag, 1998.
- Feddersen-Petersen, D. U. (2): Aggressive Kommunikation bei europäischen Wölfen (Canis lupus lupus L.) und Deutschen Schäferhunden (Canis lupus f. familiaris) unter vergleichbaren Gehegebedingungen. 8th International Conference on Human-Animal Interactions. Abstract Book. Prag, 1998.
- Feddersen-Petersen, D. U. (3): Die kommunikative Bedeutung des Lautsystems „Bellen". Kleintier konkret spezial, 1998.
- Feddersen-Petersen, D. U.: Ethologie: Neue Ergebnisse und Diskussion. Hunde 13/1997.

- Feddersen-Petersen, D. U.: Hunde und ihre Menschen. Stuttgart: Franckh-Kosmos, 1992.
- Feddersen-Petersen, D. U.: Hundepsychologie. Stuttgart: Kosmos, 1986, S. 16.
- Feddersen-Petersen, D. U.: Zur Ethologie des Haushundes. Acta Biol. Benrodis, 1996, Suppl. 3, S. 7–20.
- Feulner, U.: Vergleichende Studien zum Sozialverhalten türkisch-iranischer Straßenhunde. Diplomarbeit am Fachbereich Biologie, Institut für Zoologie, Johannes Gutenberg Universität München, 1991, S. 47., 1: S. 97.
- Fischel, W.: Die Seele des Hundes. Paul Parey, Berllin und Hamburg, 1961, S. 120
- Fleig, D.: Die Technik der Hundezucht. Mürlenbach/Eifel: Kynos Verlag, 1987, S. 167.
- Fogle, A.: The Dog's Mind. Lexington: Pelham Books, 1990, S. 35. 1: S. 39–41.
- Forsyth, A.: Sexualität in der Natur. München: dtv, 1991.
- Fox, M. W./Beck, A. M./Blackman, E.: Behaviour and Ecology of a Small Group of Urban Dogs (Canis familiaris). Appl. An. Ethology, 1, 1975.
- Fox, M.W.: Partner Hund. Cham (Schweiz): Müller Rüschlikon, 1994.
- Frank, H. und M. G.: On the Effects of Domestication on Canine Social Development and Behavior. Appl. An. Ethology, 8, 1982.
- Frank, H. und M. G.: The University of Michigan canine information processing project, Man and Wolf. Dr. W. Junk Publishers, 1987, S. 143–164.
- Gesellschaft für Haustierforschung e.V., München und Wolfswinkel, Seminarsonderhefte.
- Gesner, C.: Thierbuch 1669. Hannover: Schlütersche Verlagsanstalt, 1980, S. 2, 58, 67, 156, 169, 347, 353, 362, 369.
- Goes, C.: Vergleichende Studien zum Sozialverhalten von Pariahunden. Diplomarbeit am Fachbereich Biologie, Institut für Zoologie, Johann Gutenberg Universität München, 1991, S. 117.
- Guttmann, G./Predovic, M./Zemanek, M.: The influence of pet ownership on verbal communication and social competence in children. The Human-Pet Relationship, IEMT, Wien, 1985.
- Haak, R.: Aan z'n lars lappen ... Onze hond, 2/97.
- Hall, S.: The Sica, Zulu Tail Whirler and Bundu Basher. Farmers weekly (Sudafrika), 23/6/1995
- Harmann, F.: Wer hat Angst vorm bösen Hund. Verlag Karin Harmann, 1990.
- Hauck, E.: Die Hundezucht. Wien: im Selbstverlag, 1952.
- Hellemann, M.: On blood parameters of sport dogs. Dissertation, Universität Helsinki, 1993.
- Hemmer, H.: Domestikation. Braunschweig: Vieweg, 1983, S. 71, 85.
- Henriksen, Gro B.: La hunden bruke nesen. Hundesport, 3/1996
- Hepper, P. G.: Long-term retention of kinship recognition established during infancy in the domestic dog. Behavioural processes, 33, Elsevier, 1994, S. 3–14.
- Hepper, P. G.: Sibling Recognition in the Domestic Dog. Animal Behaviour, 1994, 34,1.
- Herre, W./Röhrs, M.: Haustiere zoologisch gesehen, Stuttgart: Gustav Fischer, 1990, S. 24.
- Holmes, W.G./Sherman, P.W.: Kin recognition in animals. American Scientist, 71, 1993, zitiert in: Psychobiologie. München: dtv, 1997.

- Kalmus, H.:The discrimination by the Nose of the Dog of Individual Human Odours and in Particular the Odour of Twins. 1955, Brit. J. Anim. Behav., 3(1), S. 25–31
- Kealy, R. D./Lawler, D. F./Ballam, J. M./Lust, G./Smith, G. K./Biery, D. M./Olsson, S. E.: Five-year longitudinal study on limited food consumption and development of osteoarthitis in coxofemoral joints of dogs. JAVMA,Vol. 210, No. 2, Jan. 15, 1997, S. 222–225.
- Krebs, J. R./Davies, N. B.: Einführung in die Verhaltensökologie. Stuttgart: Thieme, 1984, S. 191ff.
- Laichmann, Hunde in Wien, Geschichte des Tieres in der Großstadt. Veröffentlichungen des Wiener Stadtarchivs, 1998.
- Lehmann, S.: Some neurochemical parameters in human-dog interaction. 8th International Conference on Human-Animal Interactions. Abstract Book. Prag, 1998.
- Leidhold, J./Trumler, E.: Welpenentwicklung in einem Wildhundrudel. Freiburg: Polux-Video, 1994.
- Lexikon der Hundefreunde. Berlin: Verlag Mensch und Tier, 1933, S. 466–468.
- Lind, E.: Hunde spielend motivieren. Augsburg: Naturbuch Verlag, 1998.
- Lockwood, R.: The ethology and epidemiology of canine agression. in: Serpell, J.: The domestic dog. Cambridge University Press, 1995.
- Lorenz, K.: So kam der Mensch auf den Hund. München: Piper, 1963, 1: S. 61, 2: S. 154, 3: S. 89, 4: S. 38.
- MacIntyre, M.: Post in Cangen-L. 2001.
- Mattson, P.: Ore Deposit Prospecting with Dogs. FCI Conference. Helsinki, 1989.
- McKnight, T.: Feral livestock in Anglo-America. Berkeley Univesity Press, 1964.
- Menzel, R. und R.: Pariahunde. Neue Brehmbücherei. Wittenberg: A. Ziemsen Verlag, 1960, S. 3, 1: S. 71.
- Meyer, B.: Strukturen des Verbandes für das Deutsche Hundewesen (VDH) e.V. Unser Rassehund, 3/99, S. 8.
- Millot, J. L./et al.: Olfactory Cues in the Relationship between Children and their pet dogs. Appl. An. Beh. Sc., 19, 1987.
- Milosi, Á./et al.: Use of experimenter-given cues in dogs. Anim. Cognition, 1, 1998, S. 113–121.
- Morehead, S.: The Carolina Dog: making a comeback. Dog World, Mai 1992.
- Mugford, R. A.: Canine Behavioural Therapie. in: Serpell, J.: The domestic dog. Cambridge University Press, 1995, S. 141.
- Nesbitt, H. W.: Ecology of a feral dog pack on a wilflife refuge. Canids, ed. M. W Fox, S. 380–390. New York: Van Rostrand Reinhold, 1975.
- Niego, M.: Puppy Max, Animals and Us. Montreal, 1992.
- Norling, I.: Hundens betydelse. Göteborg: Svenska Kennelklubben, 1990.
- Öjner, K.: Här ligger Hund begraven. Hundsport, 11/97.
- Okumura, N./Ishiguro, N./Nakano, M./Sahara, M.: Intra- and interbreed variations of mitochondrial DNA major non-coding regions in Japanese native dogs (Canis familiaris). Anim. Genet, 1996 Dec. 27 (6), S. 397–405.

- Olsen, S. J.: Origins of the Domestic Dog. Tucson, Arizone: The University of Arizona Press, 1985
- Ostrom, E.: Governing the Commons. The evolution of Collective Action. Cambridge University Press, 1990.
- Ott, R. S.: Animal selection and breeding techniques that create diseased populations and compromise welfare. Journ. Americ. Vet. Assoc. 208, 12, June 15, 1996, S. 1969–1975.
- Øystein Søbye: Hvor effektiv er det elektriske halsbåndet? Hundesport 10/1991.
- Patronek, G. J./Walters, D. J./Glickman, L. T.: Comparative Longevity of Pet Dogs and Humans: Implications for Gerontology Research. J. Geront., Biological Sciences, 1997, Vol 52A, No. 3, B171–B178.
- Pepperberg, I. M.: 1990, An investgation into the cognitive capacitier of an African grey Parrot (Psittacus erithraes), Advances in Study of Behavior, P. J. B. Slater, J. S. Rosenblatt, C. Beer, eds. Academic Press
- Peters, G.: Canis lupus Linnaeus, 1858 – Wolf. in: Handbuch der Säugetiere Europas. Wiesbaden: Aula, 1993, S. 85–87.
- Potts, W. K.: Immunology and ethology of MHC genes. Advances in Ethology, 1997, p. 7.
- Pretterer, G.: Untersuchungen über das Helligkeits- und Farbsehvermögen des Hundes. Inaugural-Dissertation, Veterinärmedzinische Universität Wien, 2000.
- Räber, H.: Der Tschechoslowakische Wolfshund (Ceskoslovensky vlčák). Hunde, 23/10/92, SKG.
- Randi, E./Francisci F./Lucchini, V.: Mitochondrial DNA restriction-fragment-length monomorphism in the Italian wolf (Canis lupus) population. J. Zool. Syst. Evol. Research, 33, 1995, S. 97–100.
- Rosenzweig, M. R.: Experience, Memory, and the Brain. American Psychologist, April 1984.
- Rotter, J.: Der HaHo-Awu. GfH-Mitteilungen, 10–12/92.
- Sarris, E. G.: Sind wir berechtigt, vom Wortverständnis des Hundes zu sprechen? Leipzig: Johann Ambrosius Barth, 1931.
- Schimpf, O.: Der Dogo Argentino. Kynos, 1986.
- Schleger, W./Stur, I.: Hundezüchtung in Theorie und Praxis. Wien: Jugend und Volk, 1986.
- Scott, J. P./Fuller, J. L.: Genetics and the Social Behavior of the Dog. Chicago: University of Chicago Press, 1965, 1: S. 76, 2: S.132, 3: S. 155–169
- Scott, P. A./et al.; Aggressive behavior by wolves toward humans. J. Mamm., 1985, 66 (4), S. 807–809.
- Serpell, J.: The domestic dog, Cambridge University Press, 1995.
- Siber, M.: Die Hunde Afrikas. St. Gallen, 1899.
- Simonds, S.: http:/pubpages.unh.edu/~jel/512/dogs-brains.html. 2000.
- Smith, D./Meier, T./Geffen, E./Mech, L. D./Burch, J. W./Adams, L. G./Wayne, R. K.: Is incest common in gray wolf packs? 1997, Behavioral Ecology, Vol. 8, No 4, S. 384–391.
- Sundgren, P. E.: Avel med sällskapsdjur. ICA, Västerås, 1990.
- Syrotuck, W. G.: Hund Geruch und Fährte. Walldorf: Dr. Weidner Eigenverlag, 1981.

- Triquet, R.: Dictionnaire encyclopèdique des termes canins. Paris: Thenlot, 1990.
- Trumler, E.: Das Jahr des Hundes. Kynos, 1984.
- Trumler, E.: Hunde ernst genommen. München: Piper, 1974, S. 270.
- Tsuda, K./Kikkawa, Y./Yonekawa, H./Tanabe, Y.: Extensive interbreeding occurred among multiple matriarchal ancestors during domestication of dogs: Evidence from inter- and intraspecies polymorphism in the D-loop region of mitochondrial DNA betweeen dogs and wolves. Genes Genet. Systems, 72, 1997, S. 229–238.
- Unsere Hunde. Zeitschrift des Österr. Kynologenverbandes. Jg.1986–2001.
- Vilá, C./Savolainen, P./Maldonado, J. E./Amorim, I. R./Rice, J. E./Honeycutt, R. L./Crandall, K. A./Lundeberg, J./Wayne, R. K.: Multiple and Ancient Origins of the Domestic Dog. Science, 13/6/97, S. 1687–1689.
- Voth, I.: Beitrag zum Sozialverhalten des Neuguinea-Dingos. Dissertation, Universität München, 1988, S. 70
- Wachtel, H.: Hundezucht 2000. Weiden: Gollwitzer, 1997.
- Wayne, R. K.: Is incest common in gray wolf packs? Behavioral Ecology, Vol. 8, No. 4, 1997, S. 364–391.
- Wegner, W.: Kleine Kynologie. Konstanz: Terra-Verlag, 1995.
- Werner, P.: Anwendung molekulargenetischer Analysemethoden beim Berner Sennenhund und beim Neufundländer. Inaugural-Dissertation, Veterinärmed. Fakultät der Univers. Zürich, 1994.
- Werth, E.: Die primitiven Hunde und die Abstammungsfrage des Haushundes. Z. f. Tierzüchtung und Züchtungsbiologie, Berlin, 1949.
- Willis, M. B.: Genetics of the Dog. London: H. F. & G. Witherby, 1989.
- Willis, M. B.: Practical Genetics for Dog Breeders. London: H. F. & J. Witherby, 1992.
- Wippermann, W./Berentzen, D.: Die Deutschen und ihre Hunde. München: Siedler, 1999, S. 88, 139.
- Young, C. A.: Verbal commands as discriminative stimuli in domestic dogs. Carbondale, Illinois: Southern Illinois University, Department of Zoology, 1992.
- Zborzill: Die Dressur des Hundes. Neumann in Neudamm, 1980.
- Zimen, E.: Der Hund. München: Bertelsmann, 1988.
- Zimen, E.: Der Wolf. Wien: Meyster, 1978.
- Zimen, E.: Wölfe und Königspudel. München: Piper, 1971, S. 214, 1: S. 193, 2: S. 194.
- Zu, Shu-Xian: Historical and cultural origins of chinese attitudes to animals and current development. 8th International Conference on Human-Animal Interactions. Prag, 1998.

GLOSSAR

Agility	Turniersportart mit Hunden
Alaskan Husky	aus Mehrfachkreuzungen entstandene Sport-Schlittenhundrasse
Allel	eines der beiden Gene an einem Genort (Locus)
Amstaff	American Staffordshire Terrier
Basenji	Hunderasse, die aus dem Kongo stammt, ein Schensihund
Canide	hundeartiges Raubtier
Dalmatiner	brackenähnliche Hunderasse, weiß mit schwarzen oder braunen Tupfen
DNA	englische Kurzbezeichnung für DNS
DNS	Kurzbezeichnung für Desoxyribonukleinsäure (Substanz des Erbcodes)
Epideiktisches Ritual	„zeremonielles Gepränge" (Begrüßungsversammlung der Wölfe)
Ethogramm	Verzeichnis aller beobachteten Verhaltensweisen einer Tierart
Ethologie	Verhaltenskunde
Eumelanin	Farbstoff, der sich schwarz, braun, blau oder cremefarben manifestieren kann
Fly Ball	Mannschaftshundesport, wobei in einer Art Stafettenhindernislauf jeder Hund ein Ballwurfgerät bedienen und den Ball apportieren muss
Goldschakal	mit Hund und Wolf nächstverwandte Schakalart
HD	Hüftgelenksdysplasie (Erbkrankheit)
Heterosis	überlegene Lebenskraft bei gekreuzten oder ausgezüchteten Hunden
Husky	amerikanische Bezeichnung für nordische Schlittenhunde

Kojote	nordamerikanischer Präriewolf, mittelgroße Wildhundart
Locus, Mz. Loci	Genort, Stelle am Chromosom für zwei Gene (Allele)
Lupoman, lupophil	wolfssüchtig, Wölfe liebend
(Alaskan) Malamute	indianische Schlittenhundrasse
Paria(hund)	verwilderter Haushund, der seit Generationen in der Nähe von oder in menschlichen Ansiedelungen lebt
Phäomelanin	Farbstoff, der sich gelb, rot, falb oder sandfarben manifestiert
Pharaohund	Mittelmeerwindhund aus Malta, ähnelt altägyptischen Windhunden
Pit Bull Terrier	Kampfhund, ursprünglich für Hundekämpfe gezüchtet
Pulka	nordischer Hundeschlitten für ein bis zwei Hunde, Führer begleitet mit Langlaufskiern; auch Bezeichnung für den damit ausgeübten Rennsport
Pyometra	Gebärmuttereiterung
Rothund, Rotwolf (asiatischer)	Rudel bildender Wildhund
Rotwolf (amerikanischer)	Wildhund der USA, vermutlich aus Kreuzung Wolf-Kojote entstanden
Saarloos Wolfhond	holländische Hunderasse aus Schäferhund-Wolf-Kreuzung
Schensi	primitive Haushunde des tropischen Hackbaugürtels
Schränken	in der Bewegung steht die Hinterhand etwas seitlich zur Vorhand
Testosteron	männliches Geschlechtshormon
Zoonose	auf Menschen übertragbare Krankheit von Tieren

STICHWORTVERZEICHNIS